# Island

Achim Schnütgen



DUMONT RICHTIG REISEN

# Inhalt

## Junge Vulkaninsel zwischen Alter und Neuer Welt

# Reisen in Island

# Tips & Adressen

## Kartenverzeichnis

# Junge Vulkaninsel zwischen Alter und Neuer Welt

# Island – eine Insel zum Entspannen, aber nicht zum Faulenzen

Wenn sie den Namen Island hören, denken in Mitteleuropa lebende Menschen besonders an die Naturschönheiten dieses Inselstaates. Erstaunlich ist, daß nach einer Umfrage ein wesentlicher Teil der Befragten die Schönheit der Landschaft herausstellte und zu ihren Elementen die Seen, Wasserfälle, Fjorde und Einöden zählte, aber die Vulkane blieben meist unerwähnt, obgleich die Insel ihnen ihre Existenz verdankt. Das Besondere an Island ist, daß ein großer Teil der Insel wegen der für den Menschen lebensfeindlichen Bedingungen in nahezu unberührtem Zustand blieb.

Für denjenigen, der das Wirken der Kräfte kennenlernen möchte, die eine Landschaft gestalten und gestaltet haben, herrschen auf Island geradezu paradiesische Verhältnisse. Wer dies erleben möchte, muß jedoch hinaus ins Land. Nur wenige Kilometer von den Siedlungen oder Ortschaften entfernt sieht sich der Besucher unmittelbar mit dem Wirken der Naturkräfte konfrontiert, oft nur durch die zivilisatorische Schutzhülle eines Kraftfahrzeuges von ihnen getrennt.

Die ungewöhnlichen Formen der isländischen Landschaft machen neugierig, ihre Entstehung zu erfahren. Beim Anblick eines springenden Geysirs fragt man sich erstaunt, wie es zu einem solchen Ausbruch kommt. Da viele Formen nicht von einer verhüllenden Vegetation verdeckt sind, kann jeder, der ein wenig im Beobachten geübt ist, das Wirken der gestaltenden Kräfte erkennen und verstehen. Fließstrukturen auf einem Lavastrom weisen darauf hin, daß er sich einst als Schmelze vorwärts bewegt hat. Frische Wände in Flußtälern oder an der Küste lassen in das Innere eines Vulkans schauen. Eingekippte Gesteinsschollen und manchmal frisch aufgerissene Spalten zeigen an, daß in einzelnen Landschaften der Untergrund in Bewegung war und ist. Dampfende Quellen lassen erkennen, daß zur Tiefe hin die Wärme rasch zunimmt. Reißende Flüsse sind im Begriff, sich tief in den Untergrund ein-

*Anwesen in ungemein dynamischer Landschaft – Hof am Rand des Öræfajökull.*

zuschneiden. Das Meer verändert die Küstenlinie, rundet eckige Blöcke zu und schleift den Felsgrund ab. Gletscher führen gewaltige Schuttmassen mit sich und glätten den Untergrund.

In Island ist eine Vielzahl von Prozessen am Werke, die mit großer Vehemenz seine Oberfläche oder sein Antlitz formen und verändert haben. Die isländische Landschaft ist nicht idyllisch und bietet kein Bild ländlicher Beschaulichkeit, sondern sie ist dramatisch, abwechslungsreich, jung und daher rauh und nicht, wie eine alte Landschaft, mit glatten, weitausladenden, ebenen Formen. Vom Besucher, der sich diese Umgebung erschließen will, ist Wachsamkeit in jeder Hinsicht gefordert. Wachsamkeit gegenüber Gefahren, Wachsamkeit in der Beobachtung. Die Entlohnung ist bei gutem Wetter ein ungeahnter Weitblick in einer jugendlichen und auch schönen Landschaft mit außerordentlichen und raschen Licht- und Farbwechseln. Bisweilen führt auch Nebel zu einer dämonischen Verschleierung und regt die Phantasie an.

Wer denkt dann noch bei dem Anblick der großartigen Wasserfälle oder bei der Erwartung eines Geysirausbruchs oder bei der Betrachtung eines Vogelfelsens oder auf einer Wanderung durch die Fjorde des Nordens an die Anforderungen des heimatlichen Alltags? Er wird sie vergessen und zur Ruhe kommen.

# Am Scheideweg zwischen Europa und Amerika: Island im Großbau der Erde

Island ist der übermeerische Bestandteil eines geradezu unermeßlichen S-förmigen Gebirges, das sich über dem Boden des Atlantischen Ozeans erstreckt. Es ist der Mittelatlantische Rücken, der vor mehr als hundert Jahren zwar entdeckt wurde, aber dessen Aufbau man erst im 20. Jh. näher kennenlernte. Dieser Gebirgszug mit einer Länge von 16 000 km und einer Breite von 1500 km steht etwa genauso hoch über dem Ozeanbecken wie die Alpen oder die Rocky Mountains über dem Meeresspiegel und teilt den Atlantik in zwei Hälften. Island, die Azoren, die Inseln Ascension und Tristan da Cunha gehören zu den wenigen über den Meeresspiegel herausragenden Teilen. Für gewöhnlich befindet sich der Gebirgsrücken etwa 2000 m unter dem Meeresspiegel.

Der Mittelatlantische Rücken ist das Produkt vulkanischer Prozesse. Die Zone des Bergrückens ist der Bereich größter Aktivität, sie kennzeichnet die Grenzlinie zwischen der amerikanischen und der eurasischen Platte und ist zugleich ihre Wachstumszone. In der aktiven Vulkanzone Islands steht man also mitten auf dieser Nahtstelle. In Fortsetzung einer tiefen Furche, die die gesamte untermeerische Kammlinie des Rückens durchläuft, zieht sich ein Grabensystem durch Island. Aus ihm wächst zugleich neues Material für die Insel und für die gewaltigen Platten Eurasiens und Amerikas hervor. Das Auseinandergehen oder Driften vollzieht sich mit einer meßbaren Geschwindigkeit: Es wurden bis zu 7 cm/Jahr gemessen. Im Durchschnitt sind aber 1–2 cm/Jahr anzunehmen.

Diese Grabenzone ist zugleich auch das Gebiet intensiver vulkanischer Tätigkeit. So weiß man seit etwa 30 Jahren, daß in Island große Teile der Erdkruste mit den auf ihnen schwimmenden Kontinenten auseinanderdriften, daß der Meeresboden sich ausbreitet und daß durch die vulkanische Tätigkeit die Schmelzen an die Platten angeschweißt werden. Die Form der Bewegung bezeichnet man als ›konstruktive Plattenbewegung‹. Damit ist aber noch nicht geklärt, warum gerade in der Höhe von Island der Mittelatlantische Rücken an die Oberfläche tritt und welchen Umständen oder welchem Prozeß es seine Existenz verdankt.

Eine Erklärung dieses Phänomen lieferte die Theorie von den sog. ›heißen Flecken‹ oder ›Hot Spots‹. ›Hot spots‹ sind starke, stationäre Quellen vulkanischer Energie und Förderung, also die Motoren für die Plattenbewegungen. Dieser Theorie zufolge ist dann Island ein besonders markanter heißer Flecken. Es gibt etwa 20 davon auf der Erde. Dazu gehören, mit einer geringeren Produktion als Island, eine Reihe weiterer vulkanischer Inseln, wie Hawaii und Réunion. Liegt Island über einem solchen Hot Spot, dann sind auch die Vulkaninseln Schottlands durch ihn entstanden. Nach einer Theorie sind die heißen Flecken Kamine, also röhrenartige Öffnungen für heißes, aus dem Erdinnern aufsteigendes Magma. Gelangt diese heiße Schmelze an die Oberfläche, verbreitet sie sich nach allen Seiten von dem ›Hot Spot‹ weg. Die Fließbewegungen werden durch thermische Ausgleichsströmungen, sog. Konvektions-

*In der Almannagjá (þingvellir) scheiden sich die Kontinente Eurasien und Amerika*



strömungen erklärt. Diese Ströme befinden sich im Erdinneren in einem stetigen Kreislauf.

## Der erdgeschichtliche Werdegang der Insel

Geologisch gesehen ist Island noch sehr jung. Seine Entstehung liegt nur etwa 20 Millionen Jahre zurück. Während dieser Urzeit der Insel wurden gewaltige Mengen basaltischen Magmas gefördert, die heute die 5 bis möglicherweise sogar 10 km mächtigen Plateaubasalte im Nordwesten, Norden und Osten Islands ausmachen. Diese Basalte sind besonders gut in den Fjorden am Ost- und Nordwestrand der Insel aufgeschlossen (siehe Búlandstindur). Hier lassen sich an den Steilwänden bis zu 80 Basaltbänke (›flow units‹) unterscheiden, die eine Mächtigkeit bis zu 50 m erreichen können. Jede dieser Bänke wird von mehreren, aneinander gedrängten und auskeilenden Lavaströmen aufgebaut. Außerdem sind in die Basalte vereinzelte, 5–50 cm starke Braunkohlenlager eingeschaltet, die als Surturbrandur-Schichten bezeichnet werden und schon 1772 von dem berühmten isländischen Naturforscher Eggert Ólafsson beschrieben wurden. In diesen Schichten wurden Blattreste von Ahorn und Birke, von verschiedenen Fichten, aber auch von der wärmebedürftigeren Magnolie, dem Tulpenbaum und der Weinrebe gefunden, die auf ein normal-gemäßigtes, also auf ein wärmeres Klima als heute, hinweisen. Die Jahresdurchschnittstemperatur dürfte bei etwa 11 °C gelegen haben. Das entspricht etwa einem Klima, wie wir es in Mainz (10,1 °C) haben. Das heutige Temperaturjahresmittel beträgt in Reykjavík 5 °C. Die Vegetation siedelte sich innerhalb einer Ruhepause der tertiären Lavaförderung in der unmittelbaren Nähe von Gewässern an. Es setzte schon bald eine Abkühlung im Klima ein.

Vor 5 Millionen Jahren lebte der Vulkanismus dann mit dem Aufbau bis zu 500 m mächtiger Basaltdecken in fast gleicher Heftigkeit auf. Die Zeit davor, also bis zum Pliozän, war in erster Linie von tektonischen Bewegungen erfüllt. Verwerfungen und Brüche bildeten die Grundlagen für die Anlage von Tälern und späteren Fjorden bzw. der meisten Buchten. Die im Krustenbereich wirkenden Konvektionsströme bewirkten ein Zerbrechen und eine Schrägstellung der Basaltschollen, wie man sie fast überall in den Fjorden beobachten kann. Diese fallen im Mittel mit etwa 5 ° zur Landesmitte ein. Risse und Brüche wurden später mit Magma erfüllt, das zu Gängen erstarrte. Südlich von Akureyri treten auf einer Strecke von 900 m beispielsweise 15 Gänge mit einer Gesamtdicke von über 80 m auf. Das entspricht einer Dehnung von 9 %.

Zum jüngeren Pliozän, bis vor etwa 2 Millionen Jahren, verschlechterten sich die klimatischen Verhältnisse zusehends. Es gibt bereits erste Hinweise auf Lokalvergletscherungen. Eine wärmeliebende Flora konnte sich während des 3 Millionen Jahre dauernden Pliozäns noch halten, aber gegen Ende, d. h. zum Ende der Tertiärzeit, starben Laub- und Nadelgehölze bis auf die heutigen Arten aus. Bis 700 000 Jahre vor unserer Zeit hatte sich die Anzahl der Gletscherablagerungen schon auf zehn erhöht. Es werden insgesamt 18 Kalt- bzw. Eiszeiten für Island angenommen. Die Mitteltemperaturen dürften dabei 8–13 °C unter den heutigen gelegen haben. In den Zwischeneiszeiten waren die Klimabedingungen wie heute, oder es war wärmer.

Im Pliozän herrschte ein relativ explosiver Vulkanismus. Die später einsetzende vulkanische Tätigkeit beschränkte sich während des Eiszeitalters auf den nördlichen Teil der Halbinseln Skagi und Snæfellsnes und fand unter der Gletscherbedeckung statt. Die Mächtigkeit des Eises betrug im Zentrum etwa 1000 m. Im Süden erreichten die Gletscher als breite Loben das Meer, im Norden als schmale Talgletscher. Unter der Last des Eises senkte sich das Land. Der Vulkantyp der Tafelberge war meistens erst in der letzten Eiszeit aktiv.

Vor etwa 12 000 Jahren setzte dann eine Erwärmung ein, und es begann der Rückzug der Gletscher. Der Eispanzer schmolz ab, und vor 8000 Jahren war sogar das zentrale Hochland eisfrei. Mit dem Abschmelzen der Eismassen stieg der Meeresspiegel bis über sein heutiges Niveau an. Er erreichte in Island etwa eine Höhe von 80 m über dem heutigen Stand. Erst mit Verzögerungen wurde diese Differenz durch eine schrittweise Hebung der Insel – sie war ja von der niederdrückenden Last der Gletscher befreit worden – ausgeglichen. Stillstandphasen äußerten sich in der Ausbildung von Strandterrassen; im Küstenbereich Islands befinden sie sich in 20, 40, 60 und 80 m über dem Meeresspiegel.

Vor etwa 2700 Jahren war Island schließlich eisfrei, außer einigen kümmerlichen Eiskappen auf den höchsten Bergen. Doch fallende Temperaturen und vor allem höhere Niederschläge sorgten nach diesem Klimaoptimum dafür, daß sich die Gletscher wieder ausbreiteten und heute als Plateaugletscher ganze Landschaften bedecken. Als sich um 900 n. Chr. die ersten Siedler auf der Insel niederließen, waren die klimatischen Bedingungen ähnlich günstig wie in der Zeit zwischen 1920 und 1960. Das erleichterte ihnen sicherlich die Erschließung der Insel.

# Landeskunde im Schnelldurchgang

**Name:** Republik Island
**Fläche:** 103 100 km$^2$
**Lage:** zwischen 63°17'30" und 67°07'05" nördlicher Breite sowie 13°16'07" und 4°32'12" westlicher Länge einschließlich vorgelagerter Inseln
**Einwohner:** ca. 280 000
**Hauptstadt:** Reykjavík
**Amtsprache:** Isländisch, die meisten Stadtbewohner sprechen englisch
**Nationalfeiertag und -flagge:** 17. Juni (Tag der Republik); seit 1915 zeigt die isländische Nationalflagge ein rotes Kreuz mit weißem Rand auf blauem Grund. Die Farben symbolisieren die Vulkane, die Gletscher und den Ozean.
**Währung:** Isländische Krone (Abkürzung kr. oder ISK)

### Geographie

Island ist die größte vulkanische Insel auf der Erde. 11,5 % oder etwa 11 800 km$^2$ der Insel sind vergletschert. Mehr als die Hälfte ist Wüste und Ödland (56 %), 20 000 km$^2$ werden als Weideland genutzt, 3000 km$^2$ entfallen auf Seen, 11 000 km$^2$ sind mit junger Lava bedeckt
**Höchste Erhebung:** Hvannadalshnúkur (2119 m)
**Bedeutendste Zentralvulkane bzw. Vulkanmassive:** Dyngjufjöll mit Askja (1510 m, ca. 250 km$^2$ , letzter Ausbruch: 1961), Torfajökull-Massiv (1278 m, letzter Ausbruch vor 300 Jahren), Öræfajökull (2119 m, letzter Ausbruch: 1727), Snæfellsjökull (1446 m, letzter Ausbruch vor etwa 1700 Jahren), Hekla (1491 m, letzter Ausbruch: 2000)
**Längste Flüsse:** Þjórsá (230 km), Jökulsá á Fjöllum (206 km)
**Größte natürliche Seen:** þingvallavatn (83,7 km$^2$), Lögurinn (53 km$^2$)

### Geschichte

Von 874, der Landung von Ingólfur Arnarson, bis 930, der Gründung des Freistaates Island mit der ersten Versammlung des Althing, dauerte die Besiedlung Islands. Die ersten Bewohner der Insel kamen vorwiegend aus Norwegen. In der zweiten Hälfte des 13. Jh. führten Stammeskriege und Privatfehden zum Verfall und 1262 in die Unfreiheit der norwegischen, ab 1380 dänischen Oberhoheit. Es folgten Hungersnöte, Epidemien, Naturkatastrophen und eine Handelsblockade. Dem wirtschaftlich fast ruinierten und politisch zur Bedeutungslosigkeit herabgesunkenen Island brachte 1874 der Kampf um die Unabhängigkeit eine neue Verfassung. Das Handelsmonopol fiel, und ein neues Althing konstituierte sich, doch stand Island noch unter dänischer Verwaltung. Erst am 17. Juni 1944 wurde die Republik Island in þingvellir ausgerufen.

### Politik und Verwaltung

Das Land ist in die acht Provinzen Reykjavík, Reykjanes, Vesturland, Vestfirðir, Norðurland vestra, Norðurland eystra, Austurland und Suðurland unterteilt. Island ist eine Republik mit einer parlamentarischen Regierung. Die gesetzgebende Körperschaft sind das Parlament und der Präsident. Die Minister werden vom Präsidenten ernannt.

Das Parlament oder Althing besteht aus 63 Mitgliedern, die alle vier Jahre gewählt werden. Das Wahlalter beträgt 18 Jahre. Jede wählbare Person mit Ausnahme des Präsidenten der Republik kann sich der Wahl stellen. Der Präsident der Republik Island wird alle vier Jahre vom Volk direkt gewählt. Seine Aufgabe ist es, den isländischen Staat zu repräsentieren. Der Präsident ist politisch neutral.

**Wirtschaft**

Die Hinwendung Islands zu einem industrialisierten Staat führte zu einem Rückzug auf dem primären Sektor mit der Landwirtschaft und der Fischerei. Heute konzentriert sich das Wachstum auf den sekundären Sektor mit der Fischverarbeitung, Bauwirtschaft und Kleinindustrie sowie auf den tertiären Sektor Handel, Gewerbe und Dienstleistungen. Die gegenwärtige isländische Wirtschaft kann als eine Fisch exportierende Wirtschaft mit einem hohen Anteil der Fischverarbeitung bezeichnet werden. Sie hängt stark von ausländischen Fisch-Märkten ab. Die Ansiedlung und der Ausbau von bereits vorhandenen energieintensiven Industrien, vor allem auf der Basis von Wasserkraft, werden vorangetrieben.

**Bevölkerung und Sprache**

Mit rund 2 Einwohnern/km$^2$ ist Island das am dünnsten besiedelte Land Europas. Das Landesinnere ist unbesiedelt. Die Ortschaften konzentrieren sich auf den Küstenraum. Der größte Teil der Bevölkerung (etwa 60 %) lebt im Hauptstadtbereich. 22 425 Isländer – das entspricht einem Zehntel der Bevölkerung – leben im Ausland, davon zwei Drittel in Skandinavien.

Die Sprache hat sich so wenig verändert, daß die modernen Isländer imstande sind, mittelalterliche Texte zu lesen. Die Isländer besitzen ein hohes Interesse an der Literatur. An den Schulen gehören Englisch und Dänisch zu den Pflichtfächern.

**Religion**

Im Jahre 1000 beschloß das Althing die Annahme des Christentums. Heute gehören 93% der isländischen Bevölkerung der Evangelischen Lutheranischen Kirche an. Sie ist die Staatskirche Islands, spielt aber im Leben des Volkes nur eine untergeordnete Rolle. Die Anzahl der Kirchengebäude steht im umgekehrten Verhältnis zum Interesse der modernen Isländer am Kirchenleben. Der Präsident Islands ist zugleich auch die oberste Autorität in der Kirche. 3,7 % der Bevölkerung gehören zu anderen lutherischen Glaubensgemeinschaften und 0,7 % zur römisch-katholischen Kirche.

**Klima und Reisezeit**

Die Schwankungen der Temperaturen und des Klimas hängen von der Lage der den Atlantischen Ozean kreuzenden Tiefdruckgebiete ab. Das Wetter von Island ist daher sehr wechselhaft. Wegen der großen Reliefunterschiede gibt es zwar kaum ein einheitliches Klima, doch kann man es als kalt-temperiert und ozeanisch bezeichnen. Die Hauptreisezeit konzentriert sich auf die Sommermonate und dauert von Mitte Juni bis Anfang September. In dieser Zeit liegen in Reykjavík und Akureyri die Temperaturen im Mittel zwischen 8 und 12 ° C. In den Sommermonaten sind auch nur die meisten Hotels, Pensionen, Hütten und Campingplätze in den ländlichen Gebieten geöffnet. Anfang September werden die Hochlandpisten geschlossen.

# Gestalt und Gestaltung isländischer Landschaften

Islands Großlandschaften sind geprägt vom Feuer, vom Eis und vom Wasser. Es ist schwierig, nur von einer isländischen Landschaft zu sprechen, denn die Insel stellt sich mit einem breiten, aber faßbaren Spektrum an Landschaften dar. Die Ausbildung einer Landschaft als eine bestimmte Ansammlung von Landformen hängt von dem Wirken verschiedener Kräfte ab. Da ist die aufbauende, aus dem Erdinnern wirkende, innenbürtige, Kraft des Vulkanismus. Die vulkanische Tätigkeit hat die Insel mit ausgedehnten Lavafeldern, aufsehenerregenden und beeindruckenden Vulkanen, kilometerlangen Reihen von kleinen Kratern und der Farbenpracht der dampfenden Quellen erschaffen und geformt. Trotz vieler zerstörender Wirkungen auf den Menschen ist der Vulkanismus eine aufbauende und schöpferische Kraft.

Das Eis der Gletscher und das fließende Wasser, also auch das Meereswasser, als Vermittler der Schwerkraft sowie der Wind wirken dem Vulkanismus entgegen. Unter dem Einfluß der Schwerkraft tragen sie die erschaffenen Formen wieder ab. Diese außenbürtigen Kräfte gestalten, wenn der Vulkanismus sein Werk beendet hat, die Formen an der Oberfläche. Das geologische Alt-Island – immerhin mehr als ein Drittel der Insel gehört heute dazu – war über Jahrmillionen einer Abtragung ausgesetzt, an der sich keine Gletscher beteiligten. Bei einer als realistisch einzuschätzenden Abtragungsrate von 0,5 mm/Jahr beträgt sie, auf 2 Millionen Jahre bezogen, 1000 m. Angesichts dieser Zahl kann man sich vorstellen, was von den vom Vulkanismus geschaffenen Formen an der Grenze zum Eiszeitalter übriggeblieben war. In diesen Teilen war die Vulkanlandschaft durch die abtragende Tätigkeit des Wassers zu einem Hügelland geworden.

In besonders auffälliger Weise hat das Eis der Gletscher die vom Vulkanismus geschaffenen Formen abgeschürft, abgerundet, geglättet und vertieft. Ähnlich wirkten das Wasser der Flüsse und die Meeresbrandung. Als Werk der Flüsse zeigen sich Täler mit schluchtartigen Abschnitten und Fallstufen, den Wasserfällen. Flüsse fungieren aber auch als aufbauendes Medium, wenn die mitgeführte Sedimentfracht z. B. in Schwemmlandebenen abgeladen wird. Diesen Prozeß der Abtragung und des Aufbaus vollzieht auch das Meer. Einerseits trägt es die Kliffs ab, andererseits schüttet es kilometerlange Nehrungen auf.

Die Kraft des Windes ist wesentlich geringer, aber in seiner Wirkung auf den Boden und seine Ertragsfähigkeit kann er verheerend sein (s. S. 195f.). So beherbergt Island Großlandschaften, die vom Feuer, dem Eis und dem Wasser geprägt sind.

## Vulkane, Vulkanmassive

Die Vulkane sind im wahrsten Sinne des Wortes herausragende Formen, so daß sie als erste von dem per Flugzeug anreisenden Islandbesucher ausgemacht werden. Als Zentralvulkane oder gemischte Vulkane können sie ein solches Ausmaß annehmen, daß sie als kleines Gebirge, als eine Landschaft für sich gelten. Mit einer festen Begrenzung und

*Nacheiszeitliche Blocklava auf der Halbinsel Reykjanes mit Svartsengi im Hintergrund*

einer Basisfläche zwischen etwa 20 und 600 km$^2$ sind sie ungleichmäßig über das ganze Land verteilt und können über lange Zeit aktiv sein. Im Falle des Torfajökull soll der Ursprung 2 Millionen Jahre zurückliegen. Die alten und erloschenen Vertreter ihrer Art wurden im Laufe der Zeit ein Opfer der Abtragung, so daß sie in ihrer Umgebung nicht mehr so eine hervorragende Rolle spielen. Es gibt in Island drei verschiedene Formen von **Zentralvulkanen:** das Vulkanmassiv mit Caldera, die rückenförmigen Zentralvulkane und – die schönsten unter ihnen – die kegelförmigen Zentralvulkane.

Der großartigste kegelförmige Zentralvulkan schlummert vorübergehend unter einem Eispanzer. Es ist der 2119 m hohe Öræfajökull, zugleich auch höchster Berg Islands. Nach seinem Volumen wird er in Europa nur noch vom Ätna übertroffen. Berühmtheit erlangte nach Jules Vernes Roman ›Die Reise zum Mittelpunkt der Erde‹ ein ebenfalls mit einem Gletscher bedeckter Zentralvulkan, der 1446 m hohe Snæfellsjökull. Unübertroffen an Aktivität ist als rückenförmiger Zentralvulkan die Hekla. In der christlichen Welt des Mittelalters glaubte man, daß die Hekla der Sitz der Hölle sei. Seit der Landnahmezeit ist sie 19mal ausgebrochen.

Zentralvulkane sind im Grunde genommen untypisch für Island, denn sie fördern als gemischte Vulkane Schmelzen unterschiedlicher Zusammensetzung. Dazu kann die gas- und kieselsäurereiche sowie sehr zähflüssige rhyolithische Schmelze mit einer hellen Farbe und die gas- und kieselsäurearme sowie dünnflüssige basaltische Schmelze mit einer dunklen Farbe gehören. Nach den konstruktiven Bewegungen der Platten mit der Förderung von Schmelzen aus großer Tiefe ist in erster Linie Basalt zu erwarten. Das spiegelt sich auch im Anteil der Island aufbauenden Gesteine wider. Etwa 80 % bestehen aus Basalt. Seine Schmelzen können sowohl durch eng begrenzte Förderkanäle als auch in ausgerissenen Spalten mit einer großen Längenausdehnung an die Oberfläche gelangen, was entscheidend die Form des Vulkans beeinflußt. Sie hängt auch ab von den im Förderbereich herrschenden Umweltbedingungen. Eine Schmelze, die unter freiem Himmel an die Oberfläche gelangt, verhält sich anders als eine, die bei ihrem Aufstieg und Ausbruch in Kontakt mit Wasser kommt. Eine gewöhnlich ruhig ausfließende gasarme basaltische Schmelze kann dann explodieren.

Gelangt dünnflüssige Schmelze durch einen eng begrenzten Förderkanal an die Oberfläche, so fließt sie ohne große Explosionen schnell zur Seite ab und baut allmählich einen Schildvulkan (isl. *dyngja)* auf. Prototyp aller **Schildvulkane** ist der 1060 m hohe Skjáldbreiður (breiter Schild) im Nordosten von Þingvellir. Auf einer Basisfläche von 50 km$^2$ erhebt er sich rund 500 m über dem zentralisländischen Graben. Oberhalb seiner flachen, nur etwa 10° geneigten Hänge besitzt er in der flachen Gipfelregion einen steil zum Förderschlot abfallenden Gipfelkrater (sog. Pitkrater) mit einem Durchmesser von 350 m. Die meisten Schildvulkane waren nach der letzten Eiszeit tätig. Höchster und größter Schildvulkan ist mit 1460 m Höhe die Trölladyngja. Ihre Lavamassen bedecken 465 km$^2$, etwa vier Fünftel der Bodenseefläche. Die Trölladyngja befindet sich in einem Gebiet außerordentlich hoher vulkanischer Produktivität. Daher wird in ihrem Umfeld das Zentrum des ›Hot Spots‹ Island angenommen. Typisch für diesen Ausbruchsmechanismus ist der 105 km lange Strom des Suðurárhraun (*hraun* = Lava). Seine Anwesenheit in der Landschaft ist ein Hinweis auf warmzeitliche Klimabedingungen ohne Eisbedeckung während der Ausbruchszeit. Die meisten der 50 Schildvulkane waren in der frühen Nacheiszeit aktiv. Nur ein kleiner Teil muß in der letzten Warmzeit ausgebrochen sein. Solche Vulkane zeigen Gletscherspuren. Ohne Gletscherspuren ist der Schildvulkan jünger als 11 000 Jahre.

Neben Schildvulkanen prägen **Tafelberge** in charakteristischer Weise das isländische Landschaftsbild und sind im Umfeld der aktiven Vulkanzone die auffälligsten Zeugnisse vulkanischer Tätigkeit. Die Tafelberge besitzen eine völlig andere Form, was auch andere Ausbruchsbedingungen voraussetzt. Ihre Hänge steigen steil an und gehen unvermittelt in ein Gipfelplateau über, auf dem ein ganz flacher Kegel aufsitzen kann. Tafelberge sind charakteristische Bestandteile der isländischen Vulkanlandschaft. Außer in Kanada und möglicherweise in der Antarktis sowie auf der Halbinsel Kamtschatka gibt es keine Vulkanregion auf der Erde mit diesem auffälligen Vulkantyp. Aus der Nähe betrachtet, erkennt man, daß zu seinem Aufbau besondere Kräfte und Prozesse gewirkt haben müssen. Ausgedehnte, steile und hohe Schutthalden bilden seinen Sockel und verschleiern vorwiegend die untersten Lagen. Nur an einzelnen Stellen ragen geschichtete gelbe Tuffmassen aus dem Lockermaterial heraus. Schaut man sich die einzelnen Bestandteile dieses ungewöhnlichen Gesteins an, dann erkennt man, daß sie aus winzigen, millimetergroßen glasigen Fragmenten bestehen. Es ist das Umwandlungsprodukt basaltischen Glases, der Palagonit, der in Island am Aufbau ganzer Landschaften beteiligt ist. Die

Halden gehen nach oben in noch steilere Partien aus blockigen Massen über. Ihren Abschluß bildet bei idealer Ausbildung des Vulkans eine Basaltdecke, die auch als Topbasalt bezeichnet wird. Darüber steigt das Gelände nur noch sanft an und schließt häufig in einem kleinen Kegel ab.

In der Form spiegelt sich die Entstehungsgeschichte des Tafelbergs wider, die außerordentlich dynamisch und dramatisch verlaufen ist. Die Tafelberge ragen meistens isoliert aus ihrer Umgebung heraus. Zu Beginn ihrer Tätigkeit bildete sich durch die enorme freigesetzte Wärme über der Ausbruchsstelle und unter dem Eis ein Schmelzwassersee, in dem das aufdringende Magma zu kissenartigen Absonderungen, der Pillow- oder Kissenlava, erstarrte. Diese glasige Form einer erstarrten Schmelze entsteht unter dem hohen Druck der über dem Förderschlot lastenden Wassersäule. Der hydrostatische Druck muß höher gewesen sein als der Explosionsdruck des Dampfes, der bei dem Kontakt der etwa 1000 °C heißen Schmelze mit dem Wasser entsteht. In manchen Teilen Islands hat man das Glück, solche Kissenlaven aus dem Inneren eines Vulkans zu sehen. Solche Partien werden manchmal durch Taleinschnitte freigelegt und damit zugänglich gemacht. Das ist beispielsweise in der Drekagil an der Askja der Fall (s. S. 183).

Reicht aber der hydrostatische Wasserdruck nicht aus, kommt es zu gewaltigen Explosionen, die die Schmelzmasse urplötzlich zerkleinern und zu Glas erstarren lassen. Damit entstehen gelbbraune Aschen aus feinsten Glassplittern, die zu einem Tuff verfestigen und als Hyaloklastit (*hýalos* ›Glas‹, *klasís* ›zerbrechen‹) oder wegen der gelblichen Farbe als Palagonittuff bezeichnet werden. Die Isländer nennen diese Auswurfsmassen Móberg. Wenn das Material grobkörnigere Bruchstücke von mehr als 2 cm Größe enthält, spricht man auch von einer Breccie.

Mit dem Ausbruch der Lockermassen war aber die Bildung des Tafelbergs noch nicht abgeschlossen. Nach dem Abschmelzen des Eises im Umfeld des Vulkans verhält sich die geförderte Schmelze wie bei dem Ausbruch eines Schildvulkans. Sie fließt aus und bleibt als Topbasalt zurück. Diese basaltische Lava dokumentiert eine Veränderung im Ausbruchsmechanismus und stellt zugleich eine Marke dar, die uns angibt, wie mächtig die Eisdecke gewesen ist. Der Höhenabstand zwischen der Basis des Vulkans und dem Topbasalt bzw. dem Knick vom steilen Hang zum flachen Gipfelplateau entspricht der Dicke der Eisdecke, die sich über dem Land ausbreitete. Im Falle des bekanntesten Tafelberges Islands, der Herðubreið, war sie 700 bis 800 m dick und wurde nach Norden dünner. Über dem Topbasalt kann, wie es bei der Herðubreið der Fall ist, sich noch ein Kegel mit einem Gipfelkrater aufgebaut haben. Manchmal ist es aber auch nur wie bei einem Schildvulkan ein Krater. Unvorstellbar sind die Massen, die ein Tafelberg fördern konnte. Der größte von ihnen, der Eiríksjökull in Westisland nimmt ein Volumen von 100 km$^3$ ein.

Typisch isländisch sind auch die **Ausbrüche auf Spalten.** In solchen Fällen reißen Spalten auf, und an mehreren Stellen tritt die Schmelzmasse geradezu sprudelnd an die Oberfläche und fließt dann zur Seite ab. Manchmal wird ihre Tätigkeit auch von heftigeren Explosionen begleitet. Diese Ausbrüche finden in der aktiven Vulkanzone statt und ereigneten sich zuletzt in den 1970er und 1980er Jahren im Krafla-Gebiet in Nordisland.

Island war während der Nacheiszeit die produktivste Vulkanregion der Erde. Das Gesamtvolumen der Magmenförderung betrug in dem Zeitraum von rund 11 000 Jahren 400 $km^3$. Lavaergüsse größeren Ausmaßes produzierten die Schildvulkane und die Spalten in der aktiven Vulkanzone zwischen dem Vatna- und dem Mýrdalsjökull. So förderte die Trölladyngja vor 8000 Jahren basaltische Massen mit einem Volumen von 15 $km^3$. Im Gebiet der Tungnaá und der Vatnaöldur rissen vor 6500 Jahren Spalten auf und förderten etwa die gleiche Menge. Die als þjórsá-Laven bekannten basaltischen Ausbruchsmassen legten auf ihrem Weg zum Meer eine Strecke bis zu 150 km zurück. Um 930 n. Chr. förderte in Südisland der größte Eruptionsgraben der Erde, die Eldgjá, 10 $km^3$ Lava.

Wie man an den Ausbruchsmassen der Vulkane ermessen kann, ist die Insel im Laufe der Erdgeschichte häufig von **vulkanischen Katastrophen** heimgesucht worden. Das weitaus meiste Belegmaterial hat dafür die Hekla mit ihren Bimsausbrüchen auch schon in vorgeschichtlicher Zeit geliefert. Ihre hellen Bimsaschen lassen sich in den Böden Islands über große Entfernungen verfolgen. Die Aschenlagen können in einer Entfernung von über 200 km noch eine Mächtigkeit von 10 cm besitzen.

Eine Katastrophe, die auch die Menschen außerhalb der Insel betroffen hat, war der Ausbruch der Lakagígar am 8. Juni 1783, als gegen 9 Uhr das Unheil über die Isländer hereinbrach. Wie bei vielen anderen vulkanischen Katastrophen setzte der Ausbruch nicht ohne Vorankündigung ein. Es hatten sich schon im Mai mehrere schwache Beben bemerkbar gemacht. Unbedeutende vulkanische Aktivitäten auf dem Reykjanes-Rücken kündigten im Südwesten das Unglück an, aber sie wurden sicherlich nicht als die Vorboten eines größeren vulkanischen Ausbruchs in Südisland gedeutet. Die Vermutungen wurden zur Gewißheit, als zwischen den Gletschern Mýrdalsjökull und Vatnajökull auf einer Länge von 25 km eine Spalte aufriß, die innerhalb von acht Monaten 12 $km^3$ Lava und 0,3 $km^3$ Lokkermaterial förderte.

Dazu ein Anfang des 20. Jh. erschienener Bericht von þ. Thoroddsen et al.:
*Der Winter, der dem Unglücksjahr voranging, zeichnete sich durch ungewöhnliche Milde aus, gerade wie der, dem die heftige Eruption der Hekla folgte. Vom 1. Juni 1783 an wurden die Bewohner des Skaftafellsbezirk durch rasch aufeinander folgende Stöße von Erdbeben in Schrecken gesetzt. Daß ihre Gewalt von Tag zu Tag wuchs, war kein Zweifel mehr, daß irgendein Vulkanausbruch stattfinden werde. Die Bauern ließen ihre Gehöfte im Stich, schlugen auf freiem Felde Zelte auf und erwarteten in banger Spannung den Ausgang dieser schrecklichen Vorbereitungen. Am Morgen des 8. Juni verfinsterte eine dichte Rauchwolke den Himmel und breitete sich über die Kirchspiele Síða, Skaftártunga und Fljótshverfi aus […] Zum Glück änderte sich bald der Wind und verhinderte, daß die Aschenwolken in den folgenden Tagen die Gehöfte weiterhin erreichten […] Laute Knalle, feurige Wolken, leuchtende Blitze folgten nun rasch aufeinander. Die Skaftá, die damals an der Fährstelle bei Kirkjubæjarklaustur 140 m breit und sehr tief war, begann am 9. Juni abzunehmen. Dann verschwand sie völlig, so daß man trokkenen Fußes durch das Bett gehen konnte. Am 12. Juni verstanden die Leute, warum der Gletscherfluß seinen Lauf eingestellt hatte. Bis dahin fiel er aus ei-*

*Ausbruch des Eldfell auf der Insel Heimaey*

*ner langen und bis 200 m tiefen Schlucht aus den Bergen in die bewohnten Niederungen hinab. Aber an jenem Tage quoll wie ein brausendes Meer ein Lavastrom aus der Mündung der Kluft hervor. Sie selbst wurde kurzum ausgefüllt, und die Lava floß über die Ränder. Mit reißender Geschwindigkeit wälzte sich die glühendrote Masse auf die Gehöfte zu. Am 13. Juni hörte man zum ständigen Dröhnen und Knallen ein eigenartiges Rauschen wie von einem fernen Wasserfall […] An diesem Tage stiegen drei Männer auf einen nahen Berg, um nach dem Ausbruch auszuspähen. Was sie sahen, war schlimm: In einer Linie ausgerichtet erhoben sich 27 Feuersäulen, von denen zwei besonders groß waren. Am 18. Juni brach ein neuer Lavastrom aus der Kluft der Skaftá, ebenfalls am 29. Juni. Wochenlang währte das Fließen mit unverminderter Kraft […] Während die Kirchspiele Skaftártunga, Meðalland, Landbrot und Síða unmittelbar durch die schrecklichen Ereignisse heimgesucht wurden, preisen sich die Einwohner von Fljótshverfi glücklich, daß sie nur die Verwüstung der Vegetation durch Aschefall sowie die Schwängerung der Luft und des Wassers mit schädlichen Stoffen zu beklagen hatten. Aber bald sollten auch sie am Unglück beteiligt sein. Am 29. Juli zog wiederum eine Aschewolke über Fljótshverfi. Dann kam die Lava. Als sie den Gletscherfluß Hverfisfljót erreichte, entbrannte ein heftiger Kampf zwischen den beiden Elementen. Der Sieg neigte sich auch hier zur Seite des Feuerstromes. Der Fluß wurde ausgetrocknet. In seinem Bett brauste die Lava ins Flachland auf dem Brunasandur hinab […] Im September und Oktober flossen fortlaufend neue Lavaströme.*

*Den ganzen Sommer hüllte meistens ein Staubnebel den größten Teil von Island ein. Die Sonne vermochte kaum hindurchzudringen. Ließ sie sich ausnahmsweise sehen, war sie rot wie Blut. Furchtbarer als dieses Geschehen selbst war für die ohnehin schon bedrückten Menschen die Not, die daraus folgte. Der feine schweflige Staub legte sich über die Vegetation. Selbst ein Jahr später war der Schwefelgeruch in der Luft an vielen Orten unerträglich […] Alle Weiden wurden zerstört und damit der einzige Erwerbszweig der Bauern, die Viehzucht. Dazu war der kommende Winter übermäßig hart. Hunger und Krankheiten kamen von Hof zu Hof. Sie ereilten das Vieh und den Menschen.*

Die 12 km$^3$ Lava breiteten sich vor allem im Küstenvorland als Skaftáreldahraun über eine Fläche von 565 km$^2$ aus. Sie

hätten ausgereicht, um Länder wie die Schweiz oder die Niederlande mit einer ca. 30 cm dicken Basaltschicht zu überziehen. Während der ersten Wochen waren schon 10 km$^3$ gefördert worden, die eine Fläche von 370 km$^2$ bedeckten. Das bedeutet, daß sich 50 Tage lang ein Lavastrom von der Spalte nach Süden ergoß, dessen Abflußrate vom Rhein nur bei Hochwasser erreicht wird, nämlich 5000 m$^3$/sek.

Der Schaden, den die Lava mit der Vernichtung einzelner Gehöfte anrichtete, war im Vergleich zum Ausfall der Weideflächen durch die Bedeckung mit Aschen gering. Aus Futtermangel in der Folgezeit gingen 53 % der Rinder, 82 % der Schafe und 77 % der Pferde zugrunde. Eine Hungersnot unter der Bevölkerung war die Folge. Ihr fielen 9200 Menschenleben zum Opfer. Unter dem Eindruck dieses großen Elends gab es sogar Pläne, die isländische Bevölkerung nach Nordjütland zu evakuieren.

Die Katastrophe blieb auch auf dem europäischen Festland und den Britischen Inseln nicht unbemerkt. Wegen des niedergehenden Aschefalls und der Verdunkelung des Himmels durch feine Staubpartikel fehlte im Sommer 1783 in Schottland zur Kornreife der Sonnenschein. Man sprach von einem Sommer, der keiner war. In den Niederlanden riefen die Schadstoffe in der Luft Entzündungen an den Augen und Schäden an den Pflanzen hervor.

Solche Ereignisse, die den Landschaftshaushalt vorübergehend durcheinander bringen, können jederzeit unverhofft eintreten. Wesentlich langsamer lief eine weltweite ökologische Katastrophe ab, die Islands Gestalt grundlegend veränderte. Es waren die Wirkungen der Eiszeit oder des Eiszeitalters.

## Das Eis als formendes Element

In Island trifft man fast überall auf die Spuren der eiszeitlichen Gletscher. Flächen wurden von ihnen abgeschliffen, Kuppen – wenn sie nicht aus dem Eis herausragten – wurden von den Gletschern zugerundet, Täler vertieft und verbreitert und in Küstennähe zu den Fjorden umgestaltet. Nach ihrem Rückzug hinterließen die Gletscher im Hochland ausgedehnte, mit Schutt bedeckte Grundmoränenlandschaften. In den tiefer gelegenen Regionen sind es die als ›Heiði‹ bezeichneten Plateaulandschaften mit Tundrenvegetation, die sich bis in die Küstenregion fortsetzen. Nur ein relativ kleiner Teil Islands ist heute ohne Spuren eiszeitlicher Gletscher. Zu ihnen gehören die Räume des jungen und nacheiszeitlichen Vulkanismus sowie die Tiefländer als Sedimentationsräume mit den Sandern und den Küstensäumen.

Die interessantesten und attraktivsten Formen der während der Eiszeiten von Gletschern gestalteten Landschaften sind die **Fjorde** und ihr Umland. In diesen tiefen Einschnitten der flachen Plateaubasaltlandschaft mit vorwiegend steil aufragenden, leicht getreppten Hängen ergießen sich Wasserfälle als belebendes Element.

Fjorde sind enge gewundene ertrunkene Täler, die ursprünglich oder während der Eiszeiten mit einem Talgletscher ausgefüllt waren. Zwischen dem Haupt- und Nebental befindet sich eine Geländestufe, die häufig von einem Wasserfall überwunden wird. Im Inneren schüttet ein Fluß die tiefe Rinne des Fjordes zu. Fjorde im klassischen Sinne treffen wir in den Landschaften der Nordwest-Halbinsel und von Austfirðir an sowie im Hvalförður in Westisland und in den beiden Fjorden Hrútafjörður und Eyjafjörður mit ihren Nebenarmen in Nordisland. Die anderen als *Fjörður* bezeichneten Buchten sind viel zu breit, um noch der Definition gerecht zu werden. Das bedeutet allerdings nicht, daß sie nicht auch in beträchtlicher Weise von den Eiszeitgletschern gestaltet wurden.

Unverwechselbar stellt sich das Fjordgebiet der Nordwest-Halbinsel mit einer noch vorhandenen Plateaulandschaft über den trogförmigen Einschnitten der zum Teil tief in das Land hineinziehenden Meeresarme dar. Zwischen dem Eyjafjörður und dem Skagafjörður besitzt das Bergland von Tröllaskagi mit pyramidenförmigen Erhebungen und scharfen Graten eher einen alpinen Charakter. Die Fjordlandschaft von Austfirðir ist am buntesten. Überreste ehemaliger Zentralvulkane unterbrechen die Gleichmäßigkeit der getreppten Basalthänge.

Die weniger stark eingetieften Räume des Hinterlandes zeichnen sich durch eine große Weite mit einzelnen Flüssen in manchmal muldenförmigen Tälern aus. Sie leiten im Hochland mit immer spärlicher werdender Vegetation in die aktuelle **Gletscherregion** über. In Meeresnähe vermitteln diese Räume mit ihrer Zwergstrauchvegetation und den Erdbülten den Eindruck einer Tundra. Einzelne abgeschliffene Felsen erinnern an die eiszeitliche Herkunft. Auf ihrem Weg zum Meer oder über das Gelände haben die Gletscher diese Landformen hinterlassen. Als kleinste Spuren erinnern Schrammen auf dem Fels an ihre abtragende Tätigkeit. Relikte der ausschürfenden Gletscherarbeit sind die vielen kleinen Seen in den Plateaulandschaften, beispielsweise auf den Halbinseln Melrakkaslétta und Skagi in der Nähe des Meeres oder im Gebiet von Gláma im Hochland der Nordwest-Halbinsel. In der faszinierenden Einöde der Grundmoränenlandschaft des Glet-

*Gletscherzunge des Virkisjökull am Rande des Öræfajökull im Süden von Island*

schervorlandes glaubt man noch im Eiszeitalter zu sein.

Während der letzten Eiszeit war Island mehr oder weniger vollständig mit einer Inlandeisdecke bedeckt. Heute werden noch etwa 11 % oder 11 800 km² der Insel vom Gletschereis eingenommen. Kein Land in Europa ist stärker vergletschert. Die Lage der Insel im hohen Norden mit deutlich ausgebildeten Hochländern größeren Ausmaßes und das feuchte ozeanische Klima bedingen die Anwesenheit der großen Eismassen.

So sind auch die heute noch vorhandenen Gletscher neben den Vulkanen die wichtigsten Gestalter der isländischen Landschaft. Mehr als die Hälfte des Landes zeigt Formen, die entweder durch die Gletscherabtragung geschaffen wurden oder ihr unterworfen waren. Man trifft auf Island einen Gletschertyp an, wie er auf dem europäischen Festland nur noch in Norwegen vorkommt: ausgedehnte Plateaugletscher. Allen voran steht der Vatnajökull, der mit einer Fläche von 8300 km² schon als kleine Inlandeismasse bezeichnet werden kann. Selbst der Langjökull (953 km²) und der Hofsjökull (925 km²) können noch mit dem größten Gletscher des europäischen Festlandes, dem norwegischen Jostedalsbreen (etwa 1000 km²) konkurrieren. Sie überdecken ganze Landschaften, aus denen nur Nunataks als einzelne Berggipfel herausragen.

Kleinere Eiskappen wölben sich über die großen Zentralvulkane, wie beispielsweise den Snæfellsjökull. An die Gletscher in den Alpen erinnern von Spalten zerfurchte Talgletscher oder Eisabflüsse. Sie reichen von den größeren Eismassen oder kleineren Firnmulden der Hochländer ins Vorland (z. B. Skaftafellsjökull oder Gígjökull) und haben einen Kranz von Lockermaterial (Moränen) vor sich hergeschoben.

Die minimalste Form der Vergletscherung stellen die Kargletscher dar. Sie lehnen sich in schüsselförmigen Mulden an die Talhänge, wie man es besonders gut im Bergland von Tröllaskagi beobachten kann.

Die heutigen Gletscher verteilen sich auf drei Regionen: die nördliche Region mit der Nordwest-Halbinsel und dem Bergland von Tröllaskagi, die zentrale sowie die südliche Gletscherregion.

Zwischen einer Höhe von 700–900 m NN breitet sich auf einem Plateau der Nordwest-Halbinsel der 160 km² große Drangajökull aus. Einzelne Talgletscher fließen vom Plateau hinab bis zu einer Höhe von 200 m NN.

Im alpinen Bergland von Tröllaskagi zwischen den beiden Fjorden Eyjafjörður und Skagafjörður gibt es keine zusammenhängende Eismasse, sondern 115 kleinere Kar- und Talgletscher, die zusammengenommen eine Fläche von 40 km² einnehmen.

Zu der zentralen Gletscherregion gehören die Gletscher entlang der Hauptwasserscheide Islands mit dem Nordteil des Vatnajökull (8300 km²), dem Hofsjökull (925 km²), Hrútfell, Tungnafellsjökull (48 km²), Langjökull (953 km²), Þórisjökull (32 km²), Eiríksjökull (22 km²) und dem Snæfellsjökull (11 km²) auf der Halbinsel Snæfellsnes. Die nördlichen Talgletscher reichen hinab bis auf 800–900 m NN und die südlichen bis 600–700 m NN.

Die südliche Gletscherregion erstreckt sich entlang der Süd- und Südostküste und besitzt mit dem südlichen Vatnajökull und dem Mýrdalsjökull (596 km²) seine größten Vereisungsflächen. Wesentlich kleiner sind die Eiskappen des Eyjafjallajökull (78 km²), des Tindfjallajökull (19 km²) und des Torfajökull (15 km²). Die Vergletscherung der südöstlichen Fjordlandschaft ist so minimal, daß nur vereinzelte Kargletscher die höheren Berge zieren.

## Das Wasser als Landschaftsgestalter

Mit der Verbesserung der klimatischen Verhältnisse in der Nacheiszeit setzte der Rückzug der fast ganz Island bedekkenden Eismassen ein. Nun konnten die Flüsse mit ihrer skulptierenden und ausgleichenden Arbeit beginnen. Sie schnitten sich in den Untergrund ein und, wo sich ihre Fließgeschwindigkeit verlangsamte und damit ihre Transportkraft erlahmte, da entledigten sie sich ihrer mitgeführten Fracht. In die Mündungsgebiete der Fjorde wurden und werden beträchtliche Mengen an Sedimenten, Sand, Kies und feiner aufbereitetes Gesteinsmaterial, eingebracht.

Die Flüsse schütteten ihre Fracht in die Schwemmländer oder sie füllten, wie es in Südostisland sehr gut zu beobachten ist, breite Talböden auf. Von ihrer sedimentierenden Tätigkeit sind auch die Fjorde betroffen. Beispielsweise hat im Eyjafjörður die Eyjafjarðará seit der Landnahmezeit vor rund 1100 Jahren ihr Mündungsgebiet durch Einschüttung von Sedimenten um 2,5 km weiter in den Fjord vorgeschoben. Auf diesen jungen Sedimenten befindet sich heute der Flugplatz von Akureyri.

Die Flüsse in Island fließen meistens recht schnell und ungestüm dahin. Nur in den Tiefländern gehen sie manchmal in ein schlingenförmiges Pendeln, in ein Mäandrieren, über. Ihr Wasser ist häufig so klar und unbelastet, daß Lachse darin leben können, wie es auch die Bezeichnung ›Laxá‹ bei einigen Flüssen ausweist. Andere sind durch die im Wasser mitgenommenen Schwebstoffe vollständig trübe.

In Island werden drei verschiedene Flußtypen unterschieden: die *dragá,* der Wildwasserfluß, die *lindá,* der Quellwasserfluß, und die *jökulsá,* der Gletscherfluß. Die Wildwasserflüsse ergießen sich über den wenig durchlässigen Untergrund tonhaltiger tertiärer Gesteine. Sie sind also Bestandteile der Landschaften der Nordwest-Halbinsel, des Berglandes von Tröllaskagi und der Ostfjorde. Ihre Wasserführung hängt stark von der Witterung ab. Wegen der geringen Speicherfähigkeit des Bodens schwellen sie nach starken Niederschlägen schnell an. Länger anhaltende Trokkenheit oder Eisbildung im Winter läßt sie sogar manchmal verschwinden. Daher besteht eine große Diskrepanz zwischen maximaler und minimaler Wasserführung, die auch durch die Jahreszeiten beeinflußt wird (Verhältnis 24 : 1). Der längste Wildwasserfluß ist die 117 km lange Fnjóská in Nordisland östlich der Vaðlaheiði.

Quellhorizonte in den Lava- und Kieswüsten sind die verblüffenden Farbtupfer in einer trostlos grau oder schwarz erscheinenden Landschaft. Dort kommt über einem wasserstauenden Horizont das im Kies oder der Lava schnell versikkerte Wasser zum Vorschein. Hier sorgt ausreichende Feuchtigkeit dafür, daß sich Moose (Quellflurengesellschaften) oder sogar höhere Pflanzen ansiedeln können. Vor der Kante eines Lavastroms vereinigen sich dann die Rinnsale zu einem Bach oder einen kleinen Fluß.

Einer der bekanntesten Quellflüsse ist die Lindaá in der Oase von Herðubreiðarlindir in der ›Missetäterwüste‹ (Ódáðahraun). Hier ist das Niederschlagswasser in den Lavafeldern der Kollóttadyngja verschwunden und kommt an der Stirn der Basaltmassen über dem wasserstauenden Horizont als Quellwasser wieder zum Vorschein, um sich zur Lindaá zu vereinigen. Ein interessantes Beispiel einer *lindá* sind auch die Hraunfossar an der Stirn des Hallmundarhraun. Nur wird dieses Quellwasser fast unmittelbar nach seinem Austritt aus der Lava von dem Gletscherwasser der Hvítá aufgenommen. Im Gegensatz zu den Wildwasserflüssen wird ihre Wasserführung kaum oder erst verspätet beeinflußt. Hochwässer sind bei dieser Flußart wegen der Rückhaltewirkung im Untergrund selten. Die bedeu-



*Mäander und Terrassen der Norðurá südlich von Skagaströnd*

tendsten Quellgebiete sind die Verbreitungsgebiete junger Lavaströme, z. B. im Ódáðahraun, auf der Halbinsel Reykjanes an den Kliffs, das Gebiet um die Hekla. Zu den Quellflüssen werden auch die Abflüsse der Seen wie der Sog vom Þingvallavatn oder die Laxá vom Mývatn gerechnet.

Die Gletscherflüsse *(jökulsá)* haben in den Schmelzwässern ihren Ursprung. Sie setzen sich aus ziemlich reinem Oberflächenwasser und unter dem Gletscher hervortretenden, mit der Gletschertrübe befrachteten Wasser der Bäche oder sogar Flüsse zusammen. Die Wasserführung der Gletscherflüsse ist in den Sommermonaten besonders nach starken Regenfällen am höchsten. Es ist ein deutlicher Tagesgang zu erkennen: Der geringste Wasserstand stellt sich in den frühen Morgenstunden ein, dagegen schwellen die Gletscherflüsse am Nachmittag oder frühen Abend an und werden damit gefährlich. Reisende, die ein Gletschervorland mit Flüssen oder kleineren Gerinnen zu passieren haben, sollten sich auf diese Verhältnisse einstellen.



Der bekannteste Gletscherfluß ist die Jökulsá á Fjöllum. Er hat mit 7750 $km^2$ das größte Einzugsgebiet und ist der zweitlängste Fluß Islands. Flußlandschaften, wie die des Rhein-, Elbe- oder Donautals gibt es in Island nicht, denn keiner der Flüsse ist schiffbar. Ihr Längsprofil ist noch viel zu unausgeglichen, als daß man eine Talfahrt in einem Schiff unternehmen könnte oder sollte. Gerade wegen ihres unausgeglichenen Gefälles sind sie ein Tummelplatz für die Freunde des Rafting. In vielen Fällen sind Wasserfälle unüberwindbare Hindernisse. Kaum anders ist die Situation in den Flußniederungen und Sandern. Aus dem Grunde kann man sich als Tourist nur einzelnen Formen der Flußlandschaft widmen, und diese sind in vielen Fällen faszinierend, denn die Kleinodien der isländischen Flußlandschaft sind die zahlreichen Wasserfälle.

## Nieder- und Hochtemperaturgebiete

Die Segnungen der Niedertemperaturgebiete wird der Besucher Islands sehr bald bei seinem Aufenthalt in den hohen Breiten mit kühlem Klima zu schätzen wissen. Selbst in den entlegensten Teilen der Insel bietet sich in kleinen Wasserbecken verschiedenster Form oder sogar in einem ›beheizten‹ See oder Bach, wie bei Landmannalaugar, Gelegenheit zum Aufwärmen und Entspannen. Die zahlreichen Bademöglichkeiten als angenehme und beschauliche Art der Freizeitgestaltung im hohen Norden sind nicht die einzige Nutzungsform der in über 650 Heißwasserquellen zur Verfügung stehenden geothermalen Energie, sondern auch die Versorgung der Wohnungen und Häuser mit Heizungswärme oder auch die Beheizung von Bürgersteigen in Reykjavík bzw. Straßenabschnitten, um z. B. im Winter Kurven schnee- und eisfrei zu halten.

Die Vorräte dieser Energieform basieren auf dem regional hohen Wärmefluß in den obersten 1000 m von Islands Erdkruste. Dabei sind diese energiereichen Partien unter der Erdoberfläche keineswegs nur an die aktive Vulkanzone gebunden. Auch in Teilen der Insel, wo die Vulkane längst erloschen sind, steigt die Temperatur zur Tiefe hin rapide an (37° bis 165 °C/km). Das bedeutet, daß in den Untergrund eindringendes Niederschlagswasser bei entsprechend langer Verweildauer in hinreichender Tiefe aufgeheizt werden kann, wobei auch Bestandteile der Gesteine gelöst werden.

*Solfatarenfeld am Námafjall, im Hintergrund der Tafelberg Búrfell*

Charakteristisch für die Wässer aus Niedertemperaturgebieten sind Temperaturen bis zu 150 °C bis in eine Tiefe von 1000 m und der geringe Anteil an gelösten Stoffen, was für den Unterhalt von Heizungssystemen außerordentlich wichtig ist. Das Wasser kann auf seinem unterirdischen Weg der Aufheizung Strecken von 10–150 km zurücklegen und erscheint entlang tektonischer Linien oder Gesteinsgänge, die seinen Weg unterbrechen, an der Oberfläche. Die Verweildauer hängt von der Wegstrecke und der Fließgeschwindigkeit ab. Sein Alter reicht von einigen Jahrzehnten bis zu 10 000 Jahren.

Es fällt auf, daß der Osten eine wesentlich geringere Anzahl an Quellen aufweist als andere Landesteile. Die Erklärung: Weil Störungen in kürzeren Abständen auftreten, ist auch der Weg des Wassers kürzer, so daß sich das Wasser nur gering aufheizen kann. Die Schüttung sämtlicher natürlicher Quellen kann nur geschätzt werden. Sie beträgt etwa 1800 l/sek. Diese Menge reicht aus, um jedem Isländer täglich etwa 500 l heißes Wasser zur Verfügung zu stellen. Das entspricht etwa einer Riesenquelle von der Größe der Rhumequelle am Harzsüdrand. Allerdings beträgt bei diesen Quellen die Wassertemperatur nur etwa 10 °C. Die Wasserförderung der Thermalquellen wird durch Bohrungen auf ein Mehrfaches gesteigert werden.

Größtes touristisches Interesse finden die Thermalquellen von Geysir und von Hveravellir wegen ihrer vielfältigen Formen der Wasseraustritte. Neben phantastischen feingliedrigen Sinterformen am Rand der Quellen besticht häufig die Farbe des Wassers von Smaragdgrün bis Hellblau. Diesen fast zarten Farbtönen stehen die kräftigen Farben des Untergrundes gegenüber, über denen die Dampfwolken der Hochtemperaturgebiete manchmal hoch aufsteigen.

Die Hochtemperaturgebiete befinden sich ausschließlich in der aktiven Vulkanzone und erwecken den Anschein geothermischer Überdruckventile oder Entlüftungsschächte. Für gewöhnlich herrschen in diesen als Solfataren oder Fumarolen bezeichneten Fördergebieten vulkanischer Gase und Dämpfe Temperaturen zwischen 200 und 350 °C. Über die Anzahl der Hochtemperaturgebiete ist man sich noch nicht einig; es ist noch unbekannt, wie viele ihrer Art sich unter den Gletschern befinden. Es gibt 22 sichere Gebiete, in denen der Untergrund stark durch Solfataren (Schlamm- und Dampfquellen) verändert wurde. In der Nähe des Mývatn kann man das Wirken dieser Quellen leicht nachvollziehen, denn unter der Hitzeeinwirkung sind ganze Höhenrücken oder Anhöhen im Bereich des Námafjall und der Krafla zerkocht und in Ton, Gips und Eisenverbindungen umgewandelt worden. Am größten ist das Hochtemperaturgebiet von Torfajökull mit 140 $km^2$, während als zweitgrößtes das Hengill-Gebiet östlich von Reykjavík eine Fläche von 100 $km^2$ erreicht. Zusammengenommen nehmen alle Hochtemperaturgebiete eine Fläche von 600 $km^2$ ein. Die Nutzung dieser Energiequellen steht noch am Anfang. Die Energie wird momentan zur Produktion von Elektroenergie, zu Trocknungsprozessen und in der chemischen Industrie verwendet. Besonders attraktiv für den Besuch sind die Hochtemperaturgebiete in Nordisland am Námafjall und an der Krafla, in Südisland und Torfajökullgebiet und im Südwesten Krísuvík.

## Räume des Übergangs – Islands Küsten

Ein flüchtiger Blick auf die Karte der Insel läßt schon nach dem Verlauf den Charakter isländischer Küsten erkennen. Neben Räumen mit einer starken Gliederung treten Küstenregionen mit einem ausgeglichenen, fast geraden Verlauf auf. So läßt sich die 6000 km lange Küste Islands in vier verschiedene Abschnitte unterteilen.

Die Südküste zeigt einen gleichmäßigen Verlauf als Vorland der großen Gletscher und als Mündungsgebiet und Sedimentationsraum der größten Flüsse. Sie ist eine Ausgleichsküste mit einzelnen Nehrungen, schmalen, langgestreckten Landzungen, besonders im Südosten.

Bedingt durch die tektonische Aktivität im Untergrund mit der Bildung der Halbinsel Snæfellsnes ist der westliche Küstenraum völlig anders gestaltet. Er wird geprägt von den beiden großen, durch Snæfellsnes getrennten Buchten Faxaflói und Breiðafjörður. Die Nordwest-Halbinsel und der Osten zeichnen sich durch eine stark gegliederte Fjordküste aus. Abwechslungsreich sind die Küstensäume im Norden mit breiten Buchten und dem rund 60 km langen Eyjafjörður. Eine besondere Bedeutung besitzt die Halbinsel Reykjanes, da sich hier die ozeanische Großstruktur des Mittelatlantischen Rückens über die Meeresoberfläche erhebt.

In den Tiefländern und an den Ufern der Buchten und Fjorde befinden sich häufig Strandlinien und Meeresterrassen. Sie sind die Zeugnisse ehemals höherer Stände des Meeresspiegels. Zu einem beträchtlichen Teil sind noch alte Kliffs erhalten, die gerne von den Seevögeln als Nistplätze angenommen werden.

# Überschaubar: Die Tier- und Pflanzenwelt

## Die Flora

Bei einem Besuch in Island wird man direkt nach der Ankunft damit konfrontiert, daß auf der Insel völlig andere Vegetationsverhältnisse herrschen als in Mitteleuropa. Es fehlt der Wald mitteleuropäischer Prägung. Statt dessen bedekken vor allem niedrige Sträucher, Stauden, Gräser oder sogar nur Moose, wie beispielsweise auf der Halbinsel Reykjanes, den felsigen Untergrund.

Island besteht fast zu zwei Dritteln aus Ödland. Das hat verschiedene Gründe: Die Insel liegt im hohen Norden. Sie besitzt einen gebirgigen Charakter. Der Boden ist besonders wasserdurchlässig (Lavadecken und Aschen). Da viele Pflanzenarten während des Eiszeitalters ausstarben und nicht wieder zurückkehrten, gedeihen auf Island nur 440 Arten der Gefäßpflanzen (Samenpflanzen und Farnpflanzen) mit Ausnahme der beiden artenreichen Gattungen Löwenzahn *(Taraxacum)* und Habichtskraut *(Hieracium)*. Zum Vergleich: In Norwegen ist die Artenzahl viermal, auf den Britischen Inseln fünfmal und in Deutschland etwa sechsmal so groß.

Das Eiszeitalter war für Islands Tier- und Pflanzenwelt eine ökologische Katastrophe, von der sie sich vor allem wegen der isolierten Lage nicht wieder erholt hat. Interessant war es für die Wissenschaft zu erfahren, ob einige Pflanzen die Vereisung überdauern konnten oder ob nach dem Rückzug der Gletscher vor rund 12 000 Jahren eine völlig neue Besiedlung einsetzte. Es gab nur wenige Refugien. Die meisten Pflan-

*Engelwurz und Arktisches Weidenröschen*

zen sind Einwanderer, teils aus Europa, teils aus Amerika. Es wurde festgestellt, daß von den auf Island wachsenden Gefäßpflanzenarten 90 % auch in Norwegen zu Hause sind. Über 85 % kommen auch auf den Britischen Inseln vor, aber nur 66 % in Grönland. Die Zusammensetzung ist also sehr stark von nordeuropäischen Einflüssen geprägt. Das westliche Element der Flora, der Anteil der Pflanzenarten, die nur auf dem nordamerikanischen Kontinent und in Grönland vorkommen, ist mit zehn Arten nahezu verschwindend gering. Ein ebenso geringer Einfluß der westlichen Hemisphäre läßt sich in der Tierwelt feststellen. Das europäische Element ist wesentlich größer, wenn auch der größte Teil zur zirkumpolaren arktisch-borealen Region gehört.

Eine zweite Katastrophe brach nach der Eiszeit über die Pflanzenwelt der Insel hinein, als die Siedler ihre Haustiere in Island anlandeten. Dies war der Beginn einer Veränderung der Flora durch den Menschen. Erst die Schafe ermöglichten es den Siedlern, am Rande des menschlichen Siedlungsraums zu leben, denn sie lieferten ihnen Fleisch, Milch, Wolle und Felle – Kleidung und Nahrung zum Überleben in den harten Wintermonaten. Andererseits wurden die Schafe auf Kosten der Pflanzen gehalten. Die für die Menschen lebensnotwendigen und ihnen daher nützlich erscheinenden Eigenschaften der Schafe können den Schaden, den sie an den Pflanzen anrichteten, nicht aufheben. Die Siedler wußten um die Erhaltung und Gefährdung des empfindlichen Gleichgewichtes der Weiden im Hochland und legten strenge Regeln fest, was die Anzahl der gehaltenen Schafe anbetraf. Bei den Veränderungen, die die Pflanzenwelt erfuhr, ist nicht nur zu bedenken, daß die Tiere bestimmte Pflanzenarten fraßen, sondern daß der Boden und damit auch die Pflanzenwelt unter ihren Füßen beeinflußt wurde.

Je nach Höhenlage, Klima, Lage des Grundwasserspiegels kann man in Island sechs verschiedene natürliche Pflanzengesellschaften unterscheiden. Lichte, buschartige **Birkenwälder,** vergleichbar mit denen Mittelnorwegens oder Schwedens in der Nähe der Waldgrenze, gibt es nur in geschützten Lagen: in Ostisland (Hallormsstaður), in Ásbyrgi, östlich von Akureyri (Vaglaskógur) oder im Süden nahe der Gletscher von Skaftafell. Dort können größere Bäume die Höhe von 10 m oder einen Stammdurchmesser von mehr als 20 cm erreichen.

Die zweite Gesellschaft ist die **Zwergstrauchheide,** nicht mit dem isländischen Begriff *›heiði‹* zu verwechseln. Im allgemeinen Sprachgebrauch versteht man unter ›Heide‹ Zwergstrauchheiden auf nassem nährstoffarmen Untergrund. Der Begriff *›heiði‹* dokumentiert eher eine Höhenstufe und die Bezeichnung für Hochland, auf der im wesentlichen die Pflanzengesellschaften der Heide angesiedelt sind. Die Zwergstrauchheiden kommen vor allem in Nord- und Ostisland zwischen Meeresspiegelhöhe und 400 m NN vor. Sie sind baumarme Landschaften mit verschiedenartigen Heidekrautgewächsen, zu denen auch die Heidelbeere *(Vaccinium myrtillus)* gehört. Zu ihnen gesellen sich als weitere Zwerggehölze niedrig wachsende Weidenarten und die Polarbirke. Eine der auffälligsten Pflanzen in der Krautschicht ist als Hahnenfußgewächs die Silberwurz *(Dryas octopetala).* Im Bergland geht diese Vegetationsform in die Zwergstrauchtundra über.

Die **Gebirgs- und Zwergstrauchtundren** finden ihre größte Verbreitung in den sommertrockenen Gebieten des

Nordens, z. B. nördlich des Langjökull, nordöstlich des Vatnajökull im Oberlaufgebiet der Jökulsá á Brú und vor allem auf Verebnungen oberhalb der Fjorde. Feuchtere Standorte sind mit der Krähenbeere *(Empetrum nigrum)* als Charakterpflanze bestanden. In windexponierter Lage herrschen die Silberwurz und die Gamsheide oder Alpenheide *(Loiseleuria procumbens)* vor, in Lee- und Südlage kommen Zwergbirke und Heidelbeere mehr zur Geltung.

Die **Moosheide oder Moostundra** ist eine der ansprechendsten Pflanzengesellschaften und kann als ein typischer Bestandteil der isländischen Landschaft angesehen werden. Sie ist vor allem in den feuchteren Räumen des Südens zu Hause, z. B. auf dem Skaftáreldahraun. In dieser Pflanzengemeinschaft dominieren die Zackenmützen-Moose. Sie beleben im besonderen Maße trostlose Lavafelder mit ihren graugrünen Polstern. Das dezimeterdicke Moos erschwert durch seinen dichten Besatz höheren Pflanzen das Aufkommen. Es hängt letzten Endes von den Standortbedingungen und von der Zeit ab, ob auf den Lavaströmen eine Zwergstrauchheide, Grasland oder Buschwald oder sogar alle drei Vegetationsformen nebeneinander vorkommen. Weit verbreitet ist die Moosheide in der Umgebung von Landmannalaugar, in bestimmten Gebieten der südostisländischen Fjordlandschaft, auf der Halbinsel Reykjanes, in der Umgebung der Veiðivötn (Einzugsgebiet der Tungnaá), im südlichen Umland der Gletscher Eyjafjallajökull und Mýrdalsjökull auf den Palagonitgesteinen und schließlich auf den großen Lavafeldern des Eld- und des Skaftáreldahraun. Die Moosheide fehlt im Bergland von Tröllaskagi und in weiten Teilen der Nordwest-Halbinsel.

Der Pflanzenbesatz geht im Gebiet des zentralen Hochlandes mit den **Kies- und Lavawüsten** auf ein Minimum zurück. Das ist nicht nur klimatisch aufgrund der Höhenlage bedingt, sondern hier tragen die Bodenbedingungen in einem beträchtlichen Maße dazu bei, daß nur wenige Pflanzenarten in der Lage sind zu existieren. Die Ursache ist die hohe Wasserdurchlässigkeit des Gesteinsuntergrundes, denn das lebensnotwendige Niederschlagswasser versickert unverzüglich im Boden. Ähnlich verhält es sich auch in den ausgedehnten Sanderflächen Südislands. Mit einem weitverzweigten Wurzelsystem versuchen sie, dem Boden das lebensnotwendige Wasser zu entziehen. Charakteristische Vertreter dieser Vegetationsform, die auch als ›*Melur*‹-Vegetation (Kies-, Sandhügelvegetation) bezeichnet wird, sind das Stengellose Leimkraut *(Silene acaulis)*, die Gewöhnliche Grasnelke *(Armeria maritima)*, der Arktische Thymian *(Thymus arcticus)* und die Sandkresse *(Cardaminopsis petraea)*. Sie sind während der Blütezeit neben den gelblich grünen Moospolstern der Quell-Flurgesellschaften an den Quellaustritten oder an Bachrändern auch in anderen Regionen Islands die einzigen Farbtupfer auf den dunkelbraunen bis schwarzen Böden. Oberhalb dieser Zone werden die höheren Pflanzen in der Frostschuttzone schließlich vollständig von den Flechten abgelöst.

Island ist ein moorreiches Land. Etwa 8–10 % der Landesoberfläche werden von **Mooren** und anmoorigen Böden mit **Feuchtwiesen** eingenommen. Es sind Niedermoore, die aus verlandeten Seen und Tümpeln hervorgegangen sind, die *Flói*-Moore. Die Ursache der Bildung einer zweiten Niedermoorart, der *Hallamýri-Moore,* ist der hohe

Grundwasserstand. Die kühle Witterung läßt nur eine unvollständige Verrottung der pflanzlichen Substanz zu, so daß die Niederungs-Böden mit einer Rohhumus-Schicht (Torf) abschließen. Ist die Verlandung eines Sees oder Tümpels soweit vorangeschritten, daß eine geschlossene Pflanzendecke als Feuchtwiese den ursprünglichen See oder Tümpel bedeckt, dann werden die entstandenen Niedermoor-Wiesen als *›mýrar‹* bezeichnet. Auffälligste Pflanze der Niedermoor-Wiesen ist das Wollgras *(Eriophorum sp.)*. Wenn sich die Vegetationsdecke geschlossen hat, stellen sich allmählich hügelförmige Aufwölbungen oder Erdbülten ein, die in Island als *›Þúfur‹* bezeichnet werden. Sie sind das Ergebnis des im Boden wirkenden Auftauens und Wiedergefrierens, was zu einer Sortierung des Bodenmaterials und schließlich diesen landschaftsprägenden und von den Landwirten unerwünschten ›Frostbeulen‹ führt.

## Die Fauna

Genauso wie die Flora zeichnet sich die isländische Fauna durch Artenarmut aus. In Island gibt es keine Reptilien und keine Amphibien. Islands Ureinwohner ist der **Polarfuchs** – er ist der einzige heimische Vertreter der Landsäugetiere. Der Polar- oder Eisfuchs lebt seit der letzten Eiszeit auf der Insel und beherrschte sie, bis der Mensch kam, wenn nicht ab und zu sich ein Eisbär auf dem Treibeis nach Island verirrte und ihm das Terrain streitig machte. Anpassungsfähig, wie nun einmal der Fuchs ist, fand er auch einen Nutzen in dem Eintreffen des Menschen und der von ihm mitgebrachten Tiere. Sein alltäglicher Speisezettel mit Schneehuhn- oder Gänsekost erweiterte sich um Lämmer, verunglückte Schafe und Nachgeburten. Reichste Beute machte er gerade in schlechten Jahren, was ihm bei den Inselbewohnern einen ganz üblen Ruf und eine unablässige Verfolgung einbrachte. Heute hat er sich in die Naturräume zurückgezogen, wo er dem Menschen bestenfalls beim Schafsabtrieb begegnet. Wenn man Glück hat, zeigt er sich unverhofft in der Tundra.

Die von den ersten Siedlern mitgebrachten Tiere betraten wie die Menschen ein Land, in denen sie sich nicht mit der Konkurrenz einheimischer Tiere auseinanderzusetzen hatten. Nur der Fuchs stand ihnen gegenüber. Nach archäologischen Forschungen ist es durch die Bestimmung von Knochen in früheren Kulturschichten sicher, daß Pferde, Schafe und Ziegen, die nach Island gebracht wurden, den heutigen in Island gehaltenen Tieren sehr ähnlich waren. Zu der damaligen tierischen Fracht der Einwanderer gehörten außerdem Exemplare einer kleineren Rinderrasse, Schweine, Hunde und Katzen, Hausgänse und Hühner. Es wurden zwei Hunderassen nach Island gebracht, die aber nicht mit dem heutigen ›Islandhund‹ übereinstimmen.

Von den im Mittelalter nach Island gebrachten Tierarten ist heute das Schaf das Landsäugetier, dem man am häufigsten auf der Insel begegnen wird. Obwohl es seit über einem Jahrtausend die Insel bevölkert, gehört es noch zu der gleichen Rasse, wie die Tiere, die die Einwanderer in Island eingeführt hatten. Beide Geschlechter tragen gebogene Hörner, so daß manches Mutterschaf schon für männlich angesehen worden ist. Im Frühling verbleiben die Mutterschafe solange auf dem Hof, bis sie die Lämmer zur Welt gebracht haben. Im Mai werden die Schafe auf die Hochweiden gelassen. Ihnen folgen, mit Markierungen an den Ohren versehen, die Lämmer. Das Muttertier bleibt mit einem oder zwei Lämmern den ganzen Sommer über draußen. Am 19. September setzt der Abtrieb ein. Zuerst werden in den Bergen die Schafe systematisch zusammengetrieben. Dann kommen manchmal riesige Herden mit Tausenden Schafen zu Tal. In radial angeordneten Pferchen werden sie nach den Ohrenmarken von den Besitzern herausgesucht. Nun ist die Zeit der Trennung gekommen, denn der größte Teil der Lämmer ist für die Schlachthäuser vorgesehen. Die für die Zucht ausgesuchten Tiere überwintern in den Ställen und werden mit Heu durchgefüttert.

Das Besondere an Islands **Vogelwelt** ist weniger die Artenvielfalt als die Tatsache, daß man hier in Mitteleuropa seltene Wasservögel antrifft sowie in riesigen Kolonien brütende Hochseevögel. Die geringe Artenzahl der auf Island zeitweise oder das ganze Jahr über lebenden Vögel ist auf die nachteiligen Wirkungen der Eiszeiten sowie auf die subarktische und isolierte Lage Islands zurückzuführen. Es muß davon ausgegangen werden, daß keine ›isländische‹ Vogelfauna die letzte Eiszeit überdauerte, sondern daß mit der Verbesserung des Klimas sich die Vögel wieder auf der Insel einstellten und blieben. Heute nisten auf Island 76 Vogelarten, beobachtet wurden 220–230 Arten mit einer sehr großen Individuenzahl von Sommergästen an den Küsten. Ihre Lebensräume sind Küsten, Flüsse und Seen, Wiesen und Moore, Heiden, Schutträume, Lavafelder, Wälder und Kulturlandschaften. Für den Besucher sind sicherlich die ersten vier Lebensräume am interessantesten, da die Anzahl der dort lebenden Tiere am größten ist. Bei einem Besuch der Vogelfelsen sollte man beachten, daß die meisten Vögel auch nur Sommergäste sind. Bereits ab Mitte August befinden sich die meisten Kliffbewohner auf dem Meer.

Die bekanntesten Vogelfelsen befinden sich an den Kliffs der Halbinsel Reykjanes mit Hafnarberg und Krísuvíkurberg. Bekannt sind die Nistplätze Arnarstapi, Lóndrangar an der Westküste von Snæfellsnes. Die größte Kolonie befindet sich an der Küste von Látrabjarg auf der Nordwest-Halbinsel. Schwieriger zugänglich sind die Felsen von Hornbjarg. Geschichtliche Bedeutung besitzt als Vogelfelsen die Insel Drangey im Skagafjörður. Weniger bekannt sind im kaum besuchten Nordosten die Steilküsten der Halbinsel

*Rotschenkel*

# Das Islandpferd

*Seit 1000 Jahren unverändert: Das Islandpferd*

Das isländische Pferd ist die einzige Zuchtform des Pferdes auf der Insel. Seit der Besiedlung hat sich diese alte Pferderasse kaum verändert, und die Isländer sind sehr bemüht, seine Reinrassigkeit zu erhalten. Schon im Jahre 930 sprach das Althing ein Einfuhrverbot für Pferde aus, das noch heute besteht. Es gibt keinen Nachweis, daß Pferde nach 1100 auf die Insel gebracht wurden. Damit auch weiterhin die Reinrassigkeit der Islandpferde garantiert ist, dürfen Tiere, die einmal die Insel verlassen haben, nicht wieder zurückkehren.

Im Vergleich zu anderen Pferderassen ist das Islandpferd (nicht Islandpony) klein; Hengste erreichen nur eine Schulterhöhe von 1,40 m. Die Fellfärbung ist verschieden, häufig braun, kastanienbraun oder schwarz. Auch Schecken sind nicht selten. Im Winter wächst den Tieren ein dichter Zottelpelz. Typisch ist der lange, volle Schweif. Mehr als die Hälfte der Islandpferde lebt halb verwildert und bleibt selbst während der langen stürmischen und kalten Wintermonate draußen. Seit ihrer Ankunft in Island mit den ersten Siedlern sind Kälteresistenz und Genügsamkeit die Kriterien ihrer natürlichen Auslese.

Das Islandpferd wird nur langsam erwachsen und sollte nicht vor dem vierten bis fünften Lebensjahr gezähmt und zugeritten werden. Es verfügt über fünf verschiedene Gangarten. Berühmt ist es für seinen ›Tölt‹, der als ureigene Gangart von keiner anderen Pferdeart in Europa beherrscht wird. Der ›Tölt‹ kommt dem Reiter entgegen, denn er bleibt ruhig im Sattel sitzen und wird kaum geschüttelt. Außerdem sind Islandpferde Meister im Paßgang.

Bis zur Einfuhr der ersten Automobile war das eher kleine, aber erstaunlich kräftige Islandpferd vom späten 9. bis zum frühen 20. Jh. einziges Landtransportmittel und hatte viele Aufgaben zu erfüllen. Mit ihm reisten die Isländer von einem Teil der Insel zum anderen. Der Transport von Waren zwischen entlegenen Höfen und den Handelsposten an der Küste wurde auf vier Beinen abgewickelt. Das Pferd brachte auf dem Rückweg von den Wiesen nahe der Küste das für die Viehfütterung im Winter wichtige Heu mit und diente den Menschen zum Zusammentreiben der Schafe im Herbst. Schließlich nützte es seinen Haltern als Fleischlieferant, denn Pferdefleisch war in vielen Teilen Islands Hauptnahrungsmittel. Es wird auch jetzt noch als Delikatesse geschätzt.

Heute besitzt das Pferd kaum noch eine praktische Funktion. Als Arbeitstier wird es nach wie vor hauptsächlich für den Schafabtrieb verwendet, denn es gilt als flink und trittsicher im Gelände. Sein Stellenwert in der Freizeitgestaltung ist inzwischen enorm gestiegen. Gerade in Reykjavík gibt es viele Pferdeliebhaber und Reiter, die zwei oder gar mehrere Pferde besitzen. Es leben heute in Island etwa 80 000 Tiere.

Langanes. Im Osten bevölkern viele Seevögel die vor der Fjordküste gelegene Insel Papey. Am meisten besucht sind die Kliffs bei Vík í Mýrdal und Dyrhólaey. Außer den bekannten Papageitauchern und anderen Alken und Möwen in den unteren Stockwerken nisten nur in den Felsen der Westmänner-Inseln die Sturmschwalbe, der Schwarzsturmtaucher und der Wellenläufer.

Die größte Aufmerksamkeit wird sicherlich dem **Papageitaucher** wegen seiner bunten Erscheinung, seiner Ruhe und vor allem wegen seines possierlichen Aussehens geschenkt. Unbeholfen sieht es aus, wenn er mit vorgestreckten Füßen zur Landung auf den Platz vor der Höhle ansetzt. Er ist zwar vielen anderen Vögeln an fliegerischem Können unterlegen. Diesen Mangel gleicht er aber durch Wachsamkeit und kluges Verhalten wieder aus, besonders dann, wenn er den Angriff einer fluggewandten Raubmöwe zu erwarten hat.

Nahezu unbegreiflich ist es, auf welchen schmalen Gesimsen sich noch die **Trottellumme** aufhält und ihren Nachwuchs großzieht. Bereits zwei Wochen nach dem Schlüpfen der Jungen stellen die Eltern die Fütterung ein, um ihren Nachwuchs zum Sprung aus der Wand in das Wasser, den ›Lummensprung‹, zu animieren. Es ist unterhaltsam, den Altvögeln zuzuschauen, wie sie vom Wasser aus versuchen, ihren Nachwuchs zum Sprung zu ermuntern. Die Absichten der Eltern können bei den Jungvögeln ihren Zweck verfehlen, was damit endet, daß die Jungen verhungern.

Weniger spektakulär gestalten sich erste Schritte in das eigenständige Leben bei den **Eissturmvögeln.** Bei ihnen wird das Stehvermögen eines Langstrecklers verlangt, da sie auf den Kliffs fern der Küste oft weit im Landesinneren aufwachsen. Es sind wegen der besonderen Umstände viele Schritte zum Ziel der Selbstversorgung, wenn sich der Nistplatz fernab vom Meer in einem alten Kliff befindet. Manchmal muß die arme Nachkommenschaft die Strapazen eines 20 km langen Marsches, unterbrochen von einzelnen Schwimmpassagen, auf sich nehmen.

Zwei der auf Island lebenden Vogelarten werden jedes Jahr vom großen Fernweh gepackt. Es sind die Küstenseeschwalbe und die Große Raubmöwe oder Skua. Die **Küstenseeschwalbe** bevorzugt als Brutgebiet flacheres Gelände, nämlich Feuchtwiesen und Moore. Ihre Flugleistungen im Langstreckenflug sind enorm und zurückgelegte Strecken von 40 000 km pro Jahr keine Seltenheit. Kaum ein Tier auf der Welt ist reiselustiger. So wurde zum Beispiel am 8. Juli 1951 in Grönland eine Seeschwalbe beringt, und am 30. Oktober befand sie sich in Durban (Südafrika). In etwa 100 Tagen hatte sie – wenn sie Grönland nach dem Beringen sofort verlassen hatte – 18 000 km zurückgelegt. Das sind 180 km pro Tag! Die am häufigsten benutzte Route dieser Vogelart auf dem Weg in den Süden führt von Island über Südeuropa an der Küste Afrikas entlang bis nach Südafrika oder direkt weiter bis zur Antarktis. Ihre Rückkunft aus dem Winterquartier wird in Reykjavík, wo sich auf der Insel im Tjörnin eine Brutkolonie befindet, mit großer Spannung erwartet. Der Stichtag für diesen Frühlingsboten ist der 14. Mai. Rechtzeitiges oder zu frühes Eintreffen belohnt die Tagespresse mit Beifall. Verzögerungen werden mit abfälligen Bemerkungen bedacht. Seeschwalben brüten in Kolonien mit unterschiedlich großer Individuenzahl. Man sollte sie weiträumig umgehen, denn ihre Angriffslust ist beträchtlich. Darin steht ihnen die **Raubmöwe** (Skua) nicht nach. Sie soll selbst vor Attacken auf Autos nicht zurückschrecken. Ihre Angriffe können zu ernsthaften Verletzungen führen. Auch die Skua kann sich als Zugvogel mit ihren Flugleistungen sehen lassen. In Island beringte Raubmöwen wurden in Neufundland angetroffen.

Bekanntester Lebensraum für die Vögel des Landesinneren und vor allem für die **Enten** ist der Mývatn in Nordisland. Die in riesigen Mengen auftretenden Mücken sind die Hauptnahrung der dort lebenden Vögel. So nisten am See, auf seinen Inseln und an den angrenzenden Gewässern alljährlich etwa 10 000 Paare. Es sind hier alle 15 in Island brütenden Entenarten vertreten. Zu ihnen gesellen sich in jedem Jahr etwa 600 noch nicht fortpflanzungsfähige Jungvögel der **Singschwäne.** Manche bleiben zum Überwintern. Diese Zahl wird nur übertroffen von weit über 1000 Schwänen, die sich in den Sommermonaten im Lónsfjörður in Südostisland aufhalten können. Dieser große Vogel lebt sogar auf den entlegeneren Gewässern des Hochlandes. Es verstärkt den Eindruck der Einsamkeit, wenn ein einzelner Schwan auf den Wasserflächen des Maares Ljótipollur oder auf einem der Veiðivötn seine Bahn zieht.

Ein Vogel des Hochlandes ist auch das **Schneehuhn.** Sein ärgster Verfolger ist der Polarfuchs, der sicherlich auch gern dem von ihm geschätzten Fleisch der dort lebenden **Kurzschnabelgänse** zusprechen würde. Doch ist es schwierig, die wachsamen Vögel zu überlisten. Sie wählen ihren Nistplatz im Quellgebiet der Þjórsá zwischen dem Hofs- und Vatnajökull so geschickt, daß die Umgebung nach allen Seiten einzusehen ist. Im April finden sich diese Wasservögel zum Nisten aus den Winterquartieren ein. Wesentlich seltener trifft man im

Hochland die sehr scheue und seltene **Schnee-Eule** an.

Einer der attraktivsten Vögel Islands ist der **Ger- oder Islandfalke.** Er schlägt vor allem verwundete, kranke oder schlafende Schneehühner, schreckt aber auch nicht davor zurück, viel größere erwachsene Schwäne anzugreifen. In Island leben einige hundert Paare, doch ist der Bestand durch Nestplünderer gefährdet. In vielen arabischen Ländern ist dieser Jagdvogel noch immer bei der Falkenjagd hochgeschätzt, was gewissenlose Abenteurer dazu verleitet, die Horste zu plündern. Daher sind die Gerfalken vollständig geschützt. Es ist nicht erlaubt, sich ohne besondere Genehmigung des isländischen Kultusministeriums einem Horst zu nähern oder die Vögel zu fotografieren.

## Das Klima: Zwischen Badewetter und Schneesturm

Die Insel im Atlantik wird in Mitteleuropa meistens mit den berüchtigten Islandtiefs in Verbindung gebracht, die mit schlechtem Wetter vom Atlantik über West- und Mitteleuropa hereinbrechen. Diese Vorstellung ist insofern ein Trugschluß, als die Tiefs ihren Ursprung viel weiter im Westen haben und ihren Namen nur deshalb erhielten, weil sie auf ihrem langen Weg über den Atlantik über Island hinwegziehen oder die Insel streifen.

Wenn auch Island nicht die Wetterküche für unsere Breiten ist, so befindet es sich dennoch in einem Grenzgebiet klimabestimmender Faktoren. So stoßen über der Insel unterschiedlich warme Luftmassen aufeinander. Dennoch sind Stürme verhältnismäßig selten. Im Durchschnitt werden in Reykjavík zwölf Sturmtage pro Jahr gezählt, in Vík sind es sogar nur sieben. Deutlich öfter werden mit 60 Sturmtagen die nur etwa 60 km von Vík entfernten Westmänner-Inseln heimgesucht. Winde von mittlerer Stärke sind allerdings häufiger, was manchmal als unangenehm empfunden wird, es sei denn, es weht im Norden der föhnartige Südwind. Dieser bringt den Landschaften unweit des Polarkreises nicht selten Temperaturen von 20 °C. Etwa in Höhe des Mývatn fallen mit etwa 400 mm/Jahr die geringsten Niederschläge. Dagegen gehen an der Südküste die meisten Niederschläge nieder. Die über den warmen Golfstrom streichenden Süd- bzw. Südwestwinde bringen Wolken und Feuchtigkeit mit und regnen sich vor den Gletschern ab. Für Vík í Mýrdal gilt ein Niederschlagsjahresmittel von 2250 mm.

Hinsichtlich der Temperaturen macht sich hier die ausgleichende Wirkung des Ozeans durch den Golfstrom bemerkbar. In abkühlender Weise beeinflußt der kalte Ostgrönlandstrom dagegen den Nordosten. So herrscht in Zentralisland ein feucht-kaltes Klima. Im Nordwesten ist es feucht-kaltgemäßigt, im Nordosten trocken-kaltgemäßigt und im Südwesten und Süden am wärmsten mit einem feucht-kühlgemäßigten Klima. Doch muß man sich darauf einstellen, daß selbst im Sommer in Meeresspiegelhöhe die Temperaturen im Durchschnitt nur 8–12 °C betragen.

# Geschichte



Es ist schon erstaunlich. Da existiert nach der Inthronisation von Karl dem Großen im Jahr 800 in Europa noch eine Insel von der Gesamtgröße Bayerns und Baden-Württembergs, auf der bestenfalls einzelne irische Mönche in völliger Abgeschiedenheit leben. Sie befindet sich zwar im subpolaren Raum, ist aber immerhin noch südlicher gelegen als die norwegische Stadt Narvik.

Wer Island entdeckt haben soll, das verhüllen oder verschleiern die Nebel der Vergangenheit. Die einzigen Informationen über die Entdeckung und Besiedlung lieferten die alten Skripten. Daß in der Zeit vor 800 n. Chr. Menschen auf Island gelebt haben sollen, kann aus schriftlichen Quellen nicht nachgewiesen werden. Auch ist nicht sicher, ob Island mit seinen nicht gerade behaglichen Lebensbedingungen den Europäern bereits vorher bekannt gewesen sein könnte, denn in der griechischen und römischen Literatur taucht schon der Begriff ›Ultima Thule‹ auf, der sich auf Island beziehen könnte. Es ist auch nicht auszuschließen, daß Pytheas aus Massilia (dem heutigen Marseille) zwischen 345 und 325 v. Chr. die Insel nach drei Tagesreisen nördlich von Schottland entdeckte. Daß sich zwischen 561 und 573 keltische Mönche in Südostisland niederließen, davon künden nur die Namen Papey (Pfaffeninsel) und Papafjörður (Pfaffenfjord). Aber die Iren haben keine Spuren hinterlassen. Nach alten Quellen verließen die irischen Mönche die Insel, als die norwegische Besiedlung einsetzte, denn sie wollten keinen Umgang mit Heiden haben.

Die ersten Norweger, die nach Island kamen, waren noch nicht unbedingt darauf aus, die Insel zu besiedeln. Der Adelige Naddoðr gelangte von den Färöer-Inseln im Jahre 860 n. Chr. nach Island. Er war wahrscheinlich nach einem Besuch in seiner norwegischen Heimat vom Kurs abgekommen und erreichte somit unfreiwillig die Fjordlandschaft des isländischen Südostens. Nach dieser Stippvisite kehrte er wieder zu den Färöer-Inseln zurück. Auch der nächste bekannte Islandfahrer, der Schwede Garðar Svavarsson, hatte sein eigentliches Ziel verfehlt. Er befand sich auf dem Weg von Dänemark nach den Hebriden. Ihn verschlug es in die Gewässer südwestlich von Island, wo er zur Erkundung in Westrichtung eine Umrundung der Insel unternahm. Im Norden überraschte ihn der Winter, so daß er in der Bucht Skjálfandi in der Höhe von Húsavík an Land ging und bis zu seiner Rückkehr im folgenden Frühjahr blieb. Von ihm ist auch die erste Namensgebung der Insel bekannt. Er bezeichnete sie einfach als seine Insel, ›Garðarshólmur‹ (*hólmur* = kleine Insel).

Es wurde offensichtlich ein reger, wenn auch nicht immer freiwilliger Schiffsverkehr nach Island unterhalten. Nur wenige Jahre nach Garðars Islandaufenthalt brach 865, im vermuteten Geburtsjahr des späteren norwegischen Königs Harald Schönhaar, Flóki Vilgerðarson als erster norwegischer Wikinger mit seiner Habe und Familie auf, um auf Garðarshólmur eine neue Existenz zu gründen. Er drang, die Insel ebenfalls nach Westen umrundend, bis in den Breiðafjörður vor und ging im Süden der Nordwest-Halbinsel, im Vatnsfjörður, an Land. Die ersten Siedler bevorzugten eine Küste mit günstigen

Naturhäfen und einem geschützten, für die Viehhaltung geeigneten Hinterland. Flóki beging aber im ersten Jahr nach seiner Landnahme den Fehler, daß er keine oder kaum Heuvorräte für den Winter anlegte, so daß seine Tiere verhungerten. Zwei Jahre später fuhr er wieder nach Norwegen zurück und hinterließ Island seinen jetzigen Namen, den er der Insel beim Anblick von Treibeis im nördlichen Arnarfjörður gab.

Als erster Siedler gilt Ingólfur Arnarson, der Gründer von Reykjavík. Streitigkeiten mit tödlichem Ausgang hatten ihn zusammen mit seinem Blutsbruder Hjörleifur gezwungen, Norwegen zu verlassen. Eine 872 durchgeführte Erkundungsfahrt endete im Álftafjörður (Schwanenfjord) mit einem positiven Ergebnis. Er kehrte zunächst nach Norwegen zurück, um zwei Jahre später zur Ausreise nach Island aufzubrechen. Als er Land sichtete, hatten die Götter zu entscheiden, wo sich sein endgültiger Wohnsitz befinden sollte. Einem Orakel folgend, wurden die Pfosten des Hochsitzes der Meeresströmung anvertraut. Dort, wo sie an Land geschwemmt wurden, sollte der neue Wohnsitz sein. Östlich des Öræfajökull begab er sich an Land und überwinterte auf dem Felsplateau von Ingólfshöfði. Hjörleifur ließ sich weiter im Westen nieder. Die Pfosten wurden in der Faxaflói angetrieben und gefunden. Im Jahre 877 errichtete Ingólfur dort sein Anwesen in einer Bucht mit Thermalquellen, die er Reykjavík (Rauchbucht) nannte.

Im 9. Jh. erfaßte Island eine Besiedlungswelle so großen Ausmaßes, daß die Frage nach der Ursache für ein derartig abenteuerliches Unternehmen gestellt werden muß. Die ersten Siedler waren norwegischer Herkunft, aber viele von ihnen hatten auf den Britischen Inseln, in Dänemark oder in Schweden gelebt. Sie waren vorwiegend adlig und wollten oder mußten sich der Tyrannei des norwegischen Königs Harald Schönhaar (um 865–933) entziehen, um nicht ihm die geforderten hohen Steuern zu entrichten. Er dehnte seinen Machtbereich um 900 auf die Orkney-Inseln aus, um sein Königreich vor den Übergriffen der Wikinger aus dieser Region zu bewahren. In seine Angriffe wurden Königreiche in Schottland und Irland einbezogen. Diese Attacken waren ein weiterer Grund für die Auswanderung nach Island.

## Die Landnahmezeit (874–930)

Nach dem Kriegszug Haralds kamen immer mehr Menschen nach Island. Innerhalb von nur 60 Jahren bevölkerten 30 000 bis 40 000 Menschen die Insel. Damit war nach dem naturräumlichen Potential die Grenze des Aufnahmevermögens erreicht. Heute kann man wohl kaum noch nachempfinden, welche außergewöhnliche Leistung die Menschen mit der Reise nach Island vollbrachten, denn der neue und ihnen unbekannte Lebensraum stellte sie vor Probleme, die erst einmal gemeistert werden mußten. Die Ernährung konnte zwar durch die Tierhaltung sichergestellt werden. Es gedieh aber auf Island kein einziges Nahrungsmittel, mit dem sie Vorratswirtschaft oder den Lebensunterhalt im Winter bestreiten konnten. Sie waren also auf Fischfang, Vogelfang und Tierhaltung angewiesen. Dabei muß bedacht werden, daß sie einen völlig unbewohnten und unbekannten Naturraum besiedelten. Es gab keine Einheimischen, von denen sie die Anpassung an die isländischen Lebensbedingungen erlernen konnten. Sie mußten umler-

# Island, das Sprungbrett zur Entdeckung Amerikas



Die Menschen, die Tiere und die Pflanzen nahmen in geschichtlicher und vorgeschichtlicher Zeit den Weg über den Atlantik mit der Zwischenstation Island eher von Ost nach West – umgekehrt wie die Wetterfronten. Island ist auch heute noch ein ›Sprungbrett‹ auf dem Weg von Europa nach Amerika. Die amerikanische Entdeckung Islands erfolgte erst im 20. Jh. – aus strategischen Gründen. Die US-Amerikaner folgten dem Weg der meteorologischen Tiefs und nisteten sich auf der Insel zunächst als Dauergäste ein. Im Grunde genommen erwidern sie nur in hundertfacher Weise einen wahrscheinlich etwas kürzeren Besuch, den Nordländer von Island aus ihrem Kontinent etwa 1000 Jahre zuvor abgestattet hatten. Während des Mittelalters war also Island die Ausgangsbasis für die Erkundung des Westens. Auf diesem Wege wurden das benachbarte Grönland und die Ostküste Nordamerikas entdeckt.

Die nordische Entdeckung Amerikas lief weitaus weniger spektakulär ab und fand weniger Beachtung als die Wieder-Entdeckung durch Christoph Kolumbus etwa 500 Jahre später. Der Zweck beider Reisen war grundverschieden. Die erste Amerikareise über Grönland wurde wohl hauptsächlich zur Beschaffung lebensnotwendiger Güter gewagt. Es fehlte den Bewohnern der Inseln im Nordatlantik vor allem an Holz, denn auf Treibholz, das heutzutage in manchmal beträchtlichen Mengen angeschwemmt wird, konnten sie wohl kaum zurückgreifen. Es gab damals noch keine großflächigen Rodungen in Sibirien oder Nordamerika. Diese stellen heute die wichtigste Quelle für die angeschwemmten Baumstämme.

Kolumbus dagegen suchte eine neue Indien-Route, um Luxusgüter nach Europa bringen zu können. Zu seiner Zeit war die erste Entdeckung längst in Vergessenheit geraten. Sie wurde den Europäern erst wieder ins Bewußtsein zurückgerufen, als die isländischen Sagas wissenschaftlich aufgearbeitet wurden und vor allem Kartenwerke mit einem geheimnisvollen ›Vinland‹ westlich von Grönland auftauchten. Es ist im wesentlichen das Verdienst der mittelalterlichen Isländer, daß sie die Erzählungen über die Fahrten nach Westen aufzeichneten. Es befinden sich darüber Hinweise in einem Bericht von Adam von Bremen (um 1070) sowie im ›Íslendin-

nen. Ein Getreideanbau war aus klimatischen Gründen kaum möglich, es mangelte an Brennholz und Baumaterial. Dieser ihnen aufgezwungene Anpassungsprozeß machte sie zu Isländern. Er machte auch vor der Sprache nicht halt, denn beispielsweise Vulkanismus kannten die Nordeuropäer nicht, so daß sie gabók‹ und im ›Landnámabók‹. Viele Informationen über die Fahrten nach Grönland liefern die Grönland-Saga und die Eirík-des-Roten-Saga. Zu diesen Überlieferungen fehlte bis in die 1960er Jahre der archäologische Beweis, daß Nordländer den nordamerikanischen Kontinent betraten. Es ist der unermüdlichen Arbeit des Norwegers Helge Ingstad und seiner Frau Stine zu verdanken, daß eine frühmittelalterliche nordische Niederlassung auf Neufundland entdeckt wurde.

Es kann nicht mehr genau ermittelt werden, wo die Isländer nach Westen aufbrachen, ob beispielsweise die Schären vor Grönland nur durch den Zufall, durch vom Kurs abgetriebene Seefahrer entdeckt wurden. Fest steht jedoch nach den Sagas, daß Eirík der Rote 982 die Insel Grönland betrat, allerdings nicht aus dem Antrieb heraus, große Entdeckungen zu machen, sondern um sich als ein in Island Geächteter Racheakten zu entziehen. Sein Zuhause befand sich im Nordosten der Halbinsel Snæfellsnes, wo bei Eiríksstaðir noch die Überreste eines Langhauses und einer Schmiede besichtigt werden können. Eirík der Rote war im Sommer 982 mit einem Schiff und einer Mannschaft von den Klakkseyjar-Inseln im Breiðafjörður aufgebrochen, umsegelte das Kap Farvel und gelangte an die Westküste Grönlands, wo er sich an der Südwestküste niederließ.

Das von ihm entdeckte Land bezeichnete Eirík mit dem Hintergedanken, weitere Siedler nach seiner Rückkehr von Island auf die große, mit einer Inlandeismasse bedeckte Insel zu locken, ›Grönland‹, das ›Grüne Land‹. Drei Jahre später konnte er nach Island zurückkehren. Die Acht war verjährt. Doch offensichtlich konnte er in Island keinen Fuß fassen. Im Jahre 986 brach er mit einer großen Flotte und 25 Schiffen mit 300–700 Personen von dem wahrscheinlich schon zu dicht bevölkerten Island nach Grönland auf. 14 Schiffe erreichten das Ziel, der Rest kehrte entweder um oder ging auf der über 300 km langen Passage verloren. Eirík ließ sich bei Brattahlíð nieder. Seine Söhne erkundeten die Räume im Westen.

Einer von ihnen, Leifur, ein vorzüglicher Seefahrer, brach als etwa 30jähriger im Jahre 1000 zu einer Entdekkungsfahrt auf, die ihn bis nach Amerika brachte. Auf seiner Reise nutzte er die Erfahrungen und Beobachtungen von Bjarne Herjólfsson, der auf seiner Fahrt nach Westen Amerika gesichtet hatte. Leifur gelangte etwa in der Höhe von Baffinland (kanadische Insel am Polarkreis) an die Küste des nordamerikanischen Kontinentes. Er folgte dem südwärts gerichteten Labradorstrom und ging in Neufundland zum Überwintern an Land, das er ›Vinland‹ nannte. Vinland muß in der Folgezeit mehrmals aufgesucht worden sein. Der Grund für die Besuche auf dem nordamerikanischen Kontinent war der Holzbedarf, der auch in Grönland nicht gedeckt werden konnte.

Der Beweis für die Entdeckung Amerikas von Island aus: Helge Ingstad grub 1960–64 bei L'Anse aux Meadows Reste eines Hauses nordischer Bauart aus.



sich zwar weiterhin noch ihrer Sprache, des Altnordischen, einer Vorform der heutigen skandinavischen Sprachen bedienten, ihr aber neue Begriffe zufügten. Da die Siedler kein ihnen bekanntes Baumaterial vorfanden, erforderte der Hausbau eine völlig neue Konzeption und neue Techniken.

Gegen Ende der Landnahmezeit (um 930) lebten damit schon so viele Menschen auf der Insel, daß sie das naturräumliche Potential gerade noch durch die betriebene Tierhaltung und den Fischfang zu ernähren vermochte. Das Land der Flußniederungen, die günstigen Fjorde und Buchten im Norden und Westen befanden sich längst im Besitz weniger Frühsiedler. Die Erschließung des Hinterlandes, verbunden mit der Erkundung von Übergängen, ist daher das Verdienst der späteren Siedler. Einen wesentlichen Beitrag für die Erschließung von küstenferneren Regionen leistete das Schaf. Die Schafe und die Siedler bildeten eine Art Schicksalsgemeinschaft, denn als Fleisch- und Kleidungslieferant halfen die Tiere den Menschen, die harten Winter zu überstehen. Daß man zusammen mit dem Schaf in den unwirtlichen Räumen des Hochlandes existieren konnte, hatten in diese Gebiete geflüchtete Geächtete immer wieder demonstriert. Darum waren die ersten Bewohner Islands bestrebt, ihre Existenz mit möglichst vielen Schafen sicherzustellen. Das bedeutete, daß mit zunehmender Bevölkerungszahl die Schafe in die Räume vordrangen, wo sich eine Vegetationsdecke nur noch schwer regenerieren konnte. Sommer mit einer kurzen oder kürzeren Vegetationsperiode bedeuteten zugleich auch, daß wegen Mangel an Heu weniger Schafe überwintern konnten. Damit waren schon erhebliche Schwierigkeiten in der Versorgung der Menschen vorprogrammiert. Es wurden sogar Weiden ausgekundschaftet, die weit über 100 km vom heimatlichen Hof entfernt waren.

Erkenntnisse über die Lebensgewohnheiten der Siedler lieferten das Studium der altisländischen Sagas und Ausgrabungen, wie die z. B. 1971 auf der Insel Heimaey begonnenen (s. S. 249ff.). Ein wichtiges Ergebnis war die durch die Archäologie gewonnene Erkenntnis, daß mit der Insel Heimaey schon vor Ingólfurs Ankunft isländisches Territorium besiedelt gewesen sein muß. Diese Ausgrabungen zeigten die Schwierigkeiten auf, mit denen die Siedler nach ihrer Landung konfrontiert wurden. Die lebensnotwendige Vegetationsdecke reagierte empfindlich auf einen zu dichten Besatz mit Weidetieren und konnte nach einem Vulkanausbruch mit Aschefall für die Beweidung vollständig ausfallen.

Die Zeit der Landnahme schloß mit dem Stillstand der Einwanderung, als man bis an die Grenzen des besiedelbaren Raumes vorgestoßen war. Es war unter den Siedlern das Bewußtsein einer Gemeinschaft entstanden. Man fühlte sich als Isländer. Es fehlte nur noch eine entsprechende politische Ord-

*Statue von Ingólfur Arnarson, dem ersten Siedler*

nung. Diese wurde im Jahre 930 mit der Verabschiedung einer Verfassung in Þingvellir geschaffen. Damit war der isländische Staat gegründet.

## Der isländische Freistaat (930–1262)

Der neue isländische Freistaat war eine Art Föderation aus 13 Kleinstaaten. Gesetzgebende und rechtsprechende Einrichtung war das Althing. Die alljährlich in Þingvellir zusammenkommende Körperschaft, die *›lögrétta‹*, war bei weitem keine repräsentative Volksvertretung, sondern setzte sich ausschließlich aus freien Männern zusammen. Den größten Einfluß besaßen die Goden, Großbauern, die auf ihren Höfen Tempel besaßen, als Priester fungierten und damit auch zu religiösen Führern geworden waren. Das Althing setzte sich aus 147 Mitgliedern, 39 Goden (drei Goden pro Kleinstaat) und neun Titulargoden mit je zwei Begleitern sowie dem Gesetzessprecher zusammen. Nach der Christianisierung wurden die beiden Bischöfe hinzugezogen. Es war auch Aufgabe des Althing, Recht zu sprechen. Vorsitzender des Althing war der Gesetzessprecher. Es mußte eine in diesem Metier versierte Persönlichkeit sein, denn die Gesetze wurden nicht aufgeschrieben, sondern in seinem Gedächtnis bewahrt.

Aus der Struktur des Freistaates ist schon zu erkennen, daß die Goden die Macht besaßen. Die Goden konnten sich jeweils auf eine Anhängerschaft unter den einfachen Mitgliedern des Althing stützen. Für diese nahmen sie im Gegenzug bei Streitfällen Partei. Das Althing als ältestes Parlament der Welt repräsentierte somit keine Demokratie, sondern eine Oligarchie. Der Staat besaß keine Exekutive. Ein Kläger mußte nach einem Urteil darauf achten, daß es befolgt wurde.

Einer ersten Belastungsprobe war der Staat schon nach 70 Jahren durch die Einführung des Christentums ausgesetzt. Die Schwierigkeiten waren darin begründet, daß der Staat auf heidnischen Strukturen basierte. Wenig erfolgreiche Missionsversuche gingen von England, Deutschland (Bremen) und Norwegen aus. Die vergeblichen Versuche, die christliche Lehre zu verbreiten, riefen den norwegischen König Olaf Tryggvason auf den Plan. Sein Missionsbeauftragter scheiterte, was Olaf veranlaßte, die Isländer zu erpressen, indem er in Norwegen Angehörige isländischer Verfechter des Heidentums als Geiseln nahm und drohte, den Schiffsverkehr zwischen Norwegen und Island zu sperren. Die Spannungen wurden erst beseitigt, als sich schließlich einige der Goden bereitfanden, den christlichen Glauben anzunehmen. Im Jahre 1000 wurde er zur Staatsreligion erklärt.

Die isländische Kirche konnte sich nicht wie auf dem europäischen Kontinent zu einer Macht im Staate mit eigenem Kirchenrecht aufschwingen, denn die Goden waren zugleich auch Priester, wenn sie sich weihen ließen. 1056 wurde Ísleifur Gissurarson als erster Bischof von Island in sein Amt in Skálholt (Südisland) eingeführt. Der Bischof besaß Sitz und Godenrecht im Althing. 1106 erhielt Island in Hólar im Hjaltadalur (Nordisland) seinen zweiten Bischofssitz.

Die Kirche konnte sich als neuer Machtfaktor in Island erst etablieren, als es ihr gelang, die Isländer zu bewegen, einen Zehnten für die Kirche zu entrichten. Damit gaben sie einen Teil ihrer Unabhängigkeit auf, um deretwillen ihre Vorfahren 200 Jahre zuvor ihre Heimat verlassen hatten. Die Bereitschaft, Beiträge für eine übergeordnete Körperschaft zu entrichten, weckte auch Wünsche und Ansprüche bei der weltlichen Macht, beim norwegischen König, nämlich seinen Einfluß- und Machtbereich auszuweiten. Die Kirche oder ihre Vorstände konnten die Abgaben für eigene Zwecke verwenden. Sie richteten Klöster ein. Die hatten einen hohen Anteil an der Entwicklung des kulturellen Lebens im Mittelalter. So ist es der Kirche zu verdanken, daß das große isländische Gedankengut niedergeschrieben wurde. Der Hof Oddi avancierte zum literarischen Zentrum und war Bildungsstätte für viele namhafte Dichter, darunter der bekannteste seiner Zeit, Snorri Sturluson (1178–1241).

Snorri war eine schillernde Persönlichkeit in einer Zeit, als sich der Niedergang des isländischen Freistaates zu Beginn des 13. Jh. abzeichnete. Die Gier einiger Häuptlinge nach Macht und Einfluß war eine Ursache. Dem Machthunger einzelner Personen kam die alte Ordnung sehr entgegen, denn das Amt eines Goden, das ›*goðorð*‹, konnte veräußert und gekauft werden. So war es nur eine Frage der Zeit, bis sich die Macht in der Hand einiger weniger vereinigte. Zu Beginn des 13. Jh. beherrschten schließlich nur wenige Familien, darunter auch die Familie von Snorri, die Sturlunger, das Land. Als sich diese Familien untereinander zerstritten, sah der norwegische König die Gelegenheit gekommen, seinen Einfluß geltend zu machen und auf Island auszudehnen. Die Ursache des Streites war um 1230 die Besetzung der vakanten Bischofssessel in Hólar und Skálholt. 1238 ernannte der Erzbischof von Trondheim zwei norwegische Bischöfe, weitere Ausländer sollten folgen. Doch die fremden Bischöfe gaben sich nicht allein mit dem Zehnten zufrieden, sondern forderten zugleich die Häuptlinge auf, ihnen die Gotteshäuser sowie ihren Grund und Boden zu übereignen, ein weiterer Versuch, die Unabhängigkeit und die Machtstellung der Kirche auszuweiten und zu festigen.

Die Machthaber, die Familien der Häuptlinge, waren zu sehr zerstritten (Schlacht bei Örlygsstaðir, 1238; s. S. 157), um der Kirche geschlossen entgegenzutreten. Sie wandten sich an den norwegischen König, ihnen bei ihrem Streit untereinander und mit der Kirche zu helfen. Natürlich ließ sich der König die Chance nicht entgehen, seinen Machtbereich auf Island auszuweiten. 1262 unterwarfen sich die Nord- und Westisländer dem norwegischen Königshaus. Als letzte gaben die Ostisländer ihre Unabhängigkeit auf. Damit hatte der isländische Freistaat aufgehört zu existieren. Die Isländer erfreuten sich wieder einer norwegischen Obhut.

## Island unter norwegisch-dänischer Oberhoheit (1262–1918)

Der Niedergang des Freistaates war nicht allein die Folge politischer Fehlleistungen, sondern auch die Folge von Veränderungen im Naturhaushalt. Erste Bodenauswehungen und gravierende Vegetationsschäden durch Überweidung zogen wirtschaftliche Probleme nach sich. Futtermangel verursachte in strengen Wintern große Ausfälle in den Viehbeständen. Mit dem 14. Jh. standen die Isländer vor einem halben Jahrtausend der Abhängigkeit, der Not und des Elends. Sie hatten keine Schiffe mehr, um ihre Versorgung mit lebenswichtigen Importgütern sicherzustellen. Ausbrüche der Hekla und des Öræfajökull im 14. Jh. vernichteten ganze Landschaften, das Treibeis hielt öfter als bisher den Nordosten und den Osten der Insel in eisiger Umklammerung, so daß die Vegetation kaum aufkommen konnte. Hungersnöte waren an der Tagesordnung. Der Frühling 1309 ging als ›Todesfrühjahr‹ in die Geschichte ein. 1347 hatte die Pest auch auf Island übergegriffen. Allein in Südisland sollen 1000 Menschen an dieser Seuche gestorben sein. Der Winter 1374/75 brachte wiederum eine Hungersnot über die Isländer. Angesichts dieser Katastrophen war es beinahe unerheblich, daß Island im Jahre 1380 vom dänischen Königshaus – nun in Personalunion mit Norwegen – übernommen wurde. Zwischen 1402 und 1405 raffte die Pest wahrscheinlich zwei Drittel der Inselbevölkerung dahin. Der Handel kam in dieser Zeit fast zum Erliegen. Außerdem wurden die Isländer zu Beginn des 15. Jh. mit einem strengen Handelsverbot belegt, als sie den Handel mit den Briten aufnahmen, die ihnen billigere und bessere Waren lieferten. Auch zeitweilige Kontakte mit der Hanse verbesserten die Situation nicht. Im Gegenteil, das dänische Königshaus betrachtete die Briten und die Deutschen als lästige Konkurrenten im Handel mit Island, die es auszuschalten galt. So übereignete es im Jahr 1602 das Handelsmonopol den Städten Kopenhagen, Malmö und Helsingør und damit einigen wenigen einflußreichen Personen.

Unfrieden schuf die Einführung der Reformation. Als sich der alte und gebrechliche Bischof Ögmundur zurückzog, wurde Gissur Einarsson, ein glühender Verfechter der Lutherischen Glaubenslehre, sein Nachfolger. Ihm gelang es, 1541 in der Diözese Skálholt die Reformation durchzuführen. Die Nordisländer hielten jedoch am katholischen Glauben fest. Als Gissur 1548 starb, machte sich der letzte katholische Bischof Islands, Jón Arason, mit Glaubensgenossen auf den Weg nach Skálholt, um die Diözese für seinen Glauben zurückzugewinnen, was ihm nach einem Mißerfolg erst 1550 gelang. Anschließend vertrieb er die Dänen von Viðey und beherrschte letztendlich ganz Island. Dann verließ ihn das Glück. Er wurde in einem Gefecht gefangen genommen und ohne rechtskräftiges Urteil am 7. November 1550 mit zweien seiner Söhne enthauptet. Nachdem die Dänen wegen eines drohenden Aufstandes der Anhänger Arasons drei Kriegsschiffe nach Island entsandt hatten, huldigten die Isländer dem dänischen König, und die Enthauptung des letzten katholischen Bischofs Islands wurde legalisiert.

Als Folge des Widerstandes zog die dänische Krone Besitztümer der Kirche ein. Die Leiden des isländischen Volkes vergrößerten sich in den folgenden Jahren. Einbußen in der Landwirtschaft durch kältere klimatische Verhältnisse (›Kleine Eiszeit‹), Epidemien und Vulkanausbrüche brachten Island schließlich Ende des 18. Jh. an den Rand des Ruins. Die eisigen Winter zu Anfang dieses Jahrhunderts des Unheils gingen als ›Marter- oder Eiswinter‹ in die Geschichte ein und forderten mit Hunger als Folgeerscheinung 9000 Menschenleben. Nach der Volkszählung im Jahre 1703 mußten 44 % der Bauernhöfe aufgegeben werden. Die Bevölkerungszahl sank mit 35 000 Einwohnern auf einen absoluten Tiefststand, nachdem zuvor schon einmal 80 000 Menschen auf der Insel gelebt hatten. 1787 verfügte die dänische Regierung angesichts der fürchterlichen Folgen des Laki-Ausbruches eine Lockerung des Handelsmonopols.

Erst zu Beginn des 19. Jh. versuchten die Isländer, ihr Los zu verbessern. Sie begannen sich auf ihre Eigenständigkeit zu besinnen, als die Welle der Freiheitsbewegungen in Europa im Jahre 1830 auch Island erfaßte. Die Isländer forderten die Wiedereinsetzung des Althings, das 1800 aufgelöst worden war. In diesem Freiheitskampf tat sich Jón Sigurðsson (1811–79) aus Hrafnseyri mit Gleichgesinnten hervor. Dank seines Einsatzes trat das Althing 1845 wieder zusammen, allerdings nur in einer beratenden Funktion. Zusammen mit dem Dichter Jónas Hallgrímsson forderten die Freiheitskämpfer die Abschaffung jeglicher Handelsbeschränkungen, die Kontrolle über die Finanzen und die Wiederherstellung der gesetzgebenden Gewalt sowie in einer 1851 zusammengekommenen Landesversammlung ein freies Bündnis mit Dänemark unter völkerrechtlichen Bedingungen. Das Althing erhielt daraufhin freies Bestimmungsrecht in allen innerisländischen Angelegenheiten. Die Bemühungen um weitere Zugeständnisse wurden anläßlich der Tausendjahrfeier der Besiedlung Islands im Jahre 1874 damit belohnt, daß der dänische König eine Verfassung überbrachte, die die Isländer allerdings keineswegs zufriedenstellen konnte. Die exekutive Gewalt sollte immer noch ein dänischer Gouverneur ausüben, der dem Minister für isländische Angelegenheiten in Kopenhagen verantwortlich war. Island blieb weiterhin unter der Herrschaft der dänischen Monarchie. Isländische Gesetze mußten immer noch dem dänischen Staatsrat vorgelegt werden.

## Der Weg zur Republik Island (1918–1944)

Erst im Jahre 1918 wurde Island endlich unabhängiger Bestandteil des dänischen Königreiches. Es konnte seine Innenpolitik selbst bestimmen, blieb aber in einer zunächst auf 25 Jahre terminierten Union mit Dänemark außen- und wirtschaftspolitisch gebunden. Der Zweite Weltkrieg sorgte schließlich für eine grundlegende Veränderung der Verhältnisse: Im Mai 1940 landeten britische Truppen auf Island, ein Jahr später nahmen die Amerikaner als Schutzmacht ihren Platz ein. Deutschland hatte die Nordatlantik-Insel mit strategischer Bedeutung zum Kriegsgebiet erklärt und damit die Alliierten zum Handeln gezwungen. Als nach der vereinbarten Frist von 25 Jahren die Frage der isländischen Souveränität erneut auf der Tagesordnung stand, konnte das von den deutschen Truppen besetzte Dänemark nicht mitverhandeln. Die Isländer nahmen die Sache selbst in die Hand. Das Althing rief am 22. Mai 1944 zu einer Volksbefragung über die Auflösung der Union mit Dänemark auf. 95 % der Isländer votierten für die Unabhängigkeit unter republikanischen Vorzeichen. Die feierliche Ausrufung der Republik Island geschah am 17. Juni 1944 in Þingvellir.

## Das moderne Island (seit 1944)

Der Zweite Weltkrieg bedeutete den Wendepunkt in der isländischen Orientierung auf Dänemark. In den amerikanischen Militärbasen auf der Insel arbeiteten Zehntausende vor allem US-amerikanische Soldaten. Flugplätze, Häfen und die gesamte Infrastruktur waren von den neuen Besatzern erheblich ausgebaut worden. Auch nach 1945 blieb die USA auf Island auf ihrem Stützpunkt Keflavík militärisch präsent. Unter anderem aus dem Marshall-Plan flossen bis 1953 US-amerikanische Gelder ins Land und sorgten für einen enormen Aufschwung besonders der Fischereiwirtschaft. 1949 gehörte Island zu den Gründungsmitgliedern der NATO, bedingte sich aber aus, keine eigene Armee unterhalten zu müssen.

Seit den 1950er Jahren ging Island zunehmend auf Distanz zu Europa. 1958 legte es seine Fischereizone einseitig von 3 auf 12 Seemeilen fest. Das führte zu heftigen Konflikten mit Großbritannien, dessen Fischereiwirtschaft diese Regelungen nicht akzeptierte. Zum Teil mit Waffengewalt erzwangen britische Trawler sich Zugang zu isländischen Gewässern; britische Häfen waren für isländische Schiffe gesperrt. Als Island 1972 seinen Hoheitsbereich auf 50 Seemeilen ausdehnte, begannen die ›Kabeljaukriege‹. Kleinere Seegefechte und der Abbruch der diplomatischen Beziehungen zwischen Island und Großbritannien sowie die Drohung Islands, aus der NATO auszutreten, riefen schließlich die USA auf den Plan. 1977 schrieb ein unter US-amerikanischer Mitwirkung zustandegekommener Vertrag die isländische Fischereizone sogar auf 200 Seemeilen fest.

1986 war Island Schauplatz des Gipfeltreffens zwischen dem sowjetischen Regierungschef Michail Gorbatschow und dem US-amerikanischen Präsidenten Reagan. Der Treffpunkt zwischen den Kontinenten war auch von symbolischer Bedeutung. Denn bis heute spielt die Insel im Nordatlantik trotz ihrer Mitgliedschaft in der NATO und engen Bindung an die USA außenpolitisch eine neutrale Rolle. In den 1990er Jahren wurde die Frage einer Mitgliedschaft in der Europäischen Union auch in Island heftig diskutiert; der Beitritt anderer skandinavischer Staaten, Schwedens und Finnlands, hat bis heute allerdings weder Norwegen noch Island dazu bewegen können. Die EU-Westerweiterung läßt noch auf sich warten.



## Geschichtliche Daten

| | |
|---|---|
| **874** | Ingólfur Arnarson aus Norwegen geht in Island an Land und leitet die Besiedlung ein. |
| **930** | Das Althing kommt zum ersten Mal in þingvellir zusammen. Beginn des Freistaates Island, die berühmten Sagas entstehen. |
| **1000** | Das Christentum wird auf dem Althing angenommen. Leifur Eiríksson entdeckt Amerika. |
| **1056** | Der erste einheimische Bischof, Ísleifur Gissurarson (1006–80) wird in sein Amt eingeführt. |
| **1104** | Ein Ausbruch der Hekla führt zur Vernichtung vieler Gehöfte im Norden. |
| **1106** | Einrichtung des Bischofsstuhles für Nordisland in Hólar im Hjaltadalur. Der erste Inhaber ist Jón Ögmundsson. |
| **1130** | Ari der Gelehrte verfaßt das ›Islendingabók‹, das die Entdeckung und Besiedlung Islands ab dem 9. Jh. schildert. |

| | |
|---|---|
| **ca. 1200–1250** | Auseinandersetzugen zwischen verfeindeten mächtigen Familien führen zu heftigen Unruhen im Land (Sturlungerkrieg). |
| **23. 9. 1241** | Snorri Sturluson wird in Reykholt erschlagen. |
| **1262** | Aufgabe der Unabhängigkeit durch Unterwerfung unter das norwegische Königshaus. |
| **1347** | Die Beulenpest fordert viele Opfer. |
| **1380** | Island wird in Personalunion mit Norwegen von der dänischen Krone übernommen. |
| **1402–05** | Die Pest rafft vermutlich zwei Drittel der Bevölkerung dahin. |
| **1550** | Die Reformation setzt sich unter dänischem Einfluß durch; der letzte katholische Bischof, Jón Arason, wird in Skálholt hingerichtet. |
| **1602** | Das Handelsmonopol mit Island wird den Städten Malmö, Helsingør und Kopenhagen übereignet. |
| **1783/84** | Katastrophale Vulkanausbrüche auf der Laki-Spalte bringen das Volk an den Rand des Ruins. |
| **1800** | Das Althing wird per Dekret aufgelöst. |
| **1845** | Ein neues Althing tritt zusammen. |
| **1874** | Der dänische König überbringt zur Tausendjahrfeier der Besiedlung Islands eine Verfassung. |
| **1918** | Island wird unabhängiger Bestandteil des dänischen Königreiches. |
| **17. 6. 1944** | Ausrufung der Republik Island in þingvellir. |
| **1949** | Island ist eines der Gründungsmitglieder der NATO, ohne eine eigene Armee zu besitzen. |
| **1971** | Die seit dem 17. Jh. in Kopenhagen aufbewahrten mittelalterlichen Handschriften, darunter das ›Flateyjarbók‹ und der Codex Regius der Edda, werden feierlich an Island zurückgegeben. |
| **1975** | Island dehnt seine Fischereigrenzen auf 200 Seemeilen aus. Beginn des ›Kabeljaukrieges‹. |
| **1976** | Beilegung des ›Kabeljaukrieges‹ mit Großbritannien. |
| **1980** | Die Isländer wählen Vígdis Finnbogadóttir zur Staatspräsidentin. Damit ist sie die erste Frau, die in einem europäischen Land durch Wahlen an die Staatsspitze gelangt. Bis 1992 wird die Politikerin viermal wiedergewählt. |
| **1986** | Gipfeltreffen zwischen den Regierungschefs der Sowjetunion und der USA. Michail Gorbatschow und Ronald Reagan treffen in Reykjavík zusammen. |
| **1996** | Ausbruch des Grímsvötn-Vulkans (Vatnajökull). Im Anschluß daran ereignet sich ein verheerender Gletscherlauf, der unter anderem schwere Schäden an der Ringstraße verursacht. |
| **1998** | Erneuter Ausbruch der Grímsvötn. |
| **2000** | Ausbruch der Hekla und Erdbeben in Südisland. |

# Kunst und Literatur

## Die mittelalterlichen Handschriften

Eine der größten Leistungen des isländischen Volkes liegt in der mündlichen und schriftlichen Überlieferung. Die ältesten Aufzeichnungen gehen bis auf das Jahr 1000 zurück, als das Christentum und damit die Schrift in Island eingeführt wurde. Bis dahin bedienten sich die Isländer der mündlichen Überlieferung, die ja gerade in präziser Form von den Gesetzessprechern im Althing praktiziert werden mußte. In gewisser Hinsicht hat die Kirche vorteilhaft auf die literarische und kulturelle Szene gewirkt, denn die Isländer begannen, ihre umfangreiche, bislang nur mündlich überlieferte Dichtung niederzuschreiben. Dabei beschränkte sich die schriftstellerische Tätigkeit nicht allein auf Spezialisten, die im Auftrag von Großbauern arbeiteten, oder auf einzelne Gelehrte, sondern das ganze isländische Volk war an diesem literarischen Prozeß beteiligt. Selbst der einfache Bauer, der in den Klöstern schreiben gelernt hatte, schrieb das mündlich Überlieferte nieder.

Es verwundert nicht, daß zunächst nur historische und vor allem juristische Texte zu ›Pergament‹ kamen. Anders als es zu erwarten wäre, verfaßten die Isländer ihre Schriften nicht in lateinischer Sprache, sondern in Isländisch. Diese im Umfang und in der Qualität beeindruckenden Werke waren isländische Literatur, verfaßt auf den Bauernhöfen überall im Lande. Das berühmteste Manuskript, das ›**Flateyjarbók**‹, wurde Ende des 14. Jh. auf dem Gehöft Víðidalstunga in Nordisland geschrieben. Es enthält Originaltexte, die es zu dem wertvollsten isländischen Manuskript machen, hauptsächlich die Sagas der norwegischen Könige Ólaf Tryggvason, Olafs des Heiligen, Sverrir und Hákon Hákonarson. Einer der Texte, die Grænlendinga-Saga, berichtet über die Entdeckung Amerikas. Der Name des Manuskriptes bezieht sich auf die Insel Flatey im Breiðafjörður, wo es sich bis zum Jahre 1647 in Privatbesitz befand, ehe es dem Bischof von Skálholt übereignet wurde. Neun Jahre später erhielt es der dänische König zum Geschenk. Bis zu seiner Rückgabe an das Arnamagnäanische Institut in Reykjavík im Jahre 1971 wurde es in der Königlichen Bibliothek in Kopenhagen aufbewahrt.

Zusammen mit dem Flateyjarbók erhielt Island das berühmteste aller isländischen Bücher, das ›Konungsbók eddukvæda‹, den ›**Codex Regius**‹ der Lieder-Edda oder älteren Edda, zurück. Es wurde zwischen 1250 und 1300 von einem unbekannten Verfasser als Zweitschrift niedergeschrieben. Im Zusammenhang mit der Edda-Dichtung muß der als Politiker weniger ruhmvolle Snorri Sturluson (1178–1241) erwähnt werden, denn er ist der Verfasser der ›Snorra-Edda‹ und der ›Heimskringla‹. Die ›**Snorra-Edda**‹ oder die jüngere Edda ist ein Leitfaden über das Wesen der Dichtkunst. Das Außerordentliche des Werkes liegt darin, daß es in 100 verschiedenen Versmaßen geschrieben wurde. Der Titel des zweiten von Snorri verfaßten berühmten Buches, die ›**Heimskringla**‹, bedeutet ›der Weltenkreis‹. Es erzählt die Geschichte der norwegischen Könige vom Beginn bis 1177 und wurde um 1230 geschrieben. Die ›Heimskringla‹ stellt ein Novum nicht nur in der Geschichtsschreibung, sondern auch in der Dichtkunst dar. Die Chronik der Könige wurde im Gegensatz zu den älteren Geschichtswerken zum ersten Mal als ein zusammenhängender Bericht verfaßt, womit auch Verflechtungen in den historischen Prozessen bewußt gemacht und verdeutlicht werden. Die andere Neuerung liegt in der Darbietung des Stoffes in einer erzählenden Form, quasi als Roman.

## Literatur der Neuzeit

In der Literatur des 20. Jh. fanden die Isländer zunächst in dänischer Sprache internationale Beachtung. Zu nennen sind die beiden größten isländischen Dramatiker **Johann Sigurjónsson** (1880–1919) und **Guðmundur Kamban** (1888–1945). Eines der berühmtesten Stücke Sigurjónssons ist das nach einer Volkslegende 1911/12 verfaßte Schauspiel ›Fjalla-Eyvindur‹. Fjalla-Eyvindur war ein in den Wüsten des Hochlandes ausgesetzter Geächteter. Das Stück setzt sich mit dem Konflikt zwischen den beiden stärksten Naturtrieben des Mannes, dem Drang nach Liebe und dem Bedürfnis nach Nahrung, auseinander. Kamban war sehr vielseitig, er schrieb Satiren, Tragödien, romantische, realistische Stücke moderner und historischer Art. Der Autor **Gunnar Gunnarsson** (1889–1975) war der erste und der größte der isländischen Literaten, die zuerst in dänischer Sprache schrieben, um mit ihren Werken ein größeres Publikum zu erreichen, als es in Island möglich war. 1939 kehrte er nach Island zurück und schrieb in seiner Muttersprache. Seine Werke befassen sich mit verschiedenen Perioden der isländischen Geschichte. Sein bekanntester Roman, ›Die Bergkirche‹ (1923–28), ist von seinen Jugenderinnerungen durchdrungen.

In der Reihe der auch im Ausland bekannten Literaten Islands darf nicht der Jesuitenpater und Lehrer **Jón Sveinsson,** genannt **Nonni** (1857–1944), vergessen werden, der auch in deutscher Sprache seine Kindheitsabenteuer beschrieb. Nonni hat dazu beigetragen, sein Heimatland in der Welt durch seine spannenden Bücher bekannt zu machen. Sie wurden in fast 30 Sprachen übersetzt und haben eine Gesamtauflage von weit über zwei Millionen erreicht (s. S. 149).

Zu den vielseitigsten Romanschriftstellern der Welt gehört **Halldór Laxness** (1902–98). 1919 begab er sich auf die Wanderschaft, die ihn in fast alle Länder Europas und nach Nordamerika führte. Davor hatte er bereits sein erstes Buch geschrieben. Seine Auslandsaufenthalte waren immer wieder mit kurzen oder auch längeren Besuchen in seinem Heimatland verbunden. Seine Romane widmen sich häufig isländischen Themen. ›Salka-Valka‹ (1930/31) setzt sich mit dem Leben der einfachen Fischer auseinander. Die Trilogie ›Islandglocke‹ (1943–46) schildert die Geschichte Islands. 1955 erhielt Laxness den Literaturnobelpreis für sein Werk.

## Architektur

Die Schwierigkeiten für den Häuserbau in der Vorzeit bestanden darin, daß es in Island an Bauholz mangelte. Das Holz aus dem auf der Insel wachsenden Birken-Buschwald war von so geringer Qualität, daß es für den Bau von Häusern nur bedingt verarbeitet werden konnte. Die Vorräte an Treibholz werden zumindest in der Frühzeit auch an den nordostexponierten Küsten nicht ge-

# Halldór Laxness

Island ist zwar nur ein kleines Land, hat aber eine erstaunlich große Zahl von Schriftstellern hervorgebracht. Die alles überragende Gestalt ist der Literaturnobelpreisträger von 1955, Halldór Laxness. Er wurde am 23. April 1902 in Reykjavík als Halldór Guðjonsson geboren. Ab seinem 6. Lebensjahr lebte er auf dem Hof Laxnes bei Mosfellsbær, nach dem er später seinen Namen wählte. Nach einem Jahr Gymnasium begab er sich 1919 auf Reisen, die ihn in fast alle Länder Europas und nach Nordamerika führten.

Seine Jugend war eine Zeit der Unrast. 1923 trat er zum katholischen Glauben über, um innerliche Ruhe zu finden und wollte in Rom Theologie studieren. Aber anstatt das Studium aufzunehmen, reiste er 1925 ins süditalienische Taormina. Als sein Roman ›Der große Weber von Kaschmir‹, der seinen Weg zum Katholizismus schildert, 1927 erschien, hatte er sich schon sozialistischen Ideen kommunistischer Prägung zugewandt. Neben diesem autobiographischen Werk befaßten sich seine literarischen Aktivitäten mit dem isländischen Volk in Gegenwart und Vergangenheit. Mit dem Roman ›Salka-Valka‹ wurde er zum führenden Romanschriftsteller Islands. Im Stil der Sagas stellte er in außerordentlich realistischer Weise die Verhältnisse in einer isländischen Fischersiedlung dar und setzt sich mit dem Leben dieser einfachen und ausgebeuteten Menschen auseinander. Halldór Laxness führte damit die Tradition der vielfach unbekannten Saga-Schreiber des Mittelalters fort. Mit seinem lebendigen dramatischen Stil hat er mehr als irgendein anderer moderner Romanschriftsteller für die Erneuerung der isländischen Prosa getan und beherrschte die literarische Szene in seinem Heimatland von der Mitte der 1920er bis zur Mitte der 1960er Jahre. Seine Werke wurden in einer so großen sprachlichen Virtuosität abgefaßt und identifizieren sich so vollständig mit seiner heimatlichen Tradition, daß ihre eigentliche Qualität in eine andere Sprache nicht übertragen werden kann. Er beherrschte eine überraschend breite Stil- und Themenpalette, so daß sich nicht zwei seiner Romane auch nur in irgendeiner Weise einander ähneln.

Viele seiner Figuren wurden in Island genauso bekannt wie die Helden der alten Sagas. Laxness stand von Anfang an in einem beständigen Dialog mit seinen Landsleuten, die ihm manchmal auch heftig entgegentraten und widersprachen. So ist sein Buch ›Atomstation‹ (1948) eine phantasievolle und scharfe Satire auf das Leben im modernen Island, besonders in Reykjavík. Es ist das Bild einer Bevölkerung, die, dem bäuerlichen Leben entrückt, hektisch nach neuen Formen des gemeinschaftlichen Lebens sucht, und beschreibt den kulturellen und sozialen Umbruch während der ersten Hälfte des 20. Jh.

In der Trilogie ›Die Islandglocke‹ (1943–46) wandte sich Laxness der Geschichte zu, der Zeit um 1700, als Island vor dem Ruin stand. Eine der Hauptfiguren des Romans ist der berühmte Gelehrte und Manuskriptensammler Árni Magnússon (1663–1730). In den drei Hauptfiguren stellte Laxness die Geschichte Islands dar: der niedergetretene, sich nie ergebende einfache Mensch, der Gelehrte und Staatsmann mit seiner leidenschaftlichen Hingabe gegenüber vergangenem Ruhm und schließlich die Rauhheit und Schönheit der Natur des Landes, verkörpert durch Snæfriður. ›Die Islandglocke‹ ist in Island Laxness' beliebtestes Buch.

Nach einer langen Pause veröffentlichte Laxness 1952 den streitbaren Roman ›Die glücklichen Krieger‹. Er basiert auf Saga-Motiven im exakten Stil der Sagas des 13. Jh. und beschäftigt sich mit wohlbekannten Figuren, hauptsächlich aus der Eidbrüder-Saga. Laxness hatte alle traditionellen Vorstellungen auf den Kopf gestellt und machte aus einem der am meisten verehrten Könige des Nordens, dem hl. Olaf von Norwegen (gestorben 1030), einen fetten barbarischen Schurken. Laxness beabsichtigte die Torheit des blinden Gehorsams gegenüber einer Ideologie, die mit der Wirklichkeit im Widerspruch steht, zu entlarven. Hierin zeigt sich seine Abkehr vom Klassenkampf. Er suchte nach einer Art Existenz, die es ihm ermöglichte, ein Leben in Harmonie mit seiner Umwelt zu führen, ohne das Recht anderer zu verletzen, die dasselbe tun. Diese ›taoistische‹ Einstellung spiegelte sich nun in allen seinen Werken wider. So ist ›Das Fischkonzert‹ (1957), eine lyrische Beschreibung des Lebens in Reykjavík um das Jahr 1900, bevor sich moderne Produktions- und Wirtschaftsmethoden durchsetzten. Dieser faszinierenden Geschichte über das letzte Paradies folgte ›Das wiedergefundene Paradies‹ (1960), worin die Suche des Menschen nach dem Ewigen und Absoluten in seiner Existenz symbolisiert wird.

Trotz seiner literarischen Karriere war Laxness in der Lage, das beschauliche Leben des Schriftstellers mit dem eines Aktivisten zu verbinden. Sein Ideal war das selbstbescheidene, introvertierte Individuum. Dennoch war seine künstlerische Fruchtbarkeit fest verbunden mit seiner Aufgeschlossenheit und seiner Neugier über die Welt um ihn, seiner Empfindlichkeit gegenüber sozialer Ungerechtigkeit und seinem Sinn für die Schönheit. In ›Weltlicht‹ sagte Laxness, daß sein Schreiben ein Teil des Kampfes gerade für die Gesellschaft sei, die Schriftsteller überflüssig mache.

rade sehr groß gewesen sein. Aus diesem Grunde mußte in großem Umfang auf die Baustoffe Torf und Stein zurückgegriffen werden.

Recht gute Vorstellungen von dem Hausbau in der Freistaatzeit erhielten die Isländer durch die Ausgrabungen von Gehöften, die durch den Ascheflug während des Hekla-Ausbruches im Jahre 1104 zerstört wurden. Das ausgegrabene und restaurierte Gehöft Stöng vermittelte die Kenntnis von einem mittelalterlichen isländischen Bauernhof, der sich aus zwei unmittelbar aneinandergefügten Haupthäusern bzw. dem ›Langhaus‹ zusammensetzt.

Die Konstruktion, wie man sie beim Stöng-Hof fand, war über Jahrhunderte maßgebend. Nur wenige Einzelheiten konnten nicht aus den Ergebnissen der Ausgrabungen abgeleitet werden. Hier halfen u. a. Informationen aus den isländischen Sagas weiter. Aus dem Stöng-Hof, wo etwa 20 Personen lebten, ent-

*In Torfbauweise errichtet: Gehöft Glaumbær*

wickelte sich die zweckmäßigste Form eines Gehöftes, in dem von einem zentralen Gang die einzelnen Räume und Anbauten mit verschiedenen Funktionen abzweigen. Die meisten Gehöfte mit der nun am Gangende befindlichen *baðstofa,* der Wohnstube, waren noch bis in das 20. Jh. in Betrieb. Sie wurden zum Teil vom Staat übernommen und dienen nun musealen Zwecken.

Die bekanntesten intakten Höfe sind der Hof Árbær in Reykjavík (s. S. 81), das Gehöft Laufás am Eyjafjörður (s. S. 157), das Gehöft Burstarfell südwestlich von Vopnafjörður (s. S. 199f.) und das Gehöft Glaumbær im Skagafjörður (s. S. 144). Gerade letzteres verschafft einen umfassenden Einblick in das ländliche Leben des 19. Jh.

Der moderne Baustoff in Island ist nun der Beton. Die großen Muschelschalenvorkommen an der Küste von Akranes werden in einem dort installierten Werk zu Zement verarbeitet.

# Island heute – Politik und Wirtschaft



## Im Umbruch vom Agrar- zum Industriestaat

Das 20. Jh. bescherte dem isländischen Volk sowohl auf politischem als auch auf wirtschaftlichem Sektor einen Umbruch, der den Agrarstaat ohne Überleitungsphase in das Industriezeitalter katapultierte. Noch um die Wende des 19./20. Jh. stellte Valtýr Guðmundsson in seinem Buch ›Island am Beginn des 20. Jahrhunderts‹ fest, daß sich »das ganze Land in einem weit schlechteren Zustand als zur Zeit der Besiedlung vor tausend Jahre befinde, weil die Isländer fast ausschließlich Raubbau mit ihrer Landwirtschaft betrieben haben. Die Wälder habe man schonungslos niedergeschlagen, ohne einen einzigen Baum nachzupflanzen. Generell würden die Landwirtschaft und die Fischerei in gleicher Weise wie vor tausend Jahren betrieben. Außer dem Raubbau und den Naturkatastrophen wäre es bis dahin auch die Unfähigkeit der Regierenden gewesen, durch Planung und durch Entwicklungsarbeit die Möglichkeit des Landes besser zu erschließen und zu nutzen.«

Der allgemeine politische, wirtschaftliche und kulturelle Durchbruch gelang Island zu Beginn des 20. Jh. Die Aktivitäten der Freiheitsbewegung um Jón Sigurðsson zeigten Wirkung im Kampf um die Unabhängigkeit Islands. Dänemark mußte immer mehr Zugeständnisse machen. Die im Jahre 1855 gegründete ›Isländische Nationalbank‹ ermöglichte es der Land- und Fischereiwirtschaft durch die Vergabe von Krediten, eine Modernisierung dieser Erwerbszweige einzuleiten. Zu den Maßnahmen der Modernisierung gehörte in Reykjavík die Gründung einer Steuermannschule zur Ausbildung von Schiffsführern. Der Einsatz größerer Schiffe ließ die Fangergebnisse in die Höhe schnellen. Es konnten höhere Löhne gezahlt werden, was eine Abwanderung vieler auf dem Lande tätiger Menschen in die Fischerorte zur Folge hatte. Damit setzte eine Landflucht ein, die heute noch anhält, wenn auch aus anderen Gründen. Durch die Gründung von landwirtschaftlichen Produktionsgenossenschaften sollte dieser Trend aufgehalten werden. Versorgungsengpässe zur Zeit des Ersten Weltkrieges in Großbritannien verschafften den Isländern nicht nur einen Aufschwung im Fischereiwesen durch doppelt bis dreimal so hohe Einnahmen. Auch die Landwirtschaft hatte ihren Nutzen durch den Absatz sämtlicher Lebensmittelüberschüsse. Kriegsbedingten Engpässen in der Energieversorgung begegnete man damit, daß in den 1920er Jahren eine Bestandsaufnahme der einheimischen Energieträger schließlich dazu führte, daß die Versorgung der isländischen Haushalte mit geothermaler Energie intensiviert wurde.

Trotz Modernisierung der Betriebe waren dem Ausbau der **Landwirtschaft** natürliche Grenzen gesetzt, da die stetige Verringerung der Bodenflächen trotz intensiver Gegenmaßnahmen, wie beispielsweise Verringerung der Schafhaltung und Aufforstung nicht gestoppt werden konnte. Durch Erhöhung der Produktivität und Verbesserung der Lebensumstände konnte die Abwanderung nicht aufgehalten werden. 1920 war der Anteil der von der

Landwirtschaft abhängigen Bewohner Islands auf 42,9 % zurückgegangen. Zwanzig Jahre später betrug er nur noch 30,5 %, 1979 war der Anteil auf 13 % gesunken. Trotz des immensen Rückganges der Arbeitskräfte stieg die landwirtschaftliche Produktion. Die Folgen der Landflucht zeigten sich im besonders starken Maße im Nordwesten Islands. Ziel der isländischen Landwirtschaft ist es heute, die Versorgung des Landes mit landwirtschaftlichen Produkten, soweit sie in Island hergestellt werden können, sicherzustellen. Das sind in erster Linie Hammel- und Lammfleisch, Rindfleisch, Milch und Molkereiprodukte.

Der **Fischfang** nahm in den ersten Jahrzehnten des 20. Jh. eine stürmische Entwicklung. Der Anteil des Fischexportes an der Gesamtausfuhr verdoppelte sich von 40 % auf 80 %. Aber trotz des scheinbar unermeßlichen Fischreichtums vor ihren Küsten haben die Isländer schon früh erkannt, daß ihre im wesentlichen auf einem Produkt, dem Fisch, basierende Volkswirtschaft außerordentlich sensibel auf Schwankungen in den Fangerträgen reagieren würde. Die Einhaltung der Fischereigrenzen durch ausländische Fischer ist zumindest noch heute eine existenzielle Frage. Durch den immensen wirtschaftlichen Aufschwung im 20. Jh. hat die isländische Bevölkerung vor allem dank des Fischreichtums in seinen Territorialgewässern einen Lebensstandard erreicht, der mit dem in seinen skandinavischen Nachbarländern zu vergleichen ist. In Island herrscht auch heute noch fast Vollbeschäftigung. Die Arbeitslosenquote beträgt zwischen 3 und 4 %.

Will man den Lebensstandard in Island erhalten oder sogar verbessern, dann müssen außer in der Fischereiin-

*Zeugnis der reinen Luft Islands und Grundlage der Wirtschaft*

# Das Leben der Fischer gestern und heute

*Fischereiprodukte sind bis heute Islands wichtigstes Exportgut*

Fisch wurde auf Island bis in das 14. Jh. nur für den Eigenbedarf gefangen. Als aber die Hanse Interesse am isländischen Fisch und Fischprodukten, wie z. B. Lebertran, zeigte, erkannten die Isländer dessen Wert als Handelsware. Auch als der Fischfang bereits einen wesentlichen Beitrag zum Lebensunterhalt leistete, blieb er weiterhin eine Aufgabe des Fischbauerntums. Erst als gegen Ende des 18. Jh. größere Fischerboote eingesetzt wurden, kann in Island von einer eigenständigen Berufsgruppe der Fischer gesprochen werden.

Wegen der Benutzung kleiner, offener Boote beschränkte sich die Meeresfischerei zwar auf den küstennahen Raum, aber der Beruf des Meeresfischers war und ist einer der härtesten Berufe. Wenn der Kabeljau oder der ›Gelbe‹ biß, ging es hinaus aufs Meer, auch bei weniger gutem Wetter. Denn keiner wußte, ob er noch am nächsten Tag beißen würde. Da gab es keine Chance, auch nur ein wenig zu schlafen. Um die Wende zum 20. Jh. wird von einer Mannschaft in Nordwestisland berichtet, die mehr als 90 Stunden ununterbrochen auf Fischfang gewesen sei. Das bedeutete: Hinausfahren, Einholen der Fangleinen, den Köder auslegen, den Fang an Land bringen und wieder hinausfahren. Es wurde als eine durchschnittliche Leistung angesehen, 72 Stunden ununterbrochen zu arbeiten. Die Fahrt zu den Fischgründen dauerte hin und zurück 8–10 Stunden, wenn im Winter die Bedingungen ideal waren. Wenn aber die Fischgründe weiter entfernt waren, dauerte ein Fischzug 16–20 Stunden. Für gewöhnlich wurde keine Nahrung mitgenommen. Es gab keine heißen Getränke. Der Durst konnte nur mit einem kräftigen Schluck Molke gestillt werden, auch wenn sie sich bei der Kälte in einen Eisschlamm verwandelt hatte.

In den größeren Fischereiorten wurde im Winter um fünf Uhr morgens aufgebrochen. Nach dem Gebet und dem Ablegen ruderte man hart durch zu den Fischgründen, denn jeder Fischer versuchte, den besten Platz zu ergattern. Nach dem Auslegen der Fangleinen mußten die Männer ein oder zwei Stunden, oft beißender Kälte ausgesetzt, warten. Einer mußte das Boot bei der Boje halten. Mit Schlägen an den eigenen Körper hielt man sich warm. Ein isländischer Minister fragte einmal einen alten Skipper, ob die harte Arbeit der Gesundheit geschadet habe. Die Antwort: »Nicht in meiner Crew. Ich sorgte immer dafür, daß sie genug Schlaf bekamen.« Es waren zwei Stunden zwischen den Ausfahrten. Obgleich per Gesetz eine sechsstündige Ruhe zugestanden wurde, sah es in der Praxis manchmal anders aus. In die Lebens- und Arbeitsverhältnisse der Fischer während der Zeit um die Wende zum 20. Jh. kann man sich sehr gut hineinversetzen, wenn man der Fischfangstation Ósvör bei Bolungarvík einen Besuch abstattet (s. S. 127).

dustrie neue Erwerbszweige aufgebaut werden, die auf den Export ausgerichtet sind. Einzelne ausbaufähige Erwerbszweige stehen der Fischereiindustrie nahe und besitzen vielversprechende Aussichten für den Export.

## Die Erhaltung der Fischgründe um Island

In der heutigen Zeit arbeiten die Fischer auch noch hart, aber nicht mehr unter den manchmal unmenschlichen Bedingungen des frühen 20. Jh. Etwa die Hälfte der rund 6000 Fischer arbeitet auf Schiffen mit mehr als 100 BRT. Der in Aussicht stehende Gewinn läßt sie weder sich noch die Ausrüstung schonen, was häufiger zu Arbeitsunfällen führt. So verbrauchen die isländischen Fischer mehr Treibstoff und Fanggeschirr als ihre ausländischen Kollegen. Sie stehen im Ruf, sehr geschickt mit ihren Schiffen umgehen zu können und bei jedem Wetter zu arbeiten. Nach wie vor ist körperliche Fitness unabdingbar für diesen Beruf.

Die isländische Fischereiwirtschaft hat sehr früh erkannt, daß der Wohlstand der Isländer auf dem Fisch basiert und deshalb die Fischbestände zu erhalten und Schutzmaßnahmen zu ergreifen sind. Die Festlegung der Fischereigrenzen und deren Erweiterung hatten Konflikte der nicht gerade einsichtigen ausländischen Konkurrenz zur Folge. Als ›Kabeljaukriege‹ sind die besonders heftigen Auseinandersetzungen mit Großbritannien in die Geschichte eingegangen.

Die isländische Fischereiflotte landet jährlich über 2 Millionen Tonnen Fisch und andere Meerestiere (Muscheln, Garnelen u. a.) an. Etwa 60 % des Fanges bestehen aus dem Industriefisch

Lodde oder Kapelan. Er wird zu Fischöl, Fischmehl u. a. verarbeitet. Die gefangene Kabeljaumenge beträgt über 200 000 t. Das ist fast genau die Hälfte der Menge, die im Jahre 1980 angelandet wurde. Deutlich erholt haben sich dagegen die Heringsbestände. Nachdem im Jahre 1970 für drei Jahre absolutes Fangverbot ausgesprochen wurde, konnten 1980 wieder 53 000 t gefangen werden. Derzeit geht mehr als die fünffache Menge in die Netze. Deutlich niedriger waren die Fangerträge beim Schellfisch.

## Nutzung der natürlichen Ressourcen: Wasserkraft und Geothermalenergie

Aus der Erkenntnis heraus, daß die isländische Wirtschaft nur einer begrenzten Einwohnerzahl den erarbeiteten Wohlstand garantieren kann, wurde nach dem Zweiten Weltkrieg die Erschließung und Nutzung der im reichlichen Maße vorhandenen Energie-Ressourcen Wasserkraft und Geothermal-Energie vorangetrieben. Island ist dank seiner besonderen geographischen Situation, seines Wasserreichtums und seines Vulkanismus in der Lage, mehr als zwei Drittel seines Energiebedarfs durch einheimische Ressourcen zu decken. Ein besonderes Potential birgt die **Wasserkraft.** Energiereich ist das vor erst rd. 10 000 Jahren nach dem Rückzug der eiszeitlichen Vergletscherung angelegte Flußsystem, das seine Kraft aus einer jungen Landschaft mit noch vorhandenen großen Höhenunterschieden und relativ hohen Niederschlägen schöpft, denn etwa die Hälfte des Landes ist höher als 500 m und nahezu 80 % sind höher als 200 m. Der mittlere Jahresniederschlag beträgt 1900 mm, die mittlere jährliche Abflußrate beträgt 1600 mm. Umgerechnet bedeutet das, daß in einer Stunde von jedem Quadratkilometer 18 000 l Wasser abfließen. Etwa 45 % des gesamten Energiebedarfs werden in Island durch die Wasserkraft gedeckt.

Bereits Ende der 1980er Jahre wurden fast 60 % des aus der Wasserkraft produzierten Stroms von angesiedelten energieintensiven Industrien wie Aluminiumhütten, Düngemittelfabriken und Zementfabriken verbraucht. Doch aufgrund der noch reichlich vorhandenen Reserven könnte auf diesem Gebiet die Energiegewinnung auf das Zehnfache gesteigert werden.

Außergewöhnlich ist die am reichlichsten vorhandene Energieform, **die geothermale Energie** oder die Erdwärme. Im Gegensatz zu anderen Ländern mit nutzbarer geothermaler Energie, wie beispielsweise die USA, Japan, Italien, Mexico und Neuseeland, besitzt sie für die Versorgung des Landes eine grundlegende Bedeutung und stellt sich nicht nur als alternative oder zusätzliche Möglichkeit der Energienutzung dar, sondern wird in vielfältiger Weise als unterirdisch erhitzter Dampf oder als heißes Wasser genutzt. Die Erdwärme ist genauso umweltfreundlich wie die Wasserkraft. Die großen Vorräte an geothermaler Energie sind dadurch bedingt, daß Island Bestandteil des vulkanisch aktiven Mittelatlantischen Rückens ist. Die Hochtemperaturgebiete konzentrieren sich auf die vulkanisch aktive Zone. Die sofort nutzbaren Energievorräte werden auf 4000 Megawatt geschätzt. Das entspricht einer jährlichen Fördermenge von 300 000 t Erdöl. Die Energie der Hochtemperaturgebiete wird momentan zur Produktion von Elektroenergie, zu Trocknungsprozessen und in der chemischen Industrie genutzt.

# Die Bevölkerung

## Die Verteilung im Land

Die Modernisierung der isländischen Wirtschaft zu Beginn des 20. Jh. bewirkte eine totale Umgestaltung der Bevölkerungsverteilung. Es setzte eine Konzentration auf die Ballungszentren ein. Lebten im Jahr 1900 von den etwa 78 000 Isländern nur 22 % in städtischen Siedlungen, so überschritt Ende der 1980er Jahre der Anteil der Stadtbevölkerung die 90 %-Marke. Damit ist der Zuzug zu Orten mit mehr als 300 Einwohnern jedoch noch nicht abgeschlossen. In keinem anderen europäischen Land konzentriert sich die Bevölkerung so sehr auf die Städte.

Auf Island leben heute knapp 280 000 Einwohner. Davon stellt der Hauptstadtbereich mit einem Bevölkerungsanteil von über 60 % das kulturelle, das Verwaltungs-, das Wirtschafts- und das Finanzzentrum mit dem größten Teil der Dienstleistungs-Einrichtungen, Industrie und Gewerbe dar. Eine kleinere Konzentrierung der Bevölkerung gibt es in Nordisland im Einzugsgebiet des Eyjafjörður. In dem wohlhabenden Agrargebiet mit einer wachsenden Fischverarbeitungs- und Schiffbau-Industrie leben in der Stadt Akureyri und im Fjordgebiet über 25 000 Menschen. Am dünnsten ist die Küstenregion und das fast menschenleere Hinterland im Nordosten vom Öxarfjörður bis zur Heráðsflói und der Süden zwischen Höfn und Vík besiedelt. Im Norden und Osten befindet sich an der Küste eine Reihe von Fischereiorten, 30–50 % der Bevölkerung sind hier in diesem Industriezweig beschäftigt. So existiert im Osten und auf der Nordwest-Halbinsel in jedem Fjord eine kleine Stadt oder ein Dorf, das im wesentlichen vom Fischfang und von der Fischverarbeitung lebt. Die meisten landwirtschaftlichen Siedlungen und Gehöfte sind im fruchtbaren Südwesten Islands und im Hinterland des Borgarfjörður gelegen. Eine eigene Einheit bezüglich der Bevölkerung stellt Heimaey als einer der größten Orte mit knapp 5000 Einwohnern dar. 47 % der Inselbewohner leben vom Fischfang bzw. von der Fischverarbeitung.

Ein charakteristisches Merkmal der isländischen Bevölkerungsstruktur ist die hohe Wachstumsrate und folglich ein hoher Anteil der Jugend an der Gesamtbevölkerung. Etwa 25 % der Bevölkerung sind jünger als 15 Jahre, in der Bundesrepublik sind es nur ca. 16 %.

*In Reykjavík*

## Herkunft und Sprache

Es ist ziemlich eindeutig, daß die meisten Isländer norwegischer Herkunft sind. Aber in der Geschichte werden immer wieder Kelten erwähnt. Außerdem zeugt eine geographische Bezeichnung von Bewohnern, die im Westen gelebt haben müssen: die Westmänner-Inseln. Als ›Westmänner‹ wurden die Iren bezeichnet.

Nach den Auswertungen im ›Landnámabók‹ stammt der größere Anteil der Siedler mit 85 % von den Norwegern ab, etwa 12 % kamen von den Britischen Inseln, wenngleich ein beträchtlicher Anteil von ihnen norwegische Flüchtlinge oder die Nachkommen früherer Flüchtlinge waren, der Rest stammte aus anderen Ländern, insbesondere Schweden. Es muß aber davon ausgegangen werden, daß diese Zahlenverhältnisse zweihundert Jahre vor der Niederschrift andere waren und der Anteil der Isländer keltischer Herkunft größer gewesen sein muß. Angehörige des keltischen Volkes, die als menschliche ›Beute‹ bei Wikinger- oder Eroberungszügen auf die Insel kamen, waren unterprivilegiert und nahmen häufig die Stellung von Dienern oder Sklaven ein.

Die isländische Sprache zeigt nur geringe Spuren des keltisch-nordischen Sprachkontaktes. Es gibt nur wenige keltische Lehnwörter wie *papar, Kjartan, Njáll, Dímon* oder *Papey*. Um herauszufinden, wie groß der Anteil der Kelten unter den Landnehmern Islands war, wurden Blutgruppen-Untersuchungen durchgeführt. Unter den Skandinaviern, also den Dänen, Norwegern und Schweden, ist die Blutgruppe A am stärksten vertreten. Die Selbständigkeit der Isländer dokumentiert sich darin, daß bei ihnen die Blutgruppe 0 dominant ist. Schotten und Iren stehen in der Blutgruppen-Zusammensetzung den Isländern recht nahe. Damit ist quasi eine Patt-Situation bezüglich der Herkunft der Isländer eingetreten. Nach den Befunden der Archäologie (Ausgrabungen auf Heimaey, s. S. 249ff.) und der Sprachforschung sind die Isländer nordischer oder norwegischer Herkunft. Nach den historischen Quellen und den Ergebnissen der Blutgruppen-Untersuchungen sind sie norwegisch/keltisch.

Isländisch ist zweifellos eine nordische Sprache, schließlich stammt auch der größte Teil der Einwanderer aus dem mittleren Teil Westnorwegens (Sogn, Hordaland). Es stellt sich die Frage, von welchem Zeitpunkt an das Isländische als eigenständige Sprache unterschieden werden kann. Bis ins Mittelalter hinein wurde im gesamten skandinavischen Raum Altnordisch gesprochen, dann erst entwickelten sich die Vorläufer der heutigen skandinavischen Sprachen, wobei auch heute noch das Isländische einen großen Teil des altnordischen Wortschatzes und wesentliche grammatische Elemente bewahrt hat. So wird verständlich, warum noch heute Isländer alte Texte lesen können, wenn man sich vor Augen hält, daß 50 % eines modernen isländischen Textes aus dem Altisländischen stammen.

Die Sprache ist von den alten Norwegern und Bewohnern der Färöer-Inseln übernommen, aber die einzelnen Epochen ließen sie nicht unbeeinflußt. Die Erkenntnisse über die isländische Sprache beruhen im wesentlichen auf dem wahrscheinlich im 12. und 13. Jh. verfaßten ›Landnámabók‹. Als die ersten Siedler sich auf Island niedergelassen hatten, wurden sie mit neuen Formen, Fakten, Erscheinungen konfrontiert, die sie aus ihrer Heimat nicht kannten, mit denen sie sich aber auseinandersetzen und umgehen mußten. In bezug auf den

Vulkanismus fehlten den neuen Siedlern die Worte. Sie waren gezwungen, neue Vokabeln zu bilden. Der Vulkanismus wurde zum *jarðeldr*, dem ›Erdfeuer‹. Begriffe wie *hraun* = Lavafeld, *hverr* = Heißwasserquelle, *laug* = Warmwasserquelle existierten schon davor als ›Steinboden‹ oder ›Landschaft‹, ›Kessel‹ oder ›Bad‹. Ortsnamen wurden einfach mit den neuen Bildungen aus dem Norwegischen übernommen, wie zum Beispiel Reykjavík (Rauchbucht).

Gegen Ende des 11. Jh. waren weitere Ergänzungen notwendig, denn das Christentum etablierte sich in Island. Aus dieser Epoche stammen Worte wie: *engill* = Engel, *munkr* = Mönch oder auch Bezeichnungen wie *lesa* = lesen, *skóli* = Schule oder *bréf* = Brief. Durch den Handel kamen Lehnwörter aus dem Englischen oder Niederdeutschen nach Island, wie *bolli* = Schüssel, *belti* = Gürtel.

Obwohl besonders zur Zeit der norwegisch-dänischen Herrschaft das Dänische Eingang in die offizielle Sprache fand, wurde es im 17. und 18. Jh. nicht in die Alltagssprache der Menschen außerhalb von Reykjavík übernommen. Aus dieser Haltung heraus konnte sich der Purismus der Sprache entwickeln, der bis zum heutigen Tag erhalten blieb und für die Rückführung neuer Begriffe auf die Formen der alten Sprache sorgte. Die revolutionären Veränderungen im wirtschaftlichen, kulturellen und sozialen Leben zu Beginn des 20. Jh. hinterließen gerade zur Zeit des Aufbruchs im isländischen Sprachgut ihre Spuren. Die Einführung der Elektrizität, die Benutzung von Kraftfahrzeugen und später von Flugzeugen, die Übernahme von Errungenschaften auf den Gebieten der Wissenschaft und der Technik machten es immer schwerer, an der Tradition festzuhalten und für jeden Gegenstand einen Begriff aus der eigenen Sprache zu finden, oder, falls sich kein geeigneter fand, einen neuen zu bilden. So sind Bildungen wie *farfugl* = Zugvogel (›Reise-Vogel‹), *hítabelti* = Tropen (›Wärme-Gürtel‹), *smásja* = Mikroskop (›Klein- Seher‹) oder *Þrýstiloftsflugvél* = Düsenflugzeug (›Druckluftflugmaschine‹) entstanden.

Das strikte Festhalten an der isländischen Ausdrucksweise wird heute schon vielfach unterlaufen. Die Jugendlichen übernehmen eher kurze, international übliche Bezeichnungen, als sich mit den umständlichen einheimischen Begriffen anzufreunden, zumal häufiger auf die ausländische Literatur zurückgegriffen wird und man später in der Berufsausbildung ohnehin nicht ohne Fremdsprache auskommt. Immer deutlicher bilden sich zwei Formen der isländischen Sprache heraus: das Alltagsisländisch, in dem der Anspruch auf Reinheit in Kraft bleibt und das von Fachleuten gebrauchte Fachisländisch. Es wäre schade, wenn letzteres das Alltagsisländisch eines Tages verdrängen würde.

Die isländische Namensgebung bezieht sich auf den Namen des Vaters. Der Nachname der Kinder wird vom Vornamen des Vaters abgeleitet. So trägt der Sohn von Jón den Namen Jónsson, und die Tochter heißt entsprechend Jónsdóttir. Es ist auch freigestellt, vom Vornamen der Mutter den Nachnamen abzuleiten. Im Telefonbuch sind die Teilnehmer nach Vornamen gelistet.

## Religion

90 % der Isländer sind Mitglieder der Evangelisch Lutherischen Kirche, der Staatskirche nach der Verfassung. Mit der drastischen Veränderung der Lebensverhältnisse zu Beginn des 20. Jh. konnte die Kirche nicht Schritt halten, so

daß die Einheit von Kirche und Kultur, wie sie sich durch die sozialen Strukturen des Mittelalters zog, längst verlorengegangen ist. Neue soziale Probleme erwuchsen im Aufstieg der Städte. Dabei verpaßte es die Kirche, den sozialen Wechsel in seiner Vollständigkeit zu begreifen. Schulen und andere Einrichtungen, die sich von der Kirche befreiten, wurden nicht in einer angemessenen Form betreut. Das neue kulturelle und politische Leben in Reykjavík wurde nicht von der Kirche berührt.

## Die Lebenskultur der Isländer: Freizeit und Sport

Der größte Teil der Isländer lebt in der Stadt, und die meisten suchen im Sport ihren Bewegungsdrang auszuleben und sich zu regenerieren.

Als am häufigsten betriebene Sportart steht bei den älteren mehr als bei den jungen das fast tägliche Schwimmen in einem der über 100 zur Verfügung stehenden Thermalbäder im Vordergrund. Der Besuch eines Schwimmbades hat nicht nur die Erhaltung der Fitness zum Ziel, sondern er ist eine Form der Kommunikation, indem man gemeinschaftlich den hohen Temperaturen in den ›Aufheizbecken‹ oder sogar im Dampfbad trotzt und dann im Schwimmbecken einsam mit der Unbeirrbarkeit eines Bulldozers, betont ein- und ausatmend, seine Bahnen zieht. Dieses Hobby wird von einzelnen mit einer solchen Hingabe zelebriert, daß die ersten frühmorgens ungeduldig auf den Einlaß warten und dann den Freuden einer täglichen Erwärmung entgegenstürmen. Manche beginnen den Tag vor dem Weg zur Arbeit mit einem Besuch des Bades, ebenso wie den Feierabend.

Viele Isländer suchen aber auch Entspannung bei einer Sportart, von der ein Mitteleuropäer glaubt, daß sie eher dem subtropischen oder gemäßigten Klimaraum vorbehalten ist, aber nicht dem subarktischen. Es ist Golf. Diese Sportart, die auch heute noch in Mitteleuropa den Hauch von Exklusivität besitzt, hat in Island in den letzten Jahren geradezu einen Boom erfahren. Es wird den Touristen mit Sicherheit erstaunen, wenn er am Rande des entlegensten Ortes Nordwestislands, in Bolungarvík, einen Golfplatz entdeckt und den nächsten schon in dem nur 17 km entfernten Ísafjörður vorfindet. Gleiche Überraschungen kann er auch in den Ostfjorden erleben. Die sportliche Aktivität zwischen dem Abschlag und dem Putten spielt sich in einer Umgebung ab – sieht man einmal von dem kurz geschorenen Rasen des Grüns ab –, die durchaus als natürlich bezeichnet werden kann. Am Gelände des Golfplatzes von Eskifjörður grasen nicht nur Pferde, sondern sogar ein Islandfalke kann gelegentlich den Auseinandersetzungen zwischen einzelnen Spielern und ihren Schlägen beiwohnen.

Während das Freizeitangebot größer ist als vermutet, gibt es einschränkende Faktoren. Einer von ihnen ist natürlich das Klima. Da sind im Sommer die langen Tage und hellen Nächte, aber im Winter die langen dunklen Nächte. Es werden viele Hallen-Sportarten ausgeübt; die Handballer Islands gehören zu den Besten auf der Welt. Eine Sportart ist in Island verboten: das Boxen.

Eine weitere typisch isländische Methode, sich vom Alltag zu lösen und zu entspannen, ist der Aufenthalt in einem Sommerhaus im Umland der Region Reykjavík, an der Grenze der Gemeinde oder draußen in der Wildnis, weit entfernt von jeglicher Besiedlung. Gerade

# Die Isländer und ihr besonderes Verhältnis zum Kraftsport

Seit einigen Jahren beherrscht ein Isländer die Szene der stärksten Männer der Welt. Die Ermittlung des Stärksten durch eine Vielfalt belastender Wettbewerbe gleicht einer Tort(o)ur. Entstanden ist das Ganze aus dem Wettbewerb der Fischer auf der Halbinsel Snæfellsnes, ihre Kräfte durch das Anheben und Verlagern von Steinen zu messen. Die Folterwerkzeuge haben nun einen moderneren Zuschnitt: So müssen Lastwagen beispielsweise möglichst schnell weggezogen werden. Ursprünglich stählten die Fischer ihre Körper für den Einsatz auf hoher See, indem sie Felsbrocken stemmten und miteinander rangen.

Zeugnisse dieser ertüchtigenden Tätigkeit sind noch an verschiedenen Stellen in Island zu finden, so an der Westküste von Snæfellsnes bei Dritvík (s. S. 114). Ein 1919 an diesem Ort veranstalteter Wettbewerb soll veranschaulichen, zu welchen Leistungen Fischer, auch ohne die Einnahme von Anabolika, fähig waren. An der Küste liegen noch heute mehrere von der Brandung glatt geschliffene Gesteinsblöcke, die damals als Gewichte dienten. Ziel des Wettbewerbs war es, jeden dieser schwer in den Griff zu bekommenden Steine auf einen Sims in Hüfthöhe zu heben. Der schwerste wiegt 140 kg, der nächstkleinere 125 kg, während die Steine für die Schwächlinge wesentlich leichter sind. Von 40 Teilnehmern hoben im Jahre 1919 alle den 125 kg schweren Stein auf den Sims. Nicht weniger als 22 schafften auch den schwereren, und alle brachten es fertig, ihn anzuheben.

Kräftemessende Wettbewerbe finden auch heute noch bei den Skandinaviern und gerade bei den Isländern einen großen Zuspruch und eine beträchtliche Beachtung. Die Art der Wettbewerbe hat sich zwar geändert, aber manchmal wendet man sich auch noch den alten Ertüchtigungsgegenständen oder -brocken zu. So wurde der 180 kg schwere Stein Kvíahella von Húsafell nach Þingvellir gebracht, wo er von den muskelbepackten Konkurrenten aus aller Welt 50 m weit und möglichst schnell transportiert werden sollte. Einer der besten dieses aus mehreren Disziplinen bestehenden Wettkampfes war der mehrfache Worldchampion, der Isländer Magnus ver Magnússon.

Im sportlichen Kräftemessen werden auf Festen traditionelle Ringkämpfe bestritten. Dieser alte Ringerwettbewerb wird ›*Glíma*‹ bezeichnet. Die Ringer tragen einen Gürtel und einen Schenkelriemen. Durch sieben verschiedene erlaubte Griffe versuchen die Kämpfer ihren Gegner durch Geschicklichkeit und Krafteinsatz in eine Lage zu bringen, die den Kampf beendet. Verloren hat derjenige, der zuerst den Boden mit einem Körperteil oberhalb des Knies oder mit einem Ellbogen berührt oder sich mit den Händen nach hinten abstützt.

in den letzten 20 Jahren sind durch diese moderne Form der von den Stadtbewohnern ausgehenden ›Landnahme‹ ganze Reviere entstanden. Man kann davon ausgehen, daß ein sehr großer Anteil der stadtverbundenen Isländer als Hausbesitzer im Grünen lebt und damit bereits in der Stadt von kleinen Naturräumen umgeben ist. Die Weitläufigkeit der Stadt kommt dem Naturfreund sehr entgegen. So kann man in der durch den Osten Reykjavíks fließenden Elliðará noch Lachse fangen, sich mitten in der Stadt am Nisten der Seeschwalben erfreuen oder findet auf Basaltfelsen in der Nähe des Stadtkerns eine Flora vor, die man eher draußen im Umland vermutet. Man sollte annehmen, daß dieses ›grüne‹ Leben einen Städter zufriedenstellt. Doch offensichtlich nicht vollständig. Viele müssen an Wochenenden hinaus zu ihrem Sommerhaus, möglichst zu den eigenen Pferden. Kurios erscheint es da schon, wenn einzelne in einer Gemeinde mit 3500 Einwohnern leben und 3 km weiter noch ein Sommerhaus unterhalten.

*Beim Schafabtrieb*

In vielen dieser Aktivitäten äußert sich offensichtlich noch, ob bewußt oder unbewußt, die Bindung an und die Sehnsucht nach dem Leben vergangener Tage, das häufig schon Generationen weit zurückliegt. Das gilt sicher auch für die Beziehungen vieler Städter zum Islandpferd. Was früher eine Notwendigkeit für den Transport war – daran erinnert auch noch das Pferdedenkmal an der Ausfallstraße der Miklabraut – ist nun zu einer Wochenend-Beschäftigung für Städter geworden. Ausritte in die Landschaft und Pferderennen finden einen großen Zuspruch. Zu den Aufenthalten in der Natur auf dem Rücken der Pferde gehört auch das Zusammentreiben der Schafe im Herbst, das für manchen Städter zu einem gesellschaftlichen Ereignis geworden ist.

Die Sehnsucht nach einer Lebensart vergangener Zeit spiegelt sich auch wider in der Beliebtheit des Camping. Es wird von allen Einkommensgruppen praktiziert, und so kann es am Ende eines Wochenendes vor Reykjavík in diesem dünnbesiedelten Land sogar zu kilometerlangen Staus kommen. Der Drang der Städter, ihrer künstlichen Umwelt zu entfliehen und die Natur wieder zu entdecken, datiert in Mitteleuropa zurück zur industriellen Revolution und zum Aufkommen der Romantik. Doch gegenüber dem Mitteleuropäer hat der Isländer noch im hinreichenden Maße die Möglichkeit, die Natur zu entdecken. In dieser Hinsicht befindet er sich in einer beneidenswerten Situation.

# Reisen in Island

# Reykjavík und der Südwesten

# Reykjavík – Die Stadt ohne Schornsteine



■ (S. 306ff.) Obgleich Reykjavík nach mitteleuropäischen Maßstäben kaum den Charakter einer großstädtischen Metropole besitzt, kann es mit einigen Kuriositäten oder gar Superlativen aufwarten. Es ist die nördlichste und mit ca. 110 000 Einwohnern eine der kleinsten Hauptstädte der Welt. Da aber die meisten Einwohner im eigenen Haus mit Garten leben, ist es in Bezug auf die Fläche pro Einwohner die größte. Reykjavík hat nie einen Bahnhof besessen, und sein Flughafen liegt fast in der Innenstadt, so daß die Flugzeuge je nach Windlage im Landeanflug über sie hinwegbrausen, ein Umstand, der in einer mitteleuropäischen Großstadt nur während der Berlin-Blockade denkbar war. Von diesen lärmenden Vögeln nehmen allerdings die Passanten kaum Notiz. Es gehört zum besonderen Flair der Metropole. Für den Passagier ist es schon eher ein aufregendes Erlebnis, unterhalb des Turmes der in der Nähe gelegenen Hallgrímskirche über den See Tjörnin hinwegzubrausen, der mitten in der Stadt liegt.

Auf den meisten Häusern befinden sich keine Schornsteine, da fast alle Haushalte (mehr als 98 %) mit geothermaler Warmwasserheizung versorgt werden. Von der Luftverschmutzung ist Reykjavík daher weniger betroffen als andere Hauptstädte Europas. Es wird behauptet, daß die Luft in Reykjavík klar und rein sei wie im Landesinneren. Leider trifft das aber in letzter Zeit wegen des starken Autoverkehrs (etwa 570 PKW/1000 Einwohner im Landesdurchschnitt) nicht mehr oder nicht immer zu, auch wenn ständig wehende Winde für einen guten Luftaustausch sorgen.

## Die Entwicklung Reykjavíks

Obgleich Ingólfur Arnarson sich bereits vor rund 1100 Jahren in der ›Rauchbucht‹ niederließ und Reykjavík zur ältesten Dauersiedlung des Landes machte, war die heutige Hauptstadt bis vor rund 200 Jahren nicht viel mehr als ein Bauernhof. In unmittelbarer Nachbarschaft des heutigen Hafens befand sich auf kleinen flachen Inseln seit Jahrhunderten der winzige Handelsposten Hólmur. Mit der Ansiedlung von Manufakturen durch Skúli Magnússon vergrößerte sich die Siedlung und erhielt mit 170 Einwohnern am 18. August 1786 das Stadtrecht. Noch im Jahre 1801 lebten in Reykjavík gerade 300 Einwohner, weniger als 1 % der Gesamtbevölkerung. Dennoch besaß es schon eine zentrale Bedeutung. Es war Handelsplatz, 1796 war der Bischof von Skálholt dorthin gezogen, und 1800 tagte zum ersten Mal das Althing in der Stadt. 100 Jahre später war die Bevölkerung auf 5800 Personen angewachsen, und heute leben in der Hauptstadt rund 110 000 Einwohner. Das sind etwa ca. 40 % der isländischen Gesamtbevölkerung. Nimmt man die Bevölkerung der noch angrenzenden Städte Garðabær (ca. 8000 Einw.), Kópavogur (ca. 23 000 Einw.), Mosfellsbær (ca. 5000 Einw.), Seltjarnarnes (ca. 4600 Einw.) und Hafnarfjörður (ca. 18 500 Einw.) – was auch wegen der kaum erkennbaren Stadtgrenzen gerechtfertigt erscheint – hinzu, so lebt in dem städtischen ›Agglomerat‹ Reykjavík deutlich mehr als die Hälfte (über 60 %) der isländischen Bevölkerung. Dieser Anteil nahm in den letzten Jahrzehnten laufend zu und wird auch noch weiterhin ansteigen, denn man kann zusehen, wie das Hauptstadtgebiet zusammenwächst. Damit kehren wir wieder zur Wende des 19. zum 20. Jh. zurück.

Solange die Isländer hauptsächlich von der Landwirtschaft lebten, bestanden für Reykjavík kaum Aussichten auf Wachstum, denn mit den Erträgen der landwirtschaftlichen Betriebe aus der näheren Umgebung konnte eine größere Einwohnerzahl nicht versorgt werden. Hinzu kam die abseitige Lage am Südwestrand der Insel. Diese Situation änderte sich erst 1880 mit der Erstellung des ersten ausgebauten Weges nach Südwesten, der Anbindung an die wichtigsten Agrargebiete und 1894 mit der Regelung des Wegebaus durch Gesetz. Bis dahin wurden die Lasten auf den Rücken der Pferde transportiert. Der wirtschaftliche Aufschwung Anfang des 20. Jh. griff auch auf die Stadt über und spiegelt sich in der sprunghaften Zunahme der Bevölkerungszahl wider. Von 1901 bis 1910 stieg die Einwohnerzahl von 6680 auf 11 600.

## Die Lage der Stadt

Eine günstige geographische Lage war eine wesentliche Voraussetzung für die spätere rasante Entwicklung der Hauptstadt. Sie liegt vor einer Gebirgskulisse, die von dem 909 m hohen ›Stadtberg‹ Esja beherrscht wird, auf einer flachen Halbinsel, die sich nach Westen in die Meeresbucht Faxaflói erstreckt. Jüngere Stadtteile erfassen bereits im Osten das flachhügelige Hinterland. Das Gebiet ehemaliger Strandterrassen ist ideal für die Besiedlung geeignet. Diese Gunstlage ist sicherlich nur ein Grund für die Bevölkerungsverdichtung gerade hier im Südwesten des Landes. Die anderen sind die reichen Fischgründe in der Faxaflói-Bucht und ihren angrenzenden Gebieten, die vielen heißen Quellen im Umland, die zentrale Lage zwischen den beiden wichtigsten Landwirtschaftszentren in den Flußniederungen Südwestislands und im Borgarfjörður sowie ein eisfrei bleibender Hafen.

Daher entwickelte sich die Stadt trotz ihrer Randlage im Südwesten der Insel zum Verkehrs- und Verwaltungszentrum des Landes. In den letzten Jahrzehnten hat sie sich besonders nach Osten ausgedehnt. Die jüngsten Stadtrandsiedlungen liegen bereits etwa 10 km vom Zentrum entfernt und besitzen eigene Einrichtungen der Grundversorgung. Ein Ende des außerordentlich starken Wachstums ist noch nicht abzusehen. Immer mehr neue Areale in fast unberührter Natur müssen zur Bebauung bereitgestellt werden.

Reykjavík ist Drehscheibe des inländischen Personenverkehrs. Dabei besitzt der im Süden an das Zentrum angrenzende Inlandflughafen eine außergewöhnliche Bedeutung. Hier wird fast die Hälfte (ca. 46 %) des Inlandflugverkehrs abgewickelt. Fünf Orte werden regelmäßig angeflogen. Von dem unmittelbar neben dem Flugplatz gelegenen Busbahnhof kann man alle größeren Ortschaften auf der Insel erreichen. Der größte Teil der touristischen Unternehmungen beginnt und endet in Reykjavík.

Somit ist Reykjavík für die meisten Islandbesucher vor dem Aufbruch in die großartige natürliche Welt der Insel der Ort, an dem sie mehr oder weniger abrupt dem städtischen Leben entsagen oder, nach ihrer Rückkehr, sich wieder an die ›Zivilisation‹ gewöhnen. Dieser Aufenthalt bietet Gelegenheit, das Stadtzentrum zu besuchen. Dazu gehört die Altstadt mit ihren Regierungs- und Verwaltungsgebäuden, darunter das isländische Parlament mit der Domkirche in unmittelbarer Nachbarschaft, das Ministerratsgebäude, mehrere Geschäfts- und Bankhäuser. Die größte Zierde des Stadtzentrums ist jedoch ein kleiner See, der Tjörnin, mit seinen Parkanlagen und dem Betonbau des neuen Rathauses.

Die meisten Islandreisenden verweilen kurz vor und wenige Tage nach ihrer Reise in das faszinierende Innere des Landes in der Hauptstadt. Sie bietet mit dem großen Schwimmbad eine willkommene Gelegenheit, sich zu entspannen, gewonnene Erkenntnisse in Museen zu vertiefen, Errungenschaften und das Kulturangebot des Landes näher kennenzulernen.

## Stadtbesichtigung

Der günstigste Startpunkt zu einem Stadtrundgang, der durchaus auch auf mehr als einen Tag ausgedehnt werden kann, ist in der Stadtmitte das **Informationszentrum 1**, wo man sich gut beraten lassen kann. Hier ist zugleich der älteste Teil der Stadt mit dem Viertel der Torfa-Häuser oder Bernhöftstorfa zwischen Lækjargata, Bankastræti, Skólastígur und Amtsmannsstígur.

Wo die Lækjargata auf die Bankastræti stößt, befindet sich als allgemeiner Treffpunkt das wahre Zentrum der Stadt mit den Torfa-Häusern. Flankiert

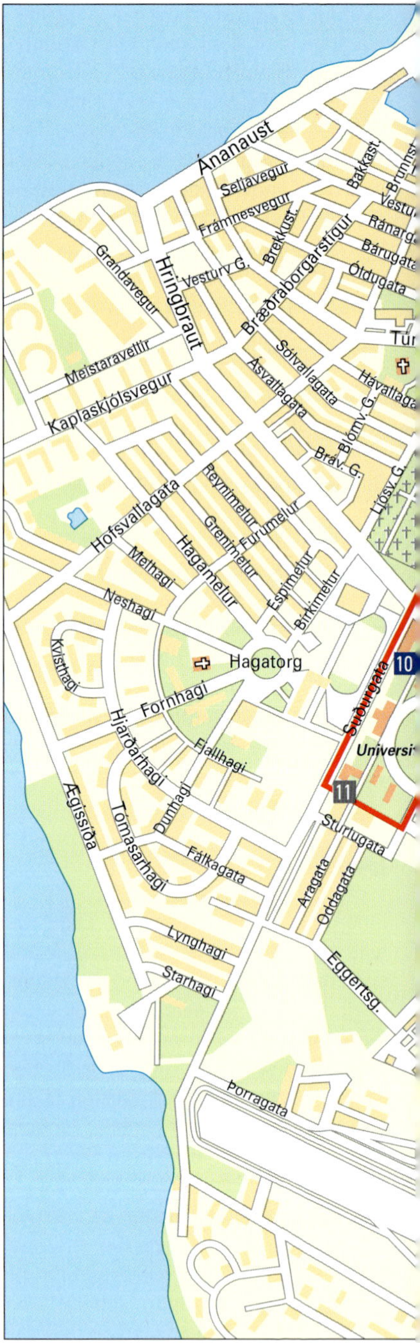


***Stadtplan Reykjavík*** *1 Informationszentrum 2 Ministerratsgebäude 3 Arnarhóll mit Standbild Ingólfur Arnarson 4 Hafen 5 Zollhauptverwaltung 6 Domkirche 7 Parlamentsgebäude 8 Nationalgalerie 9 Rathaus 10 Nationalmuseum 11 Árni-Magnússon-Institut 12 Hallgrímskirche 13 Ásgrimur-Jónsson-Museum 14 Einar-Jónsson-Museum 15 Laugardalslaug (Schwimmbad) 16 Perlan*

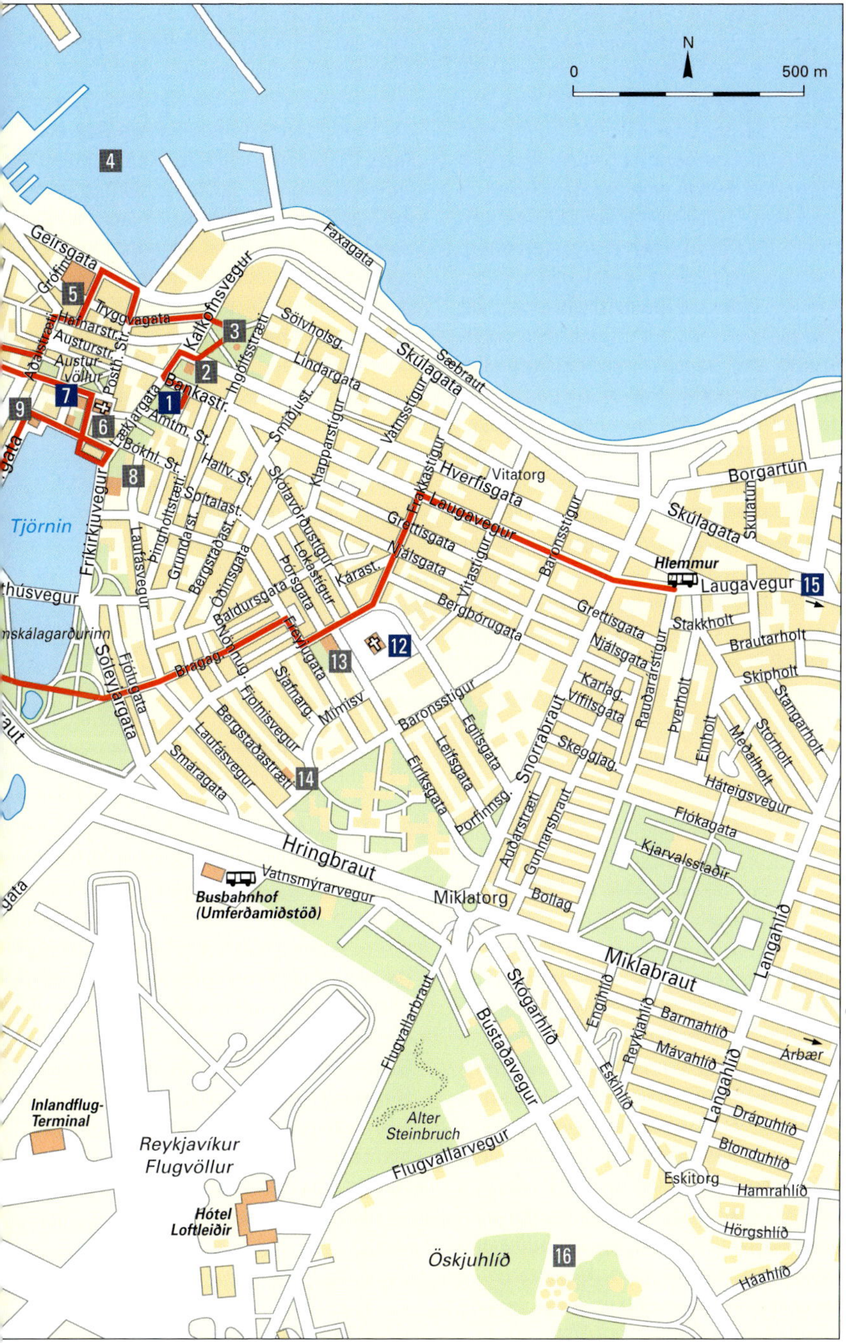

N
0
500 m
4
Geirsgata
Grófin
5
Tryggvagata
Hafnarstr.
Austurstr.
Austurvöllur
Aðalstræti
Pósth. Str.
Kalkofnsvegur
3
2
Bankastr.
1
7
9
6
Lækjargata
Amtm. St.
Bókhl. St.
8
Tjörnin
Fríkirkjuvegur
Laufásvegur
Þingholtsstræti
Spítalast.
Hallv. St.
Grundarst.
Bergstaðast.
Óðinsgata
Baldursgata
Þórsgata
Lokastígur
Skólavörðustígur
Kárast.
Njálsgata
Grettisgata
Frakkastígur
Laugavegur
Hverfisgata
Vitatorg
Klapparstígur
Smiðjust.
Ingólfsstræti
Sölvhólsg.
Lindargata
Skúlagata
Sæbraut
Faxagata
Vatnsstígur
Vitastígur
Barónsstígur
Bergþórugata
Hlemmur
Laugavegur
15
Borgartún
Skúlatún
Skúlagata
Stakkholt
Brautarholt
Skipholt
Stangarholt
Stórholt
Meðalholt
Einholt
Þverholt
Rauðarárstígur
Grettisgata
Njálsgata
Karlag.
Vífilsgata
Skeggjag.
Snorrabraut
12
13
Freyjugata
Bragag.
Nönnug.
Sjafnarg.
Mímisv.
Fjölnisvegur
Bergstaðastræti
Laufásvegur
Smáragata
14
Barónsstígur
Egilsgata
Leifsgata
Eiríksgata
Þorfinnsg.
Sóleyjargata
Fjólugata
Hringbraut
Vatnsmýrarvegur
Busbahnhof
(Umferðamiðstöð)
Miklatorg
Auðarstræti
Gunnarsbraut
Bollag.
Háteigsvegur
Flókagata
Kjarvalsstaðir
Miklabraut
Langahlíð
Engihlíð
Reykjahlíð
Barmahlíð
Mávahlíð
Langahlíð
Árbær
Skógarhlíð
Bústaðavegur
Eskihlíð
Drápuhlíð
Blönduhlíð
Eskitorg
Hamrahlíð
Hörgshlíð
Háahlíð
Flugvallarbraut
Alter Steinbruch
Flugvallarvegur
Inlandflug-Terminal
Reykjavíkur Flugvöllur
Hótel Loftleiðir
Öskjuhlíð
16
Tjörnin
Hljómskálagarðurinn

werden sie von dem Ministerratsgebäude auf der nördlichen Seite und dem 1846 erbauten Gymnasium, das bis 1919 von Halldór Laxness besucht wurde. Bei schönem Wetter finden sich an der Lækjargata Schachspieler ein, Passanten setzen sich auf den Rasen in die Sonne. Manchmal werden sie von einem Straßenmusikanten unterhalten. Wir verlassen diese beschauliche Umgebung über die Bankastræti-Laugavegur, die noch im 19. Jh. als ›Þingvellir-Straße‹ den Verbindungsweg zum Hinterland bildete und aus der Stadt herausführte. Wir wenden uns dem Lækjartorg und damit dem Zentrum zu. Unmittelbar an der Ecke ist das **Ministerratsgebäude** 2 (Stjórnarráðshúsið) gelegen. Es war ursprünglich als Gefängnis vorgesehen und wurde 1771 nach zehnjähriger Bautätigkeit fertiggestellt. In der Zeit von 1873 bis 1904 residierte hier der Landeshauptmann, bis es schließlich zum Sitz der Regierung wurde. In diesem kleinen und nahezu unscheinbaren Gebäude befinden sich heute die Büros des Ministerpräsidenten und des Staatspräsidenten. Zwei Statuen des isländischen Bildhauers Einar Jónsson, die das Gebäude zu bewachen scheinen, stellen den dänischen König Christian IX. und den ersten isländischen Minister Hannes Hafstein dar.

Wir verlassen das Stadtzentrum in Richtung Hafen. Unmittelbar hinter der Hverfisgata und dem beschriebenen Gebäude steigt das Gelände auf dem grasbewachsenen **Arnarhóll** 3 (Adlerhügel) mit der Bronzestatue Ingólfur Arnarsons an. Das Standbild des ersten Besiedlers Islands stammt ebenfalls von dem Bildhauer Einar Jónsson. Etwa an dieser Stelle sollen die in Südisland (Ingólfshöfði) über Bord geworfenen Säulen des Hochsitzes an Land gespült worden sein. Hinter dem Denkmal ragt das helle Gebäude der Nationalbibliothek auf. Unmittelbar dahinter befindet sich das Nationaltheater.

Eine besondere Attraktivität besitzt die Betriebsamkeit des Reykjavíker **Hafens** 4. Kleinere Schiffe wie Fischtrawler, Forschungsschiffe, Einheiten der größten Reederei, Eimskipafélag Íslands, auch die Schiffe des isländischen Küstenschutzes liegen hier am Pier. Die größeren Schiffe laufen den Osthafen an. Von sicherer Stelle aus kann man der Entladung des gefangenen Fisches zuschauen. Der Hafen wurde im Jahre 1913 ausgebaut. Für den 1915 fertiggestellten Ausbau kam auch die einzige isländische Lokomotive zum Einsatz. Sie beförderte zur Erstellung der Hafenmolen die in Steinbrüchen am Skólavörðuholt und dem entfernteren Öskjuhlíð gebrochenen Basaltblöcke zur Hafenbaustelle.

Die Route führt nun über Naustin zurück in die Stadt auf die Tryggvagata. Ein großes, farbenfrohes **Mosaik** 5 an der Wand der **Zollhauptverwaltung** veranschaulicht die große gestalterische Begabung der modernen Künstlerin Gerður Helgadóttir. Sie verkörpert zusammen mit der über die Grenzen Islands hinaus bekannten Malerin und Mosaikbildnerin Nína Tryggvadóttir die Nachkriegsgeneration isländischer Künstlerinnen. Naustin mündet in die stark befahrene Hafnarstræti ein. Sie ist eine der Geschäftsstraßen Reykjavíks. In dieser Gegend bieten einige Restaurants die Gelegenheit, sich niederzulassen. Die Hafnarstræti verlief ursprünglich an der Meeresküste. Das nach dem Besuch des Hafens hinter uns liegende Terrain wurde später aufgefüllt. Nun bewegt man sich durch die Altstadt von Reykjavík. Westlich des erreichten Platzes erstreckt sich die Aðalstræti, die älteste Straße der Stadt. Als frühere Haupt-

*Austurvöllur – Rast vor dem Parlament und im Café Paris*

straße hatte sie eine direkte Verbindung zum Meer. An ihrem Südende soll sich der Gründer Reykjavíks, Ingólfur, vor mehr als 1100 Jahren niedergelassen haben. Vor dem Haus Nr. 9 befand sich der älteste Brunnen der Stadt. Die Bebauung ist auffällig und farbenfroh. In der Grjótagata und der Túngata trifft man typische Häuser der Wellblech-Epoche an.

Einige der älteren Gebäude des Stadtzentrums (etwa um 1875) besitzen vorwiegend dänische Form- und Stilelemente. Es sind Häuser mit niedrigen Seitenwänden und einem steil abfallenden Dach. Die Seitenwände sind als Schutz gegen verwehten Regen mit Holz oder Stein verblendet. Unmittelbar vor der Wende zum 20. Jh. erfaßte die ›Norwegische Stilepoche‹ (wenngleich die Norweger diese Stilart als ›schweizerisch‹ bezeichneten) Reykjavík und Island. Die Vorbilder dieser Hausform übernahmen die Isländer von den in Island lebenden norwegischen Heringsverarbeitern. Ihre Häuser waren geräumiger als die des dänischen Typus. Die ersten Häuser dieser Art kamen als Fertighäuser einschließlich der Dekorationen und aller einbezogenen Einbauteile aus Norwegen. Später benutzten die Isländer die norwegische Form, um einen neuen Baustil zu kreieren. Wenige Jahre nach der Jahrhundertwende zum 20. Jh. baute man in Reykjavík zwei Stockwerk hohe Häuser. Das charakteristische der isländischen Bauweise ist die Verarbeitung von Wellblech. Es ist nicht ganz klar, wie es zur Verwendung dieses nicht gerade sehr attraktiven, aber doch als Wetterschutz sehr wirksamen Baumaterials kam. Das Wellblech hielt den Regen ab und ließ zugleich auch noch einen Luftaustausch zu, der tragende Teile des Hauses vor der Verrottung schützte. In den ersten

Jahrzehnten des 20. Jh. wurden riesige Mengen dieses Baumaterials aus England eingeführt. Bezahlt wurde hauptsächlich mit Schafshäuten. Sehr viele Häuser Reykjavíks stammen aus dieser Periode. Das Wellblech ist ihr Kennzeichen. Wer sich diese historischen Gebäude auch von innen ansehen will, findet sehr schöne Häuser im sehenswerten Freilichtmuseum Árbær (s. S. 81).

Als grüne Oase im Zentrum stellt sich der **Austurvöllur** mit seiner historischen Umgebung dar. Parlament, Domkirche und das altehrwürdige Hotel Borg säumen den Platz, in dessen Mitte der Nationalheld von Island, Jón Sigurðsson, seine Blicke auf das Parlament richtet. Auf den Blumenrabatten stehen gegen Ende Juli gerade Stiefmütterchen in voller Blüte. Ihre Farben sind von einer ungewohnt großen Intensität. Der Austurvöllur ist eine Insel der Ruhe in der betriebsamen Innenstadt. Gerade in der Mittagszeit ist es eine Wonne, sich auf einer der Bänke oder in einem der angrenzenden Cafés niederzulassen.

Die **Domkirche** 6 stammt in ihrer ältesten Form von 1796. Von der Bedeutung her ist sie die Nachfolgerin der Bischofskirche von Skálholt. Nur wenig älter ist das bereits erwähnte Ministerratsgebäude. Eines der wenigen aus Naturstein errichteten Häuser (Dolerit aus dem nahen Skólavörðuholt-Steinbruch) ist das **Parlamentsgebäude** 7 (Alþinghúsið) aus dem 19. Jh. (erbaut 1880–81), das neben der Domkirche im historischen Stadtzentrum, am Austurvöllur-Platz, steht. Hier existiert keine Bannmeile um das Parlament. Es ist schon ein ungewohntes Gefühl, sich unmittelbar neben dieser staatlichen, allerdings mit einem Fassungsvermögen für etwa 60 Abgeordnete weniger stattlichen Einrichtung aufzuhalten und bei Sonnenschein die Wärme zu genießen.

**Der Tjörnin und seine Umgebung**

Nur etwa 100 m südlich des Austurvöllur befindet sich das eigentliche Zentrum der Hauptstadt. Es ist der See mit Namen **Tjörnin** (Teich) und seine Umgebung. Viele Sehenswürdigkeiten von Reykjavík konzentrieren sich um dieses landschaftliche Kleinod. Der See ist mit seinen Anlagen fester Bestandteil des Reykjavíker Stadtbildes und findet nicht nur das Interesse der Stadtbevölkerung. Als Reykjavík vor 200 Jahren zur Stadt erhoben wurde, ordneten sich die meisten Häuser auf einer schmalen Landzunge zwischen dem See und dem Meer an. Die Domkirche stand einst an seinem Seeufer. Unmittelbar nach der Wende zum 20. Jh. wurde die Uferpromenade geschaffen und der **Hljómskálargarður** (Harmoniehallen-Garten) als erster Park von Reykjavík angelegt. Während der Sommermonate zieht er die Spaziergänger und Sonnenanbeter an, und im Winter tummeln sich auf der Eisfläche des Tjörnin die Schlittschuhläufer.

Der See ist nur einen halben Meter tief. Auf dem Grund hat sich inzwischen eine 2 m dicke Schlammschicht angesammelt. Es muß schon recht lange her sein, daß im Tjörnin Lachse und Forellen lebten. Beide Fischarten kommen allerdings noch in den Flüssen der Stadtrandgebiete vor. Im Sommer 1987 wurde noch ein mehr als 15 Pfund schwerer Lachs in der Elliðará im Osten Reykjavíks gefangen. Das Vogelleben an den Ufern und auf dem Wasser des Tjörnin ist sehr vielfältig. 50 verschiedene Vogelarten geben sich hier im Laufe des Jahres ein Stelldichein. Trotz des Autoverkehrs rundum sind die Küstenseeschwalbe und sechs verschiedene Entenarten, darunter auch die Eiderente, nicht davon abzuhalten, am Rand oder auf der kleinen Insel im See zu nisten.

*Westufer des Tjörnin und die Vogelinsel*

Sie ist unumstrittenes Hauptquartier der Küstenseeschwalbe; alljährlich werden etwa 100 Nester gezählt. Die Vögel bevölkerten den Teich und seine Ufer schon lange, bevor die Menschen sich in dieser idyllischen Umgebung niederließen und sie grundlegend umgestalteten. Bis in die ersten Jahre des 20. Jh. floß ein kleiner Bach vom See in den Hafen. Er brachte den Anwohnern viel Ärger, denn von Zeit zu Zeit überschwemmte er die an seinen Ufern gelegenen Gärten und richtete Schäden an den Häusern an. Heute weist nur noch der Name der darüber befindlichen Straße auf seine vormalige Anwesenheit hin. Es ist die stark befahrene Lækjargata (Bachgasse) mit dem Verkehrsknotenpunkt Lækjartorg (Bachplatz).

Das Westufer umsäumen viele ältere und vornehmere Häuser, u. a. auch die einstige Residenz des Ministerpräsidenten. Heute ist es das offizielle Empfangsgebäude der Regierung. Am Ostufer gehört zu den herausragenden Gebäuden die **Isländische Nationalgalerie** 8 (Listasafn). Das Gebäude hat eine wechselvolle Geschichte hinter sich. 1920 wurde es als Gefrierhaus und Lagerhaus für Eisblöcke vom winterlichen Teich errichtet. Eine erwärmende Funktion besaß es zeitweise als Diskothek; die heißeste Phase hatte es, als es 1971 abbrannte. Nach einem Umbau konnte 1988 die Nationalgalerie eröffnet werden. Nun beherbergt sie eine Vielzahl von Skulpturen, Ölgemälden, Aquarellen, Zeichnungen und graphischer Werke isländischer und anderer nordischer Künstler.

Im gleichen Maße wie das Gebäude der Nationalgalerie im Laufe der Zeit umgestaltet wurde, regte der kleine See mitten in der Stadt schon immer die Phantasie von Stadtplanern und Bürgern an. Ein namhafter Maler schlug im 19. Jh. vor, den Tjörnin mit dem Meer im Norden durch einen Kanal zu verbinden und als zusätzliches Hafenbecken zu nutzen. Ein anderer bekannter Bürger,

der im Winter auf dem Eis ein Karussell unterhielt, äußerte die Absicht, auf der kleinen Insel ein Restaurant zu errichten, das über eine Holzbrücke zu erreichen sein sollte. Die Stadtverwaltung verwarf das Projekt. Ein Bauunternehmer bot sich etwa zur gleichen Zeit für ein Entgelt an, den See aufzufüllen. Vor etwa 30 Jahren sollte schließlich eine Stadthalle im See gebaut werden. Eines Tages erhielt der See, möglicherweise nach dem Vorbild im Kopenhagener Hafen, die Statue einer Meerjungfrau, was den Unwillen vieler Reykjavíker Bürger herausforderte. In einer Neujahrsnacht flog die Statue, wahrscheinlich mit den Krachern und Raketen, in die Luft. Die jüngste ›Verschönerung‹ für den Tjörnin ist das 1992 eingeweihte, neue **Rathaus** **9**, das vom Nordwestufer in den See hineinragt. Am südlichen Ende springt seit einiger Zeit eine Fontäne, die wiederum auch nicht gerade ungeteilte Zustimmung unter den Einwohnern fand.

Es gibt zwei Wege, um das nächste Ziel, das Nationalmuseum, zu erreichen. Der direkte Weg führt über die Suðurgata. Parallel zu ihr verläuft die Tjarna-

gata unmittelbar am Seeufer entlang und am Gästehaus der isländischen Regierung vorbei (Nr. 32). Jedes der ansehnlichen Häuser liegt in einem großen Garten, in dem Birken, Ebereschen und Blaufichten zu manchmal stattlichen Höhen aufgewachsen sind.

Die westliche Uferpromenade endet an dem Skothúsvegur, der nach rechts hinauf zum Prominenten-Friedhof von Reykjavík an der Suðurgata führt. Hier liegt auch der Nationalheld Islands, Jón Sigurðsson, begraben. Hinter dem Kreisverkehr Melatorg befindet sich am Anfang des mit repräsentativen Gebäuden besetzten Universitätsgeländes das in einem eher schmucklosen Bau untergebrachte und 1952 eröffnete **Nationalmuseum** **10** (Þjóðminjasafn). Es besitzt eine umfangreiche Sammlung von Exponaten aus der Kulturgeschichte Islands. Bemerkenswert sind die bunten Glasfenster im Treppenhaus. In kräftigen Farben und eindringlicher Formengebung hat Nína Tryggvadóttir Motive aus der Geschichte Islands dargestellt.

Der Literaturfreund kommt im **Árni-Magnússon-Institut** **11** auf seine Kosten. Dieses Forschungsinstitut beherbergt die kostbarsten Schätze Islands, die mittelalterlichen Handschriften, in denen die Sagas niedergeschrieben worden sind. Die unersetzbaren und anfälligen Schriften lagern in einem besonders für ihre Aufbewahrung errichteten Gebäude. Einzelne Exponate werden in einem Besichtigungsraum ausgestellt.

Der Weg zum nächsten Ziel, der **Hallgrímskirche** **12**, ist wegen der herausragenden Stellung und der Größe des Kirchenbaus nicht zu verfehlen. Dabei sollte man nicht den Weg über die stark befahrene Hringbraut, sondern durch den Hljómskálargarður und über die Bragagata wählen. Unmittelbar vor der Kirche steht auf einem bugförmigen roten Granitsockel das Standbild Leifur Eiríkssons, des ersten Entdeckers Amerikas (für Kolumbus wird diese Ruhmestat auch in Anspruch genommen). Island erhielt das Denkmal 1930 als Geschenk der USA anläßlich des 1000-jährigen Jubiläums der Althing-Gründung.

Wenn auch Leifur die hinter ihm stehende Hallgrímskirche keines Blickes würdigt, so muß sie wegen ihres interessanten Betonbaustils als weithin sichtbares Wahrzeichen der Hauptstadt hervorgehoben werden. Der nach dem größten religiösen Dichter Islands, nach dem Geistlichen Hallgrímur Pétursson (1614–74), benannte Sakralbau wurde nach 40jähriger Bauzeit im Oktober 1986 fertiggestellt. Mit einer Höhe von 75 m ist sie das höchste Gebäude der Stadt und mit einer Aufnahmefähigkeit von 1200 Personen die weitaus größte Kirche des Landes. Schon in den ersten Jahren des 20. Jh. reifte der Gedanke, auf dem früher als Aussichtshügel genutzten Skólavörðuholt eine Kirche zu errichten. Bereits die Planung verlief schleppend. 1930 wurde ein Architekten-Wettbewerb ausgeschrieben, aber kein Vorschlag fand die Zustimmung. Zehn Jahre später entschied das Althing, die Kirche zu Ehren Hallgrímurs zu erbauen. Die Aufgabe wurde dem Staatsarchitekten Guðjon Samúelsson (1887–1950) übertragen. Samúelsson schuf viele bekannte Bauten in Island, u. a. das Hauptgebäude der Universität, das Nationaltheater, die katholische Kirche in Reykjavík und die lutheranische Kirche in Akureyri. Getreu seinem Ziel, eine nationale Architektur zu entwickeln, verwandte er einheimische Motive und Baumaterialien, wobei Basaltformen eine vorherrschende Rolle spielten. Die Form der Hallgrímskirche soll an die zerklüfteten Berge und an die Gletscher, die das isländische Landschaftsbild beherrschen, erinnern. Dieses Vorhaben ist dem Architekten offensichtlich gelungen. Beim Anblick von Basaltsäulen-Strukturen im Lande wird oft die Hallgrímskirche zum Vergleich herangezogen. Erst 1948 konnten die Fundamente gelegt werden. Aber wegen der geringen zur Verfügung stehenden Mittel kam der Bau nur langsam voran. Der Turm wurde 1974 vollendet, das Kirchenschiff schließlich im Jahre 1986 fertiggestellt.

Heute kann man von der Plattform des Turmes die gesamte Hauptstadt und ihr Umland überblicken. Man sollte aber gerade sonntags darauf achten, wann das Geläut in Bewegung gesetzt wird, denn der von den Glocken ausgelöste Lärm ist stärker als die Beschallung in einer Diskothek. Sehenswert ist in unmittelbarer Nähe der Kirche die überschaubare Sammlung des Malers **Ásgrímur Jónsson** (1876–1958). Sie ist in seinem zum **Museum** 13 umgestalteten Privathaus in der Bergstaðastræti zu besichtigen. Das **Einar-Jónsson-Museum** 14 befindet sich in der Njarðargata. Entspannung findet man bei der Betrachtung der Bronze-Skulpturen des Bildhauers Einar Jónsson (1874–1954) im Garten seines 1916–23 erbauten Hauses. Nach seinem Tode vererbte Jónsson sein Haus und seine gesamten Werke dem isländischen Staat.

Der Ausflug soll mit dem Besuch einer von den Einheimischen sehr geschätzten Einrichtung abgeschlossen werden. Der Skólavörðuholt wird über den Frakkastígur verlassen, der direkt zum Laugarvegur, der Hauptgeschäftsstraße von Reykjavík, führt (rechts abbiegen). Der Laugarvegur ist in den letzten Jahren zu einer fußgängerfreundlichen Zone mit Bäumen und Bürgersteigbeheizung umgestaltet worden. Er bietet neben Einkaufsmöglichkeiten des täglichen, gehobenen und touristischen Bedarfs hungrigen Passanten Gelegenheiten zur Einkehr. Die Geschäftsstraße endet am Verkehrsknotenpunkt Hlemmur, wo die Buslinie 5 den sicherlich ermüdeten ›Stadtläufer‹ zum Erholung verheißenden **Schwimmbad Laugardalslaug** 15 bringt. Ein Besuch dieses Schwimmbades gehört zum touristi-

Richtig Reisen *Tip*

# Besuch des Freilichtmuseums Árbær in Reykjavík

Seit mehr als 40 Jahren existiert im Osten der Stadt oberhalb des Elliðarádalur auf einem grünen Hang das Freilichtmuseum Árbær, benannt nach dem alten Gehöft, das zugleich das Kernstück dieser weitläufigen Anlage ist. Das Museum wurde im Jahre 1957 gegründet, um den Besuchern die isländische Kultur- und Baugeschichte näher zu bringen. Um das alte Torfgehöft wurden Häuser gruppiert, die das Stadtbild zu einer Zeit prägten, als Reykjavík durch den Boom im Fischfang um die Wende zum 20. Jh. enorme Bevölkerungszuwächse zu verzeichnen hatte. Innerhalb von einem Vierteljahrhundert hatte sich die Einwohnerzahl vervierfacht. Im entsprechenden Umfang ging der Anteil der Landbevölkerung zurück. Im letzten Jahrzehnt ist sie sogar auf weniger als ein Zehntel gesunken. Damit stellt sich das Torfgehöft wie eine Keimzelle in einem verstädterten Rahmen dar, die benachbarten modernen Häuser der Stadtviertel von Reykjavík und Kópavogur werden in das Museum integriert.

Das Gehöft wurde zum ersten Mal im Jahre 1464 in den Chroniken erwähnt. Zwei Familien unterhielten und bewirtschafteten den Hof, bis ihm zu Beginn des 20. Jh. die Funktion einer Raststätte an der Ausfallstraße nach Osten zukamen.

Die Torfkirche in Árbær ist eine ›Zugereiste‹. Sie wurde im Jahre 1842 in Silfrastaðir im Skagafjörður errichtet und 1896 zu einer *baðstofa,* also einem Aufenthalts- und Schlafraum, umgebaut. Bis zum Jahre 1950 war das Gebäude bewohnt. 1960 wurde es in das 300 km entfernte Reykjavík gebracht. Man kann außer dem Torfgehöft noch etwa 15 weitere Gebäude besichtigen. Das älteste unter ihnen ist das 1907 erbaute ›Professorenhaus‹, das der Chefarzt der Nervenheilanstalt bewohnte. Als Baumaterial wurde Wellblech verarbeitet. Gefälliger ist das Aussehen des fünf Jahre jüngeren, ebenfalls mit Wellblech verkleideten Hauses vom Laufásvegur 31. Es ist ein sog. ›Schweizerhaus‹ mit anderthalb Stockwerken und schönen Verzierungen. Außerdem zeigt Árbær eine Kuriosität für Island: eine von zwei Dampflokomotiven, die 1892 in Deutschland gebaut, 1913 aus Dänemark eingeführt wurden. Sie kam bis1928 im Hafenausbau zum Einsatz.



schen ›Muß‹ während eines Reykjavík-Aufenthaltes.

Für den Abend bietet sich ein stimmungsvoller Abschluß im Restaurant **Perlan** 16 auf dem Öskjuhlíð an, wo die großen metallisch schimmernden Wassertanks einen interessanten architektonischen Akzent setzen. Zu gutem Essen bietet das Restaurant eine sehr schöne Aussicht auf Reykjavík und Umgebung.

# Ausflüge von Reykjavík in den historischen und wilden Westen

Drei kurze Rundtouren führen durch verschiedene und abwechslungsreiche Regionen Islands und geben einen Eindruck von den wesentlichen Landschaften der Insel und über die grundlegenden Prozesse, die für ihre Existenz verantwortlich sind. Einen Einblick in die Geschichte des Staates Island bietet der Besuch des ältesten Parlamentsplatzes der Welt, Þingvellir. Vorstellungen vom menschenleeren Inneren erhält man auf der Fahrt durch das Kaldidalur am Westrand des Langjökull. Am Zielpunkt stehen die Besiedlung und die Landwirtschaft im Vordergrund. Ein Aufenthalt in der südwestisländischen Küstenlandschaft informiert über die Fjorde und verkehrsmäßige Erschließung des Landes.

## Ausflug in die Geschichte: Þingvellir und Reykholt

Man verläßt die Stadt über den Vesturlandsvegur (1, Míklabraut). Entlang dieses Weges hat Reykjavík gerade in den letzten Jahren durch Niederlassung von Gewerbe- und Kleinindustriebetrieben und durch den Aufbau von Wohnbezirken eine rasante Entwicklung genommen. Im Bereich von **Mosfellsbær** 1 (S. 300f.) biegt man auf den nach Þingvellir führenden Þingvallavegur (36) ab. Die moderne Kleinstadt Mosfellsbær explodierte geradezu in ihrer Entwicklung. In den 1970er Jahren wurde sie in der Reiseliteratur als das Dorf Brúarland des Pfarrbezirks Mosfellshreppur mit weniger als 1000 Einwohnern geführt und besitzt nun nach etwa 20 Jahren als Mosfellsbær die fünffache Einwohnerzahl. In gleicher Weise wie in früheren Zeiten wird noch von der Lokalität Reykir Thermalwasser zu Heizzwecken in das 15 km entfernte Reykjavík geliefert (erste Bohrlöcher aus dem Jahre 1933). Die Hauptstadt erhält heute noch täglich 74 000 t dieses umweltfreundlichen Energieträgers aus dem Gebiet unterhalb der Esja. Für den eigenen Bedarf bleibt am Ort immerhin noch soviel übrig, daß in Gewächshäusern Blumen und Gemüse herangezogen werden können. Besonders viele Gewächshäuser befinden sich in dem Thermalgebiet von Reykjahlíð im Mosfellsdalur, wo die Bohrlöcher für die Warmwasserversorgung von Reykjavík niedergebracht wurden.

Der Literatur-Nobelpreisträger Halldór Laxness (1902–98) lebte in der noch anmutigen Umgebung von Mosfellsbær seit seinem sechsten Lebensjahr. Er wuchs auf dem Hof Laxnes auf, dessen Name später auch sein Künstlername wurde (s. S. 53).

Im grünen Mosfellsdalur befindet man sich – auch wenn man dank der Überbauung mit Neubauten nicht den Eindruck hat – auf geschichtlichem Boden. Nach der Egils Saga verbrachte der erste Siedler im Borgarfjörður, Egill Skallagrímsson (ca. 910–ca. 990), hier seine letzten Lebensjahre. In der Nähe soll er zwei Kisten mit Silber vergraben haben. Die Sage berichtet, daß ihn seine Dichtkunst einst vor der Hinrichtung bewahrte. In der Nacht vor der Urteilsvollstreckung gelang dem Skalden ein so überzeugendes Gedicht, daß sein Todfeind König Erik Blodyx (Blutaxt) ihn begnadigte.

An dem aus dem Tal herausführenden Weg am Laxness-Wohnhaus Gljúfrasteinn vorbei führt die Straße nun in eine Berglandschaft, die in einem beträchtlichen Umfang von Eiszeitgletschern gestaltet wurde. Das wird beispielsweise an den geglätteten Formen des Esja-Massivs ersichtlich. Steilwandige Partien mit vorgelagerten Hügeln sind typische Hinweise dafür, daß sich nach dem Abtauen der Gletschermassen an den übersteilten Hängen in der Nacheiszeit größere Partien lösten und zu Tal stürzten. Derartige, manchmal riesige Bergstürze lenken auch auf der weiteren Fahrt die Aufmerksamkeit der neu-

zeitlichen Entdecker Islands auf sich. Im Osten dieses Gebietes kommen helle Bergspitzen näher, die schon von Reykjavík aus wegen ihrer gelblichbraunen und rötlichen Färbung auffielen. Es sind die etwa 800 m hohen Quellkuppen der Móskarðshnjúkar. Sie bestehen aus einem kieselsäurereicheren Gestein als dem vorherrschenden Basalt, aus Rhyolith. Auf der Höhe wird die Landschaft eintöniger. Wegbegleiter ist auf der rechten Seite die Mosfellsheiði, deren vulkanischen Charakter man auf den ersten Blick einmal wegen des flachen Geländes und zum anderen wegen des heideartigen Bewuchses gar nicht wahrnimmt. Nur das etwas rauhere Gelände in den höchsten, bis 410 m hoch gelegenen Partien verrät, daß die Mosfellsheiði ein Schildvulkan ist. Die ausgebrochene Lava muß schon sehr dünnflüssig gewesen sein, um so schnell zu fließen, daß derartig flache Hänge entstanden.

Bald lenkt in einer Senke der **Þingvallavatn** die Aufmerksamkeit auf sich. Mit einer Fläche von 83,7 km² und einer maximalen Tiefe von 114 m ist er der größte natürliche See Islands. Durch wasserbauliche Maßnahmen hat ihm inzwischen der þórisvatn den Rang, größter See von Island zu sein, abgenommen. Seine Entstehung verdankt der þingvallavatn den besonderen tektonischen Verhältnissen in diesem Gebiet, das im Absinken begriffen ist. Schon an der Form ist zu erkennen, daß die beiden Inseln Sandey und Nesjaey erloschene Krater sind. Für die meisten Besucher Islands steht in **Þingvellir** 2 (S. 316) die geschichtliche Bedeutung der Allmännerschlucht oder **Almannagjá** im Vordergrund, denn hier wurden vor über 1000 Jahren Gesetze verkündet und Recht gesprochen. Für Besucher mit geologischem Interesse ist hingegen þingvellir ein Ort von globaler Bedeutung, denn er wird unmittelbar mit einzigartigen Prozessen konfrontiert, bei denen selbst Kontinente eine untergeordnete Rolle spielen. Außer dieser idyllischen Landschaft im Südwesten der Insel gibt es nur wenige Regionen der Erde, in denen das tektonische Geschehen mit seinen Horizontal- und Vertikalbewegungen der Erdkruste durch die kilometerbreiten Absenkungen und durch lange aufgerissene Spalten so nachdrücklich und so unmittelbar bewußt gemacht wird. In der Umgebung von þingvellir befindet man sich wie an der Krafla in Nordisland an einer der großen Nahtstellen der Erde, nämlich im übermeerischen Zentrum des Mittelatlantischen Rückens, also eines unermeßlich langen, sonst untermeerischen Gebirges, das fast die gesamte Erde umspannt. Hier hat sich innerhalb geologisch kurzer Zeit der Untergrund so weit gedehnt, daß Spalten von Kilometerlänge aufrissen und mehrere Meter auseinanderklaffen. Die Geschwindigkeit der Plattenbewegungen ist meßbar. Sie kann auch durch einfache Überlegungen ermittelt werden. Als zeitliches Richtmaß gilt der 9000 Jahre alte Lavastrom, der das gesamte Gelände überzieht. An der Almannagjá fällt das Gelände zur etwa 7 km breiten Senke von þingvellir ab. Die Höhenunterschiede, und damit das Maß der Absenkung, erreichen zwischen dem Rand und den tieferen Stellen der Senke 30 bis 40 m. Die Absinkgeschwindigkeit beträgt also 40 000 mm in 9000 Jahren oder etwa 4 mm/Jahr. Etwa mit der gleichen Geschwindigkeit muß auch die Dehnung, die zum Aufreißen der Spalten führte, erfolgt sein.

Die Bewegungen verlaufen innerhalb der Senke nicht kontinuierlich. Oft reißen die Schollen ruckartig auseinander und lösen damit Erdbeben aus. Letzte stärkere Bewegungen fanden im Jahre

1789 im Zusammenhang mit heftigen Erdbeben in Südwestisland statt. Die zentrale Scholle der Senke mit dem Þingvallavatn sank um etwa 60 cm ab, was zur Folge hatte, daß sich der See weiter nach Norden ausbreitete. Nach Berichten aus der damaligen Zeit sind neue Spalten aufgerissen. Manche von ihnen waren sogar 4 m breit. Möglicherweise ist die Entstehung der abgesunkenen Ebene von Þingvellir mit dem größten See von Island auf etwa 60 derartiger Rifting-Episoden in der jüngsten Erdgeschichte zurückzuführen.

Þingvellir ist seit dem Jahre 1928 Nationalpark und Naturschutzgebiet, der älteste des Landes. Es ist der Ort, an dem vom Jahr 930 an das ganze Mittelalter hindurch das Parlament der Insel, das Althing, zusammentrat. Neben den Verhandlungen über Recht und Ordnung war die zwei Wochen dauernde Zusammenkunft des Althing vor allem ein gesellschaftliches Ereignis. Jedes Jahr fand sich im Juni eine große Menschenmenge in Þingvellir ein, denn dort wurde zwar über Streitereien verhandelt, zum Rahmenprogramm gehörten aber auch kulturelle Darbietungen, sportliche Wettkämpfe, der Handel mit handwerklichen Erzeugnissen sowie die Anbahnung und Schließung von Freundschaften und Ehen.

Heute ist die Schlucht und ihre Umgebung eine internationale Begegnungsstätte, wo die Isländer ihren Gästen nicht ohne Stolz ihr Nationalheiligtum zeigen. An dem kleinen Fluß Öxará steht eine Kirche aus dem Jahre 1857 und ein Pfarrhaus. In Drekkingarhylur, einem Teich nahe der Öxará, wurden im ausgehenden Mittelalter zu Tode verurteilte Frauen ertränkt. Dieser kleine Fluß ist der einzige Zufluß zum See. Sein Wasserfall besitzt eine besondere Geschichte, denn ursprünglich nahm er einen anderen Weg. Die Gründer der Versammlung des Althing leiteten ihn um, um einen Wasserfall zu bilden. Zunächst glaubte man, in dieser Aktion ästhetische Motive zu erkennen, was aber nicht der Einstellung der isländischen Vorfahren entspricht. Die mittelalterlichen Isländer ließen sich von dem Glauben leiten, daß Wasserfällen Schutzgeister oder gar Götter innewohnen. Somit stürzt nun die Öxará als ›Schutzfall‹ in die Allmännerschlucht.

Der Þingvallavatn ist in eine Vulkanlandschaft eingebettet, deren Aktivität sowohl an der freien Erdoberfläche als auch unter dem Eis, also subglazial, ablief. Die auffälligste Bergform besitzt der Schildvulkan Skjaldbreiður am nordöstlichen Ende der Senke. Über den Uxahryggjavegur (52) führt nun die Strecke um den Palagonittuffberg Ármannsfell herum in eine unwirtlichere Umgebung. Nach einem kurzen Anstieg gelangt man zum abflußlosen Sandkluftavatn, dessen Seespiegel starken jahreszeitlichen Schwankungen unterworfen ist. Nur zur Zeit der Schneeschmelze dringt zu ihm der Fluß Sæluhúsakvisl vor.

Hinter dem Lagafell öffnet sich das Gelände mit einem Ausblick auf eine Vulkanlandschaft, die in dieser Form in Europa und vielleicht sogar auf der Welt nicht wiederzufinden ist. Der Schildvulkan **Skjaldbreiður** beherrscht die Szenerie. Zu ihm gesellen sich mehrere der unter dem Eis entstandenen Tafelberge. Am nördlichen Horizont taucht bald als Ausläufer des Langjökull der 1360 m hohe Þórisjökull mit dem im Westen gelegenen Schildvulkan Ok auf. In idealer Ausbildung zeigt sich im Osten der Tafelberg Hlöðufell mit steilen Hängen, markanter Topbasaltstufe und aufsitzendem Kegel. Die Heidelandschaft um **Biskupsbrekka** lädt zum Verweilen oder Pausieren ein. Ein Kreuz erinnert an den

plötzlichen Tod des Bischofs Jón Vidalín auf einer Reise im Jahre 1720. Etwas weiter oberhalb beginnt der Kaldadalsvegur (F550). Nun begibt man sich in eine Umgebung, in der das Wetter schnell umschlagen und eine Reise zu einem verhängnisvollen Unterfangen machen kann. Bei schönem Wetter sind die Gefahren kaum zu erahnen, die in dieser faszinierenden Gegend lauern. Kleine orangefarbene Schutzhütten an der bis Ende September befahrbaren Strecke erinnern daran, daß sich jederzeit Notsituationen einstellen können, die durch Kaltlufteinbrüche verursacht werden – auch während der Sommermonate.

Unmittelbar in Höhe des Þórisjökull, dessen Hängen man sich bis auf 3 km nähern kann, beginnt das eigentliche **Kaldidalur** 3, eine in den Eiszeiten von Gletschern eingenommene Grundmoränenlandschaft. Die Piste schlängelt sich durch eine mit Blöcken übersäte Umgebung bis auf eine Höhe von 727 m NN. In unmittelbarer Nähe des Þórisjökull sieht man, daß die Eiszungen oder -loben an seinen Hängen im Rückzug begriffen sind, denn sie werden von Endmoränenwällen umgeben, die ehemalige

*Kaskaden der Hraunfossar*

Gletscherstände viel weiter unten im Tal anzeigen. Etwa 3 km südlich der Paßhöhe ist es möglich, näher an die Hänge des Þórisjökull und in eine kleine Schotterebene mit Gletscherflüssen zu kommen. Ihre westliche Begrenzung ist gradlinig und stufenartig, eine Bruchlinie. Die Schotterebene befindet sich auf der abgesunkenen Scholle. Die Fahrt nach Húsafell führt über den Osthang des Ok und durch das Tal der Geilá schließlich zum Hvítárdalur. Damit begibt man sich in die freundlichere, mit einer zum Teil busch- und waldartigen Vegetation bestandene Landschaft um Húsafell, wo Birken mit einer Höhe von etwa 5 m den Campern Schutz bieten. Am ersten Augustwochenende mit dem Bankfeiertag halten sich in dem romantischen Talgrund manchmal weit über 1000 einheimische Camper auf.

**Húsafell** 4 (S. 293) war der östlichste Bauernhof im Distrikt und zugleich Pfarrhof und Kirche. Heute existiert nur noch eine kleine Kapelle. Hier lebte der Pfarrer und Privatgelehrte Snorri Björnsson (1710–1803). Er war von so kräftiger Statur, daß er den 180 kg schweren Stein ›Kvíahella‹ bei Kraftproben anzuheben vermochte. Dieser Stein dient auch heute noch zum Messen der Kräfte, in das manchmal Islandreisende involviert werden. Es bedarf schon einer besonderen Technik und auch einer gewissen sportlichen Fitness, ihn anzuheben (s. S. 65).

Húsafell kann auch der Ausgangsort für die Besichtigung der Lavahöhlen **Surtshellir** 5 im **Hallmundarhraun** sein. Sie befindet sich einige Kilometer vom Fluß entfernt und 7 km nördlich des Gehöftes Kalmanstunga (Erlaubnis zur Besichtigung einholen). Etwa in der Mitte dieser vor rund 1200 Jahren ausgebrochenen Lavamassen tauchen unvermittelt größere Einsturzlöcher auf, von denen wie ein U-Bahnschacht tunnelartige Gänge in das Innere des Stromes hineinführen. An einzelnen Stellen kann man in das Innenleben dieses Stromes hinabsteigen. Kühle Luft zeigt an, daß die Höhlen im Untergrund vereist sein können, daher ist Vorsicht beim Gehen angebracht. Im Schein der mitgenommenen Taschenlampen erkennt man, daß sich am Bodenrand eine besondere Form der Stricklava wie Kabelstränge entlangzieht. Von der Decke muß glühendflüssige Lava heruntergetropft sein und dabei kleine schwarze und glänzende Tropfsteinformen, wie die Stalaktiten einer Tropfsteinhöhle, abgesetzt haben. Nachdem die glühende Schmelze durch diesen tunnelartigen Kanal abgeflossen war, setzten sich noch einige Tropfen von der Decke ab. Einige schafften es nicht mehr. Sie erstarrten zu einem glasigen Basalt. Die röhrenartigen und zum Teil begehbaren Lavahöhlen lassen sich zu einem 23 km langen System zusammenfügen. Aber wie konnten diese Hohlräume entstehen?

Der Lavastrom Hallmundarhraun hat seinen Ursprung in drei Kratern am Nordwestrand des Langjökull, die zu verschiedenen Zeiten aktiv wurden. Er ist das größte Lavafeld dieser Region mit einer Fläche von 204 $km^2$. Auf ihrem Weg nach Süden traf die Lava auch auf Hindernisse, so daß es zu einem vorübergehenden Stillstand kam. Dieser Zwischenstopp reichte aus, daß die Oberfläche sich soweit abkühlen konnte, um eine Decke zu bilden und daß auch in der Tiefe einzelne Partien erstarrten. Nach gewisser Zeit konnte unter dem Druck der nachfolgenden und nachschiebenden Lava das Hindernis überwunden werden und die noch flüssige Schmelze abfließen. Zurück blieben die Lavatunnel oder Höhlen. Später brach an manchen Stellen die noch zu dünne Decke unter ihrer eigenen Last ein, wodurch die Höhlengänge sichtbar wurden.

Ein kurzer Abstecher lohnt sich auch zur Schlucht **Bæjargil,** wo der isländische Künstler Páll Guðmundsson eine nicht alltägliche Form gewählt hat, seine Kunstwerke dem Publikum näherzubringen. Er hat in dieser Schlucht seine Skulpturen in das anstehende Gestein gemeißelt. Wenn man die Augen offen hält, kann man an den ungewöhnlichsten Plätzen künstliche und doch natürliche Reliefs entdecken.

Auf keinen Fall darf man es versäumen, die wegen ihrer Schönheit und ungewöhnlichen Entstehungsart unverwechselbaren Hraunfossar (Lava-Wasserfälle) und den Barnafoss (Kinder-Wasserfall) zu besichtigen. Genau genommen sind die **Hraunfossar** 6 eine Vielzahl von Quellen, die an der Grenze zwischen einem dichten wasserstauenden Vulkanit (Ignimbrit) und dem zerklüfteten basaltischen Hallmundarhraun (hier auch Gráhraun genannt) zum Vorschein kommen. Als eine Kette von kleinen Kaskaden stürzt das Wasser über eine von dem Gletscherfluß Hvítá im Ignimbrit herausgearbeitete Stufe in die Tiefe. Der **Barnafoss** ist ein Wasserfall in der Hvítá. Nach einer Volkssage führte eine Naturbrücke über den Fluß, von der zwei Kinder in der Weihnachtsnacht zu Tode stürzten. Die Mutter ließ die Brücke einreißen. Heute gelangt man über eine Fußgängerbrücke an das andere Ufer, unmittelbar über der tobenden Hvítá. Beide Wasserfälle befinden sich am Hálsasveitarvegur (518), der bis Norðurreykir dem einstigen Gletschertal der Hvítá folgt, den Bergrücken Háls quert und zum nächsten Ziel, **Reykholt** 7 (S. 305) im Tal der Reykjadalsà, führt. Nach dem Namen des Flusses und einzelner Lokalitäten (Reykholt, Sturlureykir, Laugarholt etc.) sind in diesem Tal Thermalquellen zu erwarten. Die erste stellt sich in einer etwas unscheinbaren Form dar und befindet sich neben einem Schulgebäude. Ihr Name ist Skrifla. Sie versorgt u. a. das schuleigene Hallenabd und speist das damalige Bad von Snorri, einem der berühmtesten Isländer. Zu diesem im Mittelalter genutzten Pool führt ein noch heute bestehender Gang, der ihn einst mit dem Wohnhaus verband.

Reykholt war eines der geistigen Zentren des Mittelalters, in dem ab 1206 mit dem Dichter, Geschichtsschreiber und Gesetzessprecher Snorri Sturluson (1178–1241) sein wohl prominentester Vertreter, lebte. Vor der Schule steht eine von dem norwegischen Bildhauer Gustav Vigeland geschaffene Bronzestatue, die Norwegen dem isländischen Staat zum Geschenk im Andenken an den berühmten Isländer machte, der in seinen Chroniken die Geschichte der norwegischen Könige niedergelegt hatte (s. S. 51). Die Enthüllung der Statue fand im Sommer 1947 statt. Die in den Jahren nach 1988 errichtete Kirche bewahrt in der Snorrastofa eine Bibliothek mit Kopien der Werke von Snorri.

In der Höhe von Víðigerði wird auf die Borgarfjarðabraut (50) gewechselt. Im Reykholtsdalur brodelt es im Untergrund. Wie man an den Gewächshäusern und dem an einigen Stellen aufsteigenden Dampf ermessen kann, befindet sich im Tal eine Reihe von Thermalquellen, u. a. am historischen Hof Deildartunga die Thermalquelle **Deildartunguhver** 8. Mit einer Schüttung von 200 l/sek. ist sie die größte Thermalquelle Europas und könnte eine Stadt von der Größe Akureyris (15 000 Einwohner) mit heißem Wasser versorgen. So profitieren von ihrer Energie die Orte Akranes und Borgarnes (Entfernung: 60 bzw. 38 km) und einige Gärtnereien. Im gleichen Tal liefert eine weitere Thermalquelle in Kleppjárnsreykir 70 l heißes Wasser pro Sekunde.

Über die Borgarfjarðabraut (50) wird das intensiv landwirtschaftlich genutzte und alte Siedlungsgebiet des Borgarfjörður verlassen. Dabei führt die Strecke an dem etwa 14 km² großen Skorradalsvatn vorbei, der seine Entstehung der schürfenden Tätigkeit eiszeitlicher Gletscher verdankt. In dieser Umgebung bietet der Campingplatz von **Selsskogur i Skorradal** 9 (S. 310) eine Übernachtungsgelegenheit. Durch das Svínadalur zwischen den beiden Gebirgsstöcken Skarðsheiði und Botnsheiði hindurch trifft die Straße im **Hvalfjörður** (S. 294) auf den Vesturlandsvegur (1), der zurück ins etwa 70 km entfernte Reykjavík führt. Für den, der nicht nach Reykjavík zurückkehren möchte, eignet sich **Akranes** (S. 275) als Zwischenstation mit Übernachtungsmöglichkeit.

## Zu aufsteigenden und abfallenden Wassern – Geysir und Gullfoss

Eine klassische und sehr häufig benutzte Ausflugsroute von Reykjavík aus führt über Þingvellir und hat den Geysir im Haukadalur und den Gullfoss am Rande des Hochlandes zwischen den beiden Gletschern Lang- und Hofsjökull zum Ziel. Der Nationalpark Þingvellir und die Senke des Þingvallavatn wird über die in einem weniger guten Zustand befindliche Schotterpiste Gjábakkavegur (365) verlassen.

Auf dem Weg nach Laugarvatn greift der Rücken der bis zu 826 m hohen Kálfstindar bis an die Straße vor. Es sind Palagonittuffberge, die ihre Existenz der vulkanischen Tätigkeit auf einer Spalte unter dem Gletschereis verdanken. Die Energie des geförderten basaltischen Magmas hat nicht ausgereicht, die auf dem Land lastende Eisdecke zu durchstoßen oder aufzuschmelzen. Daher bestehen sie auch in der Gipfelregion aus Palagonittuff oder Palagonitbreccie und nicht aus der unter subaerischen oder ›Freiluft‹-bedingungen entstehenden basaltischen Lava. Dicke Polster aus graugrünem Zackenmützenmoos bedecken die Berge. Auf der rechten oder südlichen Seite versteckt sich unter der buschartigen Pflanzendecke die Lyng-

*Der Geysir ›Strokkur‹*

dalsheiði, ein ebenso flacher und damit unscheinbarer Schildvulkan wie die Mosfellsheiði (s. S. 84).

Aus den Tuffwänden des Höhenzuges Reyðarbarmur hat der Wind zwei Höhlen ausgeblasen. Sie wurden durch Menschenhand erweitert, und zu Beginn des 20. Jh. hatten sich in den ursprünglichen Schafställen vorübergehend Eremiten niedergelassen. Über die Laugarvatnsheiði führt der Weg hinab in das Tiefland der Brúará mit den Seen Apavatn und Laugarvatn (›See der warmen Quellen‹). Der Laugarvatn nimmt eine Fläche von 2,14 km$^2$ ein und ist im Norden von einem Bergland umgeben, dessen bewaldete Hänge als Sommerhausgebiete immer mehr Zuspruch bei Wochenendurlaubern finden. Die meisten dieser Areale befinden sich in Besitz von Gewerkschaften. An mehreren Stellen trifft man hier entsprechend dem Namen ›Laugarvatn‹ auf Heißwasseraustritte. Vom See hat man einen sehr schönen Ausblick auf den 50 km entfernten Vulkanrücken der Hekla. **Laugarvatn** 10 (S. 299f.) heißt auch eine kleine Ortschaft mit 160 Einwohnern, einem Schulzentrum, einer Sporthochschule und einer Hauswirtschaftsschule. Während der Christianisierung im Jahre 1000 ließen sich nach der Überlieferung

Bauern in der Vigðalaug (Weihquelle) am Seeufer taufen.

Die Fahrt setzt man nun über den Laugarvatnsvegur (37) am Rand der Gebirgszüge Laugarvatnsfjall und Efstadalsfjall vorbei fort. Im Süden breitet sich ein Tiefland aus, in dem durch eine moorige Wiesenlandschaft die Flüsse Hólaá und Brúará mäandrieren. Beherrschende Form ist der **Apavatn,** ein 14 km² großer Forellensee, mit dem Hagaós als Abfluß in die Brúará. Das Gebiet des Apavatn war der Ort eines historischen Treffens zwischen den befeindeten Stammesfürsten Sturla Sighvatsson und Gissur Þorvaldsson im Jahre 1238 (s. a. S. 157). Bei Múli trifft die Straße auf die Biskuptungnabraut (35). Sie ist die Verbindung zu den Sehenswürdigkeiten bei Geysir und zum Gullfoss. Der Weg verläuft weiterhin durch ein Tiefland, nun durch die Ebene des Tungufljót. In dieser gleichförmigen, schon etwas langweiligen Landschaft macht mit der Annäherung an das **Thermalgebiet von Geysir** **11** (S. 287) umso eindringlicher eine in regelmäßigen Abständen aufsteigende weiße Fontäne auf sich aufmerksam. Es sind die Ausbrüche des aktivsten Geysirs von Island, des ›Strokkur‹. Das Wirken einer in der Tiefe existierenden Kraft, die explosionsartig Wassermassen entgegen der Schwerkraft hoch in die Luft schleudert, versetzt die Betrachter immer wieder in Erstaunen, bei besonders hohen Auswürfen sogar in Verzückung. Meistens sind wegen der Vielfalt der Heißwasser- und Dampfquellen die Verweilzeiten im Thermalgebiet von Geysir länger als vorgesehen.

Beim Besuch dieser Landschaft am Rande des Hochlandes ist ein Aufenthalt am knapp 10 km entfernten **Gullfoss** **12** unerläßlich. Viele halten ihn für den schönsten isländischen Wasserfall. Mit Sicherheit ist er der bekannteste. Es ist der Wasserfall des Gletscherflusses Hvítá, der im Hvítárvatn unterhalb des Langjökull entspringt und nach einer Laufstrecke von 133 km als Ölfusá im Süden in den Atlantik mündet. Es ist ein an Stromschnellen reicher Fluß mit einem sehr unausgeglichenen Gefälle, der bereits auf seinem Weg nach Süden in Höhe des Bergmassivs Bláfell die Fallstufe des Ábótifoss überwindet.

Der Gullfoss besteht aus zwei fast rechtwinklig zueinander stehenden Fallstufen mit einer Gesamthöhe von 32 m. Die obere, 14 m hohe Stufe ist breiter als der Fluß, da sie nicht in einem rechten Winkel zur Hvítá verläuft. Bei der Annäherung an den oberen Teil des Falles springt das Flußwasser in Stromschnellen über Hindernisse im Flußbett. Der Fall über die erste Stufe erscheint noch nicht so vehement. Das Brausen des Wassers schwillt aber zu einem dumpfen Tosen an, wenn die Wassermassen 18 m tief in die enge und dunkle Schlucht stürzen, wo man durch den aufgewirbelten Wasserstaub den Aufprall kaum sehen kann. Bei Sonnenschein steht wegen der feinen Wassertropfen in der Luft häufig ein Regenbogen über dem ›Goldenen Wasserfall‹.

Die Geschichte der Hvítá und des Gullfoss beginnt mit dem Ende der letzten Eiszeit. Es wird angenommen, daß die Schlucht durch einen katastrophalen Abfluß der Hvítá innerhalb weniger Tage angelegt wurde. Nach etwa 10 000 Jahren ist daraus ein Einschnitt von 3 km Länge geworden, d. h. die Hvítá hat sich am Wasserfall um 30 cm/Jahr rückwärts eingeschnitten. Den Bewohnern des Gehöftes Brattholt, des nördlichsten Bauernhofs vor dem Hochland, ist es zu verdanken, daß der Wasserfall in seiner na-

*Der Gullfoss* ▷

# Isländische Springquellen – Wie funktioniert ein Geysir?

*Bis zu 20 m hoch springt der Geysir ›Strokkur‹ im Haukadalur*

Viele Menschen verbinden mit Island trotz des Kälte einflößenden Namens paradoxerweise eine Naturerscheinung heißen Ursprungs, nämlich die Springquelle des Großen Geysirs. Im Vergleich zu den Gletschern, die das isländische Landschaftsbild zumindest in verschiedenen Regionen beherrschen, zieht allerdings der Geysir wegen seiner ungewöhnlichen, urplötzlichen Aktionen sowie seiner Einmaligkeit eher die Aufmerksamkeit von Besuchern auf sich. Gerade deshalb ist das Thermalfeld von Haukadalur mit dem Großen Geysir, dem die springenden Heißwasserquellen in aller Welt ihren Namen verdanken, eines der am häufigsten besuchten Naturdenkmäler Islands.

Der Große Geysir wurde wegen seiner über Jahrhunderte andauernden Tätigkeit berühmt. In einem kreisrunden Becken mit 14 m Durchmesser schleuderte er aus einem zwei Meter weiten und etwa 120 m tiefen Schlund Wasser und Dampf in Abständen von etwa einer Stunde 60 m hoch hinaus. Über seine Aktivitäten wurde bereits 1294 zum ersten Mal berichtet. Nach den Sinterablagerungen um sein Bekken muß er aber älter sein und existiert wahrscheinlich seit etwa 10 000 Jahren. Es wird berichtet, daß der Geysir um 1810 noch jede halbe Stunde ausbrach. Im Jahre 1916 hörte er plötzlich auf, seine Wassermassen emporzujagen. Im Grunde genommen hatte er seine Ruhe nach Jahrhunderte dauernder Tätigkeit verdient. Seine Ausbrüche beschränken sich heute nur noch auf ein gelegentliches meterhohes, kurzzeitiges Aufwallen, was wahrscheinlich auch kaum wahrgenommen wird.

Einige Isländer waren trotz des 700 Jahre lang dauernden Wirkens mit dem in Ruhestand getretenen Großen Geysir unzufrieden und überlegten, ihn durch einen Eingriff zum Springen zu bewegen. Bereits 1932 öffnete man durch eine Bohrung den Schlund und konnte den Geysir durch die damit verbundene Wasserspiegelabsenkung reaktivieren. Rund 20 Jahre lang tat er es wieder. Schließlich wurde er aber immer zurückhaltender, und selbst Appetithappen in Form von Schmierseife konnten ihn kaum aus seiner Lethargie wecken. Aus ökonomischem Interesse wollen einige Kräfte dem Großen Alten nicht seine wohlverdiente Ruhe gönnen. Mehrere Manipulationen wie die Anlage einer seitlichen Abflußrinne sorgten noch einmal dafür, daß besonders die Besucher Islands das große Schauspiel einer hoch aufschießenden natürlichen Wasserfontäne erleben konnten. Die isländische Naturschutzbehörde bereitete dieser künstlichen Darbietung letztlich ein Ende, indem sie 1992 das Bohrloch verschließen ließ.

Schließlich befindet sich auf dem Thermalfeld von Haukadalur noch ein zweiter, zwar nicht so großer, aber außerordentlich fleißiger Geysir, der etwa 150 m entfernte ›Strokkur‹ (Butterfaß). Schon bei der Anfahrt sind seine Aktivitäten zu erkennen, wenn in Intervallen von nur etwa 10 Minuten seine Dampf- und Wassermassen bis zu 20 m hoch springen. Aus unmittelbarer Nähe kann man dem atemberaubenden Schauspiel einer Eruption beiwohnen. Nach dem Rückfluß des bei einem Ausbruch emporgeschleuderten Wassers in den Schlund und dem Auffüllen des Bekkens verhält sich die Quelle einige Minuten lang ruhig. Nur einzelne Dampfblasen perlen an die Oberfläche. Ohne große Vorankündigung fängt das Wasser an auf- und niederzuwallen. Schließlich wölbt es sich glockenartig auf. Die Wasserglocke bleibt wenige Augenblicke bestehen. Dann schießen aus dem Untergrund explosionsartig Dampfblasen herauf und reißen das umgebende Wasser bis zu einer Höhe von 10–20 m mit. Danach füllt sich das Becken wieder mit Wasser auf. Mit Spannung und der Erwartung eines hohen Auswurfs ruhen auf ihm die Blicke der Zuschauer oder die Objektive der Kameras. Das Oberflächenwasser des 5 m weiten Geysirbeckens hat eine Temperatur von 97 °C.

Die Tätigkeit der Geysire beruht darauf, daß Wasser in einem tiefen Schlot bis zu einer Temperatur von mehr als 100 °C aufgeheizt wird. Wegen des Belastungsdruckes der im Schlot befindlichen Wassersäule kann es nicht sieden. Es muß der Dampfdruck soweit steigen, bis der Belastungsdruck überwunden werden kann. Dann kommt es zu einem Ausbruch. Durch eine ruckartige Dampfentwicklung wird das Wasser im Quellbecken kurzzeitig glockenartig angehoben. Der herausschießende Dampf reißt das Wasser mit.

Es gibt in Island 30 Geysire, allerdings nicht alle von der Qualität des Strokkur. Ein künstlicher Geysir ist 150 m südlich von Perlan in Reykjavík entstanden. Er strapaziert nicht die Geduld wartender ›Naturfreunde‹, denn er springt auf Knopfdruck. In einem 30 m tiefen Brunnen wird er über eine Heißwasserleitung versorgt. Das ganze Ensemble sorgt dafür, daß die ›Heißwasserquelle‹ zwischen 11 und 16 Uhr 10 bis 15 m hoch springt. Ist es da nicht beschaulicher – wenn schon der Große Geysir nicht springt –, sich in seiner Nachbarschaft in aller Ruhe eine kaum aufwallende türkisfarbene Heißwasserquelle (Bláhver) anzusehen und bei der Betrachtung des Formenreichtums der Sinterablagerungen in Haukadalur seine Phantasie spielen zu lassen?

türlichen Form erhalten blieb. In den 1920er Jahren wandten sich der Bauer Tómas Tómasson und seine Tochter Sigríður Tómasdóttir mit Vehemenz gegen den Verkauf des Gullfoss zur Energienutzung. Schließlich kaufte die Regierung den Wasserfall auf und stellte ihn unter Naturschutz. Sigríður Tómasdóttir wurde 1978 ein Denkmal am unteren Parkplatz des Gullfoss errichtet.

Für die Rückfahrt zur Hauptstadt Reykjavík kann der Weg über Skálholt auf der Biskuptungnabraut (35) oder über **Flúðir** (S. 286) genommen werden. **Skálholt** 13 (S. 312) war Bischofssitz von 1056 bis zu dem Umzug nach Reykjavík im Jahre 1796. Die heutige Kirche wurde mit Unterstützung aller skandinavischen Länder gebaut und 1963 fertiggestellt. Das einfallende Licht wird durch sehr schöne bunte Kirchenfenster der Künstlerin Gerður Helgadóttir gedämpft. Das Altarbild gestaltete Nína Tryggvadóttir, eine der berühmtesten isländischen Künstlerinnen. Auf dem Weg wird **Reykholt** 14 (S. 304), eine Siedlung in einem Thermalgebiet mit Gärtnereien, passiert. Ca. 10 km nördlich von Selfoss ist vor der Annäherung an den Palagonitberg Ingólfsfjall auf der östlichen Straßenseite eine in Island nicht alltägliche Vulkanform zu sehen. Es ist der etwa 6000 Jahre alte Explosionskrater des Maares **Kerið.** In dieser Umgebung zeigt sich Island von einer ungewohnten Seite, wenn auch der Mensch nachgeholfen hat. Es ist bewaldet. Der Erfolg der Aufforstungsarbeiten wird durch das Aufkommen des Buschwaldes Þrastaskógur (Drosselwald) offenkundig. Seine Ursprünge gehen auf das Jahr 1911 zurück. Einzelne Teile des Waldes beherbergen Sommerhäuser, ähnlich wie in Grímsnes im Norden.

Nach der Querung des Sog, der sich weiter unterhalb mit der Hvítá zur Ölfusá vereinigt, verläuft die Strecke am östlichen Hang des mächtigen, 551 m hohen **Ingólfsfjall** 15. Der Berg ist benannt nach Ingólfur Arnarson, der hier vor der Niederlassung in Reykjavík seinen zweiten Winter in Island verbracht haben soll. Es fällt auf, daß auf den Hängen des Palagonitberges zahlreiche, manchmal hausgroße Blöcke liegen. Das Erdbeben von 1896 verursachte ihren Absturz. Einzelne Blöcke haben sogar Namen erhalten, z. B. Blákollur und Sængurkonusteinn, die über einen Pfad von der Straße aus besichtigt werden können.

## Das Land, in dem die Milch fließt – Der Südwesten

Die Route führt von Reykjavík nach Südosten über den Suðurlandsvegur (1) in das Gebiet der großen Flußniederungen der Ölfusá (Hvítá), Þjórsá, Hólsá (Þverá) und des Markarfljót. Wegen seiner günstigen Boden- und Klimaverhältnisse ist es ein für die Rinder- und Milchviehhaltung ideales Gebiet, ähnlich wie das Hinterland des Borgarfjörður.

Die Landschaft außerhalb der Hauptstadt ist von jungem Vulkanismus und von vulkanischen Aktivitäten unter Gletschereisbedeckung geprägt. Bereits in Höhe des schon fast in das Stadtgebiet einbezogenen Elliðavatn tritt eine besondere Form von Pseudokratern auf, die fast der Gewinnung von Schlacke für den Straßen- und Wegebau zum Opfer gefallen wären. Es sind die inzwischen unter Naturschutz stehenden **Rauðhólar** 16. Ihre Rotfärbung verdanken sie während der Ausbruchstätigkeit geförderter oxidierender Gase, die die sonst schwarzen bis dunkelgrauen basaltischen Gesteinsmassen rot färbten. Die Strecke führt durch das Suðuradalur. Mit

# Bananen auf Island – Das Gartenbauzentrum Hveragerði

*Die Gewächshäuser von Hveragerði nutzen geothermale Energie*

Es ist schon erstaunlich, in Island Bananenpflanzen vorzufinden. Sie sind jedoch nicht das Ergebnis einer erfolgreichen Züchtungsforschung, mit dem der Anbau einer frostresistenten Banane garantiert wird, sondern die Banane ist das ungewöhnliche pflanzliche Produkt gärtnerischer Hege und Pflege unter der Ausnutzung der in reichlichem Maße zur Verfügung stehenden geothermalen Energie. Die Nutzung macht nämlich nicht bei der Erwärmung der Wohnhäuser halt, um das Behagen innerhalb der eigenen vier Wände zu erhalten, sondern dient auch der Produktion einer abwechslungsreichen, vitaminhaltigen Pflanzenkost. Gerade in den letzten Jahren sind in den Thermalgebieten des Borgarfjörður, auf der Halbinsel Reykjanes, Krísuvík, im Südwesten zwischen den Flüssen Hvítá und Þjórsá, im nördlichen Laugardalur und in der Umgebung von Hveragerði Gewächshäuser gebaut worden. Sie dienen der Anzucht von kälteempfindlichen Pflanzen, sowohl Gemüse- als auch Blumen- und Zierpflanzen und, wie man im Osten in der Umgebung von Egilsstaðir beobachten kann, für die Anzucht von Gehölzarten.

Der Name ›Hveragerði‹ verrät schon die Anwesenheit von Thermalquellen in seiner Umgebung, denn er bedeutet soviel wie ›Region der heißen Quellen‹. Daß sich in diesem Raum die Thermalquellen häufen, ist nicht verwunderlich, denn im äußersten Südwesten der Insel kommt der vulkanisch geprägte Mittelatlantische Rücken an Land, und in diesem Gebiet liegt Hveragerði.

Etwa ein Viertel aller Gewächshäuser Islands befindet sich auf dem Gemeindegebiet von Hveragerði. Der wie Selfoss etwa 10 km von der Südwestküste entfernt gelegene kleine Ort wurde erst 1930 gegründet und erhielt 1987 die Stadtrechte. Die Thermalquellen besitzen eine Wasserqualität, die wegen ihres niedrigen Gehaltes an Mineralstoffen einen Gewächshausbetrieb erlaubt, ohne daß innerhalb kurzer Zeit die Heizungsrohre verstopfen. Der größte Teil der Gewächshausfläche wird für die Anzucht wichtiger Gemüsearten genutzt. Im Vordergrund steht die Produktion von Gurken und Tomaten mit etwa 40 %, die auf fast jedem Frühstücksbuffet zu finden sind.

Der Gewächshausbau nahm eine schnelle Entwicklung. Das erste Gewächshaus wurde im Jahre 1924 gebaut. Bereits 1940 wurden auf 10 000 $m^2$ verschiedene Kulturen herangezogen. In der Folgezeit nahm die Gründung von Gartenbaufirmen eine stürmische Entwicklung. Innerhalb von etwa 25 Jahren hatte sich 1967 die Gewächshausfläche dieses Erwerbszweiges der Landwirtschaft mit 107 500 $m^2$ verzehnfacht. 1980 betrug die gesamte Unterglasfläche der gewerblich genutzten Gewächshäuser 14,5 ha. Ausgenommen sind davon die kleinen, privat genutzten Gewächshäuser. Etwa 70 % der gärtnerisch genutzten Betriebsfläche entfallen auf den Anbau von Gemüse. Neben Gurken und Tomaten – seinen Bedarf kann Island inzwischen weitgehend aus eigener Produktion decken – werden auch Kohlarten und Möhren unter Glas gezogen. 30 % der Fläche werden für die Anzucht von Rosen, Nelken, Chrysanthemen und verschiedenen Topfpflanzen verwendet.

Das Thermalwasser in den Heizungsrohren der Gewächshäuser hat meistens eine Temperatur zwischen 80 und 95 °C. Inzwischen sind 150 000 $m^2$ Unterglasfläche längst überschritten. In den letzten zehn Jahren treten in den städtischen Räumen Gartencenter und Baumschulen in Erscheinung. Das bekannteste unter ihnen existiert schon seit etwa 30 Jahren in Hveragerði. Man kann dort Blumen und Zierpflanzen mit den unterschiedlichsten Wärmeansprüchen besichtigen. Darunter befindet sich auch eine Bananenstaude, die aber keineswegs den Bedarf an isländischen Bananen sicherstellt.



den **Tröllabörnin** 17 tauchen Lavaformen auf, die wiederum mit dem Fließen der Schmelzen über einen feuchten Untergrund in Verbindung gebracht werden können. Es sind Hornitos, kleine aufsprudelnde Lavaquellen im Lavastrom. Über den Bláfjallavegur (417) kann man zu dem Ski- und Wandergebiet der bis zu 685 m hohen Bláfjöll gelangen. Wegen ihrer exponierten Lage sind die Berge gerade im Sommer ein beliebtes Ziel als Aussichtsberge.

Etwa 40 km nach Verlassen von Reykjavík erreicht man **Hveragerði** 18 (S. 295). Mit knapp 1800 Einwohnern und zentralen Funktionen ist diese Kleinstadt *(Kaupstaður)* das größte Gartenbauzentrum im Lande. Dank der reichlich zur Verfügung stehenden Geothermal-Energie entwickelte sich die Kleinstadt besonders rasch.

Nach weiteren 10 km taucht hinter dem Ingólfsfjall (s. S. 96) die Kleinstadt **Selfoss** 19 (S. 310) an der Ölfusá auf.

Sie ist das Landwirtschaftszentrum Islands. Die Existenz und Entwicklung von Selfoss basiert auf der verkehrstechnischen Erschließung des Südwestens und wurde mit der Überbrückung der Ölfusá im Jahre 1891 eingeleitet. Bis dahin und auch einige Jahre später bestand Selfoss nur aus einem Bauernhof. In den 1930er Jahren fing die Siedlung an zu wachsen, 1947 lebten in Selfoss rund 800 Einwohner, 1977 erhielt es die Stadtrechte, heute leben hier etwa 4500 Menschen. Wenngleich sich in der Stadt einige leistungsfähige Betriebe des Dienstleistungsgewerbes einschließlich Touristenzentrum niederließen, beruht der rasante Aufstieg dieses Ortes auf seiner Lage im Zentrum der Rinderhaltung und Milchwirtschaft. In Selfoss befinden sich der größte Molkereibetrieb des Landes und Fleischverarbeitungs-Unternehmen, die vor allem den Hauptstadtbereich mit Milch- und Käseprodukten sowie Fleischerzeugnissen versorgen.

In den Flußniederungen grasen neben etwa 20 000 Rindern (etwa ein Drittel des gesamten isländischen Bestandes) auffallend viele Pferde, deren Anzahl in ganz Island auf knapp 80 000 geschätzt wird. In diesem von großen Flüssen durchzogenen Gebiet gibt es dank der ausgedehnten Niederungen die einzigen größeren Ortschaften fernab von der Küste. **Hella** 20 (S. 289), mit 600 Einwohnern, war bis 1927 ein Bauernhof, und im Osten startete **Hvolsvöllur** 21 (S. 296) zu seiner Entwicklung als Handels- und Verkehrszentrum 1930 mit der Eröffnung eines Kooperative-Ladens.

Geradezu zurückgeblieben erscheinen die historischen Stätten, die in keinem Falle als der Kristallisationskern für eine Weiterentwicklung fungieren konnten. Am bekanntesten ist der **Pfarrhof Oddi** 22 (S. 301), der von der Ringstraße nach 4,3 km über den Oddavegur (266) erreicht werden kann. Hier befand sich während des Mittelalters der literarische Mittelpunkt Islands. Auf dem Hof lebten so bekannte Persönlichkeiten wie Oddi Sæmundur froði Sigfússon (1056–1133). Er gilt als der Vater der isländischen Literatur und studierte als erster Skandinavier in Paris. In vielen seiner Volkssagen setzt er sich mit dem Teufel auseinander.

Auch Snorri Sturluson wuchs in Oddi auf. Die ältesten Teile des Gehöftes **Keldur** 23 (S. 297f.) stammen aus dem späten Mittelalter. Seine Dächer sind mit Steinplatten gedeckt, die Halle erinnert an gleichartige Gebäudeteile der Wikingerzeit. Der Hof steht am Rand eines Lavastroms mit Quellaustritten, daher der Name ›Keldur‹, Quelle. Keldur ist Schauplatz der berühmten Njáls-Saga.

Auf der Rückfahrt kann man sich über das Gebiet noch einen Überblick verschaffen. Dafür ist der weiter im Norden gelegene Vulkan **Hestfjall** 24 bestens geeignet. Nach der Querung der Þjórsá, des mit 230 km längsten Flusses von Island, biegt man auf den Skeiðavegur (30) ab. Der 317 m hohe Hestfjall besitzt eine einzigartige Form, die durch die während seiner Entstehung herrschenden Eisverhältnisse bedingt ist. Der Ausbruch fand in der ausgehenden Eiszeit unter dem Eisrand mit der Förderung von Hyaloklastiten statt. Nach dem Wegschmelzen des Eises riß auch der Kontakt des geförderten Magmas mit dem Eis ab, so daß die Förderung vor der Stirn des Eisschildes an der Luft fortgesetzt wurde. Das Ergebnis war der Aufbau eines einseitigen Schildvulkans mit dem Aussehen einer riesigen Rampe. Der höchste Teil stellt offensichtlich einen Teil des Kraterrandes dar. Auf dem Weg nach Reykjavík über Selfoss bietet sich ein Abstecher auf dem Eyrarbakkavegur (34) über **Eyrarbakki** 25 (S. 284f.) mit dem sehenswerten Seefahrtsmuseum zum Fährhafen **Þorlákshöfn** 26 (S. 316f.) an. Auf dem wieder nach Norden führenden Þrengslavegur (39) liegt die interessante, ca. 1 km lange Lavahöhle **Raufarhólshellir** 27.

## Halbinsel Reykjanes – Der Mittelatlantische Rücken geht an Land

Islands südwestliche Ecke, die Halbinsel Reykjanes (früher auch Reykjaneskagi), hat die Umrisse eines Stiefels. Das ist trotz der Badegelegenheit im hellblauen und warmen Wasser der ›Blauen Lagune‹ das einzige, was sie mit einem anderen, im Süden Europas gelegenen ›Stiefel‹ gemeinsam hat. Sollte man die Halbinsel mit Stichworten beschreiben, dann lauten diese: Lava, Spalten, Dampf, Moos, Flechten, einzelne Kuppen und Höhenrücken ohne fließendes Wasser. Damit wird man aber diesem zwar nicht sehr abwechslungsreichen, dennoch interessanten Teil Islands kaum gerecht. Denn es geschieht hier etwas Ungewöhnliches: Es taucht der Mittelatlantische Rücken aus dem Meer auf und erfaßt die gesamte Halbinsel. Reykjanes ist damit Bestandteil des jungen und aktiven geologischen Systems, das sich durch Island hindurch bis zum Öxarfjörður erstreckt. Es ist der südwestliche Seitenarm der aktiven Vulkanzone und des Riftsystems, wie man gerade im Anflug auf Island vom Flugzeug aus erkennen kann. Noch deutlichere Hinweise auf das intensive Wirken geologischer Prozesse sind die jungen vulkanischen Bildungen (10 000 Jahre und jünger) mit ausgedehnten Lavafeldern und Kuppen als Förderpunkten. Die letzten Ausbrüche fanden noch in geschichtlicher Zeit statt.

Inzwischen bedeckt Reykjanes vor allem eine ausgedehnte Moos- und Flechtenvegetation. Die Oberfläche der Lava ist von keinem eiszeitlichen Gletscher mehr verändert worden und in ihrer oft blockigen Struktur erhalten geblieben. Sie besteht vorwiegend aus recht frischen Laven. Feuchte klimatische Verhältnisse haben die Moosvegetation aufkommen lassen, der größte Teil der Niederschläge versickert jedoch im spalten- und klüftereichen Untergrund. Auf dem gesamten Areal ist kein Fluß zu entdecken, wenn man einmal von einem Bach in Hafnarfjörður absieht. Quellen muß man somit im Küstenbereich suchen, denn das Wasser sammelt sich im Untergrund zu Grundwasserströmen. So fließt der größte unter ihnen, die Kaldá, in der Umgebung von Straumsvík. Das Wasser kann sich auch in Becken sammeln und als See in Erscheinung treten. So ist das größte stehende Gewässer der Halbinsel der Kleifarvatn, ein See ohne Abfluß. Er befindet sich in einer fast wüstenhaften, aber sehr reizvollen Umgebung, deren Formen zu dem älteren Teil der Halbinsel gehören. Es sind Palagonitrükken, also unter der Bedeckung eiszeitlicher Gletscher entstandene Vulkanreihen. Im Gegensatz zum Untergrund basaltischer Lava sind die braunen Palagonitgesteine fast vegetationsfrei.

Die ein wenig abseits der touristischen Ströme liegende Halbinsel wartet für den interessierten Naturfreund mit geologischen, botanischen und zoologischen Leckerbissen auf. So gibt es kaum ein größeres nur von Moos bedecktes Gebiet in Island. Bei Sonnenschein bildet das mit rötlichen Partien durchsetzte Schwarz der Laven, das Graugrün der Moospolster und das Blau des Himmels eine attraktive Farbmischung. Neben den Thermalquellen und dem Meer sind Scharen von gefiederten Sommergästen auf den Felsen der Steilküste das belebende Element der Halbinsel. Schließlich schleicht sich ganz im Westen fast unbemerkt der Mittelatlantische Rücken an Land. Er kommt allerdings mit feuriger Begleitung, die sich im Moment etwas zurückhält und gebietsweise nur das Grundwasser kräftig aufheizt. So zeugen ausgedehnte Lavafelder, Thermalgebiete mit aufsteigenden Dampfwolken und kilometerlange Spalten von der außergewöhnlichen geologischen Stellung dieser Halbinsel.

Die Route eines Tagesausfluges von Reykjavík nach Reykjanes führt über die Reykjanesbraut (41), die als erste Überlandstraße asphaltiert war. **Hafnarfjörður** 1 (S. 288f.) ist eine geschäftige Hafenstadt und mit 18 500 Einwohnern die drittgrößte Stadt Islands. Das in einem restaurierten Lagerhaus von 1865 untergebrachte Isländische Seefahrtsmuseum zeigt Bilder und Gegenstände aus der elfhundertjährigen Geschichte der isländischen Seefahrt. Im Hafnarfjörður-Museum befindet sich eine Ausstellung zur Ortsgeschichte.

Hinter Hafnarfjörður wird das Aluminiumschmelzwerk von Straumsvík passiert. Es ist das erste Industriewerk, das in Island errichtet wurde. Sein Strombedarf ist so groß, daß die Kapazität eines vollständigen Elektrizitätswerkes für seine Versorgung notwendig ist. Das Kraftwerk Búrfell wird mit der Wasserkraft von Islands größtem Fluß, der Þjórsá betrieben und erbringt eine Leistung von 210 Megawatt. Die Straße passiert nun Lavafelder mit Aufbrüchen (Schollendomen) und einzelnen Wochenendhäusern. Nach etwa 10 km verläßt man die Reykjanesbraut bei Kúagerði und benutzt den Vogavegur (420) parallel zur Küste fahrend. An dem schmalen grünen Küstenstreifen verdichtet sich die Anzahl der Gehöfte. Dazwischen erhebt sich in **Kálfatjörn** 2 eine der



*Halbinsel Reykjanes*

größten Bauernkirchen Islands. Sie war bis 1907 Pfarrkirche. 2–3 km weiter südlich ist einer der ältesten aus Lavablöcken errichteten Schafställe erhalten.

Hinter Vogar ist mit **Keflavík** 3 (S. 297) der größte Ort der Halbinsel (knapp 8000 Einwohner) erreicht. Sein Ursprung geht bis in das 13. Jh. zurück, als Keflavík das erste Mal schriftlich erwähnt wurde. Aus dem ursprünglichen Handelsplatz entwickelte sich nach 1800 ein Fischereiort. Unter den vielen in Keflavík aufgestellten Skulpturen befindet sich auch ein Werk des berühmten Ásmundur Jónsson. Es soll an die verschollenen Seeleute erinnern. Der Ausbau des Hafens und die Anlage der US-Luftbasis bzw. des Flughafens machten Keflavik zum bedeutendsten Ort auf der Halbinsel. Der Punkt Bergið am Nordrand des Stakksfjörður gestattet bei gutem Wetter eine ausgezeichnete Aussicht über die riesige Meeresbucht Faxaflói mit dem 909 m hohen Bergmassiv Esja und Reykjavík im Osten sowie der Halbinsel Snæfellsnes im Norden.

Die Route (45) führt nun über die Halbinsel Miðnes nach **Garður** 4. Die 20–30 m hohe Halbinsel ist fast vegetationsfrei, nur schmale Streifen entlang der Küste sind vollständig mit Vegetation bedeckt. Hier häufen sich auch die Gehöfte. Der an der Nordspitze gelegene Ort kann Anfangspunkt für eine Küstenwanderung oder -besichtigung bis nach Sandgerði sein. Wer viel Zeit hat und bei guter Kondition ist, kann den 5 km langen Weg von der Nordwestspitze Garðskagi nach **Sandgerði** 5 zu Fuß in Angriff nehmen und wird gerade im Frühsommer eine Vielzahl von Seevögeln und eventuell Robben zu Gesicht bekommen. Der Weg nach Süden wird von dem Fischereiort Sandgerði auf dem Garðskagavegur (45) fortgesetzt. Von geschichtlicher Bedeutung sind die Ruinen des ehemaligen Handelsplatzes und Fischerortes **Básendar** oder **Bátsendar** 6. Er fiel am 9. Januar 1799 einer Sturmflut zum Opfer. Wie groß die Naturgewalten im Meeresraum vor Reykjanes sein können, belegen die höchsten Wellen, die vor Island im Atlantik beobachtet wurden. Sie waren ebenfalls an einem 9. Januar, aber im Jahre 1990, mit 23 m schon mehr als haushoch.

Man kehrt von der Halbinsel Miðnes nach Keflavík zurück und folgt der Route auf dem Hafnavegur (44) zurück an die Westküste. In dem einst sehr betriebsamen Fischereiort **Hafnir** beginnt der Nesvegur (425), der zum ›Landgang‹ des Mittelatlantischen Rückens auf Island führt. Davor sollte man einen Abstecher durch die Lavafelder zu den Vogelfelsen von **Hafnarberg** 7 unternehmen. Nächstes Ziel in dieser Küstenlandschaft ist das eigentliche Reykjanes, der ›Absatz des Stiefels‹, dessen südlichste Spitze jedoch als Zehe oder Reykjanestá bezeichnet wird. Hier befindet man sich an dem geologisch und auch geographisch wichtigen Punkt, an dem der Reykjanes-Rücken als bekannter untermeerischer Abschnitt des Mittelatlantischen Rückens bei Önglabrjótsnef mit reinen Lavakliffs den Landgang antritt. Islands erster Leuchtturm wurde auf der Klippe **Valahnjúkur** 8 im Jahre 1878 errichtet. Bereits 29 Jahre später zerstörte ihn ein Erdbeben. Was kann die Existenz der Riftzone besser belegen, als diese tektonische Aktivität hier am Übergang des Mittelatlantischen Rückens von der See zum Land? Daß diese Zone auch außerordentlich vulkanisch aktiv ist, belegen mindestens zehn Ausbrüche in geschichtlicher Zeit. Im gleichen Jahr wie die Laki-Katastrophe, 1783, entstand durch einen Ausbruch die Insel Nýey oder Nyö (Neuinsel) und ver-

*Die Blaue Lagune*

schwand wieder im Meer. Auf einer der Vulkaninseln, **Eldey,** befindet sich die drittgrößte Baßtölpelkolonie der Welt. Zutritt ist nicht gestattet. Die rund 15 km vor der Küste liegende Insel ist von den Valahjnúkur-Hügeln als ein steinerner Klotz weit draußen im Meer zu sehen.

Der Ausflug führt nun in ein Gebiet Islands, das erst seit dem Beginn der Erschließung geothermaler Energiequellen mehr touristische Beachtung findet. Das in der Tiefe aufgeheizte Wasser ist wegen seiner Nähe zum Meer nördlich von Grindavík eine warme Sole, die nach der Abgabe ihrer Energie an Heizwasser in einem Auffangbecken als überschüssiges Thermalwasser gesammelt wird. Diese außergewöhnliche Badegelegenheit der ›Blauen Lagune‹ macht viele Islandbesucher unmittelbar nach ihrer Ankunft mit den Annehmlichkeiten des Vulkanismus auf dieser Insel bekannt. Die **Blaue Lagune** **9** (Bláa Lónið) ist in den letzten 25 Jahren zu einer kleinen und beliebten Attraktion geworden. Über 120 000 Badelustige finden sich hier jährlich in der Nachbarschaft eines Industriebetriebes für die Herstellung von Hautpflegemitteln ein. Die Energie in diesem Hochthermalgebiet reicht aus, um sämtliche Orte im Umkreis einschließlich des Flughafens Keflavík mit elektrischem Strom und Heizungswasser zu versorgen. Im Gebiet der Blauen Lagune oder von **Svartsengi** (schwarze Wiese) befinden wir uns auf einem jungen Terrain, denn die dort anstehende Lava soll erst im 13. Jh. ausgebrochen sein. Das Gebiet nördlich des Ortes Grindavík hat außer der Blauen Lagune noch einiges anderes an Interessantem aus der ›Unterwelt‹ zu bieten. So ist eine Reihe von Wanderungen in dieser steinreichen Umgebung möglich, einzelne haben die aus der Landschaft herausragenden Kuppen zum Ziel. Der folgende Teil des Reykjanes-Besuches führt wiederum an den Küstensaum.

# Die Hausordnung im Kliff – Das Nistschema der Seevögel

Die meisten der an Islands Küsten nistenden Vögel halten sich bloß als Sommergäste in den Felswänden auf, denn als Seevögel verweilen sie nur während der Brutzeit an Land. Den größten Teil ihres Lebens verbringen sie auf dem Meer.

Nach dem Nistschema der Küstenfelsen sind die geselligen Papageitaucher die Bewohner der obersten Etage. Im Gegensatz zu den meisten anderen Kliffbewohnern nisten sie in metertiefen Bruthöhlen. Dabei suchen sie entweder breite Spalten und Klüfte im Gestein auf oder graben in die weichen oberen Boden-, Tuff- oder Torfschichten 1–1,5 m lange Gänge. An den Küsten Islands leben während der Sommermonate etwa eine Million Paare.

In den oberen Stockwerken steiler Küsten oder auch von Felswänden im Hinterland brütet fast in Gemeinschaft mit den Papageitauchern der Eissturmvogel. Er kann mit den Möwen verwechselt werden, gehört aber zur Familie der Sturmvögel und ist relativ leicht an seiner gedrungenen Gestalt und an seinem sehr eleganten, segelnden Flug zu erkennen. Man wird ihn an den meisten Küsten der Insel antreffen. Dabei bevorzugt er nicht allein Kliffs in Gemeinschaft mit anderen Seevögeln als



Eine Pause kann man zunächst in **Grindavík** 10 (S. 288), einem 2200 Einwohner zählenden Fischerei-Städtchen *(Kaupstaður)*, einlegen. Bereits im Mittelalter legten englische und deutsche Kaufleute in diesem Hafenort an. Genauso wie die Westmänner-Insel Heimaey wurde Grindavík im Jahre 1627 von algerischen Seeräubern heimgesucht. Der Ìsólfsskálavegur (427) führt zum nächsten Thermalgebiet der Halbinsel, nach Krísuvík. In der Bucht Hraunsvík taucht eine geologische Sehenswürdigkeit auf. Hier ist im 190 m hohen **Festarfjall** 11 das Innere eines Basaltvulkans aufgeschlossen. Weiter im Osten hat sich die wahrscheinlich 1151 ausgebrochene Lava des **Ögmundarhraun** 12 bis zum Meer ausgebreitet. Benannt wurde die Lava nach dem Berserker Ögmundur, der von dem Bauern von Krísuvík zur Anlage eines Weges durch die Lava überredet worden sein soll. Zum Lohn wurde Ögmundur vom Bauern getötet. Man beachte die Parallele zum Berserkerhraun auf Snæfellsnes (s. S. 117). Etwa in der Höhe des verlassenen historischen Gehöfts Krísuvík zweigt ein etwa 5 km langer Weg zu den vielbesuchten Vogelfelsen von **Krísuvíkurberg** 13 in Richtung Meer ab. Diese 7 km lange und 40 m hohe Steilküste ist die größte Seevogelkolonnie, die in der Nähe der Hauptstadt liegt.

Im Norden befinden sich auf dem Krísuvíkurvegur (42) Überreste vulkanischer Aktivität: Die beiden Maare Grænavatn und Gestsstaðavatn sowie

Nistplatz, sondern auch hohe Berge oder Wände in Küstennähe. Wenn sich das Meer in Sichtweite befindet, halten die Eissturmvögel auch einen Lebensraum besetzt, der vor mehreren Jahrtausenden, vor der Hebung Islands in der Nacheiszeit, noch unmittelbares Küstenland gewesen ist, wie die oft über 20 km landeinwärts gelegenen einstigen Kliffs hinter den Schwemmlandebenen in Südisland. Wahrscheinlich folgen sie einem vererbten, uralten Trieb.

In den steilsten Teilen der Wände mit den schmalsten Gesimsen eines Kliffs schließt sich der Lebensraum der Trottellumme, der Dickschnabellumme und des Tordalken an. Die Trottellumme hält sich vorwiegend an den Küstensäumen der südlichen Inselhälfte auf. Mit ihrem fast schwarzen Körper, der weißen Brust und dem aufrechten Gang ähnelt sie den Pinguinen. Nestbau ist ihr unbekannt. Daher legt sie das Ei auf den nackten Felsen und brütet es dort aus. Trotz der beengten Verhältnisse am Nistplatz rollt das Ei wegen seiner birnenartigen Form nicht von den schmalen Gesimsen.

Als geselliger Vogel lebt die Trottellumme in großen Kolonien, in Island bis weit über 10 000 Vögel (Látrabjarg ca. 5 Millionen mit der Dickschnabellumme). Bis in das 20. Jh. hinein wurde bei dem Erwerb eines Hofes in Küstennähe darauf geachtet, ob er sich bei einer kreischenden Trottellummenkolonie befand, was den Wert des Objektes wegen der großen Menge an Vogeleiern gesteigert hätte. Feste und tiefe Nester aus Land- und Wasserpflanzen sowie aus Erde baut im Gegensatz zu den Alken die Dreizehenmöwe im Kliff.

An der Basis der Kliffs findet in erster Linie die Gryllteiste Möglichkeiten zu nisten. Im Gegensatz zu den anderen Alken, die auf offener See fischen, sucht die Gryllteiste ihre Nahrung aus kleinen Fischen, Mollusken und Krebstieren in der Brandungszone.



drei weitere Kratergebilde südlich des noch in Betrieb befindlichen Gehöftes Krísuvík mit seinen Gewächshäusern verdanken ihre Entstehung vulkanischen Explosionen, die durch den Kontakt der heißen basaltischen Schmelzen (1200–1300 °C) mit dem reichlich vorhandenen Grundwasser ausgelöst wurden. Die beiden Maare haben einen Durchmesser von etwa 200 × 300 m.

Die bekannteste geologische Sehenswürdigkeit ist auf der Halbinsel Reykjanes wegen seiner Dynamik das Thermalgebiet von **Krísuvík** 14, welches sich im Süden an den Kleifarvatn anschließt. Die meisten Quellen und Dampfaustritte befinden sich am Südhang des Palagonitrückens Sveifluháls. Zeitweise wurde auch hier Schwefel abgebaut. Auf dem Weg nach Norden ändert sich nun der Landschaftscharakter vollständig. Beherrschende Farbe der Landschaft ist das Braun der Palagonitberge, die sich in Südwest-/Nordostrichtung quer über die Halbinsel erstrecken. Ein ungewohntes Element dieser sonst wasserlosen Landschaft ist der 10 km² große und bis zu 97 m tiefe **Kleifarvatn.** Der See wird vom Grundwasser gespeist und ist abflußlos. Bei schönem Wetter sollte man sich die Mühe machen und auf eine der Anhöhen steigen. Der Blick auf die Lavafelder ist beeindruckend wegen ihres wüstenhaften Charakters. Bis zum Ziel der Rückfahrt, Hafnarfjörður, werden das Dyngnahraun und das in geschichtlicher Zeit ausgebrochene Kapelluhraun gequert.

# Der Nord-westen

# Snæfellsnes – Island en miniature

Wer die breite Palette der isländischen Landschaften innerhalb kurzer Zeit, vielleicht sogar nur auf einem Zweitagestrip von Reykjavík erleben will, sollte es nicht versäumen, die Halbinsel Snæfellsnes zu besuchen. Denn außer den weiten Ebenen der Sander oder der Kieswüsten, den einsamen Tafelbergen und den im Gelände manchmal kaum wahrnehmbaren Schildvulkanen wird man hier fast alle Elemente der isländischen Landschaft vorfinden: von dem gerade erloschenen Vulkan, den mit gelbgrünen Moospolstern überzogenen Lavaströmen bis zu den Ruhe verbreitenden Fjorden mit steilen Wänden. Wer auf den Anblick eines Schildvulkans oder Tafelberges nicht verzichten möchte, sollte den Anfahrtsweg durch das Kaldidalur (Kaldadalsvegur, F550) wählen.

Bereits in Reykjavík wird die Neugier auf das bergige Land im Norden geweckt, das mit seinem Höhepunkt, dem gletscherbedeckten, 1446 m hohen Vulkan Snæfellsjökull, im Westen abrupt zur See abbricht. In der häufig kristallklaren Luft des Nordens grüßt dieser markante Berg aus einer Entfernung von 130 km herüber. Die Annäherung an

das Land mit den vielen Sehenswürdigkeiten beginnt in dem Städtchen **Borgarnes** 1 (S. 280). Die Bedeutung des 1750 Einwohner zählenden Ortes als Verkehrsknotenpunkt ist in den letzten Jahren durch den Ausbau der Ringstraße (Vesturlandsvegur, 1), Fertigstellung des Tunnels unter dem Hvalfjörður im Jahre 1998 und der 520 m langen Borgarfjarðabrú über den inneren Borgarfjörður im Jahre 1980 immens gewachsen. Die Stadtrechte besitzt Borgarnes erst seit 1987. Seine Ursprünge gehen auf das Jahr 1858 zurück, als der Schotte James Ritchie auf der Halbinsel eine Hütte errichtete, um Lachse zu konservieren. Borgarnes ist nun als *Kaupstaður* ein Ort mit zentraler Bedeutung, so daß Handel, Dienstleistungsgewerbe

und Kleinindustrie in einer intensiv landwirtschaftlich genutzten Umgebung die Versorgung der Menschen im Umland sicherstellen.

In einem kleinen Park befindet sich das Grab des ersten Besiedlers dieses Gebietes, Skallagrímur Kveldúlfsson. Spuren von Skallagrímur sind auch mit dem historischen Gehöft **Borg á Mýrum** nordöstlich von Borgarnes zu finden. Den Hof verwalteten sein Sohn Egill und seine Nachkommen, zu denen auch der berühmteste Dichter und Politiker im Mittelalter, Snorri Sturluson (1178–1241), gehörte, der in Borg eine Zeitlang lebte. Der bedeutende Bildhauer Ásmundur Sveinsson hat Egill mit dem Leichnam seines ertrunkenen Sohns in einer Skulptur dargestellt.

Wir beginnen die Rundreise in Borgarnes und benutzen den Ólafsvíkurvegur (54). Die Fahrt geht durch die Seen- und Moorlandschaft der Halbinsel Mýrar. Als erster größerer Fluß wird die Langá gequert, die wegen ihres Lachsreichtums bekannt ist. Am Gehöft **Langárfoss** bieten sich ausgezeichnete Bedingungen, an kleineren Wasserfällen und Stromschnellen diesen Edelfisch zu angeln oder nur einfach zu beobachten, wie die Lachse in Etappen das Hindernis des Wasserfalles Sveðjufoss über eine Lachsleiter überwinden.

Unvermittelt und unerwartet tauchen inmitten einer Umgebung von bis 900 m hoch aufragenden Bergrücken schwarze Lavaströme auf. Aus dem oberen Akradalur, das hier Hraundalur heißt, ist im Bereich einzelner Kegel die Lava des Álftár- und des Melshraun ausgeflossen und breitet sich nun pfannkuchenartig wie ein Gletscher im flachen Vorland aus. Die basaltischen Schmelzen sind vom Bergland in Tälern bis zur Niederung des Küstenvorlandes vorgedrungen. Als Zeugnisse einer weit in der Erdgeschichte Islands zurückliegenden vulkanischen Tätigkeit bilden die aus Flut- oder Plateaubasalten des Tertiärs aufgebauten Berge Kolbeinsstaðafjall und Fagraskógarfjall die Kulisse.

Nordwestlich von **Brúarfoss** 2 (Gehöft und Wasserfall) wird ein nächster Lachsfluß, die Hítará, gequert und damit allmählich die von eiszeitlichen Gletschern geprägte Landschaft von Mýrar verlassen. Das Wort *brú* bezieht sich auf eine mögliche Naturbrücke über den Fluß, über die ein zum Tode Verurteilter flüchtete. Als er das andere Ufer erreicht hatte, brach die Brücke ein, so daß die Verfolger ihr Vorhaben, ihn zu ergreifen, aufgaben, denn sie sahen in diesem Ereignis eine göttliche Fügung und einen Beweis seiner Unschuld.

Weiter im Westen treten nun die Berge des ›ordentlichen Gebirges‹ mit den übereinandergestapelten tertiären und daher alten Plateaubasaltlagen zurück und machen den manchmal chaotisch anmutenden jungen vulkanischen Bildungen mit Lavaströmen und Kegeln bzw. Kuppen Platz. Erste Schlackenkegel rücken im Norden in den Vordergrund. Aber die Aufmerksamkeit zieht eine freistehende flache Anhöhe mit einer kronenförmigen Gipfelregion auf sich. Es ist der Ringwallkrater **Eldborg** 3 (Feuerburg), der noch unmittelbar nach der Besiedlung, also gerade vor wenig mehr als 1100 Jahren aktiv gewesen sein soll. Von seinem Förderpunkt breiten sich die Lavaströme des Eldborgarhraun aus. Das Gebiet der Eldborg, deren Hänge mit lockerem Birkenbuschwald bewachsen sind, kann man am besten über das Gehöft Snorrastaðir südlich des Ólafsvíkurvegur aufsuchen.

Im Norden ändert sich das Landschaftsbild nun vollständig, was noch deutlicher in Erscheinung tritt, wenn man den Heydalsvegur (55), eine Querverbindung zum Norden der Halbinsel, als Abstecher benutzt. Die neue Umgebung vermittelt den Eindruck, daß hier in dramatischer Weise Energien aus dem Inneren der Erde freigesetzt worden sind. Hohe Schlackenhalden oder -hänge, rote und schwarze Kegel aus vulkanischem Auswurfsmaterial, bizarre Felsen lassen die Kräfte erahnen, die die Schmelzmassen emporschleuderten. Den recht ebenen Untergrund bedecken unterschiedlich gefärbte und bewachsene Lavaströme. Manchmal verschwindet das Schwarz oder Rot der Lava unter gelblich grünen Moospolstern. Der Übergang von der alten Plateaubasaltlandschaft zur jungen vulkanischen ist so plötzlich, daß man am Gehöft Tröð unterhalb des Kolbeinsstaðafjall glaubt, es habe im Hinterhof seinen eigenen Vulkan.

Große Anziehungskraft zu einer näheren Besichtigung übt der rote und 164 m hohe Schlackenkegel **Rauðháls** inmitten des ausgedehnten und blockreichen Lavastroms Rauðhálshraun aus. Vom Kraterrand kann man sehr gut die Vulkane und die Lavafelder überblicken. Innerhalb des Kraters haben sich schon die Moose zu einem besonders weichen und einförmigen Pflanzenteppich geschlossen. Vom Gipfel fallen auf dem Rauðhálshraun Konturen von kanalartigen Eintiefungen auf, die bei einer Betrachtung unten auf dem Strom nicht auszumachen waren. Verstürzte tunnelartige Hohlräume lassen sich nach ihren Umrissen verfolgen. Derartige Hohlräume sind in dem benachbarten Gullborgarhraun noch erhalten und stehen unter Naturschutz. Man kann sie im Rahmen von Führungen besichtigen, die vom Bauernhof Heggstaðir aus zur **Gullborgarhellir** veranstaltet werden.

Die Höhle gilt mit ihren Tropfsteinbildungen aus ehemaliger basaltischer Schmelze als die schönste im Lande. Wie auch in anderen Lavahöhlen beobachtet wurde, hat die Gullborgarhellir schon während des Mittelalters als Unterschlupf gedient. Es werden immer noch Höhlen entdeckt, wie nach dem Ausblick vom Rauðháls anzunehmen ist. Weiter im Norden gelangt man in das Gebiet von Hnappadalur mit den beiden Forellenseen Hlíðarvatn und Oddastaðavatn.

Der Weg wird nach diesem Abstecher zunächst über den Ólafsvíkurvegur fortgesetzt. Unweit der Straße hat die Abtragung einen alten Basaltstrom freigelegt, von dem nun an einer Geländekante in sehr regelmäßiger Ausbildung Basaltsäulen des **Gerðuberg** 4 bewundert werden können. Es ist offensichtlich, daß sie schon zum westlichen Rand dieses jungvulkanischen Gebietes gehören. Sie sind Bestandteile eines wesentlich älteren, zum tertiären Basement gehörenden Lavastroms. Im späten Sommer lohnt sich dieser kleine Abstecher für Freunde einheimischen Beerenobstes ohnehin. Die günstigen klimatischen Bedingungen haben am Fuß des Basaltstroms eine dichte Zwergstrauchflora aufkommen lassen, die zum Genuß köstlicher isländischer Heidel- oder Blaubeeren einlädt. In dieser Region ist außerdem ein Besuch der heißesten Quelle von Snæfellsnes am Bauernhof Kolviðarnes über den Skógarnesvegur (568) zu empfehlen.

Mit dem Passieren des Bergmassivs Hafursfell (759 m) ändert sich wiederum die landschaftliche Situation. Das Rückgrat der Halbinsel, ein bis zu 1063 m hohes Bergland (außer Snæfellsjökull) bricht westlich der vom jungen Vulkanismus geprägten Ebene abrupt zu einem 2–10 km breiten und flachen Küstenvorland ab. Gegen die fast senkrechten und manchmal über 100 m hohen Wände brandete vor etwa 10 000 Jahren das Meer. Danach baute es zusammen mit den aus dem Bergland kommenden Flüssen das von vielen kleinen Seen bedeckte, flache und mit Wiesen bestandene Vorland auf, über das sich mehrere Gehöfte verteilen. An manchen Stellen ist das Grasland in den Verlandungsgebieten sehr sumpfig und daher sein Betreten nicht ungefährlich.

Weiter im Westen kündigt der Name »Ölkelduvegur« an einer Seitenstraße eine Rarität in Island an. **Ölkelda** bedeutet nämlich wörtlich übersetzt ›Bierquelle‹. Sollte sich hier eine Brauerei befinden? Es ist leider nur eine Mineralquelle. Das dort austretende Mineralwasser hat mit einem Bier nur die Kohlensäure gemeinsam. Wahrscheinlich werden die in dieser Hinsicht nicht gerade verwöhnten Isländer bei dem Prickeln der Kohlensäure schon an Bier gedacht haben. Das Wasser soll sehr erfrischend sein.

Unweit dieses Haltepunktes mit dem verheißungsvollen Namen befindet sich, ebenfalls über eine Seitenstraße erreichbar, **Staðarstaður** 5. An diesem historisch bedeutsamsten Ort auf Snæfellsnes, einem Pfarrhof, lebte wahrscheinlich der Vater der isländischen Geschichtsschreibung Ari fróði Þorgilsson (1067–1148). Für die Karriere der Pfarrer war die Tätigkeit in dieser Pfarrei offensichtlich sehr förderlich, denn einige unter ihnen, Marteinn Einarsson, Halldór Brynjólfsson, Gísli Magnússon und Pétur Pétursson wurden später Bischöfe. An den Wänden des ehemaligen Kliffs macht sich auf dem Weg nach Westen wieder der junge Vulkanismus bemerkbar. Der Strom des Hraunsmúlahraun hat den Weg über die Kante der ehemaligen Steilküste gefunden und legt sich nun über den Hang wie eine Lavaschürze. Westlich von **Lýsuhóll** 6, einer kleinen Siedlung mit Bauernhof, Schule, Gemeindezentrum und Thermalschwimmbad mit Mineralquelle, hat sich der Strom des Bláfeldarhraun über das ehemalige Kliff ergossen.

Vor dem Anstieg zum Bergland wird der Ólafsvíkurvegur verlassen. Nach Westen geht es weiter auf dem Útnesvegur (574). Zu einem Halt lädt ein alter Handelsplatz (bis 1930) und jetziges kleines Hotel, ein: **Búðir** 7 (S. 281). Bereits im 16. Jh. hatte an der für die damalige Schiffahrt günstigen Bucht Búðavík die Bremer Hanse einen Stützpunkt. Hinter der Mündung der Hraunhafnará befindet sich das kleine Haff Búðaós, das früher Hraunhöfn hieß. Bei Flut können Boote diesen kleinen Naturhafen aufsuchen, der bei Ebbe trockenfällt. Einst unterhielten Fischer auf dem Búðahraun ihre Hütten. Vom Gemeindeleben zeugt noch eine kleine Holzkirche. Búðir ist ein idealer Ort zum Ausspannen mit einer großartigen Kulisse. Im Westen beherrscht mit seiner Eiskappe der 1446 m hohe Snæfellsjökull die Szenerie. Im Mittelgrund ragt der 88 m hohe und rötlichbraune Schlackenkrater Búðaklettur mit seinen zum Teil mit Moos bewachsenen Hängen auf. Von dem Krater erstreckt sich bis zum Hotel und zum Campingplatz das blockige Lavafeld des **Búðahraun.** Seewärts wird das düstere Schwarz der Lava durch angewehten rosa Muschelsand aufgehellt. Hier befindet sich einer der größten Muschelsandstrände Islands. Oberhalb des alten Kliffs lenkt im Norden der Rhyolithberg Mælifell (566 m) wegen seiner Kastenform die Aufmerksamkeit auf sich. In seiner Nachbarschaft stürzt das Wasser des **Bjarnarfoss** in die Tiefe, was manchmal stürmische Aufwinde auch verhindern. Wenn man Glück hat, kann man im Meer den Kopf einer neugierigen Robbe beobachten.

Es lohnt sich besonders frühmorgens wegen des günstigen Lichts, einen kleinen Ausflug zum Krater **Búðaklettur** zu machen. Der Weg führt in eine Umgebung, in der sich auf dem Lavastrom mit 130 verschiedenen Gefäßpflanzen ein artenreiches Spektrum angesiedelt hat. Damit wird aber die Vorherrschaft des Zackenmützenmooses nicht in Frage gestellt. Diese Pionierpflanze überdeckt große Teile des Lavastroms und des Kraters. Die Aussicht vom Kraterrand ist schön und bemerkenswert. Über der Breiðavík leuchtet mit seiner Gletscherkappe der Snæfellsjökull. An seine Südflanke schmiegt sich der 526 m hohe Palagonitberg Stapafell, und davor breitet sich mit einem rosa Strand die Bucht Breiðavík aus. Im Westen ist Arnarstapi zu sehen.

Vom Búðahraun ist bekannt, daß den Lavastrom tunnelartige Höhlen durchziehen. Das wird auch der Anlaß für die Volkssage gewesen sein, nach der einer dieser unterirdischen Gänge bis nach Surtshellir im etwa 150 km entfernten Hallmundarhraun führe. Gold soll den Boden des Ganges bedecken. In der Nähe des Lavafeldes liegt am Útnesvegur der Hof Öxl, der einen mörderischen Ruf hat. Im 16. Jh. lebte hier Axlar-Björn, der zusammen mit seiner Frau 18 Reisende ermordete, um sie zu berauben. Er wurde gefaßt und hingerichtet.

Nächstes Ziel ist das kleine Fischerdorf **Arnarstapi** 8 (S. 277) oder Stapi. In pittoresker Weise schmiegen sich die bunten Häuser des idyllisch gelegenen kleinen Ortes in eine Küstenlandschaft mit manchmal phantastisch anmutenden Basaltsäulenstrukturen. Die bizarren Formen setzen sich weiter nach Westen fort, beispielsweise am Strand von **Hellnar** mit einem natürlichen Steinbogen über einem Brandungsloch. Die Umgebung von Arnarstapi ist von einer ungewohnten Dynamik, einmal was die Gestaltungskraft des Meers anbetrifft, zum anderen entwickeln die am Wasser lebenden Vögel eine große Betriebsamkeit. Der mit einem nicht enden wollenden Gekreische verbundene Flugverkehr scheint ein einziges Chaos zu sein.

Auf der Fortsetzung über den Útnesvegur taucht dann unmittelbar vor uns der Südhang des **Snæfellsjökull** 9 auf. Selten bekommt man auf der Welt einen Hang mit so gigantischen Furchen zu sehen, wie sie die abfließende, offensichtlich dickflüssige Lava hinterlassen hat. Von dieser Seite sieht der Berghang so aus, als habe man im Wind ein überdimensionales Tuch über ihn geworfen, das dann in sich kräuselnden Falten liegengeblieben ist. Der 1446 m hohe Snæfellsjökull ist ein Strato- oder Schichtvulkan, der in den letzten 10 000 Jahren mindestens dreimal ausbrach. Er baut sich daher aus den Produkten (›Schichten‹) verschiedener Ausbrüche auf. Aber auch sein Umfeld war, wie man an den vielen Kegeln sehen kann, aktiv. Der Snæfellsjökull förderte neben basaltischen Magmen rhyolithische und andesitische Schmelzen. Vor 8000 bis 9000 Jahren warf der Vulkan große Aschenmengen aus, vor etwa 4000 Jahren brach er wieder aus. Sein größter bekannter Ausbruch fand im 3. Jh. n. Chr. statt, als Aschenmassen über den Breiðafjörður hinaus auf der Nordwest-Halbinsel niederfielen. Lavaströme flossen bis ins Meer. Sehr aktiv war der Gipfelkrater im Bereich des 11 km$^2$ großen Gletschers. Im Jahre 1910 soll der Gletscher noch doppelt so groß gewesen sein.

Der Berg besaß schon immer eine große Anziehungskraft auf Besucher, Forscher, Bergsteiger und Schriftsteller.

*Die Kirche von Búðir in der Búðavík*

Er wurde am 1. Juli 1753 zum ersten Mal von Eggert Ólafsson und Bjarni Pálsson bestiegen. Jules Verne wählte in seinem Roman ›Reise zum Mittelpunkt der Erde‹ den Gipfelkrater zum Einstieg ins Innere der Erde. Auch heute findet der schöne Kegel bei vielen das Interesse zu einer näheren Erkundung und ist verhältnismäßig leicht zu besteigen. Dennoch geht von den Gletscherspalten eine nicht zu unterschätzende Gefahr aus. Ein Aufstieg zum Gipfel dauert 4–6 Stunden. Wer für einen Besuch von Snæfellsnes mehr Zeit mitbringt, kommt gerade im Westen auf seine Kosten, denn das Umfeld des Snæfellsjökull ist auch durch eine Vielzahl von Wanderrouten gut erschlossen.

Eine der auffälligsten Sehenswürdigkeiten im Westen der Halbinsel ist der Felsen von **Lóndrangar** 10, offensichtlich der Überrest eines Vulkans. Unmittelbar am Meer hat die Brandung mit ihrer abschleifenden Wirkung Formen aus dem Basalt herausgearbeitet, die genauso gut von einem isländischen Bildhauer stammen könnten. In der Nachbarschaft nisten viele Seevögel in den senkrechten Felswänden.

Im Südwesten ist **Dritvík** 11 gelegen. Es war einst eines der ertragsreichsten Fischereizentren Islands. Man kann sich kaum vorstellen, daß sich in dieser Einöde früher 300 bis 400 Fischer mit bis zu 60 Booten auf nicht ungefährliche Arbeitsfahrten begaben. Schon seit frühester Zeit basierte die Existenz der im Westen von Snæfellsnes lebenden Menschen auf dem Fischfang. Es gab mehrere Lager von Saisonarbeitern zwischen Hellnar und Hellissandur im Westen der Halbinsel. Seit 1860 sind die Behausungen verlassen. Auch die Landwirtschaft wurde wegen der rauhen klimatischen Bedingungen eingestellt. Auf den Fluren zwischen den Kratern grasen nur noch einzelne Schafe. Heute heißen die Hauptorte Hellissandur, Rif und Ólafsvík.

Die Fischer nahmen sich neben ihrer harten Arbeit die Zeit, untereinander ihre Kräfte zu messen. An dem Strand **Djúpalónssandur** befinden sich drei Steine als Objekte dieser speziellen sportlichen Wettkämpfe (s. S. 65). An mehreren Stellen können etwa bis Ende Juli Seevögel in den bis zu 100 m hohen Klippen beobachtet werden. Ein Seitenweg bietet die Möglichkeit, unterhalb des Snæfellsjökull angesiedelte Vulkankegel aufzusuchen, die Ringwallkrater **Hólahólar.**

Nördlich des Snæfellsjökull liegt **Hellissandur** 12 (S. 289f.), das auch nur kurz Sandur bezeichnet wird. Sein Wahrzeichen, ein 420 m hoher Sendemast, ist schon aus größerer Entfernung auszumachen. Lange Zeit nach seiner Fertigstellung im Jahre 1963 war er das höchste Bauwerk in Europa und diente den Amerikanern zu militärischen Zwecken, heute strahlt der staatliche Rundfunk über ihn sein Langwellenprogramm aus. Fast in der Nachbarschaft des Mastes befinden sich Überreste einer irischen Siedlung aus der Landnahmezeit.

In dem Fischerort Hellissandur leben ca. 400 Menschen. Er besitzt ein Fischereimuseum und wie Ísafjörður ein Denkmal, das an die harte Arbeit und die Opfer der Fischer erinnern soll. Auf dem Weg nach Rif laden die Vogelklippen **Keflavíkurbjarg** zu einem Besuch ein. Die Vögel leben hier in geordneten Verhältnissen. Im Obergeschoß logieren die Papageitaucher, darunter sind die Trottellummen und die Dreizehenmöwen anzutreffen.

Mit 150 Einwohnern ist **Rif** 13 der kleinste Fischerort im Westen von Snæfellsnes. Als Hávarif war er einst der größte Fischereihafen und Handelsplatz

*Lavastrom mit Stirn auf der Südseite des Snæfellsjökull*

der Halbinsel. Sedimente des Flusses Hólmkelsá machten im Laufe der Zeit den Hafen unbrauchbar.

An durch Steinschlag gefährdeten Hängen des Massivs Enni vorbei wird mit dem ca. 1000 Einwohnern zählenden **Ólafsvík** 14 (S. 302) das größte Fischerei- und Handelszentrum (seit 1687) mit touristischen Einrichtungen sowie natürlich Golfplatz und Thermalbad erreicht. Zu den Sehenswürdigkeiten dieses malerisch gelegenen Ortes gehören das unter Denkmalschutz stehende Pakkhusið (Lagerhaus) aus dem Jahre 1841. Es beherbergt ein Heimatmuseum. Attraktiv ist auch der Wasserfall **Kerlingarfoss** oberhalb des Ortes.

Hier ändert sich nun vollends der Charakter der Küstenlandschaft. Anfangs besitzt die Küste noch die Merkmale einer Ausgleichsküste. Weiter im Osten löst sie die Fjordlandschaft ab. Kurzfristig führt ab Ólafsvík noch die Route über den Ólafsvíkurvegur (54), mündet aber dann vor dem Anstieg zur Fróðárheiði in den Snæfellsnesvegur (57) ein.





Die Bedingungen für eine landwirtschaftliche Betätigung sind auf der Nordseite trotz einzelner verlassener Gehöfte besser als im Westen, wenngleich das Unterland sich nur als schmaler Saum entlang der Küste erstreckt. Bis 1930 lebten bei **Brimilsvellir** 15, einem einstigen Landwirtschafts- und Fischereizentrum, zeitweise 100 Menschen. Es sind einige Gehöfte mit historischer Bedeutung anzutreffen. Das vor dem Kap Búlandshöfði gelegene **Mávahlíð** wird mehrmals in der Eyrbyggia-Saga erwähnt. Beide genannten Gehöfte zählten früher zu den wohlhabendsten des Landes.

Für die Freunde der Geologie ist dieser Teil von Snæfellsnes von erdgeschichtlicher Bedeutung, denn man trifft in beträchtlicher Höhe über dem Meeresspiegel Fossilien an. Unterhalb von Búlandshöfði gibt es bei Þrælaskriða in einer Höhe zwischen 135 und 180 m Muschelschichten und eiszeitliche Sedimente. Weiter im Osten ragt der 268 m hohe, rückenartige Stöð auf. Schleifspuren und glatte Felsflächen in der Gipfelflur sind Hinweise auf eiszeitliche Gletscher. Gemeinsam mit dem Basalt dokumentiert toniges Material mit Pflanzenfossilien, daß dieser Teil von Snæfellsnes vorübergehend auch eisfrei gewesen sein muß. Die Fossilien weisen auf eine wärmere Zwischeneiszeit hin: Man hat Abdrücke von Birken- und Erlenblättern gefunden. Die Birke gedeiht auch jetzt noch in den Tundrengebieten Islands, aber die Erle starb auf der Insel aus, da das heutige Klima hier für sie zu kühl ist.

Folgt man der Straße nach Osten, beginnt die Region der Fjorde, Eyrarsveit. Schon aus der Ferne grüßt die von Eiszeitgletschern aus der Plateaubasaltlandschaft herausgearbeitete 436 m hohe Pyramide des **Kirkjufell** 16, ein in Island sehr bekannter Berg und Wahrzeichen des Grundarfjörður-Gebietes. Die ländliche Siedlung **Grundarfjörður** 17 (S. 288) besaß schon vor 200 Jahren das Handelsrecht und wurde 1836 Handelsort. Heute leben die meisten der 850 Einwohner von Fischfang und Fischverarbeitung.

Die Berge um die Halbinsel zwischen dem Grundarfjörður und dem Kolgrafarfjörður sowie südlich des schmalen Hraunsfjörður gehören zu einem 6–8 Millionen Jahre alten Vulkanmassiv mit einem Einbruchsbecken, einer Caldera. Es ist das Setberg-Massiv. Benannt wurde es nach dem Pfarrhof **Setberg** mit guter Aussicht auf die fast 1000 m hohen Berge des Helgrindur. Es baut sich vorwiegend aus rhyolithischen und sogar granitischen Gesteinen auf. Mit der Querung des Hraunsfjörður gelangt man auf die Nordseite der jungvulkanischen Region von Hnappadalur. Das Gebiet ist wegen der Lavaströme, des moorigen Untergrundes und ausgedehnter, nicht nutzbarer Kiesflächen nur dünn besiedelt und hat den Namen Helgafellssveit. Es erstreckt sich bis zum Álftafjörður, dem östlichsten Fjord auf der Nordseite von Snæfellsnes. Trotz der unfreundlicheren Lebensbedingungen muß diese Region Anreize geboten haben, sich niederzulassen. Einige Gehöfte besitzen eine hohe geschichtliche Bedeutung. Die Straße führt durch das aus einzelnen Kratern entstandene Lavafeld **Berserkjahraun.** In dem Namen sind zwei Berserker (Krieger) verewigt, die dem Bauern Viga-Styr einen Weg durch die Lava anlegten. Anstatt belohnt zu werden, wurden sie von dem Auftraggeber erschlagen. Pfad und Grabhügel der beiden Betrogenen sind noch heute vorhanden.

Wo der Stykkishólmsvegur (58) abzweigt, befindet man sich auf der Höhe des **Drápuhlíðarfjall** (527 m). Der aus Rhyolith und Basalt bestehende Berg mit abgerutschten Bergsturzmassen am Nordhang war eine Zeitlang das Ziel geowissenschaftlicher Schatzsucher. Zwischen den Basaltlagen stieß man auf den braunkohleartigen Surturbrandur und verkieselte Baumstümpfe. Außerdem wurden Pyrit, Jaspis und andere Sekundärminerale gefunden. Da sich der Glaube, hier auch Gold zu finden, über eine lange Zeit hielt – schließlich stellt sich diese Frage zwangsläufig, wenn man so viele verschiedene Minerale findet – wurde gezielt nach dem Edelmetall gesucht. Der Suche war kein Erfolg beschieden.

Der etwa 1200 Einwohner zählende Ort **Stykkishólmur** 18 (S. 314f.) erhielt 1987 die Stadtrechte und ist ein Handels- und Fischereizentrum. Er beherbergt ein katholisches Nonnenkloster mit Krankenhaus. Von 1184 bis zur Reformation befand sich auf dem im Süden gelegenen Aussichtsberg Helgafell ein an Kapital und Ländereien reiches Kloster. Das älteste Haus, das Norska Húsið, wurde im Jahre 1832 erbaut. Das ›Norwegische Haus‹ beherbergt das Regionalmuseum. Aus dem durch die Insel Súgandisey geschützten Hafen startet alltäglich das Fährschiff ›Baldur‹ über den Breiðafjörður mit Halt auf **Flatey** (S. 285) nach Brjánslækur. In Stykkishólmur wurden seit 1845 Wetterbeobachtungen regelmäßig aufgezeichnet, die ältesten in Island.

Der Weg führt am Südrand des Hvammsfjörður durch den Küstenstreifen Skógarströnd nördlich des tertiären Plateaubasaltgebietes. Über den Heydalsvegur (55) gelangt man wieder nach Mýrar. Auf dem Weg dorthin ist sicher ein Besuch des Bauernhofes **Drangar** 19 angebracht. Hier tötete vor rund 1000 Jahren Eirík der Rote zwei Söhne des Bauern von Breiðabólsstaður, was ihm die Verbannung von Island einbrachte. Um sich als Geächteter Racheakten zu entziehen, brach er im Sommer 982 von den Klakkseyjar im Breiðafjörður auf und entdeckte Grönland. Nachdem er die Südspitze von Grönland umsegelt hatte, ließ er sich im Eiríksfjörður in Südwestgrönland nieder.

Vor Antritt des Rückweges kann über den Haukadalsvegur (586) noch ein Abstecher zu den Überresten des Hofs von Eirík dem Roten, **Eiríksstaðir** 20 im Haukadalur gemacht werden. Es sind die Relikte eines Langhauses und einer Schmiede, die wieder in ihrer ursprünglichen Form rekonstruiert wurden.

Der Rückweg nach Borgarnes kann alternativ über den Vestfjarðavegur (60) zur Ringstraße führen, vorbei an den vulkanischen Sehenswürdigkeiten des Rhyolithberges der **Baula** und den 3700 Jahre alten Laven von Grábrók. Übernachtungsmöglichkeiten bieten im Sommer die Betriebswirtschaftshochschule **Bifröst** 21 (S. 278) und das Schulzentrum **Varmaland,** das entsprechend seinem Namen auch ein Thermalbad besitzt.

# Fjorde, Fischfang und Vögel – die einsame Nordwest-Halbinsel (Vestfirðir)

Die Nordwest-Halbinsel oder auch Vestfirðir gilt als ›Geheimtip‹ unter den Islandkennern. Wenn man noch fast völlig unberührte Landstriche entdecken will, so wird man sie hier finden, ohne sich weit von den Pisten und Straßen entfernen zu müssen. Ca. 500 Straßenkilometer oder eine Flugstunde von Reykjavík entfernt gelangt man mitten in eine Landschaft, in der man mehr als anderswo an Islands Küsten die subpolare Lage der Insel fühlt. Das mag an der Nähe zu Grönland liegen, sicherlich aber auch an der Einsamkeit einer von eiszeitlichen Gletschern gestalteten Umgebung mit dem bis zu einer Höhe von nur rund 900 m NN ansteigenden 160 $km^2$ großen Eisschild des Drangajökull und den plateauartigen, mit Schutt bedeckten Flächen über den Fjorden, wo an manchen Stellen auch im Sommer der Schnee liegen bleibt. Dennoch begibt man sich in eine Umgebung, an der man sich erwärmen kann, denn sie bietet nicht nur stimmungsvolle Landschaftsbilder, sondern für den geowissenschaftlich Interessierten manche kleinere Überraschung.

Die geologischen Verhältnisse sind einfach zu beschreiben. Immer wieder treten die anstehenden Flutbasalte lagenweise in Erscheinung. Die Fjordlandschaft baut sich aus einer Vielzahl vor mehr als 10 Millionen Jahre erkalteter Lavaströme auf, den tertiären Plateaubasalten. Sie nehmen, zusammen mit Schlacken, vereinzelten Sedimentlagen, Bodenbildungen und seltenen kleinen Braunkohlenflözen, dem Surturbrandur, eine Mächtigkeit von mehreren hundert Metern ein. Am Aufbau einer solchen Schichtenabfolge können über 50 erkaltete Lavaströme mit zwischengeschalteten Schlacken beteiligt sein. Unter den Basaltlagen befindet sich im äußersten Nordwesten das älteste Gestein Islands mit einem Alter von rund 14 Millionen Jahren. Vom fossilhaltigen Surturbrandur gibt es nur wenige Aufschlüsse. Am bekanntesten ist wegen ihres Reichtums

*Treibholz: kostbar in baumlosen Regionen*

an Blattabdrücken die bereits im Jahre 1752 von Eggert Ólafsson entdeckte Fundstätte von Brjánslækur.

Die reiche Gliederung der Landschaft mit ihren vielen Fjorden mag vielleicht einen eingefleischten Autofahrer nerven. Doch wird der Besucher durch immer wieder neue Einblicke und Ausblicke in dieser Ruhe ausstrahlenden Landschaft oder durch wechselnde Witterungsbedingungen mit interessanten Wolkenbildungen und Nebelbänken entlohnt. In den Fjorden sehen die über die Kante zum Hochland manchmal mit mehreren Wasserfällen hinabstürzenden Bäche wie pendelnde silbrige Lamettafäden aus. An ihren Rändern gedeiht leuchtend gelbgrünes Moos der Quellflurengesellschaften, dessen Farbenspiel man in Mitteleuropa vergeblich suchen wird.

Die reiche Gliederung der Küstenlinie von Vestfirðir mit etwa 50 Buchten und Fjorden, von denen vereinzelte über 10 km tief in das Innere der Halbinsel hineingreifen, kann durch ihren Anteil an der Gesamtküstenlänge ermessen werden. Denn obwohl Vestfirðir nur ein Zwölftel der Inselfläche einnimmt, beträgt sein Anteil an den Küsten mit ca. 2100 km etwa ein Drittel. Diese starke Zergliederung der Halbinsel ist geolo-

gisch bedingt: Die Tallinien der Fjorde folgen offensichtlich Schwächelinien im Gesteinsgefüge. Eiszeitgletscher haben dabei ein im Tertiär angelegtes Talsystem zu Trogtälern mit U-förmigem Querschnitt und zu Fjorden vertieft und verbreitert.

Über den Tälern und Fjorden dehnt sich eine 400–800 m hohe Plateaulandschaft aus. Die Monotonie der Hochflächen unterbrechen nur einzelne, kastenförmige Anhöhen neben den als Bergspitzen ausgebildeten Überresten von rhyolithischen Zentralvulkanen als höchste Erhebungen der Halbinsel. Am auffälligsten sind die Bergspitzen des ehemaligen Zentralvulkans Tjaldanesfjell am Nordrand des Arnarfjörður, wo das von Eggert Ólafsson bezeichnete ›ordentliche Gebirge‹ mit seinen übereinandergestapelten Lavadecken in die weniger ordentlich gelagerten Gesteinsmassen des Vulkanrestes übergeht. Fast überall bricht diese flache Plateaulandschaft über steile Kanten in die bis zu 500 m tiefen Fjorde ab, die noch vor 20 000 Jahren z. T. mit über 500 m mächtigen Gletschern ausgefüllt waren. Meerwärts hat die Brandung hohe Steilküsten geschaffen, zu denen auch der westlichste Punkt Europas, das Kap von Bjargtangar, gehört, das aus dem Massiv von Látrabjarg am weitesten nach Westen vorspringt oder genauer gesagt, zum Meer abfällt.

Der Mensch ist dagegen im Begriff, die entlegensten Teile der Landschaft zu verlassen. Der nördlichste Teil der Halbinsel, Hornstrandir, ist schon seit über einem Vierteljahrhundert menschenleer. Mittlerweile hat sich die ursprüngliche Landschaft regeneriert. Es wäre der Zustand vor der Besiedlung schon wieder erreicht, wenn nicht verlassene Gehöfte oder einzelne ›Steinmänner‹ oder ›Steinwarte‹ aus übereinandergestapelten Steinen als Wegweiser in der Schuttregion noch auf die ehemalige Anwesenheit des Menschen hindeuten würden.

Die Nordwest-Halbinsel ist nur dünn besiedelt. Etwa 10 000 Menschen leben auf ca. 8000 km$^2$. Das ist weniger als der Landesdurchschnitt. Allein der größte Ort, Ísafjörður, beherbergt mit 2800 Menschen mehr als ein Viertel der Einwohner. Der Rest verteilt sich vorwiegend auf kleine Orte, die ihre Existenz hauptsächlich dem Fischfang und der Fischverarbeitung verdanken. Oberhalb der Fjorde ist die Landschaft menschenleer. Weithin sichtbare orangefarbene Lebensrettungsboxen erinnern an die manchmal unwirtlichen oder sogar unmenschlichen Verhältnisse in dieser Region auch während der Sommermonate. Auf fast jeder Paßhöhe zwischen den Höhen ist eine von ihnen zu sehen.

## Die Route

Will man die Halbinsel besuchen, so bestehen zwei Möglichkeiten, zu ihr vorzudringen. Eine Variante führt durch den Hrútafjörður auf dem Djúpvegur (61) nach Hólmavík, die westliche Alternative verläuft über den Vestfjarðavegur (60) am Hvammsfjörður entlang nach Norden.

Weitaus kürzer ist die Anfahrt über Staðarskáli oder durch die Holtavörðuheiði aus dem Süden. Schon wenige Kilometer nördlich des Verlandungsgebietes des Hrútafjörður, wo die Hrútafjarðaá in den Fjord mündet, fängt die ruhige Landschaft der Nordwest-Halbinsel an. Vom Ursprung des Hrútafjörður zweigt an dem historischen Gehöft **Melar** 1 der Djúpvegur (61) von der Ringstraße (1) ab. Melar ist ein alter und traditionsreicher Hof, dessen Eigentümer seit 1530 zu ein und derselben Familie gehören. Das Namensregister der Bewirtschafter zeichnet sich durch eine gewisse Eintönigkeit aus. Bis auf eine Ausnahme nannten sich über viele Generationen hinweg die Bauern Jón. Die Ausnahme hieß Jósep.

Wegen ihrer Lage auf einer Meeresterrasse fällt die gerade 25 Einwohner zählende und seit 1846 mit Handelsrechten ausgestattete Siedlung **Borðeyri** 2 auf. Sie befindet sich vor der Paßstraße über die Laxárdalsheiði (etwa 150 m NN), die die Verbindung mit dem Hvammsfjörður im Westen herstellt.

Einen Hinweis, daß der Hexenwahn im ausgehenden Mittelalter auch auf Island übergriff, liefert die Geschichte des Hofes **Bær** 3, denn hier lebte im 17. Jh. der Gesetzesvertreter Þorleifur Kortsson, der sich in ungewöhnlich intensiver Weise der Hexenverfolgung widmete. Sein Sohn Hannes übte eine menschenfreundlichere Tätigkeit aus. Als Geschichtsschreiber des dänischen Königs sammelte er Handschriften und schrieb Sagas nieder. Er ertrank auf hoher See im Jahre 1682. Mit ihm ging eine große Zahl wertvoller Handschriften verloren.

Der Djúpvegur hat den Charakter einer Küstenstraße. Nur an einzelnen, allzu steilen Abschnitten der Küstenlandschaft, wie am Stikuháls auf dem Weg zum Bitrufjörður, verschwindet man bei bedecktem Himmel auf der noch streckenweise vorhandenen Schotterstraße in den Wolken. Für einen kurzen Augenblick zeigt sich auf der Höhe die flache Heidelandschaft mit einzelnen kleinen Seen, bevor einen die Küste wieder in ihren Bann zieht. Dieses wiederholt sich am Übergang vom Bitrufjörður zum Kollafjörður, wo in Höhe des Gehöftes **Broddanes** interessante Säulenstrukturen und rotgebranntes Bodenmaterial die Aufmerksamkeit des Naturfreundes auf sich ziehen.

Zahlreiche an den Küstenlinien angeschwemmte Treibholzstämme verschafften den Grundeigentümern Nebeneinkünfte. Im Inneren des Fjordes befindet sich ein Bauernhof, dessen Bewohner sich auch mit geowissenschaftlichen Problemen befaßten. Halldór Jakobsson (1735–1810) schrieb mit der ›Geschichte des Vulkanismus‹ ein über lange Zeit grundlegendes Werk über den isländischen Vulkanismus, das 1757 auf Dänisch veröffentlicht wurde. Man beachte, der Autor war erst 22 Jahre und lebte in einer Umgebung, in der die vulkanischen Aktivitäten längst eingestellt waren.

In dem nur 8 km langen Kollafjörður soll sich zeitweise auch der aus der Missetäterwüste bekannte Gesetzlose Fjalla-Eyvindur aufgehalten haben (s. S. 266f.). Sein Versteck soll eine Höhle hinter dem Wasserfall Svartifoss gewesen sein, der den Fischern auch als Seezeichen diente.

An der Einfahrt zum größten Fjord im Osten von Vestfirðir, dem 28 km langen **Steingrímsfjörður,** liegt der Strandabschnitt **Gálmaströnd,** an dem besonders viel Treibholz angeschwemmt wird. In früheren Zeiten besaß sogar der über 250 km entfernte Bischofssitz von Skálholt Rechte auf das in dieser entlegenen Umgebung angetriebene Holz.

Die an der Südküste der Fjorde gelegenen Lokalitäten Húsavík und Tröllatunga sind bekannt wegen ihrer zwischen den Basaltlagen anzutreffenden Braunkohlevorkommen. Der Abbau dieses Energieträgers hat sich in Island kaum gelohnt, da die Flöze bestenfalls eine Mächtigkeit von 0,5–1,0 m erreichten. Auch Schatzsucher haben sich vergeblich angestrengt, Gold am Gullhóll (Goldhügel) zu finden. Die Sehnsucht einiger Isländer, Gold zu finden, offenbart sich an mehreren Orten in Island.

Fljótavík
Hornvík
Hornbja
Aðalvík
Hesteyrafjörður
Jökulfirðir
Hrafnsfjörður
Ísafjarðardjúp
Skálavík
Dran
Bolungarvík
14
Ósvör
15
Suðureyri
16
13
Æðey
Önundarfjörður
17
Ísafjörður
Skutulsfjörður
Vigur
Kaldalón
Flateyri
12
Súðavík
Álftafjörður
Ögur
Skjal
Breiðadalsheiði
Hestur
Hestfjörður
Skötufjörður
Mjóifjörður
Núpur
Gemlufallsheiði
19
Dýrafjörður
18
Reyk
11
Þingeyri
Reykjafjarðarháls
Ísafjörður
Sandafell
20
Arnarfjörður
Hrafnseyri
21
Gláma
Borgarfjörður
22
Dynjandi
Tálknafjörður
23
Bíldudalur
Suðurfirðir
Patreksfjörður
24
Tálknafjörður
Dynjandisheiði
25
Patreksfjörður
Flókalundur
26
Breiðavík
Breiðavík
Hnjótur
30
Skálmarfjörður
Kvígindisfjörður
Kollafjörður
Vatnsfjörður
27
Látrabjarg
Kleifaheiði
Brjánslækur
29
Skála
28
Barðaströnd
Flatey
Breiðafjörður
Stykkishólmur
N
0
20 km

Die größte Ortschaft dieses Teils von Vestfirðir ist das in diesem Fjord gelegene **Hólmavík** 4 (S. 292). Es hat zwar nur 400 Einwohner, ist aber wegen der günstigen Verkehrsanbindung ein für die Region wichtiger Handelsplatz und Fischereihafen.

Über den Strandavegur (643) und den Drangsnesvegur (645) besteht die Möglichkeit, an der Ostküste der Nordwest-Halbinsel noch weiter nach Norden vorzudringen. Es zeigt sich eine ungemein reizvolle, allerdings nur spärlich besiedelte Fjordlandschaft. Das hat einzelne Isländer nicht gehindert, dort ihre Sommerhäuser zu bauen. Übernachtungsmöglichkeiten gibt es in **Drangsnes** 5 (S. 282f.), auf dem Campingplatz **Laugarhóll** 6 (S. 299) am Bjarnarfjörður sowie in **Djúpavík** 7 (S. 282). Lebensgrundlage war für die Bewohner früher der Haifisch- und Heringsfang, die Landwirtschaft auf den schmalen Vorländern sowie Seehundjagd und das Einsammeln von Treibholz und Eiderdaunen.

Eine außergewöhnliche Sehenswürdigkeit ist an der Öffnung der Bucht **Trékyllisvík** 8 ein auf den Wiesen von Stóra Ávík liegender großer Granitblock. Er ist auf einer Treibeisscholle von Grönland über den Atlantik nach Island gelangt. Einen Gesteinsblock aus Grönland auf Island anzutreffen, ist schon eine kleine Sensation. Aber es macht verständlich, wieso auch in Island Eisbären auftauchen können.

Erstaunlich ist auch immer wieder, welche geistigen Leistungen auf den Gehöften unter nun nicht gerade komfortablen Bedingungen vollbracht wurden. So ist der entlegene, inzwischen verlassene Hof **Ófeigsfjörður** 9 – einst der reichste seiner Art – die Geburtsstätte des Dichters, Wissenschaft-

*Die Nordwest-Halbinsel (Vestfirðir)*

*Ísafjörður liegt auf einer Landzunge im Fjord, im Hintergrund der Drangajökull*



lers, Malers und Zahntechnikers Jón Guðmundsson (1574–1658). Wie auch in den geologisch älteren Gebieten Islands fehlt es nicht an Thermalquellen. Am Nordrand der Bucht Trékyllisvík kann man sich sogar Badefreuden hingeben.

Auf dem Weg nach Ísafjörður verläßt man die Fjordlandschaft westlich von Hólmavík durch das Staðardalur. Dort befindet sich der Pfarrhof **Staður** 10, in dem Jón Arnarson (1665–1743) als Pfarrer lebte. Er wurde später Bischof von Skálholt. Nach dem Anstieg aus dem Tal geht das Gelände in die etwa 400 m hohe Plateaulandschaft der Steingrímsfjarðarheiði über. Gesteinsschutt überzieht die einsame und bei bedecktem Himmel reichlich trostlose Hochebene, aus der nur wenige Pflanzen herausragen. Eine Vielzahl kleiner Seen bringt etwas Abwechslung in die Einöde, die manchem Wanderer schon zum Verhängnis wurde. Bei schlechtem Wetter atmet man unwillkürlich auf, wenn die Straße hinab in das Lágidalur führt und sich wieder den Fjorden nähert.

Wer noch mehr Lust auf Einsamkeit verspürt, sollte einen Abstecher über den 40 km langen Snæfjallastrandarvegur (635) an die Nordküste des Ísafjarðardjúp machen. Damit kommt man in die Nähe des **Drangajökull** oberhalb des 5 km langen Fjordes Kaldalón, wo ein Talgletscher weit in die tieferen Regionen vordringt. Das Gebiet ist fast unbewohnt, einzelne Gehöfte befinden sich im Skjaldfannardalur. Es wird von einem der wasserreichsten Flüsse von Vestfirðir, der Selá, durchflossen.

Die Fahrt nach Ísafjörður wird zu einem großartigen Erlebnis, wenn man durch die Fjordlandschaft um den Ísafjarðardjúp fährt. Doch werden beim Fahren hohe Anforderungen an Geduld und Ausdauer gestellt. An der Strecke liegen immerhin sechs Fjorde, die zum Teil ausgefahren werden müssen.

Nach der Einfahrt in den ersten, den Ísafjörður, wird zum nächsten die Abkürzung über die Heidelandschaft des fast 400 m hohen Eyrarfjall genommen. Von Eiszeitgletschern glattgeschliffene Gesteinspartien lösen dort oben Schutthalden oder mit Moos und Rentierflechte bewachsene Flecken ab. Ein großer Teil ist mit Zwergstrauchheide bestanden. Vor allem Krähenbeeren oder Polarbirken bedecken den Boden. Die Landschaft zwischen dem Ísafjörður und dem Mjóiförður im Westen ist nur auf der schmalen Landzunge **Reykjanes** 11 (S. 305) bewohnt. Dort befinden sich die Gebäude einer seit 1934 bestehenden Schule (im Sommer EDDA-Hotel) und ein Thermalgebiet mit Schwimmbad und Gewächshäusern. Die Energie des heißen Wassers wurde bereits zwischen 1774 und 1793 zur Salzgewinnung verwendet.

Im 17 km langen Mjóifjörður, dessen Unterland wegen der steilen Hänge sehr schmal ist, sieht man in Ufernähe stellenweise ausgeprägte Baumbestände. Auch hier gibt es Thermalquellen. An der Öffnung des Fjords zum Ísafjarðardjúp sind in Höhe des verlassenen Gehöftes Þernuvík Basaltfelsen mit außergewöhnlichen Verwitterungsmustern zu bestaunen. Sie entstanden durch den chemischen und physikalischen Angriff auf das Gestein durch aufgewehte salzhaltige Gischt. Derartige Formen (sog. Tafoni) können auch im Nordosten von Island beobachtet werden. Unmittelbar über dem Wasser ist ein Basaltgang aufgeschlossen. Er sieht so aus, als ob die Basaltsäulen zu einem Bollwerk übereinandergestapelt wurden. Durch kleine Landzungen, Buchten und Kliffs ist der Übergang des Fjordes zum Ísafjarðardjúp prädestiniert für die Anlage von Häfen. Im Norden liegt das Gehöft **Ögur,** das einst auch Fischereizentrum war.

Daß in dieser Umgebung immer mehr Gehöfte verlassen werden, wird einem in besonders drastischer Weise im anschließenden Skötufjörður bewußt. Außer Hvítanes sind sämtliche Gehöfte verlassen, was auch für den anschließenden Hestfjörður mit seinen steilen Hängen gilt. Hier halten sich nur einige Schafe auf, am und im Wasser die scheuen Eiderenten, und weiter draußen einzelne Schwäne. Von den Hängen stürzt das Wasser in meistens schmalen Rinnsalen herab. In ihrer Nähe leuchtet weit das helle Grün der Quellflurenmoose. Auffälligste Form ist in diesem Teil der Fjordlandschaft der markante langgestreckte Berg Hestur zwischen dem Hest- und dem Seyðisfjörður.

Als erste Ortschaft nach dem Verlassen von Hólmavík ist nach etwa 200 km Wegstrecke an dem Aussichtspunkt Kambsnes der 200 Einwohner zählende Fischerort **Súðavík** 12 zu sehen. Wegen der Steilheit der Hänge und des fehlenden Waldes werden in dieser Gebirgslandschaft häufiger Ortschaften von Lawinen heimgesucht. Am 16. Januar 1995 erfaßte eine Lawine Teile von Súðavík, wobei 14 Bewohner ums Leben kamen und 22 der 70 Häuser zerstört wurden. Das kleine Fischernest ging aus einer um die Wende vom 19. auf das 20. Jh. von den Norwegern gegründeten Walfangstation hervor. Eine weitere Walfangstation befand sich wenige Kilometer weiter südlich an der Landzunge Langeyri. Sie wurde 1882 errichtet und bis in das 20. Jh. unterhalten.

Der Weg in Richtung Ísafjörður verläuft unmittelbar an den Hängen des Súðavíkurfjall vorbei. An der Landspitze Arnarnes führt die Straße durch einzelne kurze Tunnelbauten. Darunter befindet sich der erste in Island gebaute

Richtig Reisen *Tip*

# In den menschenleeren Nordwesten – Ausflüge von Ísafjörður

In der entlegenen Landschaft des Nordwestens werden die abenteuerlich steil aufragenden Felsen von Hornbjarg jedes Jahr von den Seevögeln als Nistplätze aufgesucht. Der Mensch dagegen hat sich aus dieser landschaftlich sehr ansprechenden Umgebung zurückgezogen. Der nördlichste Teil der Halbinsel ist schon seit Jahrzehnten menschenleer. Inzwischen hat sich die ursprüngliche Landschaft regeneriert.

Es gibt in Ísafjörður ein beträchtliches Angebot an Ausflügen in diese faszinierende Fjordlandschaft im Norden. Dabei ist zu beachten, daß ein Besuch dieser entlegenen und renaturierten Landschaft strengen Auflagen des Naturschutzes unterworfen ist. Es kann eine Reihe interessanter Plätze in der einsamen Umgebung der Jökulfirðir aufgesucht werden, u. a. die 1952 verlassene und in ihrem ursprünglichen Zustand zurückgelassene Siedlung Hesteyri am Hesteyrarfjörður (Jökulfirðir) oder am Hrafnsfjörður das Grab des bekanntesten Gesetzlosen von Island, des Fjalla-Eyvindur (s. a. S. 266). Nach der Stillegung des Fährschiffes ›Fagranes‹ unterhält Sjóferðir Hafsteins og Kiddýar (Ísafjörður, Tel. 456 3879) einen regelmäßigen Fährdienst nach Jökulfirðir mit Fahrten nach Hesteyri und Veiðileysufjörður (Fr, Sa, So, Mi) sowie Hrafnsfjörður und Grunnavík (Mo, Do, Sa). Beliebte Ziele sind auch die beiden größten und immer noch bewohnten Inseln im Ísafjarðarjúp, Æðey und Vigur mit großen Eiderentenkolonien. Auf Vigur findet man sogar eine der in Island seltenen Windmühlen. Ein umfangreiches Tourenprogramm bietet Vesturferðir an (Tel. 456 5111).




Tunnel. Er wurde im Jahre 1948 durch den Basaltgang Arnarneshamar getrieben und hat eine Länge von 35 m.

Der Hauptort der Halbinsel, **Ísafjörður** **13** (S. 296), liegt ausgebreitet auf einer Landzunge am Ufer des Skutulsfjörður. Nach den Aufzeichnungen im ›Landnámabók‹ ließ sich Helgi am Skutulsfjörður nieder und baute an der Stelle der heutigen Altstadt von Ísafjörður seinen Bauernhof. Der Name Skutul geht darauf zurück, daß er am Strand eine Harpune (Skutul) fand. Das ist allerdings nur eine Erklärung des Namens Skutulsfjörður. Ísafjörður, das einstige Eyri am Skutulsfjörður, nicht zu verwechseln mit dem Gehöft Eyri im benachbarten Álftafjörður, zählte bereits 1788 zu den sechs größten Handelsplätzen Islands. In der zweiten Hälfte des 16. Jh. bauten ausländische Kaufleute im Skutulsfjörður einen Handelsposten auf, der sich dann schnell zum größten im Gebiet der Westfjorde entwickelte. Im Jahre 1786, also einige Jahre, bevor das dänische Handelsmonopol aufgehoben wurde, erhielt Ísafjörður die Stadtrechte. Die am besten erhaltenen

Häuser aus dieser Zeit befinden sich im Ortsteil Neðstakaupstaður. Es sind Gebäude der dänischen Monopolhändler, die Waren- sowie Wohnhäuser in sich einschließen. In einem von ihnen, dem sog. Turnhús, befindet sich die Meeresabteilung des Westfjord-Volksmuseums (Byggda- og Sjóminjasafn Vestfjarða). Anhand von erhaltenen alten Werkzeugen und anderen Gegenständen erhält der Besucher Auskunft über die Lebensweise der Fischer in früherer Zeit. Heutzutage beherrscht die Handelsgesellschaft Ásgeirsverslun das Geschäftsleben der Stadt. Sie unterhält die Fischereischiffe und betreibt das Fischverarbeitungsunternehmen, das größte und mächtigste seiner Art im Lande. Seine Einrichtungen befinden sich auf einem technisch hohen Standard.

Ísafjörður ist ein günstiger Ausgangsort für Touren in andere Fjorde, die sowohl mit regelmäßig verkehrenden Bussen als auch mit dem Fährschiff ›Fagranes‹ oder Motorbooten unternommen werden können. Die günstige Lage von Ísafjörður zum Atlantik beruht auf einem in den Fjord hineinreichenden Schwemmfächer, der den Schiffen einen guten Schutz bietet. In der Umgebung ragen die Plateaubasalthöhen bis zu 700 m auf. Diese Gebirgsumrahmung ist durch vier Täler zerteilt, das Engi-, das Tungu-, das Arna- und das Dagverðalsdalur. Für den Touristen besitzt das Tungudalur die größte Bedeutung, nicht allein wegen des Campingplatzes.

In der Umgebung von Ísafjörður gibt es hervorragende Möglichkeiten, sich in der Natur umzusehen. In diesem ausgewiesenen Schutzgebiet für die Pflanzenwelt bieten sich vielfach Möglichkeiten, die reichhaltige Flora kennenzulernen. Feldenzian gedeiht sogar auf dem Zeltplatz. Wintersportmöglichkeiten sind auch gegeben, manchmal sogar an Sommertagen.

Eine asphaltierte Straße (Vestfjarðavegur, 60) führt zu einem der erdgeschichtlich interessantesten Orte Islands. Es ist **Bolungarvík** 14 (S. 279), der nordwestlichste Ort der Insel. Die Entfernung von 15 km hat man schnell zurückgelegt. Während der Bewältigung dieser Wegstrecke, die man am besten zu Fuß zurücklegen sollte, erhält man einen Einblick in die frühe Erdgeschichte der Insel, denn in diesem Raum stehen die mit etwa 14 Millionen Jahren ältesten Gesteine Islands an. Am Straßenrand fällt auf, daß sich die Gesteinsserien nicht allein aus Basalt zusammensetzen, sondern daß leuchtend rote Sedimentlagen das eintönige Grau der Basalte unterbrechen. In den frisch angeschnittenen Gesteinen kann man sogar den wegen seiner dunkelbraunen Farbe leicht erkennbaren, von den Isländern einst als Brennstoff geschätzten braunkohleartigen Surturbrandur ausmachen. In diesem Bereich haben vor mehr als 12 Millionen Jahren die ausfließenden basaltischen Laven bewaldete Gebiete erfaßt. Der humus- und eisenhaltige Boden wurde unter dem Einfluß der enormen Hitze rot gebrannt. Heute wird dieser Abschnitt der steil abfallenden Plateaubasaltküste von Eissturmvögeln eingenommen, die sich jedem Eindringling in ihr Gebiet durch Sturzflug nähern und ihm im Gleitflug folgen.

Nach dem Passieren des Leuchtturms am Ausgang des Syðradalur duckt sich unauffällig unter der Küstenstraße eine kulturhistorisch interessante Stätte an den Hang. Es ist **Ósvör** 15, eine in den Jahren 1989–90 wiederaufgebaute Fischfangstation, die den Besucher über den um die Wende zum 20. Jh. betriebe-

*Abendstimmung im Fjord* ▷

nen Fischfang mit Ruderbooten informiert (s. a. S. 58f.). Die Station besteht aus einem Wohnhaus, einem ›Salzhaus‹ zur Herstellung von Stock- bzw. Klippfisch und einem Verschlag zum Trocknen des Fisches.

Für die Weiterreise in den Süden von Vestfirðir verläßt man Ísafjörður über den Vestfjarðavegur (60) in Richtung Breiðadalsheiði. Dieser Paß wurde immer wieder von Lawinenabgängen heimgesucht, und so sah sich die isländische Straßenbaubehörde veranlaßt, die Pässe über die Breiðadalsheiði und Botnsheiði zu untertunneln. Durch den Berg führt ein Tunnelsystem mit einer unterirdischen Abzweigung. Über Tunnel von 5 und 7 km Länge wird Ísafjörður mit dem Önundarfjörður im Südwesten und dem Súgandafjörður im Nordwesten verbunden. Es ist das längste Tunnelsystem in Island. In dieser Region machen sich außerdem in drastischer Weise die Bemühungen bemerkbar, die Wege zwischen den einzelnen Orten zu verkürzen. Ein Tunnelabzweig führt nach **Suðureyri** 16 (S. 315) in reizvoller Lage am Ende des Súgandafjörður. Der andere führt hinab zum Önundarfjörður, wo über den 7,5 km langen Flateyrarvegur (64) der einsame Ort **Flateyri** 17 (S. 285) erreicht werden kann. Beide sind Fischerorte mit je 300 Einwohnern.

Der Önundarfjörður wird über eine 1980 fertiggestellte Brücke gequert. Bald ist der nächste Paß, die 283 m hohe Gemlufallsheiði, erreicht. Von der Höhe bietet sich ein Ausblick auf die Landschaft im Süden. Vor dem Betrachter liegt am 39 km langen Dýrafjörður der 350 Einwohner zählende Fischerort **Þingeyri** 18 (S. 315f.). Dahinter steigt das Gelände direkt zum 367 m hohen Bergrücken Sandafell an. Im Hintergrund wird es morphologisch unruhig in der wohlgeordneten Plateaubasaltlandschaft. Es sind die Berge des vormals riesigen rhyolithischen Zentralvulkans Tjaldanesfjell, die sich als Pyramiden und Bergspitzen deutlich, vor allem auch farblich von ihrer Umgebung abheben. Im Fjordinneren leuchten die Schneefelder des etwa 900 m hohen Berglandes von Gláma herüber. Sie sind Überreste einer vormaligen Vergletscherung.

Der Dýrafjörður ist einer der schönsten der Nordwest-Halbinsel; daher bietet sich ein Aufenthalt in **Núpur** 19 (S. 301) an, ein einsam gelegenes Schulzentrum mit Hof aus der Sagazeit. Beeindruckend ist in dieser Landschaft die außerordentliche Ruhe. Das Poltern von Fahrzeugen ist kilometerweit zu hören, was hier allerdings nicht als störend empfunden wird, sondern es erstaunt eher den Besucher. Der Autoverkehr auf den Straßen und Pisten ist außerordentlich gering. Von der Tierwelt wird man sehr aufmerksam beobachtet. Am scheuesten sind die Eiderenten. Sie entfernen sich sofort, wenn man sich zeigt. Manchmal zerstören sie dann bei windstillem Wetter die schönen Spiegelbilder im Wasser. Man muß sich also sehr behutsam der Natur nähern. Eile und Hast sind ohnehin in einer solchen Umgebung nicht angebracht, sonst wird vieles an der Wegstrecke übersehen, zum Beispiel interessante Mineralien an Straßenanschnitten oder blühender Islandmohn in der Heidelandschaft. Aus diesem Grunde ist oberhalb Þingeyri an der Abzweigung Múli eine Besteigung des 367 m hohen **Sandafell** 20 zu empfehlen. Von seinem Gipfel mit erläuternder Windrose kann man den gesamten Dýrafjörður überschauen. Daß der Frost in intensiver Weise das Gestein aufbereitet, zeigt sich in einzelnen Partien an der Ausbildung von Streifenböden mit ihrem typischen Wechsel von groben und feinen Gesteinspartikeln.

Der nächste zu überwindende Paß ist mit 522 m schon deutlich höher als die vorhergehenden. Die Gefährlichkeit dieser Umgebung kann man an dem weithin sichtbaren roten Rettungshäuschen erkennen. In früheren Jahren war im Winter die Zahl der Todesfälle ziemlich hoch, aber auch im Sommer können Wetterstürze lebensbedrohend werden. Nun befindet sich der majestätische Arnarfjörður mit seinen Seitenarmen und seinen vielen Seitentälern vor einem. Am gegenüberliegenden Ufer sind in einer Entfernung von etwa 15 km schemenhaft die Häuser von Bíldudalur zu erkennen. Um dorthin zu gelangen, ist aber noch mehr als eine Stunde Fahrzeit erforderlich, bei einer Wegstrecke von 70 km. Man passiert den Pfarrhof **Hrafnseyri** 21 (S. 292f.), den Geburtsort des Nationalhelden Jón Sigurðsson mit einer kleinen Gedenkstätte und Kapelle mit Gegenständen aus dem Leben des Vorkämpfers für Islands Unabhängigkeit Ende des 19. Jh. Sigurðssons Geburtstag, der 17. Juni, ist heute Nationalfeiertag. In der Bucht des Borgarfjörður machen Robben und Austernfischer auf sich aufmerksam. Nicht gerade harmonisch paßt sich das kastenförmige Wasserkraftwerk Mjólkárvirkjun in die Landschaft ein. Es versorgt die Westfjorde mit Strom. Seine Kapazität beträgt gerade 8,1 Megawatt

Nach dem Passieren eines kapartigen Felsvorsprunges wird der Blick zu einem der schönsten Wasserfälle Islands, dem **Dynjandi** 22 oder **Fjallfoss,** frei. In vielen Kaskaden an einzelnen Basaltstufen aufprallend und sich zerteilend, stürzt das Wasser insgesamt 100 m in die Tiefe. Darunter muß es mit dem Háifoss, dem Úðafoss, dem Göngufoss, dem Hundafoss und dem Bæjarfoss noch weitere Fallstufen überwinden, um in den Fjord einzumünden. Diese ungemein vielfältige und dynamische Landschaft fordert geradezu zum Verweilen auf.

Auf der Weiterfahrt lernt man die Hochebenen der Plateaubasaltlandschaft in diesem Raum kennen. Kahle Felsen, Blockschutt, Moos und ab und zu ein kleiner See bestimmen das Bild. Manchmal verwehrt eine Nebelbank den Ausblick. Oft verschwindet man aber auch in den als Nebel empfundenen tiefhängenden Wolken. Man durchquert die 500 m hohe Dynjandisheiði mit dem Paß zwischen Breiðafjörður und Arnarfjörður. In einer Steinwüste zweigt in Höhe der ca. 700 m hohen Hornatær der Bíldudalsvegur (63) ab. Hier oben soll Flóki Vilgerðarson oder Hrafna-Flóki im Jahre 865 auf einem der kahlen Felsen gestanden haben und beim Anblick des Packeises im Arnarfjörður dem ursprünglichen Garðarshólmur den Namen ›Island‹ gegeben haben, was durchaus verständlich erscheint.

Nach der Abzweigung zum Bíldudalur schlängelt sich die unebene Schotterstraße oder -piste auf einer längeren Strecke weiterhin durch die Hochflächenlandschaft, bis schließlich der Weg hinab zum Trostansfjörður führt und nach der Fahrt durch zwei weitere Suðurfirðir (Südfjorde) in **Bíldudalur** 23 (S. 278) endet. Der 300 Einwohner zählende Ort lebt vom Fischfang und der Fischverarbeitung. Für Reisende ist er wegen seiner landschaftlich schönen Lage zum Verweilen gut geeignet.

Wer schon soweit in den Südwesten der Halbinsel vorgedrungen ist, wird sicher nun auch noch die restliche Strecke in Angriff nehmen, um bis zum westlichsten Punkt Islands, bis nach Bjargtangar, vorzudringen. Die erhabene Landschaft des Arnarfjörður wird verlassen. Bis das letzte Teilstück bewältigt werden kann, sind mit dem Tálknafjörður und dem Patreksfjörður noch zwei Fjorde zu queren. Der Fischerort **Tálknafjörður** 24 (S. 315) an der Nordküste des gleichnamigen Fjords zählt etwa 350 Einwohner. Zum westlichsten Punkt der Insel und Europas gelangt man über den 42 km langen Örlygshafnarvegur (612). Nachdem man seinen Ursprung, den Hafnarmúli, umfahren hat, verläßt man über eine etwas ausgesetzte Schotterstraße den Fjord **Patreksfjörður** 25 mit dem gleichnamigen Ort (S. 303). In der lieblichen Umgebung eines grünen Tales lädt das **Heimatmuseum Hnjótur** mit großen Ausstellungsstücken, darunter ein komplettes Flugzeug, ein. Der Weg führt von dort aus wieder auf die Höhe, zur Latraheiði. Häufig ist diese mit dichten Moospolstern bedeckte Landschaft in Wolken oder in Nebel gehüllt, so daß man bei einer Annäherung an die Küste, wie beispielsweise zur **Breiðavík** 26 (S. 280), mit gleichnamigem Gehöft, sich urplötzlich wieder dem ›Weitblick‹ hingeben kann. Das wiederholt sich auch beim Anstieg zum Látraháls und hinunter zur Látravík. Hinter dem vorspringenden Brunnanúpur tauchen dann Bjargtangar und die Vogelfelsen von **Látrabjarg** 27 auf.

Während der Sommermonate nisten hier Millionen von Seevögeln in den senkrechten Wänden. Die putzigen und gar nicht scheuen Papageitaucher stehen an den oberen Rändern vor ihren Höhlen. Darunter klammern sich in ruhiger Eintracht die Dreizehenmöwen und die Trottellummen an schmale Gesimse. In den unteren Stockwerken sind die Tordalken anzutreffen. Gryllteisten bevölkern die Felsen unmittelbar über dem Meer. Dem Besucher weht mit der Annäherung an das Kliff der stechende Ammoniakgeruch des Vogelkotes entgegen. Die Luft ist erfüllt vom nicht endenden Lärm der Vögel, wobei neben dem hellen Geschrei der Möwen auch Töne zu hören sind, die an das Gebell von Hunden erinnern. Die Papageitaucher stehen fast stumm herum und lassen nur hin und wieder ein leises »Ok-ok« ertönen. Die Buckelwiesen vor dem Kliff sind mit Federn übersät. Vor der Küste tummeln sich außerdem Robben, Kormorane fliegen in geschlossener Formation vorbei.

Die Fahrt geht zurück zum Patreks- und Ósafjörður. Hier steigt der Barðastrandarvegur (62) zur Kleifaheiði (404 m) hinauf. Gespenstisch wirken von Straßenarbeitern errichtete Steinfiguren in Menschengestalt, wenn sie aus dem Nebel auftauchen. Auf der Fahrt hinunter zum **Barðaströnd** 28 (S. 277) eröffnet sich ein sehr schöner Ausblick

über den Breiðafjörður auf die 70–80 km entfernte Halbinsel Snæfellsnes mit dem markanten Eckpfeiler, dem Snæfellsjökull. Im Süden der Nordwest-Halbinsel ragen die Berge bis zu einer Höhe von 400–500 m auf. Ihre Hänge sind steil und häufig mit Buschwerk bewachsen, das Vorland mit Gras bestanden. Es hat bei weitem nicht den kargen, manchmal etwas abweisenden Charakter des Nordens.

Der Abschied von der großartigen Landschaft der Nordwest-Halbinsel erfolgt allmählich. Die Fjorde sind nun im wahrsten Sinne des Wortes überschaubar und besitzen nicht mehr die Majestät eines Arnarfjörður oder Dýrafjörður. Die Hänge bedeckt ein geschlossenes Grün aus Birkengebüsch. Es geht in den höheren Regionen in eine Moos-Heide mit dem auffallenden Zackenmützenmoos über. In den oberen Partien wird es felsiger. Zerklüftete Basaltbänder fallen nach Süden ab. Sie sind durchaus nicht schwarz, wie es nach der Farbe des Basalts zu erwarten wäre, sondern sie erscheinen rötlich braun, da verstürztes Material der leuchtend roten Zwischenlagen gebrannter Böden viele Partien mit einem rötlichen Schleier überzieht.

Die Fahrt bewegt sich an der vielerorts von Schären übersäten Küste des Breiðafjörður entlang. Im ufernahen Bereich bevölkern Schafe selbst kleinste Grünflächen. Die Inseln im Breiðafjörður erwecken den Anschein, als ob eine Flotte riesiger Schiffe vor Anker läge. Am südlichen Horizont begleitet uns das bergige Band der Halbinsel Snæfellsnes mit den herausragenden Bergen der Ljósufjöll, des Hólsfjall, des Helgrindur sowie des majestätischen Snæfellsjökull. Diese Landschaft liegt abseits der Touristenrouten. Unterwegs kommen nur vereinzelt isländische Urlauber mit ihren Fahrzeugen entgegen. Noch seltener tauchen ein Bus oder die in anderen Landesteilen häufigeren Radfahrer auf. Östlich des Skálmarfjörður werden zur Verkürzung der Wegstrecke die Fjorde verlassen, so daß man von oben die Landschaft genießen kann. Einen sehr schönen Ausblick auf die Buchten unter sich hat man von den Höhen zwischen dem Skálmarfjörður und dem Kvígindsfjörður. Ein Ausstieg aus dem Fahrzeug wird hier begleitet von den Protestrufen der Regenpfeifer, die nachdrücklich mit ihrem wehklagenden Geschrei die Aufmerksamkeit auf sich ziehen.

Auf der etwa 100 km langen Strecke zwischen **Brjánslækur** 29 (S. 281) und Króksfjarðarnes begegnet man kaum einem Haus. Eine der wenigen Unterkünfte in der Region ist das Hotel in **Flókalundur** 30 (S. 286). So ist es schon außergewöhnlich, daß einst bei Skálanes sogar ein Kaupfélag, die Filiale der Genossenschaft von Króksfjörður, existierte. Ein Abstecher führt nach **Reykhólar** 31 (S. 304), wo es einen Campingplatz gibt.

Die Fahrt durch die Nordwest-Halbinsel endet oberhalb des Bernisfjörður, wo aus der Heidelandschaft als ungewöhnliche Formen die beiden Kuppen der **Vaðalfjöll** (502 m) als Schlotreste eines ehemaligen Vulkans herausragen. Endgültig Schluß ist an der engsten Stelle am Gilsfjörður zwischen der Nordwest-Halbinsel und der Halbinsel Hvammur. Die Umgebung ändert sich: In dieser Landschaft treten wiederum große Gehöfte mit ausgedehnten *Tún*-Flächen auf, und die ehemaligen Vulkanberge besitzen einen anderen Ursprung. Erfrischend und entspannend ist es, die Fahrt in **Laugar** 32 mit einem Besuch des Thermalbades abzuschließen. Mit dem Erreichen von **Búðardalur** 33 (S. 281) schließt sich fast der Kreis der Rundtour durch Vestfirðir.

# Der Norden

# Küsten an Húnaflói und Skagafjörður

Die bequemste Anreise in diese nordwestliche Region der Insel erfolgt über den Norðurlandsvegur (1) von Reykjavík oder Akureyri. Beschwerlicher ist es, über das Hochland in dieses zwischen der Nordwest-Halbinsel und dem Bergland von Tröllaskagi gelegene Gebiet zu gelangen.

Dieses Land an der Bucht Húnaflói kann noch zum Nordwesten Islands gerechnet werden. Das bezieht sich nur auf die geographische Lage, nicht aber auf sein morphologisches Erscheinungsbild. Es ist eine Landschaft, die von großen Bergrücken und Tälern mit wild zum Meer strebenden Flüssen geprägt wird, wie der Hrútafjarðará, Svartá, Miðfjarðaá, Viðidalsá, Vatnsdalsá, Laxá im Refasveit und Laxá am Ásar. Letzterer Laxá ist der teuerste Lachsfluß Islands. Charakteristisch sind für diesen Teil des isländischen Nordens außerdem sandige und felsige Küsten, denen einzelne Gehöfte in einem sommerlich grünen Umland manchmal einen beschaulichen Charakter verleihen. Wuchtig ragen aus dieser Umgebung die Bergrücken, die im Norden der Halbinsel Skagi in die seenreiche Tundralandschaft mit jüngerem, d. h. weniger als 700 000 Jahre altem vulkanischen Untergrund übergehen. Das Land hat bei bewölktem Himmel eine geradezu mystische Ausstrahlung. An der Küste der Halbinsel Vatnsnes regen aus dem Nebel auftauchende Felsen mit verschwommenen Konturen die Phantasie des Betrachters an, geheimnisvolle Gestalten oder Formen zu sehen, wie zum Beispiel in dem Felsen Hvítserkur ein Ungeheuer mit drei Beinen. Er wird seine Phantasie schweifen lassen, wenn im Nebel im Hinterland Gipfel auftauchen und wieder verschwinden, Nebelbänke an ihren Hängen Einzelheiten verschleiern und die Beleuchtung sich laufend durch das Öffnen und Schließen von Wolkenlöchern ändert. Wir befinden uns im Sagaland. Die Niederschriften der Grettir-Saga und der Vatnsdæla-Saga besitzen in der mittelalterlichen Literatur europäische Bedeutung.

## Blönduós und das Tal der Víðidalsá

Das Tor zu diesem Teil Islands stellt vom Süden her der Hrútafjörður dar. Es ist angebracht, nach der Bewältigung des Passes oberhalb des Norðura-Tales eine Kaffee- oder Essenspause an der Raststätte **Staðarskáli** **1** (S. 313) einzulegen. Meistens herrscht hier ein reger Betrieb. Neben den Insassen von Bussen mit ausländischen Touristen und fahrplanmäßig reisenden Isländern geben sich isländische Urlauber ein kurzes Stelldichein zu einem Kaffee oder Snack. Ihre Ausrüstung ist den Gelände- oder Wegeverhältnissen angepaßt. Meistens benutzen sie einen geländegängigen Wagen mit einem Campinganhänger.

Der größte Ort in diesem entlegeneren Teil Islands ist **Blönduós** **2** (S. 278f.). In den letzten 20 Jahren nahm dieser Ort, der früher eher den Eindruck eines Vorpostens zum hohen Norden machte, eine überraschend schnelle Entwicklung. Vormals gruppierten sich nur einige Häuser um die geradezu zierliche Kirche und das Hotel in Meeresnähe. Heute ist Blönduós eine Kleinstadt mit knapp 1000 Einwohnern, mit den zu einem komfortablen Leben erforderlichen Dienstleistungs-Einrichtungen, wie Schwimmbad, ein kleines Einkaufszentrum, Bankfilialen und Tankstellen. Die Terrassen über der aus dem Hochland kommenden Blanda sind an beiden Ufern mit schmucken Einfamilienhäusern bebaut. Mit einem weiteren Hotel, Gästeheimen und einem gepflegten Campingplatz bieten sich dem Gast gute Möglichkeiten, hier zu verweilen und die reizvolle Umgebung näher kennenzulernen.

Die Landschaft ist geprägt von der Halbinsel Skagi, den Höhenzügen der

Halbinsel Vatnsnes und dem Tal der Víðidalsá. Blönduós ist daher auf den Islandfahrten häufig ein Übernachtungsort, zumindest legt man, wenn man aus Richtung Akureyri oder dem entfernteren Reykjavík kommt, einen Zwischenstopp hier ein. Meistens hat man es eilig, so daß die Sehenswürdigkeiten südlich der großen Bucht Húnaflói nur eine flüchtige Beachtung finden.

Immer wieder gibt es in dieser etwas herben Landschaft Ausblicke auf das **Hóp.** Es ist mit 29–44 km² – die Größe ist von den Gezeiten abhängig – das größte Haff Islands. Im Westen wird dieser flache See durch den Sigríðarstaðavatn abgelöst. Hier haben sich also auch das Meer und die fließenden Gewässer an der Gestaltung der Landschaft beteiligt.

Ein Abstecher lohnt sich von Blönduós zur Kirche von **þingeyrar** 3, ca. 15 km südwestlich. Aus einem flachen grünen Umland ragt das graue Steingebäude auf. Es steht auf einer kleinen Anhöhe und ist daher gut von der Ringstraße zu sehen. Die Abfahrt ist nicht zu verfehlen, wenn man die Formen der Landschaft beachtet, denn auf der südlichen Seite der Straße breitet sich ein großes Areal von Hügeln aus, die ihre Entstehung einem gewaltigen nacheiszeitlichen Bergsturz verdanken. Eine Steilwand zeugt noch davon, wo sich die riesigen Massen von den Flanken des Vatnsdalsfjall lösten, bis sie nach einem Weg von fast 5 km in der vormals ebenen Landschaft liegen blieben. Sie stauten die Vatnsdalsá zum See Flóðið im Hinterland auf. Heute bedecken die **Vatnsdalshólar,** eine Vielzahl 10–20 m hoher Hügel auf einer Fläche von 4 km² das Vorland dieses kleinen Gebirgszuges.

Hier zweigt der 6 km lange þingeyravegur (721) zu dem zwar unscheinbaren, aber von den Einheimischen geschätzten Ort þingeyrar ab. Ein kleiner Friedhof verleiht diesem Anwesen mit Kirche einen Hauch der Andacht und Ruhe. Die Kirche befindet sich in einem geschichtsträchtigen Ambiente, denn zu ihr gehört der Hof mit dem gleichen Namen und große Ländereien. Es befand sich dort in der Sagazeit eine Thingstätte. Im Jahre 1133 wurde das erste Kloster Islands hier gegründet und entwickelte sich zu einem der führenden geistigen Zentren des Landes. Die Nachfolgerin der alten Klosterkirche erhebt sich nun in einiger Entfernung zum Hof und ist trotz ihrer geringen Größe kilometerweit sichtbar. Die Kirche von þingeyrar, die schon in der Mitte des 19. Jh. aus behauenem Basalt errichtet wurde, ist eine der wenigen Steinkirchen Islands.

Auf diesem Abstecher von der Ringstraße lernt man die Wesenszüge der küstennahen Räume zwischen den Gebirgslandschaften des Víðidalsfjall und Vatnsnesfjall kennen. In einer grünen Umgebung nehmen sich in der flachwelligen Umgebung die verstreut liegenden Gehöfte mit ihren bunten Dächern wie Farbtupfer aus. Einige von ihnen sind von hoher geschichtlicher Bedeutung. So befindet sich an dem von der Ringstraße in das Víðidalur hineinführende Víðidalsvegur vestri (715) auf einer Landzunge zwischen der Víðidalsá und der Fitjaá, das Gehöft **Víðidalstunga** 4, das vom 15. bis in das 20. Jh. der Familie Vídalín gehörte. Ihr bekanntester Vertreter war der Gesetzesvertreter und Schriftsteller Páll Jónsson Vídalín, der zusammen mit dem berühmten Arni Magnússon das Bauernhofregister ›Jarðabók‹ (1702–12) verfaßte. Auf diesem Hof wurde im Auftrag des Bauern Jón Hákonarson im 14. Jh. das ›Flateyjarbók‹ geschrieben.

Der Weg endet an der sehenswerten Schlucht **Kolugil.** Die Víðidalsá stürzt etwa 40 m tief in die Schlucht und bildet dort den **Kolufoss** 5 sowie auf dem Weg zum Meer noch weitere kleine Wasserfälle, bis sie dann in die Strandterrassenlandschaft einmündet.

Als Island, vom Eise befreit, sich langsam heraushob und der Meeresspiegel absank, wurden von der Küste her die Flüsse veranlaßt, sich verstärkt in den Untergrund einzuschneiden und schufen tiefe und enge Täler mit Wasserfällen. Auf der Fahrt ins Hinterland kann man den ehemaligen Abbruch der Küste, heute etwa 30 km vom Meer entfernt, erkennen. Unweit vom Kolufoss befindet sich am Hang eines rückenartigen Berges in der Valagil die Fossilfundstelle Bakkabrúnir mit Blattabdrücken der Erle, der Birke und der Weide. Es sind die Überreste einer Baum- und Strauchvegetation aus einer der ersten Zwischeneiszeiten mit ähnlichen klimatischen Verhältnissen, wie sie heute herrschen. Die Fossilien beweisen, daß vor etwa einer Million Jahre die Erle noch auf Island wuchs, die heute ausgestorben ist.

Überreste einer menschlichen Besiedlung befinden sich auf dem halben Weg zur Küste in der quasinatürlichen Festungsanlage von **Borgarvirki** 6, einer hufeisenförmigen Anhöhe zwischen dem Vesturhópsvatn im Westen und der Víðidalsá im Osten südwestlich von Stóruborg. Herkunft und Alter dieses Bauwerkes mit einem Innenraum von etwa 40 m im Durchmesser sind noch geheimnisumwittert. Den Innenraum umschließen 3–5 m hohe Basaltwände. In das Innere sind die gut erhaltenen Überreste von zwei Langhäusern einbezogen. Am Außenrand erheben sich die Basaltsäulen bis zu 25 m hoch über einer 2 m mächtigen Basislage aus Sandstein und Konglomerat. Die Kuppe bietet die idealen Voraussetzungen für die Errichtung einer Befestigungsanlage. Sie soll während der Landnahme nach norwegischer Gewohnheit auf dieser exponierten Anhöhe errichtet worden sein. Allerdings bestand offensichtlich kein Bedarf, sie zu nutzen. Die Steinwälle wurden 1949–50 erneuert. In den Überlieferungen wird die Festungsanlage nicht erwähnt. Von der Burg hat man eine einzigartige Aussicht auf das Umland mit der Küstenlandschaft um Skagaströnd im Osten, dem Hóp im Norden und auf das fast 1000 m hohe Víðidalsfjall im Südosten. Bei besonders guten Verhältnissen ist am südlichen Horizont sogar der Eisschild des Eiríksjökull in einer Entfernung von 75 km zu sehen.

## Die Halbinsel Vatnsnes

Die rauhe und mystische Landschaft bietet zwar einen großen Anreiz, sich wegen der schönen Ausblicke und der Wander- und Ausrittmöglichkeiten in einem Wochenendhäuschen niederzulassen, aber ihren Lebensunterhalt konnten die Bauern hier weniger gut bestreiten. Ausgedehnte Buckelwiesen erleichtern nicht gerade die Viehhaltung. So sieht man am Rande des Vatnsnesvegur (711) eher bescheidene und nur spärliche Bauernhöfe, um die herum Schafe und Pferde grasen. Rinder sind nicht so häufig zu sehen.

Für den Naturfreund wird es in der Höhe von **Ósar** 7 (S. 302) interessant. An der Steilküste lenkt im Meer nicht nur der vom Vogelkot weiß gefärbte Felsen **Hvítserkur** mit nistenden Wasservögeln die Aufmerksamkeit auf sich. Am östlichen Ufer des nur etwa 200–300 m breiten Sigríðarstaðavatn räkeln sich südlich der in der Weite endenden Nehrung auch Pelzrobben im Sand. Schon

*Basaltfelsen Hvítserkur im Húnafjörður*

draußen auf dem Meer fällt auf, daß größere Tiere in Gruppen wie Delphine aus dem Wasser springen. An Land entpuppen sich diese ›Delphine‹ als Robben. Von Seeschwalben begleitet, gejagt oder verfolgt tritt der Küstenbesucher den Rückweg über das Kliff an.

Nachdem man den historischen Hof **Krossanes** passiert hat, ist die Nordspitze der Halbinsel Vatnsnes erreicht. Nun taucht im Westen der Hrútafjörður auf. An seinem 50 km entfernten westlichen Ufer treten besonders die steil aufragenden Berge der Nordwest-Halbinsel in Erscheinung. Am auffälligsten sind auf der Ostseite senkrechte, verstreute Basaltfelsgruppen in den bizarrsten Formen, die vom eiszeitlichen Gletscher im Hrútafjörður aus dem Untergrund herausgearbeitet wurden. In einer der Buchten in der Höhe des verlassenen Gehöfts **Hindisvík** halten sich in großer Zahl Seehunde auf. Ihre Population ist deshalb so gut entwickelt, da hier die Robbenjagd verboten ist. Das Küstengebiet bringt aber den wenigen dort noch lebenden Bauern Nebeneinkünfte durch die Haltung von Eiderenten. Im strengen Winter des Jahres 1882 wurden in der Höhe des Gehöftes Ánastaðir 32 große Wale an Land getrieben. Der unerwartete Fleischsegen rettete viele Anwohner vor dem Hungertod.

Die felsreiche Gebirgslandschaft wird im Süden von sanfteren Formen abgelöst. Eiszeitgletscher haben das Gelände ausgeglichen und die Hänge geglättet. In Küstennähe bestimmen Terrassen das Landschaftsbild in der Umgebung von **Hvammstangi** 8 (S. 294f.). Auf der Westseite von Vatnsnes ist ein Leuchtturm das bemerkenswerteste Gebäude. Die spärlich verteilten Gehöfte machen häufig einen ärmlichen Eindruck. Manche von ihnen besitzen, was Gebäude und Geräte betrifft, eine einheitliche Farbe. Wegen der Terrassen wird die Nutzung im Süden intensiver.

Auf dem Weg nach Reykjavík bieten nahe der Ringstraße eine Jugendherberge in **Sæberg** 9 (S. 309) und ein Hotel in **Laugarbakki** 10 (S. 299) Übernachtungsmöglichkeiten.

## Die Halbinsel Skagi

Zu einem Erlebnis erfreulicher und nachdenklicher Art wird die Umrundung der Halbinsel Skagi nördlich von Blönduós. Der Hauptverkehrsstrom verläuft über den Norðurlandsvegur (1) nach Süden und dann weiter nach Osten. Die Halbinsel Skagi wird von den meisten Besuchern dieser Region links liegengelassen. Wir wenden uns also nach Norden, wo ein kleines Gebirge bis zu einer Höhe von 700 m aufragt und sich an seinem Fuß grüne Terrassen mit einzelnen Gehöften ausbreiten. Hier stellt sich eine Landschaft mit weniger spektakulären Sehenswürdigkeiten als am Mývatn oder in der Umgebung von Landmannalaugar dar. Ihre Reize liegen in dem Unbekannten, dem Unerwarteten, der Einsamkeit und in einer gewissen herben Schönheit. Hat man erst einmal die Ringstraße oder den Norðurlandsvegur (1) in nördlicher Richtung verlassen, umgibt einen auf dem Skagastrandarvegur (74) eine wohltuende Ruhe. Seewärts erstreckt sich die vom Meer und von den fließenden Gewässern geprägte Landschaft Refasveit zwischen den Flüssen Blanda und Laxá. Vier Seen ordnen sich parallel zur Küste an, und östlich der Straße steigt das Gelände zu Bergen der Plateaubasalt-Serie aus dem Tertiär an.

Ins Blickfeld kommt bald mit seinen bunten Häusern der größte Ort der Halbinsel, das 600 Einwohner zählende **Skagaströnd** 11 (S. 312). Der alte Handelsplatz (früher *Höfðakaupstaður)* mit Hafen für Fischerboote erstreckt sich an der Westküste. Mit dem Passieren dieses Städtchens nimmt die Einsamkeit zu. Nach Norden werden am Skagavegur (745) die Gebäude schmuckloser. Ein besonderer Wegweiser weist auf die Sehenswürdigkeit **Kálfshamarsvík** 12 im Küstenbereich hin. Es ist eine kleine Bucht mit besonders schön ausgebildeten Basaltsäulen. Zu Beginn des 20. Jh. wurde hier der Versuch unternommen, in der Nähe des Leuchtturms ein kleines Fischereizentrum aufzubauen, ein Vorhaben, das schließlich 1940 aufgegeben wurde.

Schließlich breitet sich zwischen Hafnir und Hraun im Norden eine Landschaft aus, die sehr an die Tundra von Melrakkaslétta (s. S. 190) erinnert, und man kann sich vorstellen, daß dort die Lebensbedingungen in gleicher Weise hart sind. Lebensgrundlage ist offensichtlich Schaf- und Pferdehaltung. Treibholz ist zu vielen Stapeln aufgetürmt. Buckelwiesen, Basaltaufbrüche und kleine Seen beherrschen das Landschaftsbild im Norden der Halbinsel.

Als markanter Berg ist schon aus 10 km Entfernung unmittelbar am Meer der subglaziale Vulkan **Ketubjörg** 13 zu sehen, der um etwa 50 m seine ebene Umgebung überragt. Die Brandung hat auf der Südseite das Innere des ehemaligen Vulkans freigelegt. Man kann bei dem Anblick des Gewirrs der Basaltsäulen erahnen, mit welchen infernalischen Kräften dieser Vulkan gestaltet wurde. Der Ketubjörg war in mehreren Phasen aktiv. Nach absoluten Datierungen fand die erste von drei Ausbruchsphasen vor 2–3 Millionen Jahren mit der Förderung von Basaltlaven statt. Diese Phase war nicht von Wasser beeinflußt. Die abschließenden Aktivitäten brachten eine grundlegende Änderung im Ausbruchsverhalten vor etwa 0,7 bis 1,5 Millionen

Jahren. Die Ausbildung von palagonithaltigen Auswurfsmassen verschiedenster Art bezeugt einen Kontakt der heißen basaltischen Schmelzen mit Wasser. Letzte Anzeichen der vulkanischen Aktivität ist die Ausbildung basaltischer Gänge. Die höheren Teile des Ketubjörg gehören zu einem Basaltschlot, der sich heute als ein pilzförmiger Lavapfropfen darstellt. An der Basis ist er in der Höhe der Wasserlinie 150 m breit und weitet sich in den oberen Partien auf 250 m aus. An seinen nördlichen und südlichen Rändern zeugt eine vielfältige Abfolge von sedimentären und vulkanischen Gesteinen von der wechselhaften Geschichte des Vulkans, in der auch eiszeitliche Relikte eine Rolle spielen. Daß ein so tiefer Einblick in die Geschichte des Vulkans möglich ist, verdanken wir der abtragenden Tätigkeit des Meeres und der Heraushebung des Untergrundes in der Nacheiszeit. Die verschiedenartigen Gesteine bauen nun ein 40 bis 50 m hohes Kliff auf, über das sich zwei Bäche als Wasserfälle in die Tiefe stürzen. Eine kleine langgestreckte Insel in Küstennähe erinnert den Betrachter unwillkürlich an einen schlafenden Riesen.

In der Höhe des Vulkans Ketubjörg befinden wir uns schon im Mündungsgebiet des Skagafjörður, der hier eine Breite von 25 km besitzt, so daß das östliche Ufer nur schemenhaft auszumachen ist. Wesentlich geringer ist die Entfernung zur kastenförmigen Insel **Drangey** 14 im Fjord, einer der bekanntesten Vogelfelsen von Island. Die Küste des Skagafjörður wird in Höhe der schon fast romantisch erscheinenden Bucht Sævarland mit Pferdeweiden auf den Terrassen über dem stillen Wasser des Fjordes verlassen. Den Hintergrund bildet im Meer die Insel Drangey. Spornartig endet das Bergland von Tindastóll (989 m) als östliche Begrenzung der Bucht, im Zentrum befindet sich das Mündungsgebiet der Laxá. Auf der Ostseite der Halbinsel wird es nun gebirgig. Der flache Talboden der Laxá kündet von der vormaligen Anwesenheit eines Sees, dessen Existenz auf einen Bergsturz zurückzuführen war.

Unweit der Mündung ist mit einer einsamen kleinen Kirche der Pfarrhof **Hvammur** an einem ausgedehnten, schuttbeladenen Hang des Bergzuges das einzige Gebäude in diesem Bergland. Die Laxá fließt über einen breiten Talboden, der wenige Kilometer weiter oberhalb in eine kleine Schlucht übergeht. Die Talform ändert sich an der Wasserscheide. Die Verhältnisse des nach Süden entwässernden Tales, des Gönguskörð, entsprechen dem eines flachmuldigen Gletschertales mit einzelnen Moränenresten, bestens geeignet zum Skilaufen im Winter und Wandern im Sommer. Am Talausgang vor Sauðárkrókur quert man die Gönguskarðsá, an deren Ufern im Sommer große Flächen mit dem Arktischen Weidenröschen *(Epilobium latifolium)* blühen.

Der Weg führt direkt hinab in die Kleinstadt **Sauðárkrókur** 15 (S. 309f.), mit 2600 Einwohnern der Hauptort des Skagafjörður. Sie ist Handelsplatz seit 1857 und Fischereistandort. Die Besiedler haben die natürlichen Verhältnisse genutzt. So hat sich ein Teil auf der 40 m hohen Terrasse über der Stadt niedergelassen. Im lokalen Museum ist eine der in Island seltenen alten Schmieden zu sehen.

Die Weiterfahrt geht nach Süden in den Fjord hinein über die Sauðárkróksbraut (75) zum etwa 15 km entfernten Hof Glaumbær. Unmittelbar hinter der Stadt beginnt das Vogelschutzgebiet des 6,2 km$^2$ großen **Miklavatn**. Viele Höfe mit bewirtschaftetem Grasland und ausgedehnten Viehweiden vermit-

*Die Torfkirche von Víðimýri*

teln die Bedeutung des Fjordhinterlandes für die landwirtschaftliche Nutzung dieses Gebietes. Einige der Gehöfte existierten schon in der Zeit des Freistaates Island.

Bis in die Sagazeit hinein läßt sich die Existenz des Hofes **Reynistaður** 16 verfolgen, der etwa auf halbem Wege zwischen Sauðárkrókur und Glaumbær gelegen ist. Zwischen 1295 und 1552 befand sich an dieser Stelle ein Nonnenkloster. Von Reynistaður stammten zwei Brüder, die auf dem Kjalvegur zwischen den beiden Gletschern Hofs- und Langjökull im Jahre 1780 ums Leben kamen (s. S. 261).

Bei einer Islandfahrt gehört das Gehöft **Glaumbær** 17 (S. 287) zu den traditionellen Haltepunkten. Es ist heute als Freilichtmuseum eingerichtet und gibt einen anschaulichen Einblick in das ländliche Leben des 19. Jh. (s. S. 144f.).

In gleicher Weise kann weiter oberhalb die 165 Jahre alte Torfkirche **Víðimýri** 18 bei **Varmahlið** 19 (S. 317f.) nicht übergangen werden. Sie ist über eine Seitenstraße des Norðurlandsvegur (1) etwa 1 km westlich von Varmahlíð zu erreichen. Die eher einer Kapelle ähnelnde Kirche wurde im Jahre 1834 von Jón Samsonarson auf einer Grundfläche von 6 × 4 m errichtet und 100 Jahre später vom isländischen Staat erworben. Sie befindet sich an einem idyllischen Plätzchen und ist von einem kleinen Friedhof umgeben. Das kleine Gotteshaus setzt sich aus zwei Häusern, Chor und Schiff, zusammen. Beide verbindet der Chorgang. Ein Gitterwerk fungiert beiderseits des Ganges als Trennwand. Die Kanzel steht auf der Südseite unter einem kleinen Fenster oder einer Dachluke, so daß dem Pastor genügend Licht zum Lesen zur Verfügung stand. Die wohlhabenden Bauern nahmen ihren Platz im Chor ein, wobei eine strenge Ordnung nach dem entrichteten Zehnten eingehalten wurde. Die Ehefrauen saßen neben der Trennwand, und die einfachen Leute und Kleinbauern nahmen weiter hinten Platz. Arme Leute mußten mit den Eckbänken direkt neben der Tür vorliebnehmen, was dem Gefangenen Fjalla-Eyvindur in Reykjahlíð zum Vorteil gereichte, als er unbemerkt von den in die Andacht versunkenen Kirchgängern entfliehen konnte (s. S. 267).

# Leben unter dem Grasdach – Besuch des Gehöftes Glaumbær



Glaumbær ist eines der am besten erhaltenen Gehöfte aus dem 18. und 19. Jh. auf Island. Seit der Aufgabe der Bewirtschaftung dient es nur noch Museumszwecken. Neun Einzelhäuser fügen sich neben einer Kirche zu einem Einheit. Sie wurden im Torfbaustil errichtet, wie er bis etwa zur Wende vom 19. zum 20. Jh. in den ländlichen Räumen üblich und notwendig war.

In Glaumbær besteht das Innengerüst des Gebäudekomplexes mit 16 Räumen aus Holz, für den Aufbau der Grundmauern und die Abdeckung des Daches wurde Torf verarbeitet. Auf den Dächern wächst Gras, das mit seinem dichten Wurzelwerk eine verfilzte wasserabhaltende Schicht bildet, so daß in Gebieten mit geringerem Niederschlag (um 500 mm/Jahr) solche Gebäude über ein Jahrhundert überdauern können. Sehr wichtig ist für die Erhaltung der Bausubstanz der Neigungswinkel des Daches. Ist das Gefälle zu groß, besteht die Gefahr, daß das Regenwasser zu schnell abläuft und der Torf bei Niederschlagsmangel austrocknet, rissig wird, und das Dach damit undicht ist. Außerdem fehlt dann dem schützenden Gras die Bodenfeuchtigkeit zum Wachsen. Es verdorrt. Bei zu geringem Gefälle sickert das Regenwasser durch.

Der Gebäudekomplex von Glaumbær setzt sich aus mehreren Einzelhäusern zusammen, die, außer den Lagerräumen und der Schmiede, ein zentraler Gang miteinander verbindet. Dieser Gang ist mit rund 20 m außerordentlich lang. Ein Besucher empfand ihn als so lang, daß er spaßeshalber meinte, er sei mit dem nächsten Bauernhof verbunden. Der Gang stellt die Verbindung zwischen den neun ›Einzelhäusern‹ her. Zwei Zwischentüren halten im Winter die Kälte von dem am Ende des Flures gelegenen Aufenthalts- und Schlafraum *(baðstofa)* ab. Von dieser Schutzmaßnahme konnten aber nur die Hofbewohner profitieren. Den Gästen mutete man schon kühlere Temperaturen zu. Sie erhielten ihr Quartier direkt hinter der Eingangstür. Ob man in Island auch den Spruch kannte, daß Fisch und Besuch nach zwei Tagen stinken, und in dieser Form gegen einen längeren Besuch vorgesorgt wurde?

Das Gästezimmer wurde 1841 gebaut. Im selben Jahr hielt sich hier der Dichter Jónas Hallgrímsson auf. Hinter dem auf der rechten Seite gelegenen Gästezimmer schließt sich die Küche oder das Küchengebäude als ältester Gebäudeteil an. Sie entstand wahrscheinlich im 18. Jh. und wurde kontinuierlich bis zum Beginn des 20. Jh. genutzt. Hier wurden am offenen Feuer Mahlzeiten für 20 Personen zubereitet. Der aufsteigende Rauch machte zugleich das unter der Decke aufgehängte Lammfleisch *(hangikjöt)* haltbar. Möglicherweise blieben die Küchenhäuser länger in gutem Zustand, weil die Holzkonstruktion durch den Ruß konserviert wurde und die vom Feuer ausgehende Wärme sie trocken hielt. Als Brennmaterial wurden Torf oder getrockneter, geruchloser Schafdung verwandt. Der Schafdung war auch ein vorzüglicher Dünger für die Hauswiesen *(tún)*. Wenn man von der Küche aus weiter ins Haus hineingeht, dann schließt sich unmittelbar einer der beiden Vorratsräume an.

Der Gang endet in der *baðstofa*, der Wohnstube. Hier hielt sich die Bauernfamilie mit ihrem Gesinde auf, sie aß, verrichtete ihre Heimarbeit und schlief auch dort. Die *baðstofa* von Glaumbær wurde um 1876 gebaut. In den drei Räumen stehen elf Betten, so daß insgesamt 22 Personen hier genächtigt haben werden, da immer zwei Personen zusammen schliefen. Das Bett diente gleichzeitig als Sitz- und Arbeitsplatz, darüber stand auf einem Brett das private hölzerne Eßgeschirr mit Deckel, auf Isländisch *askur* (Esche). Manchmal ist es mit verschnörkelten Ornamenten versehen. In diesen Behältnissen wurde das Essen aus dem Vorratsraum geholt. Die Frauen hielten sich an der helleren Fensterseite auf, da sie mehr Licht zum Spinnen und zum Stricken benötigten. Die Männer kämmten Wolle, drehten Seile aus Roßhaar oder schnitzten. Häufig unterhielt während der langen Winterabende ein Mitglied des Hauses seine Mitbewohner mit dem Vorlesen einer Saga oder dem Vortragen von Gedichten. Manchmal kamen Vortragskünstler zu Besuch, die von Hof zu Hof wanderten. Geschlafen wurde in voller Bekleidung. Man deckte sich mit Wolldecken und Federbetten zu und befestigte sie an der Gangseite an einem manchmal mit Schnitzereien verzierten Bettbrett, dem *rúmfjöl*. Tagsüber lag das Brett an der Wandseite des Bettes. Die Frauen schliefen unter den Fenstern, die Männer auf der Gangseite.

Der Bauer hatte mit seiner Frau die Schlafstätte im linken Teil der *baðstofa*, die Kinder schliefen im rechten.

Die *baðstofa* wurde auch während der Wintermonate nicht beheizt. Den Raum hielten die Körperwärme seiner Bewohner und die hervorragenden isolierenden Eigenschaften des Torfes warm. Außerdem hielt der Torf die Körpergerüche zurück. Heute sind in den Räumen verschiedene für die Wollverarbeitung verwendete Gegenstände, außerdem die Nationaltracht und andere Festkleidung sowie ein *langspil*, ein typisch isländisches Saiteninstrument, ausgestellt.

Der Zugang zu den Innenräumen erfolgte nicht nur durch den östlichen Eingang. Nach Süden diente eine weitere Außentür als Notausgang, falls es im Vorderhaus brennen sollte.

In den Vorratskammern konnten die Lebensmittel gut frisch gehalten werden, denn durch die isolierende Eigenschaft des Torfes blieb es auch in den Sommermonaten kühl. In einer Milchkammer gegenüber der Küche wurde Milch in viele ›Trennschüsseln‹ gegossen. Nachdem die Milch sich nach 36 Stunden von der Sahne abgesetzt hatte, wurde die Magermilch abgeschüttet und zu *skýr*, die Sahne zu Butter verarbeitet. Erwähnenswert ist noch die Schmiede, die jeder isländische Bauernhof besaß, denn sie diente zur Reparatur und zur Herstellung von Geräten, die auf dem Hof zum Einsatz kamen. Ihre wichtigste Funktion bestand aber im Schärfen von Sensen.

An dieser Stelle des Skagafjörður erinnert ein Denkmal von Ásmundur Sveinsson an Þorfinnur Karlsefni, der um 1000 mit seiner Frau Vinland (Neufundland) aufsuchte, wo ihr Sohn Snorri zur Welt kam, der erste auf amerikanischem Boden geborene Europäer.

# Akureyri und Tröllaskagi, das Bergland zwischen den Fjorden

Ein kurzer Blick auf die Landkarte und drei Begriffe genügen, um den mittleren Norden Islands zu beschreiben: Berge, Fjorde und eine für isländische Verhältnisse große Stadt. Die relativ dichte Besiedlung in der Fjord-Region deutet schon etwas über die Beziehungen zwischen den Menschen und der Landschaft im Lauf der Geschichte an. Gerade die Räume um die beiden großen Fjorde Eyjafjörður und Skagafjörður wurden sehr früh besiedelt. Das Klima war trockener, und die flachen Talsäume und die Hinterländer boten günstige Voraussetzungen für die Landwirtschaft und den Fischfang. Heute liegt hier die größte Stadt Nordislands, Akureyri.

## Akureyri

**1** (S. 275f.) Akureyri ist mit 15 000 Einwohnern zugleich die größte Stadt Islands außerhalb des Hauptstadtbereichs Reykjavík. Wegen seiner schönen Lage und wegen seines Charmes wird Akureyri die ›Perle des Nordens‹ genannt. Wie fast alle größeren isländischen Orte hatte es lange Zeit nur den Charakter einer Siedlung.

Der erste Besiedler des Gebietes um Akureyri war ›Helgi der Magere‹. Sein Wohnsitz soll Kristnes, etwa 10 km südlich der Stadt, im Tal der Eyjafjarðará, gewesen sein. Bereits gegen Ende des 9. Jh. existierte im Eyjafjörður mit Gásir einer der wichtigsten Handelsposten des Landes. Dieser versandete mit der Zeit und wurde vor Beginn des 15. Jh. wegen des deutlich zurückgegangenen Handels aufgegeben. Der Name ›Akureyri‹ taucht zum ersten Mal in Urkunden aus dem 15. Jh. auf. Es dauerte aber noch über 300 Jahre, bis sich aus einer gehöftartigen Siedlung das Handelszentrum Akureyri unter dem tatkräftigen Einsatz dänischer Kaufleute entwickelte. Seine Größe war nicht mit der mitteleuropäischer Gemeinden zu vergleichen. In der ›Siedlung‹ mit drei Warenhäusern und 18–20 Fischerhütten lebten 1816 gerade 45 Einwohner; und als Akureyri im Jahre 1862 die Stadtrechte verliehen wurden, waren es 286.

Die aufblühende Landwirtschaft im Fjord und seinem Hinterland und vor allem die exzellenten Erträge aus schier unerschöpflichen Fischgründen vor dem Eyjafjörður brachten einen großen Aufschwung und ließen die Bevölkerungszahl auf 1038 Einwohner im Jahre 1900 hochschnellen. Mit der Gründung der örtlichen Konsumgenossenschaft KEA (Kaupfélag Eyfirðinga Akureyrar) wuchs die Bedeutung Akureyris als Handelszentrum. Heute hat sich der Ort längst auf höher gelegene Teile des Fjordes ausgebreitet. Neben mehreren Betrieben der Leichtindustrie und einer Schiffswerft weisen ein Flughafen und ein Seehafen auf die zentrale Bedeutung Stadt hin.

Nach Akureyri gelangt man entweder mit dem Flugzeug, dem Bus oder dem Leihwagen. Wenn diese Stadt auf einer Rundreise angesteuert wird, wird hier mindestens eine Verpflegungspause eingelegt. Die meisten Islandreisenden bleiben jedoch für eine Nacht in Akureyri. In solchen Fällen nutzen viele den kurzen Aufenthalt, um die Hauptgeschäftsstraße Hafnarstræti entlangzubummeln oder den gut ausgestatteten Museen einen Besuch abzustatten. Während das **Heimatmuseum** eine große Sammlung mit Ausstellungsstücken von geschichtlichem Interesse aus Akureyri und Umgebung bietet, verfügt das **Naturkundliche Museum** über eine sehenswerte zoologische und geologische Wissenschaftsabteilung. Das **Nonnáhús** erinnert mit einer Sammlung von Gegenständen an Jón Sveinsson (Nonni), den auch in Deutschland bekannten und beliebten Kinderbuchautor, der in dem 1850 erbauten Haus seine Kindheit verbrachte (s. S. 149). Der **Botanische Garten** von Akureyri wurde im Jahr 1911 angelegt und enthält fast alle Arten isländischer Gefäßpflanzen. Außerdem wachsen in der schönen Anlage viele ausländische Arten. Für das körperliche Wohlbefinden sorgt ein Besuch im Schwimmbad der Stadt mit seinen Einrichtungen.

Sollte man länger in Akureyri verweilen, dann bieten sich Ausflüge zu den geologischen Sehenswürdigkeiten des Mývatn-Gebietes oder ein Abstecher zur Insel Grímsey und dem Polarkreis an. Will man sich aber seine Umgebung gründlicher ansehen, dann erweist sich die Stadt als ein ausgezeichneter Ausgangsort zum Wandern und Bergsteigen im Bergland von Tröllaskagi.

Obgleich unmittelbar oberhalb von Akureyri die Höhen des **Hlíðarfjall** die ansprechende Höhe von 1200 m erreichen und eine großartige Aussicht bei gutem Wetter garantiert ist, folgen nur wenige Besucher von Akureyri dem ›Ruf der Berge‹ und machen sich auf den Weg zu einem der Gipfel. Die Berglandschaft in den Höhen über 1000 m ist faszinierend. Man fühlt sich dort oben ins Eiszeitalter zurückversetzt. Frostschuttflächen, Altschnee und kleine Kargletscher beherrschen die Szenerie. Unübersehbar befindet sich in unmittelbarer Nachbarschaft über dem Glerádalur als höchster Berg Nordislands der kastenförmige Kerling (Böses Weib) mit einer



*»Eiszeit« im gar nicht so kühlen Norden – Hafnarstræti, Akureyri*

Höhe von 1538 m. Zu Füßen des Betrachters breitet sich der Eyjafjörður mit Akureyri aus. Aus der Ferne grüßt das Bergland nördlich von Grenivík herüber.

Routenvorschläge für diesen Teil des Berglandes von Tröllaskagi erhält man beim Touristenverein Akureyri (Ferðafélag Akureyrar). Will man sich diesen alpinen Teil Islands mit dem Fahrzeug erschließen, bietet sich eine Zweitagestour durch und um das Bergland von Tröllaskagi an.

## Die Halbinsel Tröllaskagi

Das einst namenlose Bergland zwischen dem Skagafjörður und dem Eyjafjörður hat vor geraumer Zeit die Bezeichnung ›Tröllaskagi‹ (Trolls Halbinsel) erhalten und stellt die größte im Plateaubasalt angelegte Gebirgslandschaft in Nordisland dar. Hinsichtlich des Alters der Gesteine bestehen Ähnlichkeiten mit den großen Tertiärgebieten von Aust- und Vestfirðir. Auch wird die ursprüngliche Landschaft vor Millionen Jahren das gleiche Aussehen gehabt haben wie etwa die Heidegebiete im Nordosten mit weiten Ebenen und flachmuldigen Tälern. Dieser Zustand änderte sich, als die Natur während der Eiszeiten völlig neue Werkzeuge zur Gestaltung benutzte. Gletscher füllten die Täler aus. Ihre schürfende Tätigkeit ließ U-förmige, steile Täler entstehen. Selbst an den Hängen veränderten die in den Quellmulden befindlichen kleinen Gletscher ihre Umgebung so sehr, daß nach dem Rückzug der Eismassen Berge mit scharfen Graten zurückgeblieben. Die größten Gletschermassen strömten durch die beiden großen Fjorde Eyjafjörður und Skagafjörður, von denen zungenförmige Seitenarme auch das Öxnadalur, das Svarfaðardalur, das Hörgárdalur und das Skíðadalur erfaßten. Nur im zentralen Teil dieser Halbinsel sind heute noch auf den Höhen Reste der alten Plateaulandschaft erhalten. Ausgedehnte Hochflächengebiete wie auf der Nordwest-Halbinsel gibt es in Tröllaskagi nicht und damit auch keine größeren Gletscher.

Mit Höhen zwischen 800 und 1500 m NN ist das Gebiet von Tröllaskagi eine ungemein faszinierende Berglandschaft. Kahle Hochflächen, schüsselförmige Kare in den Talhängen und zum Teil pyramidenförmige Gipfel mit scharfen Graten sowie trogförmige Täler mit schluchtartigen Seitentälern sind ihre Ausstattung. In einzelnen Teilen leuchten noch heute Überreste der Vereisung mit Firnfeldern und Kargletschern in das Tal hinab. Die größeren Täler sind auch in den oberen Partien frei von den Eismassen.

Man kann also davon ausgehen, daß Tröllaskagi nie von einem Eisschild wie dem Drangajökull im Nordwesten bedeckt war. Die Eisbedeckung konzentrierte sich vielmehr auf das hochgelegene Zentrum, von dem sich dann Talgletscher zu den Eisströmen in den Fjorden bewegten. Heute weisen in den Tälern und Fjorden nur noch steile Oberhänge und ein U-förmiger Querschnitt auf ihre frühere Anwesenheit hin.

Es führen nicht viele Passagen über das Bergland zwischen den beiden Fjorden. Für den Straßenverkehr gibt es nur zwei, der Weg über die Lagheiði im Norden mit dem Ólafsfjarðarvegur (82) und der Übergang über die 540 m hoch gelegene Öxnadalsheiði auf dem Norðurlandsvegur (1) im Süden. Letzterer ist als Teilstück der Ringstraße die am meisten genutzte Passage und auch nicht immer ungefährlich, wie die aufgestellten Rettungshütten auf der Paßhöhe zeigen. Andere Querungen können nur zu

# Ein Erzähler wundervoller Kindergeschichten – Nonni

In der Reihe der auch im Ausland bekannten Literaten Islands darf nicht der Jesuitenpater und Lehrer Jón Sveinsson, genannt Nonni, vergessen werden. Er erzählte in deutscher Sprache seine Kindheitsabenteuer in Island und machte mit seinen spannenden Beschreibungen sein Heimatland in der Welt bekannt. Seine Bücher wurden in fast 30 Sprachen übersetzt und haben eine Gesamtauflage von weit über zwei Millionen erreicht.

Nonni wurde am 16. November 1857 geboren. Sein Geburtsort ist Möðruvellir im Hörgárdalur, ca. 12 km nördlich von Akureyri, wo er bis zu seinem siebten Lebensjahr aufwuchs. Er entstammte einer angesehenen Familie, deren Ursprung sich bis in die Zeit der Landnahme zurückverfolgen läßt. 1869, im Todesjahr seines Vaters, war die Familie nach Akureyri umgezogen. Seiner Mutter war es auf Dauer nicht möglich, für sich und ihre acht Kinder zu sorgen. Deshalb gab sie auch ihr Einverständnis, als sich für Nonni die Chance einer Ausbildung im Ausland bot. Nonni reiste 1870 über Kopenhagen nach Frankreich. Ein französischer Adliger hatte ihm angeboten, seine Ausbildung zu finanzieren. Nach der Konversion zum katholischen Glauben ließ sich Nonni in die Lateinschule von Amiens einschreiben. Sein Bruder Ármann, genannt Manni, folgte ihm 1873 nach Amiens und besuchte die gleiche Schule. Er starb im Alter von 23 Jahren. 1878 wurde Nonni Jesuit und studierte fünf Jahre lang Literatur, Philosophie und Theologie in Frankreich, Belgien und den Niederlanden. Nach einem Aufenthalt in Kopenhagen begab er sich nach England, wo er 1890 zum Priester geweiht wurde.

Nachdem er kurzzeitig nach Island zurückgekehrt war, fing er an, seine Kindheitserlebnisse niederzuschreiben: ›Nonni. Zwischen Eis und Feuer‹ war sein Erstlingswerk. 1912 kam er wegen seiner rheumatischen Erkrankung nach Holland, wo er sich nun intensiver der schriftstellerischen Tätigkeit widmete. 1913 erschien in deutscher Sprache ›Nonni, Erlebnisse eines jungen Isländers, von ihm selbst erzählt‹. Danach wurde die Nonni-Serie mit viel Erfolg immer weiter fortgesetzt.

Neben seiner schriftstellerischen Tätigkeit hat Jón Sveinsson innerhalb von etwa 30 Jahren ca. 4500 Vorträge in fast allen Ländern Europas gehalten. Als er 1939 nach einer Weltreise, von seiner chronisch-rheumatischen Krankheit geschwächt, nach Europa zurückkehrte, ließ er sich im niederländischen Valkenburg nieder. Während der Kriegswirren verschlug es ihn nach Aachen und später nach Köln, wo er am 16. Oktober 1944 starb. Sein Grab ist auf dem Melaten-Friedhof. Der zeitlose Wert von Nonnis Büchern liegt darin, daß sie eine Welt beschreiben, die den jugendlichen Menschen auch höheren Alters fesselt.

Fuß vorgenommen werden. Manche von ihnen sind geradezu tückisch wegen ihrer nicht gerade leicht begehbaren Streckenführung. Zu ihnen zählte in früheren Zeiten der Übergang vom Svarfaðardalur im Osten zum Kolbeinsdalur im Westen über die Heljardalsheiði (Höllentalsheide). Der Weg bzw. Pfad führt bis in die Gletscherregion.

Wenn man die wesentlichen Teile der Halbinsel Tröllaskagi besichtigen möchte, ist es am günstigsten, von Akureyri den Ólafsfjarðarvegur (82) über die Lagheiði zu wählen und dann auf den Siglufjarðarvegur (76) zu wechseln. Man verläßt Akureyri über den Norðurlandsvegur und biegt am Ausgang des Öxnadalur auf den Ólafsfjarðarvegur (82) ab. Noch in diesem Seitental des Fjordes befindet sich mit **Möðruvellir** 2 eines der geschichtlich bedeutendsten Anwesen in Nordisland. Es war Kloster von 1296 bis 1546. Zu den bekannten Persönlichkeiten, die hier lebten, gehört auch der Schriftsteller und Pater Jón Sveinsson, genannt Nonni (s. S. 149).

Auf diesem Weg nach Norden lernt man die Schönheiten des Eyjafjörður vom westlichen Ufer aus kennen. Der Fjord ist mit einer Länge von 60 km der längste, imposanteste und wegen seiner dichten Besiedlung sowohl durch die Menschen als auch durch die Pflanzen der freundlichste von Island. Die Route führt durch eine friedliche, fast anmutige Landschaft. Die weidewirtschaftliche Nutzung des Bodens prägt ihr Erscheinungsbild. Sattgrüne Wiesen gruppieren sich um manchmal stattliche Höfe mit den in bunten Farben gehaltenen Wirtschafts- und Wohngebäuden. Mit ihren roten, grünen oder gar hellblauen Dächern und weißen Wänden ziehen sie die Aufmerksamkeit auf sich. Den nahezu idyllischen Charakter der Gehöfte und Wiesen verstärken noch einzelne Bäume. Nicht selten befinden sich in der Nachbarschaft der Gehöfte eine kleine Kirche und ein von Hecken umsäumter Friedhof. Wo der Boden noch ungenutzt geblieben ist, breitet sich eine Heidelandschaft mit Erdbülten *(Þúfur)*, niedrigen Polarbirken und Weiden aus. Aus dem Gebirge heraus stürzen Bäche, die wie weiße Bänder durch ihre grüne Umgebung dem Fjord zustreben. Gelblich grüne Moospolster an den Rändern ihrer Läufe bekunden, daß in diesem Landstrich das Wasser sauerstoffreich und noch nicht mit Schadstoffen belastet ist.

Etwa gegenüber der Fjordinsel **Hrísey** 3 (S. 293) liegt an der Einmündung des romantischen Svarfaðardalur mit schneebedeckten Bergen im Hintergrund Dalvík. Aus verschiedenen Gründen ist ein Verweilen angebracht, denn **Dalvík** 4 (S. 281f.) ist ein Ort von geschichtlicher Bedeutung am Eyjafjörður. Der in dieser Region betriebene Schiffbau erreichte bereits im 18. Jh. seine Blütezeit. Schiffe aus dem Gebiet des späteren Dalvík wurden von den Isländern sehr geschätzt. Die Schiffbaubetriebe waren aber nicht der Anlaß oder die Basis für die Ende des 19. Jh. erfolgte Gründung des Ortes. Die Gründer waren Ingibjörg Kristjánsdóttir und ihr Mann Friðbjörn Sigurðsson, die im Jahre 1881 die Erlaubnis des Gemeindevorstandes erhielten, an der Stelle von Dalvík ein Torfhaus zu bauen. Sie waren damit die ersten Einwohner Dalvíks. Viele weitere Siedler folgten. 1899 wurde das erste Holzhaus erbaut, das noch heute existiert. Daß die Kräfte in der Tiefe auch in dieser Umgebung ohne Vulkanismus noch nicht zur Ruhe gekommen sind, beweist das Auftreten von Erdbeben. Einen Rückschlag in seiner Entwicklung erlitt Dalvík im Jahre 1934, als es durch ein Erdbeben mit Epizentrum unter dem Fjord so sehr erschüttert wurde, daß ein großer Teil der Anwesen zerstört wurden. 1946 erhielt Dalvík die Stadtrechte. Bis dahin gehörte es zur Gemeinde Svarfaðardalur. Heute leben in der Kleinstadt 1500 Einwohner. Etwa 40 % von ihnen bestreiten ihren Lebensunterhalt durch Fischfang. Eine ungünstige Lage behinderte in den ersten Jahrzehnten einen Ausbau des Hafens, so daß auch das Wachstum der Fischindustrie stagnierte. Der Fortschritt stellte sich ein, als 1939 ein völlig neuer Hafen angelegt wurde. Heute gehört Dalvík zu den größten Fischereihäfen Nordislands. Seit etwa 30 Jahren besitzt es eine geothermale Warmwasserversorgung einschließlich Heizung und seit 1994 ein beheiztes Schwimmbad.

Das weite Svarfaðardalur bietet Pflanzenfreunden die Gelegenheit, sich an der Vielfalt der Flora zu erfreuen. In den Talsohlen trifft man eine Feuchtlandvegetation mit vielen Sumpfgräsern an, in den höher gelegenen Partien breiten sich Zwergsträucher wie die Polarbirken aus, wobei auch die Heidelbeeren nicht fehlen. Das weit ausladende Tal um-

*Akureyri und die Halbinsel Tröllaskagi*

schließen 1000 bis 1400 m hohe Berge mit Karen und Bergsturzräumen. Das Svarfaðardalur fand schon sehr früh Beachtung bei den Nordmännern, die im 9. Jh. in den Eyjafjörður vordrangen. Es ist Schauplatz mehrerer Sagas. Nach der Svarfdælasaga war Þorsteinn Svörfuður der erste Siedler des Tales. Das wird durch hier gefundene Gräber aus dieser Zeit bestätigt.

Nördlich Dalvík ändert sich die Situation am Ufer des Fjordes. Das Gelände wird steiler, so daß selbst Bächen nicht mehr die Gelegenheit gegeben ist, ins Meer bzw. in den Fjord auszulaufen. Über zum großen Teil senkrechte Kliffs stürzen sie manchmal über 50 m in die Tiefe. In den steil aufragenden Wänden mit ihren Gesimsen haben es sich nistende Eissturmvögel bequem gemacht. Vor Ólafsfjörður wird ein 3,4 km langer Tunnel passiert. Für einige Minuten entzieht sich die schöne Landschaft mit ihren steilen und hohen Felsen unseren Blicken. Nach dem Verlassen des Tunnels befinden wir uns im 5 km langen Fjord, an dessen innerem Ende die bunten Häuser des gleichnamigen Orts mit ca. 1100 Einwohnern, **Ólafsfjörður** 5 (S. 302), stehen. Äußere Kennzeichen dieser *Kaupstaður* sind die Fischfabrik und in Ortsmitte sogar eine kleine Skisprungschanze.

Der Weg führt nun durch das Tal hinauf auf die Lagheiði. Als Nutztiere bevölkern nur noch Schafe die Weideflächen in einer rauheren, mit einzelnen kleinen Gehöften besetzten Tallandschaft. Auf der Paßhöhe der Lagheiði in etwa 400 m NN befinden wir uns bei gutem Wetter in einer beruhigend schönen Berglandschaft mit Wiesen, *Þúfur* und Moosen in den verschiedensten Grünschattierungen. In klaren Wasserläufen spiegelt sich die Sonne und im Hintergrund leuchten die schneebedeckten Berge. Dieser Höhepunkt auf der Passage lädt zum Verweilen ein.

Im Winter ist das enge Tal wegen der Schneesituation bis weit in das Frühjahr hinein unpassierbar. Selbst im Juli kann sich das Befahren des Passes wegen verschlammter Piste schwierig gestalten. Die Abfahrt zum Meer geschieht durch ein grünes ehemaliges Gletschertal, das auch als Trogtal bezeichnet wird. Bergsturzmassen veränderten das gleichmäßige Bild des Tales in der Höhe von Stífla. Abschließend bilden das 7,4 km$^2$ große Haff Miklavatn und die Nehrung Hraunamöl den Übergang zum Nordmeer. An der Abzweigung zum Siglufjarðarvegur (76) fordert die gemütliche Cafeteria der einzigen Tankstelle im weiten Umkreis zu einer willkommenen Kaffeepause auf.

Vor der Weiterfahrt zum Skagafjörður ist ein Abstecher nach Siglufjörður über eine gut an die Steilküstenlandschaft angepaßte Straße zu empfehlen. Auf dem Wege, kurz vor dem Einbiegen in den Siglufjörður, taucht der orangefarbene Leuchtturm von **Dalatá** auf.

In einem kleinen Fjord ist dann am Ende der 1600 Einwohner zählende Fischerort **Siglufjörður** 6 (S. 311f.) eingebettet. Er war über lange Jahre das größte Zentrum für den Fang des Herings und seine Verarbeitung. Heute besitzt Siglufjörður als Wintersportzentrum große Attraktivität.

Der Weg zum Skagafjörður wird fortgesetzt und quert zunächst das Mündungsgebiet des **Flókadalur.** Der Name des noch selbst in dieser nördlichen Lage intensiv bewirtschafteten Tales geht auf Hrafna-Flóki zurück, der hier anlandete, Island aber nach einem Winter wieder verließ und später wieder zurückkehrte.

*Wollgraswiesen im Siglufjörður*

Der äußere Teil des Skagafjörður ist von Meeresterrassen gekennzeichnet. Darüber ragen steil die Basaltberge des Fljótberglandes auf. Die Häufung von Gehöften ist ein Anzeichen dafür, daß die Bedingungen für die Ansiedlung landwirtschaftlicher Betriebe im Skagafjörður günstig sind. Es ist ein Altsiedelland.

Im Norden des Fjordes wird der Blick auf die 156 m hohe Insel **Malmey** mit ihren steilen Klippen gelenkt. Das 2,4 km$^2$ große Eiland bietet Schafen gutes Weideland, aber seit 1953 ist es unbewohnt. Ebenfalls unbewohnt, aber genutzt ist die weiter im Südwesten gelegene kastenförmige 0,2 km$^2$ große und vollkommen aus Palagonittuff bestehende Insel **Drangey,** wo die Klippen bis zu 200 m aufragen. Man kann nur an einer Stelle auf die Hochfläche steigen. Das ist natürlich ein ideales Nistgelände für Seevögel, die sich in großen Scharen in den Sommermonaten hier aufhalten. Drangey ist der Schauplatz der Grettir-Saga.

Den Charakter einer Insel im Fjord besitzt auch der durch Dämme mit dem Festland verbundene 185 m hohe Bergrücken Þórðarhöfði. Er war Bestandteil eines vor etwa 2–3 Millionen Jahren aktiven Vulkans.

Ein Platz von geschichtlicher Bedeutung ist der Bauernhof **Mannskaðahóll** 7. Hier trafen nach der Überlieferung im Jahre 1431 Isländer und englische Piraten aufeinander. 80 Engländer wurden getötet und in zwei Gräbern bestattet.

Nicht nur wegen seiner Geschichte sollte das kleine Fischernest **Hofsós** 8 (S. 291f.) mit heute 200 Einwohnern einen Abstecher wert sein, sondern auch wegen seiner bunten Häuser und attraktiven Lage an einer Terrassenkante über dem Fjord. Modern sind die auf der Terrasse stehenden Häuser. In dem Mündungsgebiet des Hofsá liegt der ältere Teil des Ortes mit dem pechfarbenen Haus der dänischen Handelsgesellschaft. Als eines der ältesten Häuser Islands wurde es 1772 errichtet und als Warenlager genutzt. Jetzt beherbergt es ein Heimatmuseum mit Dokumentationen über die Insel Drangey, den Vogelfang und die Fischerei. Im ehemaligen Genossenschaftshaus am Hafen, dem Isländischen Emigrationszentrum, kann man sich über die Auswanderung der Isländer nach Kanada und nach den USA informieren. Hofsós war bis zum Übergang vom 19. auf das 20. Jh. der größte Handelsplatz am Skagafjörður.

Etwa 100 m südlich werden die Säulenköpfe eines etwa 2–3 Millionen Jahre alten Basaltes umspült. Mit ihrer stufenartigen Anordnung erinnern sie ein wenig an Giant's Causeway an der Felsküste Irlands. Seiner natürlichen Umgebung angepaßt steht nur wenige Kilometer weiter im Süden am Ausgang des Deildardalur leicht übersehbar ein kleines Gebäude mit großer historischer Bedeutung. Die Torfkirche **Gröf** 9 war schon fast vergessen und verschwunden, bevor sie im Jahre 1953 renoviert und neu geweiht wurde. Sie fügt sich nun mit ihrem Grasdach als Ebenbild ihrer Urform aus der zweiten Hälfte des 17. Jh. sehr gut in die Landschaft ein, vor dem Hintergrund der schneebedeckten Berge der Hákambar. Das Gotteshaus in Gröf gehört zu den ältesten Torfkirchen von Island. Wegen ihrer nahezu winzigen Umrisse müßte man sie eigentlich als Kapelle bezeichnen. Bereits im Mittelalter existierte in Gröf eine Kirche oder ein für kirchliche Zwecke geweihtes Haus. 1670–80 wurde das alte ›*bænhús*‹, das Gebetshaus, mit neuen Verzierungen versehen. Auf Geheiß des dänischen Königs sollten dann um 1765 in beiden Bistümern Halbkirchen und

Gebetshäuser, darunter auch die Kirche von Gröf, abgerissen werden. Sie entging dem Abriß und diente nun profanen Zwecken; ihre Schätze übernahmen andere Kirchen. Nach dem Ankauf der verfallenen Überreste 1939 durch das Nationalmuseum konnte wegen fehlender Mittel die dringend notwendige Restauration nicht sofort begonnen werden. Außerdem erwiesen sich die später begonnenen Arbeiten wegen des schlechten Zustands als äußerst schwierig und langwierig.

Die winzige, heute auf einer Wiese gelegene Torfkirche besitzt 1,50 m dicke und 1,50–1,70 m hohe Grundmauern aus Torfsoden, die ein Rechteck von 6,25 m Länge und 3,20 m Breite umfassen. Auch das Dach ist mit Soden bedeckt. Die beiden Giebelwände bestehen aus neuen Kiefernbrettern, auch die Windbretter sind Neuanfertigungen. In dem nur etwa 25 Personen Platz bietenden Innenraum ist ein kleiner Schrankaltar, den ein Bauer im benachbarten Hjaltadalur besessen hatte, das Prunkstück. Seine Vorderseite verzieren reiche barocke Schnitzereien. Es ist nicht auszuschließen, daß sie vom gleichen Schnitzer angefertigt wurden, der auch die Kathedrale von Skálholt künstlerisch gestaltete. Die Glocken sind im Torbau aufgehängt. Sie wurden vom Nationalmuseum gespendet und stammen von Krosshólar und Ketilsstaðir (Hvammsfjörður). Eine von ihnen trägt die Jahreszahl 1720.

Im übernächsten Tal nähert man sich dem Zentrum von Tröllaskagi. Über den Ásavegur (769) und den Hólavegur (767) endet nach 20 km der Abstecher im Hjaltadalur am ehemaligen Bischofssitz **Hólar** 10 (S. 292). Nicht allein die außerordentlich hohe Bedeutung dieser historischen Stätte ist ein Anlaß, das Hjaltadalur aufzusuchen, sondern auch die Schönheit der Gebirgslandschaft rundum. Oberhalb des geschützten Tales mit Birkenbewuchs steigt das Gelände bis in die Gletscherregion an. Das Tal mündet in den Paß der Hjaltadalsheiði (1021 m) ein, die eine weitere, auch schwierige und früher häufiger benutzte Verbindung über das Hörgárdalur zum Eyjafjörður herstellt.

Der Bischofssitz Hólar wurde im Jahre 1106 gegründet und blieb es bis zum Jahre 1798. Viele für Island bedeutende Persönlichkeiten verwalteten in dieser Zeit das Bischofsamt. Heute ist im Hjaltadalur die Domkirche mit dem Turm der herausragende Bau. Die nun restaurierte Kirche wurde am 20. November 1763 geweiht und ist aus einem rötlichen sandsteinartigen Vulkangestein von dem nahegelegenen Berg Hólabyrda gebaut worden. Damit ist sie einer der ältesten Steinbauten in Island. Die heutige Domkirche hatte vier Vorgängerinnen. Die erste, eine Holzkirche, existierte schon vor Gründung des Bischofssitzes. Sie wurde Mitte des 11. Jh. im Hjaltadalur erbaut und fiel später einem Brand zum Opfer. Die zweite wurde auf Anordnung des ersten, 1106–21 amtierenden Bischofs Jón Ögmundsson eingerissen, damit sie einer größeren und schöneren Domkirche Platz machte. Die folgende Holzkirche bestand bis zum 27. Dezember 1394, als ein Unwetter sie zerstörte. Zu dieser Zeit existierten offenbar schon zwei Kirchen nebeneinander, denn in der Zwischenzeit hatte der norwegische Bischof Auðinn rauði Þorlbergsson 1313 eine Steinkirche errichten lassen. Die vierte Kirche soll bis 1624 bestanden haben. Von diesen Kirchen blieb keine Spur zurück. Der Bischofsstuhl wurde von so bekannten Persönlichkeiten wie Jón Arason (1524–50) und Guðbrandur Þorláksson (1571–1627) besetzt. Der jüngste

*DIe Folgen eines katastrophalen Bergsturzes sind im Öxnadalur bei Hraun zu erkennen*

Teil der Kirche, ein 1950 errichteter großer Glockenturm, steht neben dem langgestreckten Gebäude zum Andenken an den 1550 hingerichteten letzten katholischen Bischof Jón Arason. Als 1801 eine für ganz Island zuständige Diözese mit Bischofssitz in Reykjavík eingerichtet wurde, war das Ende für Hólar als kirchliches Zentrum gekommen. In Hólar ist außerdem eine Landwirtschaftsschule. Unter Denkmalschutz steht ein 1854 errichtetes Torfgehöft, das bis in die Mitte des 20. Jh. bewohnt war.

Neben den geschichtlichen Bauten hat die Umgebung des Bischofssitzes einen der schönsten, wenn auch nicht komfortabelsten Campingplätze und eine Badegelegenheit in warmem Wasser im nahegelegenen Hotel zu bieten. Körperlich und geistig erfrischt geht es zurück in den Skagafjörður. Der Weg nach Süden und nach Akureyri wird weiterhin von historischen Gehöften bzw. Stätten begleitet. Wenige Kilometer vor der Einmündung des Siglufjarðarvegur (76) in den Norðurlandsvegur (1) ist über einen Seitenweg das historische Gehöft **Flugumýri** 11 zu erreichen. Hier lebte im 13. Jh. Gissur jarl Þorvaldsson. Feinde steckten den Hof im Jahre 1253 während einer Hochzeit in Brand. Alle Bewohner außer Gissur fielen dem Brand, dem ›Flugumýrarbrenna‹, zum Opfer. Gissur konnte sich dadurch retten, daß er sich in einem Faß mit Molke versteckte.

Mit kämpferischen Auseinandersetzungen hat auch der nächste Ort etwas zu tun. Am Norðurlandsvegur befindet sich **Örlygsstaðir** 12, ein Schlachtfeld aus der Sturlungerzeit, 67 Menschen fanden im Jahre 1238 bei den Kämpfen zwischen den verfeindeten Familien den Tod oder wurden später hingerichtet. Hier starben Sturla Sighvatsson und sein Vater. **Silfrastaðir** am Ausgang des Norðuradalur ist dafür bekannt, daß bis 1960 dort eine Torfkirche stand, die jetzt im Freilichtmuseum Árbær in Reykjavík besichtigt werden kann.

Auf dem folgenden Streckenabschnitt tritt der Einfluß des Menschen zurück. Mit der Einfahrt in das Norðurárdalur beginnt die Querung des Berglandes von Tröllaskagi im Süden. Das Tal hat eine breite Kiessohle, über die die Norðurá in verwilderter und verzweigter Form hinwegfließt. Die breit aufgefüllte Talsohle vermittelt einen Eindruck, welch große Sedimentmassen im Laufe der Zeit aus dem Bergland herausgeschafft werden. Wegen der sich stets verändernden Verhältnisse ist das Tal auch kaum bewohnt, zumal an der Schlucht Kotagil im Jahre 1954 nach einem Bergsturz ein Hof aufgegeben werden mußte.

Ein weitaus größerer Bergsturz hat sich in der Nacheiszeit im Öxnadalur beim Gehöft **Hraun** 13 ereignet. An den übersteilten Hängen konnte sich das Gesteinsmaterial nicht halten und stürzte in riesigen Schollen zu Tal. Die Hinterlassenschaft eines solchen Bergsturzes besteht nun aus vielen kleinen Hügeln, die das gesamte Tal ausfüllen. Damit hat sich die Form des Tales in diesem Abschnitt grundlegend geändert, indem auf der nördlichen Talseite ein scharfer Felsgrat mit der Felsspitze Hraundrangi (1075 m) übrigblieb, die überhaupt nicht in die Plateaubasaltlandschaft mit den glatten und ausgeglichenen Formen paßt. Das katastrophenartige Ereignis liegt mehr als 6600 Jahre zurück. Die Felsspitze galt lange Zeit als unbesteigbar, wenngleich der Anreiz, sie zu erklimmen, groß gewesen ist. Nach der Überlieferung sollte sich nämlich auf dem Gipfel eine Geldkiste befinden. 1956 gelang drei Kletterern die Erstbesteigung. Eine Kiste mit Geld fanden sie nicht. Im unteren Öxnadalur befindet sich eine Reihe von stattlichen Höfen.

Mit dem Erreichen des Eyjafjörður und der Annäherung an Akureyri nimmt die Dichte der Besiedlung und des Verkehrs zu. Ein kleiner Tagesausflug – vielleicht in Verbindung mit einem Besuch des **Vaglaskógur** 14 (S. 317) – innerhalb des Fjordes sollte das Torfgehöft **Laufás** 15 bei **Grenivík** 16 (S. 287) zum Ziel haben, eines der attraktivsten Ziele und relativ leicht und schnell von Akureyri erreichbar. Die Ursprünge der Kirche gehen bis zur Christianisierung zurück. Der heutige Bau besteht seit dem Jahre 1865 und besitzt eine Kanzel aus dem Jahre 1698. Vor der Kirche steht eine der ältesten Ebereschen in Island. Sie wurde im Jahre 1855 gepflanzt. Ursprünglich war das in der Mitte des 19. Jh. gebaute Torfgehöft Wohnsitz des Pastors. Der älteste Teil datiert auf das Jahr 1844 zurück. Eine Erweiterung wurde zwischen den Jahren 1866 und 1868 vorgenommen. Heute zählt das Gehöft zu den größten und schönsten in ganz Island. Auf dem Hof lebten einst 20–30 Personen, denn es wurden auch zusätzliche Arbeitskräfte für die Nebeneinkünfte des Bauern durch den Fischfang und das Einsammeln von Eiderdaunen benötigt. Der 1956 und zwischen 1978 und 1980 restaurierte Hof steht heute unter Denkmalschutz und ist ein Museum. Der letzte Pastor, der das Gehöft bewohnte, zog im Jahre 1936 in den heutigen Pastorensitz um.

Richtig Reisen *Tip*

# Aufenthalt im Vaglaskógur

Dieser Ausflug oder Abstecher hat ein für isländische Verhältnisse wenn nicht gerade ungewöhnliches, so doch ein seltenes und häufig erwünschtes Ziel. Es geht in den Wald, den Vaglaskógur (Balkenwald). Er befindet sich im Fnjóskadalur östlich des Eyjafjörður und kann mit dem Auto nach einer etwa halbstündigen Fahrt von Akureyri erreicht werden. Die Bezeichnung Fnjóskadalur bedeutet wörtlich ›Tal der verrotteten Wälder‹; sie deutet darauf hin, daß in diesem Tal einstmals Wald existierte.

Der Vaglaskógur ist neben dem Waldgebiet von Hallormsstaður südlich von Egilsstaðir mit einer Fläche von 300 ha eines der größeren und vor allem schönsten Waldgebiete Islands. Er war wie alle anderen Waldreste um die Wende zum 20. Jh. von der Vernichtung bedroht. Wie man auch an den erfolgreichen Wiederaufforstungsmaßnahmen der Umgebung, beispielsweise an den bewaldeten Hängen der Kinnarfjöll oberhalb des Ljósavatn erkennen kann, muß die Talaue des Fnjóskadalur ursprünglich vollständig bewaldet gewesen sein.

Bereits 1908 wurde der Wald unter Naturschutz gestellt. Seitdem kann man in dem Birkenbestand Exemplare mit einer Höhe bis zu 15 m bewundern. Im Wald befindet sich eine Baumschule, in der eine Reihe von Laub- und Nadelgehölzarten erprobt und herangezogen werden. Bei der Aufforstung des Vaglaskógur wird in den letzten Jahren auch auf Nadelgehölze zurückgegriffen.

Vor der Besiedlung der Insel nahm der Baumbestand, vornehmlich aus Birken, etwa 10 % der Insel ein, heute ist der Wald auf etwa 1 % zurückgegangen. Nach der Landnahme wurde mit dem Wald ein regelrechter Raubbau betrieben. Die Stämme mußten als Bauholz herhalten, die anderen Teile wurden verfeuert. Die Folge war, auch beeinflußt durch die kälteren Klimaverhältnisse zwischen dem 14. und dem 19. Jh., ein nahezu vollständiges Verschwinden des Waldes bis auf einzelne kleine Inseln. Heute sind die Isländer intensiv bemüht, die in der Vergangenheit begangenen Fehler durch Aufforstung zu korrigieren. Dabei beschränken sie sich nicht nur auf die einheimische Birke und die Weide, sondern greifen auch auf amerikanische und mittel- bzw. nordeuropäische Holzarten zurück, wie man in der Baumschule des Vaglaskógur festellen kann.

Der Vaglaskógar ist inzwischen zu einem Nutzwald herangewachsen. Die Birkenstämme werden zu Zaunpfählen verarbeitet. Ein Teil findet Verwendung als Feuerholz zur Herstellung von geräuchertem Fleisch und Fisch. Im geringen Umfang profitiert sogar die Möbelindustrie vom Gedeihen des Waldes.

Bei genauem Hinsehen entdeckt man im Fnjóskadalur bis in eine Höhe von 250 m NN die ehemaligen Strandlinien eiszeitlicher natürlicher Stauseen, deren letzter vor 10 000 Jahren ausfloß.

# Ein El Dorado für Enten und Vulkanologen – der Mývatn und sein Umland

## Geschichte des Vulkanismus im Mývatn-Gebiet

Die Palette der isländischen vulkanischen Bildungen ist zum großen Teil im Norden der Insel in der Umgebung des Mývatn vertreten. Sie sind die Begleiterscheinungen eines Prozesses in der Tiefe der Erde, der uns, liefe er nicht so langsam ab, den ›Boden unter den Füßen wegzöge‹. Hier reißt die Erdkruste auseinander, bedingt durch einen Vorgang, den die Wissenschaftler als konstruktive Plattenbewegung bezeichnen. In der Mývatn-Region laufen die Prozesse ab, denen Island seine Existenz verdankt. Da die nordamerikanische und die eurasische Platte auseinanderdriften, bewirkt dieser zu Spalten führende Dehnungsprozeß einen Aufstieg von heißem Magma aus der Tiefe, das dann in mehr oder weniger heftigen Ausbrüchen zutage gefördert wird und die Produktion von heißem Wasser und Dampf zur Folge hat. Wenn nicht gerade glühende Schmelzmassen emporgeschleudert werden, wie es noch vor weniger als 15 Jahren geschah, dann zischt und brodelt, donnert und dampft es noch an vielen Stellen.

Die Umgebung des Mývatn (Mückensee) ist wegen der aktuellen vulkanischen Vorgänge eine der größten landschaftlichen Attraktionen Islands. Mit einer Fläche von 37 km² ist der 278 m über dem Meeresspiegel gelegene Mývatn der viertgrößte See Islands. Er bedeckt eine flache Geländedepression und ist daher an den tiefsten Stellen nur gerade 4–5 m tief. Das junge und auch noch heute aktive Vulkangebiet in seiner Nachbarschaft nimmt im Vergleich zum größten europäischen Vulkan, dem Ätna (Grundfläche 1800 km²), nur etwa ein Zehntel der Fläche ein. Das soll nicht heißen, daß das vulkanische Geschehen in aller Stille abgelaufen ist. Der Form einzelner Vulkane ist schon zu entnehmen, daß zeitweise heftige Explosionen den Norden auch noch in der Nacheiszeit erschütterten. In den letzten 10 000 Jahren entstanden zwei große Aschenkegel, das Hverfjall und der Lúdent-Krater sowie in der nördlichen Region der Krafla das Maar Víti, dessen außerordentlich dynamische Geburt die Region erzittern ließ. Weniger explosiv lief das vulkanische Geschehen an insgesamt zwölf Förderspalten mit einer Vielzahl kleinerer Schlackenkegel ab. Ungeklärt ist noch die Frage, ob diese Konzentrierung vulkanischer Bildungen auf einen relativ eng begrenzten Raum auf voneinander unabhängige Vulkane zurückzuführen ist oder ob sie Bestandteil eines großen, einheitlichen Vulkans sind, der allerdings wegen seiner vornehmlichen Förderung dünnflüssiger basaltischer Lava und wegen der besonderen tektonischen Verhältnisse – also wegen des stetigen Auseinanderdriftens des Untergrundes – nicht die üblichen Vulkanhöhen erreichen konnte.

Obgleich der Mývatn am Rand des heutigen vulkanischen Geschehens liegt, muß er in die Vulkanregion einbezogen werden. Vor rund 3500 Jahren ergoß sich Lava von dem Schildvulkan Ketildyngja im Südosten in die Ebene, die heute vom Mývatn eingenommen wird. Die als Ältere Laxá-Lava bekannte basaltische Lava breitete sich über eine

*An vielen Stellen des Mývatn-Gebiets bricht sich die Hitze aus dem Erdinnern Bahn*

Fläche von 330 $km^2$ aus. Dabei erfaßte sie auch die Ebene des Mývatn und dämmte ihren Abfluß ab. Hinter dieser Barriere bildete sich die Urform des heutigen Sees. Seine jetzige Gestalt mit den vielen kleinen Inseln, Buchten und Felsformen erhielt der Mývatn etwa 1500 Jahre später, als nur 4 km jenseits des heutigen Ostufers die kilometerlangen Spalten der **Lúdentsborgir** und **Þrengslarborgir** aufrissen und nach anfänglicher Schlackenwurftätigkeit die Jüngere Laxá-Lava förderten. Für die glühend heißen Schmelzmassen war der ursprüngliche See kein Hindernis. Sie flossen über ihn hinweg und dämmten seinen Abfluß, die Laxá, ab. Relikte der Lava als bizarre Felsgruppen und kraterreiche Inseln und Halbinseln (Südteil) verleihen nun dem See seinen einzigartigen Landschaftscharakter. Die Reihen der auf dem in Nord-Süd-Richtung verlaufenden Spaltensystem aufsitzenden Krater produzierten damals etwa 2,5 $km^3$ flüssige Lava, die heute in der Region des Mývatn und unterhalb des Laxádalur in der Skjálfandi als Aðaldalshraun eine Fläche von 220 $km^2$ bedeckt. Mit diesen Ausbrüchen endete etwa um die Zeitwende der von den Geologen bezeichnete Laxá-Zyklus.

Lange Zeit vor der Entstehung des Sees existierte in der Mývatn-Region bereits eine Reihe von Vulkanen. Diese ältesten Vulkanformen der Region stammen aus dem Eiszeitalter, als Nordisland größtenteils von den Gletschern bedeckt war. Als einer dieser subglazialen Vulkane erhebt sich das 529 m hohe Vindbelgjarfjall 250 m über dem Westufer des Sees. Obgleich er zu den größeren Vulkanen seiner Umgebung gehört, hatte er noch nicht die Eisdecke über sich durchschmolzen. Wie mächtig damals die Eismassen gewesen sind, ist an den riesigen Tafelbergen Sellandafjall (988 m) und Bláfjall (1222 m) im Süden und an den Gæsafjöll (882 m) im Norden zu ermessen. Sie überragen ohne die aufsitzenden Gipfelkrater ihre Umgebung um mehr als 500 m bzw. 400 m, was auch zugleich die Mächtigkeit der Gletscher gewesen sein wird. Hier haben Gewalten ihre Kräfte gemessen, deren Ausmaß unfaßbar und unvorstellbar ist.

Fremdartig erscheinen in der isländischen Vulkanlandschaft die bereits erwähnten gleichmäßig ausgebildeten Aschenkegel oder Ringwälle. Ihre Krater wurden während heftiger Explosionen aufgeschüttet. Es sind der ca. 6600 Jahre alte Krater des **Lúdent,** der sich aus den Auswurfsmassen einer gasreichen Dazit-Schmelze zusammensetzt, und in Seenähe der basaltische flache Kraterwall des Hverfjall. Die Entstehung und Form des Lúdent sind noch erklärlich, da sie auf der Explosivität der gasreicheren Dazit-Schmelze beruhen. Bei dem **Hverfjall** müssen die gasarmen basaltischen Schmelzen mit dem Grundwasser in Kontakt gekommen sein, damit die hervorgerufenen Explosionen diesen 150 m hohen und einen Kilometer weiten Aschenring aufwerfen konnten. Seine explosive Fördertätigkeit muß so heftig gewesen sein, daß innerhalb weniger Tage oder gar Stunden 250 Millionen $m^3$ Sprengschutt den leicht besteigbaren Wall aufbauten. Die Explosionen des Hverfjall bildeten zusammen mit dem Ausbruch der Jüngeren Laxá-Lava den Abschluß der letzten vorgeschichtlichen vulkanischen Episode im Mývatn-Gebiet, die im wesentlichen den pittoresken Charakter der Seenlandschaft schuf. Dazu gehören vor allen Dingen vulkanische Kleinformen wie die einmaligen **Dimmuborgir,** bizarre Lavatürme im See, eine Vielzahl kleiner Inseln und vor allem am Südufer die eigenartigen Pseudokrater mit Durchmessern von wenigen Metern bis zu 100 m.

Fast 2000 Jahre ruhte der Vulkanismus in der Mývatn-Region, bis am 17. Mai 1724 nach einleitenden Erdstößen westlich des erloschenen subglazialen Vulkans Krafla in der Spaltenzone eine gewaltige Explosion die vorletzte vulkanische Episode in dieser Region einleitete. Aschen, Schlacken und Bomben brachen mit einer solchen Vehemenz aus dem Untergrund hervor, daß sie in einer Entfernung von mehr als 10 km den Erdboden mehr als dezimeterdick bedeckten. Über den Ablauf des Ausbruchs existieren nur ungenaue Aufzeichnungen. Er hat wahrscheinlich nur einen Tag gedauert. Zurück blieb das mit smaragdgrünem Wasser gefüllte, 320 m weite **Maar Víti** oder **Helvíti** (die Hölle).

Erst im 20. Jh. konnte geklärt werden, warum eine solche Explosion stattfand. Ihre Ursache beruht auf dem Kontakt der aufdringenden Schmelze mit dem Grundwasser. Als der berühmte isländische Forscher Eggert Ólafsson 28 Jahre nach dem Ausbruch die Region der **Krafla** besuchte, war der Krater in einen stinkenden Schlammpfuhl verwandelt, aus dem mächtige Dampfsäulen aufstiegen. Diese Form ausklingender vulkanischer Tätigkeit dauerte bis 1840 an. Erst anschließend füllte sich der Krater mit Wasser zu einem 33 m tiefen Maar auf. In der Nähe des Maars hält die Solfataren- und Dampftätigkeit auch heute noch an und ist eine vielbesuchte Attraktion des Krafla-Gebietes. Es fasziniert die Farbenvielfalt. Der Gesteinsuntergrund ist hellbraun bis rötlich braun. Dazu gesellt sich in Tiefenlinien mit Rinnsalen das fast aufdringliche gelbliche Grün der Moose in Wassernähe. Unter der aufgebrochenen Oberfläche der Solfataren leuchtet punktuell das Gelb des Schwefels. Über das helle Grau der Schlammtöpfe hinweg blinkt ein kleines, mit smaragdgrünem Wasser gefülltes Becken. Im westlichen Hintergrund ist am auffälligsten das Schwarz der jungen Lavafelder, die die feinen Dampfwolken der Fumarolen an manchen Stellen verschleiern.

Nach dem Ausbruch des Maars sollten die vulkanischen Aktivitäten noch vier Jahre lang andauern. Sie verlagerten sich jedoch nach Westen. Etwa 3 km vom Víti entfernt öffnete sich am 11. Januar 1725 eine große Spalte am **Leirhnjúkur** mit intensiver Lavaförderung. Nach weiteren Erdstößen brachen neue, kilometerlange Spalten auf. Immer wieder kam Magma an die Oberfläche, baute neue Krater auf, ergoß sich über weite Flächen und drang bis an den See vor. Bis 1729 setzte sich die unheilbringende Tätigkeit der ›Mývatnseldar‹ (Mývatn-Feuer) mit der Förderung von über einem Kubikkilometer Lava fort. Lavaströme zerstörten am mehrere Kilometer vom Ausbruchspunkt entfernten Mývatn drei Gehöfte. Die Kirche von Reykjahlíð blieb wie durch ein Wunder von den alles niederwalzenden und -brennenden Lavamassen verschont. In der Nähe des Campingplatzes kann man noch an der Oberfläche des Lavastroms interessante Fließstrukturen, vor allem Stricklava, entdecken. Sie sind typisch für eine Fladenlava oder Helluhraun.

Im großen Umfang lebte die vulkanische Tätigkeit erst 1975 wieder auf. Es zeigte sich im Verlauf der bis 1984 andauernden Aktivität, daß die Ausbrüche nach einem besonderen Mechanismus ablaufen, von dem auch die unmittelbare Umgebung des Mývatn betroffen ist. Bereits im 18. Jh. wurde beobachtet, daß im Zusammenhang mit der vulkanischen Tätigkeit der Seespiegel des Mývatn Schwankungen unterworfen war und daß sich der Abfluß der Laxá verändert haben soll. Derartige Veränderungen werden durch Vorgänge im Untergrund bewirkt, die für das geologische Geschehen in Island eine große Bedeutung besitzen. Heute unterscheidet man nach intensiven Beobachtungen periodisch wiederkehrende Vorgänge. Während der gemeinschaftlichen Aktivitäten von Vulkanismus und Tektonik erweitert sich der Abstand zwischen den Kontinentalplatten, d. h. an der Krafla kann man verfolgen, wie die Platten mit den darauf schwimmenden Kontinenten Amerika und Eurasien auseinanderdriften. Ihre Geschwindigkeit beträgt etwa 1 cm/Jahr nach jeder Seite. Als das basaltische Magma in eine Magmenkammer in 3000 m Tiefe einströmte, hob sich die Umgebung der Krafla über einen Zeitraum von einigen Monaten, wobei Hebungsbeträge von 7–10 mm/Tag gemessen wurden. Das ist eine außerordentlich hohe Geschwindigkeit für Bewegungen der Erdkruste. In einer solchen Einströmperiode des Magmas in die Kammer kann sich das Gelände innerhalb kurzer Zeit um insgesamt über einen Meter heben. Während sich die Magmenkammer in der Erdkruste auffüllt, wölben sich die darüber befindlichen Gesteinsmassen zunächst kontinuierlich auf. Wenn der Punkt erreicht ist, daß die Gesteine nicht mehr elastisch nachgeben, sich verklemmen und bei weiterem Druck von unten sich dann abrupt losreißen, erschüttern Erdbeben das Umfeld, was die Entstehung neuer Thermalquellen oder eine Erhöhung der Solfatarentätigkeit und nicht zuletzt Schäden an Gebäuden zur Folge haben kann. Am häufigsten waren die Erdbeben zu Beginn des Jahres 1976 und 1978. Auf diese Weise machen sich die Driftbewegungen der Platten im Öxarfjörður in manchmal verhängnisvoller Weise bemerkbar. In Kópasker wurden viele Häuser beschädigt, Brükken bekamen Risse, teilweise senkte sich das Land um einen Meter, auf den Schotterebenen bildete sich ein 4–5 $km^2$ großer See, der Skjálftavatn (Erdbebensee), Seitenarme der Jökulsá á Fjöllum hatten ihren Lauf verändert.

Ein Absinken der Oberfläche signalisiert das unterirdische Abfließen des Magmas aus der Magmenkammer. Es kann dabei in dem Spaltensystem drainieren, so daß es erst gar nicht zur Ausbruchstätigkeit kommt – oder das Magma dringt bis an die Oberfläche durch und bricht aus, was nun nach 1975 mehrmals geschehen ist. Einmal traten die Schmelzmassen auf einem kuriosen Weg zutage. Sie nahmen im Jahre 1977 den Weg durch ein Bohrloch. Dieser kleine ›Vulkan‹ mit künstlichem Förderschlot spie immerhin drei Tonnen basaltischer Schlacke aus. Durch das Eindringen des Magmas in das Spaltensystem wird auch die Temperatur des Grundwassers drastisch erhöht. Ermessen kann man das deutlich in der Badegrotte der **Grjótagjá** am Mývatn. Die Temperatur stieg von etwa 42 °C im Jahre 1977 auf etwa 60 °C zu Beginn der 1980er Jahre. Nach dem Ende der vulkanischen Aktivitäten ist die Temperatur für ein Bad noch immer zu hoch. Zwischen 1975 und dem letzten Ausbruch 1984 fanden fast 20 solche Bewegungen oder Riftereignisse statt.

Der Mývatn und seine Umgebung haben naturwissenschaftlich interessierten Besuchern sehr viel zu bieten. Großes Interesse wird den biologischen Verhältnissen in und um den Mývatn nicht nur wegen der Mückenschwärme entgegengebracht. Wegen der geringen Tiefe des Sees ist die Produktion an kleinwüchsiger Seeflora und -fauna enorm. Eine 5–10 m mächtige Schicht abgestorbener Kieselalgen (Diatomeen) hat sich bereits als Schlamm auf dem Seeboden abgesetzt. Er wird wegen ihrer Bedeutung für die Herstellung von Kieselgur vom Seegrund abgesaugt und mit der reichlich vorhandenen Erdwärme aufbereitet und getrocknet.



*Strandroggen auf lockerem Untergrund im Hochland*

Weltruhm genießt der Mývatn bei den Vogelkundlern. Wegen des großen Nahrungsangebotes entwickelte sich in und um den See herum eine Vogelfauna, die aufgrund ihres Individuenreichtums schon sehr früh über die Grenzen Islands hinaus bekannt wurde. Während der Sommermonate bevölkern Zehntausende von Wasservögeln die vielen kleinen Inseln und die zum Teil dicht bewachsenen Ufer. Es sind hier alle auf Island lebenden Entenarten anzutreffen (s. S. 167). Zugleich ist der Mývatn Islands wichtigster See für den Forellenfang. Alljährlich werden etwa 20 t dieses Edelfisches gefangen, darunter befinden sich manchmal Prachtexemplare mit einem Gewicht bis zu 20 Pfund.

## Besichtigung

Für den Besuch der Umgebung des Mývatn sollte immer ein längerer Zeitraum als ein Tag eingeplant werden. Man kann zwei oder drei Schwerpunkte für die zu besichtigenden Gebiete setzen. Das wäre zum einen das Gebiet mit dem geschichtlichen und aktuellen Vulkanismus um Krafla und Leirhnjúkur (s. S. 168) und zum andern der vorgeschichtliche Vulkanismus mit dem Formenschatz im Mývatn und östlich des Sees. Ausgangsort ist jeweils Reykjahlíð.

Beginnen wir mit dem älteren Teil. Wenn auch in der Stóragjá (zu geringer Wasseraustausch) und der Grjótagjá (über 50 °C heiß) nicht gebadet werden soll oder kann, so sollte man doch mindestens die **Grjótagjá** **1** besuchen. Vom Norðurlandsvegur (1) in Richtung Námafjall biegt nach etwa einem Kilometer eine ausgeschilderte Piste nach rechts in ein Lavafeld mit der Grjótagjá ab. Unter der Abdeckung der nacheiszeitlichen Lava hat sich in einer ca. 5 m breiten, etwa in Nord-Südrichtung verlaufenden Spalte Wasser angesammelt, das in der Tiefe aufgeheizt wird.

Nächstes Ziel ist die Besteigung des Tuff- oder Aschenringes **Hverfjall** **2**, der sich auch bestens als Aussichtsberg eignet. Durch den Birkenwald gelangt man schnell an den Fuß des Kraters. Beim Anstieg bedenke man, daß das Begehen eines lockeren Untergrundes auf die Dauer ermüdend wirkt, und der Krater hat immerhin die Höhe des Kölner Domes. Ungeübte sollten langsam anfangen. Die Besteigung dieses Vulkanbaus bringt eine gewisse Ernüchterung. Seine Hänge sind fast vegetationsfrei, grau und steinig. Auf der Höhe kann man von einem heftigen Wind empfangen werden, dem man auf dem Grat vollständig ausgesetzt ist. Der Blick in das Kraterinnere bringt nichts Spektakuläres. Die Innenwände sind genauso grau wie der Aufstiegsweg, und ein tiefer Schlund ist nicht zu sehen. Statt dessen wölbt sich auf dem Kraterboden ein kleiner Hügel. Der Anblick wäre enttäuschend, wenn man sich nicht dabei vorstellte, welche Energien mit dem Ausbruch dieser unauffälligen Massen freigesetzt worden sein müssen.

Der Blick über die Landschaft entschädigt für die Mühen, die man für die Besteigung auf sich genommen hat. In der Ferne grüßen die Tafelberge Sellandafjall, Bláfjall und Búrfell. Bei guter Sicht reicht die Sicht sogar bis zu den Gletschern des Hochlandes. Nicht weit entfernt erkennt man im Südosten den zweiten ringförmigen Krater des Mývatn-Gebietes, den Lúdent. Vor ihm reihen sich auf einer etwa 6 km langen Linie die Schlackenkegel der Lúdentsborgir und der Þrengslaborgir aneinander. Westlich von ihnen breiten sich, bereits mit pflanzlichen Grün überwuchert, die Ströme der Jüngeren Laxá-Lava bis zum Mývatn aus, um sich dann dort in bizarre Türme und Inseln sowie Pseudokrater aufzulösen.

Vor der Einmündung in den See ist der nördliche Teil auf einer Fläche von etwa 1 km² eingesunken. Dieses Gebiet, heißt **Dimmuborgir** 3 (dunkle Burgen). Beim Anblick der Türme stellt sich schon von hier oben die Frage, warum dieser riesige Hohlraum entstanden ist. Der See kann die Antwort geben. Beim Ausfluß der glühenden Lavamassen ist offensichtlich ein Stau entstanden, der hinter der erkalteten oder erkaltenden Front die Bildung eines Lavasees zur Folge hatte. Während des Stillstandes

*Bizarre Türme der Jüngeren Laxálava bei Kálfaströnd*





erstarrte seine Oberfläche zu fester Lava. Da die Förderung aber noch nicht beendet war, vergrößerte sich der Druck auf das Hindernis, bis schließlich die flüssige Lava durchbrechen konnte und weiterfloß. Der kleine Lavasee drainierte, die entstandene Decke stürzte ein und hinterließ die großflächige Hohlform mit vielen Pfeilern im Strom, die nun besonders gut hier oben vom Kraterrand zu sehen ist. Die Umgebung und Formen im See geben uns Auskunft, was weiterhin mit der Jüngeren Laxá-Lava geschah. Als der feuchte Untergrund des Mývatn erreicht war, kam es im Lavastrom zu heftigen Explosionen. Manche waren so heftig, daß Schlackenkegel mit einem Durchmesser von fast 100 m zurückblieben. Diese größeren Bildungen sind in der Nähe des Südufers zu sehen. Außerdem stehen, aus derselben Lava gebildet, bizarre turmartige Gebilde am südöstlichen Ufer. Links vom auffälligen Palagonitkegel des Vindbelgjarfjall verschwindet die Lava am Abfluß der Laxá.

Die Kuriosität von Dimmuborgir verdient auch eine nähere Betrachtung. Hinter dem Eingang zu dieser Sehenswürdigkeit tut sich ein regelrechtes Labyrinth von Pfeilern, säulen- und burgenartigen Gebilden mit Bögen und sogar Fenstern innerhalb eines Birkenwaldes auf. An der Basis einiger aufrecht stehender Formen befinden sich regelrechte Rillen als sogenannte ›Lavastandsmarken‹. An anderen Stellen kann man noch Überreste der zusammengebrochenen Decke erkennen. Die ›Lavastandsmarken‹ hat die abfließende Schmelze nach dem Durchbruch hinterlassen. Am obersten Ende von Dimmuborgir ist sogar das Stück eines Kanals erhalten geblieben, durch den die glühende Lava abfloß. Heute wird dieses Stück als ›Kirkjan‹, Kirche, bezeichnet.

Anschließend wagen wir uns zu den bizarren Formen der Jüngeren Laxá-Lava vor, die in der Umgebung des Gehöftes **Kálfaströnd** 4 im See oder auf kleinen Inseln stehen. Die Besichtigung wird zu einer Tortur, wenn an einem warmen Sommertag die Mücken anfangen zu schwärmen. An mückenfreien, sonnigen Tagen ist es hier nahezu paradiesisch. Man befindet sich in einer gartenartigen Landschaft mit Wasserläufen und durch Landzungen vom See abgetrennten Tümpeln. Aus ihnen ragen mit rötlichbraunen und weißen Flechten, mit grünen Moosen und Gefäßpflanzen dekorierte vielfarbige und vielgestaltige Felsformen heraus. An den Ufern wächst die hellgrüne Engelwurz mit ihren großen geschlitzten Blättern und kugelförmigen Fruchtständen. Wenn man sich ganz ruhig verhält, kann man Enten oder Haubentaucher auf Nahrungssuche beobachten oder zusehen, wie das Thorshühnchen durch schnelle Kreiselbewegungen seine Nahrung vom Untergrund emporstrudelt.

Am Südufer des Sees stößt man bei **Skutustaðir** (S. 313) auf die **Skútustaðagígar** 5, die Pseudokrater. Der Zugang zu den Kratern erfolgt direkt gegenüber der Tankstelle. Hier erstreckt sich eine Halbinsel mit den wie überdimensionale Spiegeleier ohne Eigelb anmutenden Kratern.

Abschließend steht der Abfluß der Laxá an der Einmündung des Mývatnsvegur (848) in den Norðurlandsvegur (1) auf dem Programm. In Stromschnellen und kleinen Kaskaden fließt Wasser des Mývatn hinab in das Laxárdalur. Es ist nicht nur der ideale Lebensbereich für die Spatelente, sondern auch einziger Nistplatz dieser attraktiven Entenart in Europa. Da sie als Brutplätze bevorzugt Spalten und Nischen in verlassenen Häusern und Schuppen aufsucht, bezeichnen sie die Isländer als *húsönd* (Hausente). Es sind am Mývatn alle 15 in Island nistenden Entenarten vertreten. An den Ufern, auf den Inseln und an den angrenzenden Gewässern des Sees brüten alljährlich etwa 10 000 Entenpaare. Am häufigsten ist mit fast einem Drittel die Reiherente vertreten. Als Sommergäste stellen sich am Mývatn Enten aus Nordamerika ein. Neben vier bis fünf anderen Entenarten erscheint regelmäßig die Nordamerikanische Pfeifente am See. Als größere Besucher bevölkern in jedem Jahr etwa 600 noch nicht fortpflanzungsfähige junge Singschwäne die Uferzonen im Westen und bei Annäherung der Menschen die entfernteren Teile des Sees. Manche von ihnen bleiben zum Überwintern.

Die Rückkehr nach Reykjahlíð erfolgt auf dem Mývatnsvegur (848) im Westen des Sees. Nachmittags hat man mit der Sonne im Rücken vom 529 m hohen Kegel des **Vindbelgjarfjall** 6 eine gute und weite Aussicht auf den See und seine Umgebung. Unübersehbar sind die bunten Punkte des Zeltplatzes Reykjahlíð.

Ursprünglich war **Reykjahlíð** 7 (S. 305) ein Pfarrhof. Es ist der Hof in Island mit den ausgedehntesten Ländereien, die sich zwischen dem riesigen Tafelberg Gæsafjöll und dem Dettifoss im Norden bis zum Vatnajökull im Süden erstrecken und eine Fläche von 6000 km² einnehmen. Während der Vulkanausbrüche zwischen 1724 und 1729 beim Leirhnjúkur ergossen sich 1729 die Lavamassen bis an das Nordufer des Mývatn. Das zerstörte Gehöft Reykjahlíð wurde wieder aufgebaut. Heute befindet sich in seiner Nähe ein Dorf mit 300 Einwohnern. Es ist mit seinem großen Campingplatz, zwei Hotels und verschiedenen dienstleistenden und versorgenden Einrichtungen das touristische Zentrum am Mývatn.

## Die Hochtemperaturgebiete an Námafjall und Krafla

Neben den Quellen von Haukadalur und Hveravellir sind am häufigsten die Solfataren und Fumarolen am Námafjall und westlich des Vulkans Krafla in Nordisland das Ziel der Islandfahrer. Im Vergleich zu den Heißwasserquellen stellen sich diese beiden Hochtemperaturgebiete durch fauchend austretenden Dampf und durch Kessel mit blubbernd siedenden bläulich grauen Schlammassen dar. Hier spürt man unmittelbar die in der Tiefe lauernde vulkanische Gefahr. Die Landschaft ist ständigen Veränderungen unterworfen. Es reißen nicht nur Spalten auf und werden aktiv, indem sie glühende Lava auswerfen, wie es bis 1975–84 geschehen ist, sondern zusammen mit der vulkanischen Tätigkeit tauchen neue Dampfquellen auf und verschwinden ebenso schnell wieder.

Außerordentlich reizvoll sind die Solfataren und Heißwasserquellen am Krater des 1724 ausgebrochenen Maars Víti. Über unablässig siedenden großen Schlammtöpfen tanzen Dampfschwaden. Die mit klarem Wasser gefüllten Quellbecken wetteifern im Farbenspiel mit ihrer Umgebung. Für den Besuch der Thermalgebiete muß man genügend Zeit mitbringen, um das wechselhafte Spiel der Naturgewalten in Ruhe betrachten zu können. Dabei sollte man sich den Solfatarenfeldern mit Vorsicht nähern, denn ihr Begehen ist nicht ungefährlich. An vielen Stellen ist der Untergrund trügerisch und brüchig. Daher sollte man nicht zu nahe an die Schlammtöpfe herantreten und sich von Partien mit gelben Schwefel- und weißen Gipsausblühungen fernhalten, denn diese bergen Hohlräume unter sich. Ein Einbrechen kann zu schlimmsten Verbrennungen und Verbrühungen führen. Begehbar sind die bräunlichen Partien.

Die Nutzung der Thermalgebiete nördlich von Mývatn reicht bis in das Mittelalter zurück, denn damals baute man am Námafjall, dem Bergwerksberg, bis in die Neuzeit den begehrten, für die Herstellung von Schießpulver unerläßlichen Schwefel ab. Mittlerweile ist die Ausbeute dieser kleinen Lagerstätte längst unrentabel geworden. Statt dessen wird die Energie des reichlich vorhandenen Dampfes für die Trocknung von Kieselgurschlamm aus dem Mývatn und für die Herstellung von Elektroenergie genutzt. Diese Form der geothermalen Energie betreibt an der Krafla ein 30 MW-Elektrizitätswerk. Die künstlichen Dampfquellen im Umfeld der Kieselgurfabrik und des E-Werkes bilden eine sehr geräuschvolle Kulisse für diese im ständigen Umbruch befindliche Landschaft.

### Besichtigung

Die zweite Tour hat den jungen geschichtlichen und rezenten Vulkanismus und seine Begleiterscheinungen zum Thema und setzt sich mit der Nutzung der Geothermal-Energie auseinander. Gerade bei einer Annäherung an das Gebiet des Mývatn von Osten kann man schon aus der Ferne an aufsteigenden Dampfsäulen erkennen, daß die Energie aus der Tiefe freigesetzt wird.

Auf der Fahrt von Reykjahlíð zu den Zeugnissen des jüngsten Vulkanismus um den Gebirgszug des Námafjall, den Leirhnjúkur und die Krafla benutzen wir wiederum den Norðurlandsvegur (1) nach Osten. Schon vor dem Anstieg zu den Höhen des Námafjall sieht man Dampf aus den Spalten in der Erdoberfläche aufsteigen. In der Höhe der Kieselgurfabrik befindet sich auf der südlichen Seite mit den **Jarðbaðshólar** 8 eine alte Kraterreihe, deren Dampf früher zur Rheumabehandlung genutzt wurde. In dem erwärmten Boden wird heute noch Roggenbrot gebacken, das als *hverabrauð* bekannt ist. In der Umgebung befinden sich auch Kartoffelbeete, wobei die Erdwärme sicherlich einen wesentlichen Beitrag zum Erfolg dieser Kultur und zur Ertragssteigerung leistet. Auf der gegenüberliegenden Straßenseite wird die Erdwärme aus dem Geothermalgebiet Bjarnarflag vorwiegend in Form von erbohrtem Dampf, industriell zur Stromerzeugung und zur Trocknung des Diatomeenschlamms (Kieselalgen) genutzt, der vom Grund des Mývatn abgesaugt wird. Welche gewaltige Kräfte der erbohrte und weit über 100 °C heiße gespannte Dampf entwickeln kann, mußten Anfang der 1970er Jahre die Betriebsangehörigen erfahren. Er sprengte das Bohrloch frei und hinterließ einen ansehnlichen Krater. Ein Stück weiter östlich unterhalb des Passes Námaskarð liegen die Schwefel-, Schlamm- und Dampfquellen des Solfatarenfeldes **Hveraröndl** 9.

Den mit Solfataren und Schlammquellen durchsetzten Bergrücken des **Leirhnjúkur** 10 kann man von dem Norðurlandsvegur (1) über den 7,5 km langen Kröfluvegur (863) erreichen. Der Weg führt an dem im Jahre 1978 in Betrieb genommenen Geothermalkraftwerk vorbei. Die Produktion von Strom aus der Erdwärme stieß anfangs wegen der vulkanischen Aktivitäten auf große Schwierigkeiten. Von den Bohrungen aufsteigende Dampfsäulen sind ein Zeichen dafür, daß der Untergrund noch stark aufgeheizt ist. Ziel ist der Schauplatz der jüngsten vulkanischen Aktivität am Leirhnjúkur. An *Þúfur* vorbei und über Spalten hinweg führt der Weg zu den schwarzen Lavafeldern, aus denen an einigen Stellen noch Dampf aufsteigt. Die feuchtwarmen Bedingungen an den Austrittsstellen haben bereits als erste Pionierpflanzen Flechten und Moospolster aufkommen lassen. Mit der Annäherung an den größeren Schlackenkegel in der Ausbruchszone ist zu erkennen, daß der Vulkanismus im Zusammenhang mit der Tektonik gesehen werden muß. Eine Spalte durchtrennt auch seine Westflanke. Rötliche Schmelzmassen sind in den Krater hineingeflossen. Weiter im Norden beginnt eine während des Riftereignisses aufgerissene und aktive Spalte. Wallartig ist Schlacke aufgetürmt. Vereinzelte kleine Hornitos, an deren lagenweisen Aufbau man noch nachvollziehen kann, wie glühendflüssige Lavafetzen diesen kleinen hohlen Kegel aufbauten, wecken die Neugier. Nach Osten und Westen ist Lava ausgeflossen, die sich weiter im Norden bis zu den großen Lavafeldern um Gjástykki ausdehnen und sogar ganze Berge umschließen. Eine besonders gute Aussicht auf die Lavafelder und das Krafla-Gebiet im Osten hat man von der Höhe des Leirhnjúkur.

Nach der Umrundung dieses alten Vulkanberges, auf der man auch die Pflanzendecke mit ihren blühenden Kräutern beachten sollte, führt der Besuch der vulkanischen Bildungen am Westhang der Krafla in ein völlig anderes Vulkangebiet, was an der braunen Farbe und an den Hohlformen gut erkennbar ist. Auffälligstes und größtes Element ist das tiefgrüne **Maar Víti** 11. Hier begann am 17. Mai 1724 die Ausbruchsserie der ›Mývatnseldar‹ (s. S. 162). An den Wänden dieses etwa 300 m weiten Explosionstrichters ist sehr gut zu erkennen, welche Partien zum Untergrundgestein gehören und welche aus der Auflage des ausgeworfenen Sprengschuttes bestehen. Über den Südrand hinweg gelangt man zu einem kleinen Hochtemperaturgebiet mit Dampfaustritten und blubbernden Schlammtöpfen.

## Die Halbinsel Tjörnes mit Húsavík

Es besteht eine günstige Möglichkeit, über den Norðausturvegur (85) vom Mývatn aus oder von **Laugar** (S. 298f.) eine Rundfahrt um die Halbinsel Tjörnes zu machen und dabei Húsavík einen Besuch abzustatten. Hier läßt sich das lange Profil in den für isländische Verhältnisse seltenen Sedimentgesteinen mit Fossilien studieren. In der etwas rauheren Küstenregion des Nordens von Tjörnes lohnt es, an der Küstenlinie entlangzufahren und einzelne Punkte von vorwiegend geologischem Interesse aufzusuchen. Mit dem Eintritt des Laxárdalur in die Skjálfandi (Zitterbucht) breitete sich die Jüngere Laxá-Lava in der Bucht aus und hatte an einzelnen Stellen feuchten Untergrund überfließend Pseudokrater und Hornitos gebildet. In manche dieser kleinen Kegel kann man hineinschauen, da lange Spalten im Untergrund sie durchtrennt haben. Wir befinden uns also hier in einem tektonisch sehr aktiven Raum, in dem relativ häufig Erdbeben den Boden erzittern lassen, wie man dem Namen der Bucht entnehmen kann. Die klimatischen Verhältnisse sind ziemlich mild, denn die Lava ist mit einem Birken-Buschwald überwuchert. In dem Gebiet der Lava befindet sich auch das stattliche Torfgehöft **Grenjaðarstaður** 1, ein historischer Bauernhof mit ältesten Gebäudeteilen aus dem Jahre 1876.

Die Geschichte des malerisch gelegenen Städtchens **Húsavík** 2 (S. 293f.; ca. 2500 Einw.) reicht bis in die Zeit der Landnahme zurück. In der Bucht verbrachte in der Mitte des 9. Jh. der schwedische Wikinger Garðar Svavarsson (s. S. 40) einen Winter. Er war nach seiner Umrundung der Insel vom Winter überrascht worden, so daß er hier ein Haus baute. Daher stammt die Bezeichnung des Städtchens Húsavík (= Häuserbucht). Der erste Namensgeber Islands (Garðarshólmur = Garðars Insel) verließ die Insel wieder im kommenden Frühjahr. Über lange Zeit war Húsavík Exporthafen für Schwefel aus dem Mývatn- und dem Þeistareykir-Gebiet. Heute ist es ein Zentrum für Fischfang und Fischverarbeitung sowie für die Herstellung von Lebensmitteln aus den Produkten der Landwirtschaft. Das Wahrzeichen der Stadt, die im Jahre 1907 vom ersten Architekten Islands Rögnvaldur Ólafsson erbaute Holzkirche, ist weit über die Gebietsgrenzen bekannt. Von dem touristischen Angebot des Ortes steht die Walbeobachtung im Vordergrund. Die Chance, einen der riesigen Meeressäuger zu sehen, soll nahezu hundertprozentig sein. Wer eher die Fernsicht genießen will, sollte den Gipfel des ›Hausberges‹ Húsavíkurfjall aufsuchen. Wegen der exponierten Lage des 417 m hohen Berges ist die Rundsicht enorm. Eine auf dem Gipfel installierte Windrose hilft dem Bergsteiger oder Bergfahrer, sich in der Umgebung zu orientieren.

Auf der Weiterfahrt richtet man sich nach Norden. Nur etwa 15 km nördlich der Stadt wartet an der Steilküste in Höhe des Gehöftes Ytri-Ttunga das wohl größte **Sedimentprofil** 3 Islands auf den geologisch interessierten Betrachter. Der Reichtum an fossilen Muschelschalen ist überwältigend. Doch sollte man auch die weniger spektakulären Schichten im

*Im Fischereihafen von Húsavík auf der Halbinsel Tjörnes*

HUSAVIK
5079
6214

Hangenden beachten, denn dort liegen große gerundete Basaltblöcke, die die letzten Eiszeitgletscher zurückgelassen haben. Die darüber befindlichen feinkörnigen, staubartigen Sedimente bergen in sich gelblich weiße Lagen aus Bims. Er stammt von vorgeschichtlichen Ausbrüchen und einer geschichtlichen Eruption in Jahre 1104 der weit im Süden befindlichen Hekla (250 km Entfernung). Hier kann man sich vorstellen, daß Island nach diesem verheerenden Ausbruch zu einem beträchtlichen Teil mit einer dicken Staubdecke bedeckt war.

Im Norden der Halbinsel Tjörnes können wir an der Küste in der Höhe von Máná die Wirksamkeit geringerer, aber dennoch effektvoller Kräfte an Basalt-

blöcken beobachten. Die Verwitterung hat zusammen mit der aufgewirbelten Salzwassergischt Skulpturen geschaffen, die einem Bildhauer durchaus zur Ehre gereichen würden. Es handelt sich um Tafoni (s. S. 125).

Allmählich verabschiedet man sich von der in vieler Hinsicht hochinteressanten Halbinsel. In Höhe des Aussichtspunktes **Imbuþúfa** 4 (mit Windrose) ist die Umrundung von Tjörnes abgeschlossen. Die Aussicht auf den Öxarfjörður ist erhebend. Am Horizont kann man die Silhouette der Halbinsel Melrakkaslétta bis zur 40 km entfernten Nordwestspitze verfolgen. Sie ist geprägt von den Umrissen der Tafelberge (s. S. 191).

## Der Grand Canyon von Island – Jökulsárgljúfur und Hljóðaklettar, die ›Echofelsen‹

Die zweite Hälfte der wieder am Mývatn endenden Rundfahrt ist einem Fluß gewidmet, der hier am Öxarfjörður seine Sedimentlast einbringt: die Jökulsá á Fjöllum (Gletscherfluß aus den Bergen). Der mit 206 km zweitlängste Fluß Islands entspringt wie die meisten größeren Flüsse des Landes im vergletscherten zentralen Hochland und fließt vom Vatnajökull, wo sie die großen Eisabflüsse des Dyngjujökull und Teile des Brúarjökull entwässert, nach Norden. Nach dem Verlassen des Eispanzers genießt der junge Gletscherfluß die Freiheit und breitet sich im Vorland weitverzweigt auf seinen eigenen Sedimenten aus. Felsiger Untergrund mit Lavafeldern zwingt die Jökulsá dann, sich nach Schwächelinien im Untergrund zu orientieren und sich einzuschneiden. Südlich der Dyngjufjöll und nahe Herðubreiðarlindir sind Stufen zu überwinden und mit großer Geschwindigkeit kanalartige Rennstrecken zu durchfließen, bis sie sich wiederum in ebenerem Gelände ausbreiten kann. Schließlich beginnt für den Fluß auf den letzten Kilometern vor dem Mündungsgebiet eine rasende Talfahrt durch die Schlucht oder den Canyon Jökulsárgljúfur. Nach diesem ca. 30 km letzten langen ›Arbeitsweg‹ begibt sich die Jökulsá in die Schotterebene des Öxarfjörður-Sandur und fließt dann als Bakkahlaup und Brunná aufgespalten ins Meer.

Wir nähern uns dem Fluß von Westen und gelangen in eine Landschaft, die wegen ihrer geschützten Lage und des dort gedeihenden Waldes besonders geschätzt und daher geschützt wird: **Ásbyrgi** 5 (S. 277). In Hufeisenform ist hier mit senkrechten, bis zu 100 m hohen Wänden die Stufe eines ehemaligen Wasserfalles der Jökulsá erhalten, deren Ausmaß durchaus einen Vergleich mit den Niagarafällen standhält, denn diese von Norden nach Süden ansteigende Einbuchtung in die lagenartig abgesonderten Basaltmassen ist 3,5 km lang und erreicht eine Breite von 1 km. Vor etwa 2000 Jahren wird noch die Jökulsá über diese Fallstufe geflossen sein, wobei sie aber sicherlich nicht ihre ganze Breite einnahm. Am oberen Rand der Wand sind noch Rinnen erkennbar, durch die der Fluß seinen Weg nahm. Die größte ist etwa 15 m breit und 6–8 m tief. Nach stärkeren Regengüssen fällt noch ein kleineres Rinnsal herab. Wenn man sich die von Eissturmvögeln als Nistplätze benutzten Wände genauer anschaut, dann wird man im Basalt phantasievolle Formen entdecken, die von einem Bildhauer geschaffen worden sein könnten. Es sind die Verwitterungserscheinungen der Tafoni, die auch in Hljóðaklettar auftreten.

Die Bezeichnung ›Ásbyrgi‹ bedeutet Burg der Asen, der Götter. Nach der Überlieferung ist dieses hufeisenförmige Terrain der Abdruck von Odins Roß Sleipnir. Es mag ein göttliches Kaltblut gewesen sein. Klima und Bodenverhältnisse brachten in der Umgebung von Ásbyrgi den Bewohnern in früherer Zeit einen für isländische Verhältnisse hohen Lebensstandard und Wohlstand. Durch Gletscherläufe ausgelöste Hochwasser verwüsteten die genutzten Flächen im 17. und 18. Jh. so sehr, daß sie sich kaum regenerierten und größtenteils Ödland blieben.

Bevor man auf der Ostseite der Jökulsá weiterfährt, lohnt sich ein Abstecher in eine ungemein interessante Landschaft. In dem mit **Hljóðaklettar** 6 (Echofelsen; S. 290) bezeichneten Teil in der unteren Hälfte des Canyons ragen burgenartige Felsen unvermittelt mit verschiedenartigen säulenartigen Strukturen aus der Talsohle. Die Entstehung dieser labyrinthischen Landschaft erscheint einem rätselhaft. Wenn man sich aber die Mühe macht und auf den höchsten der im Nordwesten befindlichen jungen Aschenkegel der Rauðhólar steigt, wird erkennbar, daß sich die einzigartigen Felsburgen auf der gleichen Linie wie die Aschenkegel nach Süden fortsetzen und das Tal queren. Vor etwa 8000 Jahren ereignete sich auf diesem Flußabschnitt ein seltenes, seltsames und sicherlich hochdramatisches Naturschauspiel. Im Bereich des Flußbetts riß eine Spalte auf. Ausfließendes glühendheißes Magma geriet in Kontakt mit dem darüber hinwegfließenden Fluß, was zunächst gewaltige Explosionen hervorrief. Da aber mit der Zeit die Kraft des Flusses erlahmte, nahmen die Explosionen an Heftigkeit ab. Das Magma floß aus, aber immer wieder ergoß sich Wasser über die Lavamassen hinweg und drang sogar in die entstehenden Spalten ein, so daß an diesen Grenzflächen die Schmelze zu Säulen erstarrte. Heute künden als ›Kirche‹ bezeichnete Hohlformen und unvermittelt aufragende und labyrinthartig angeordnete Kuppen mit säulenartigen Absonderungen des Basaltes, die manchmal von der Form her rosettenartigen Kirchenfenstern ähneln, von diesem einmaligen Zweikampf zwischen Fluß und Vulkan. Die Kolonnaden der Säulen bezeichnen die Isländer als *kubbaberg* (*kubbur* = Kubus). Daß sie sich in dieser erstaunlichen Weise zeigen, ist im wesentlichen der abtragenden Kraft des Flusses zu verdanken. Somit blieben letzten Endes die Kräfte des fließenden Wassers Sieger. Die Tuffmassen, die vor allem bei den Explosionen entstanden, sind bereits weggespült.

Nach diesem Abstecher nähert man sich auf der Ostseite des Flusses der Schlucht der Jökulsá á Fjöllum oder **Jökulsárgljúfur** (identisch mit dem gleichnamigen Nationalpark), ein atemberaubender Flußabschnitt mit steilen Wänden, bizarren Felsen und tosenden Wasserfällen. Sie wurde und wird von der Jökulsá á Fjöllum geschaffen, die sich ihren Weg durch die nördliche, plateauartige Landschaft der aktiven Vulkanzone in einem Untergrund aus mehreren Basaltströmen eingeschnitten hat und dabei den Weg über fünf Wasserfälle in eine canyonartige Schlucht nimmt.

Das Gebiet der Jökulsá-Schlucht (Jökulsárgljúfur, Jökulsá-Canyon) beginnt im Süden mit dem ca. 12 m hohen Wasserfall **Selfoss** 7 und endet im Norden in Höhe der idyllischen Kleinlandschaft von Ásbyrgi, der ›Burg der

Götter‹. Je nach Jahreszeit erreicht die Jökulsá den Canyon als reißender Strom oder als relativ zahmer Fluß, denn wegen ihrer Herkunft aus den Gletschern schwankt ihre Wasserführung beträchtlich. An der zweiten Stufe, am **Dettifoss** 8, stürzen die graubraunen, mit Gletschertrübe beladenen Wassermassen auf einer Breite von rund 100 m über 44 m tief in eine von senkrechten Basaltwänden umsäumte Schlucht. Es ist der größte Wasserfall Europas. Auf der Westseite ist zu erkennen, daß die Jökulsá vor der Ausarbeitung der Schlucht durch eine ähnliche Talstrecke mit etwa 10 m hohen senkrechten Wänden geflossen ist wie im Hochland. Auf dem Weg vom Parkplatz bis zum Dettifoss muß man das alte Flußbett überqueren.

Nach dem Absturz über die Fallstufe des Dettifoss strömt der Fluß etwa 120 m unterhalb einer von Basaltdecken aufgebauten Ebene dem nur etwa 5 km entfernten **Hafragilsfoss** 9 (Ziegenschlucht-Fall) entgegen. Nördlich dieser dritten, 27 m hohen Fallstufe hat die erodierende Kraft des Flusses in einer Anhöhe, die über das Tal hinweg ihre Fortsetzung auf dem gegenüberliegenden Hang findet, einen kleinen Vulkan mit Förderschlot durchschnitten, so daß man in das untere Stockwerk eines Vulkans blicken kann. Damit bietet sich hier die Gelegenheit, etwas zum Alter der Schlucht auszusagen. Sie ist jünger als der angeschnittene, etwa 6000 Jahre alte Vulkan. In Seitenarmen wird der Unterschied zwischen einem Gletscherfluß und klaren Quellwasserbächen deutlich, denn in Nischen, die nicht von der Jökulsá erfaßt werden, hebt sich das dunkle klare Quellwasser von dem trüben graubraunen Gletscherwasser ab. Interessant in der etwa 3 km langen Hafragil (Ziegenschlucht) sind in deren Einmündung sich ständig verändernde Sandbänke. Im Mittelabschnitt des Canyons treten weitere klare Quellbäche hinzu. Unterhalb der weniger eindrucksvollen Fälle Réttarfoss und Vigabjargfoss weitet sich die Schlucht zu einem Tal mit terrassenförmig abgestuften Hängen.

Bevor sich der Kreis der Rundtour mit Erreichen des Mývatn wieder schließt, bietet sich weiter flußaufwärts in **Grímsstaðir** 10 (S. 287) eine Gelegenheit zur Übernachtung auf dem Campingplatz.

*Im Schatten des Birkenwaldes von Ásbyrgi blüht der Waldstorchschnabel*

# Das Hochland

# Aufenthalt in der Wüste

Zu den Wüstenräumen Islands gehören die fast vegetationsfreien Gebiete im zentralen Hochland. Ihr Charakter ist nördlich des Vatnajökull am stärksten ausgeprägt. Im Zentrum dieses Gebietes stehen keine Siedlungen, sondern wegen der abweisenden und unwirtlichen Verhältnisse einzelne Hütten mit Zeltplätzen und Zeltmöglichkeiten als zivilisatorische Stützpunkte. Diese Landschaft ist sehr ernst, aber wegen ihrer ungewöhnlichen Formen, der Ausgesetztheit und klimatischen Verhältnisse atemberaubend und reizvoll. Da der weitausladende Vatnajökull eine für den normalen Touristen unüberwindliche Eisbarriere bildet, ist der Zugang an den Rand dieser Landschaft vor allem von Norden her und nur mit einem allradgetriebenen Fahrzeug möglich.

Üblich ist eine Anreise vom Mývatn zunächst über die Ringstraße (1), wo schon recht bald die Dünen und Lavafelder des Búrfellshraun auf den wüstenhaften Charakter der Umgebung einstimmen. An der Abzweigung der Piste Öskjuleið (F88) in die Wüstengebiete des zentralen Hochlandes endet das Gebiet des jungen Vulkanismus. Bevor man sich der nicht so sehr lebensfreundlichen Umgebung der Lavafelder und der Kiesebenen aussetzt, hat man Gelegenheit zu einer Rast im Krater **Hrossaborg** **1**, um sich mit einem frisch zubereiteten oder mitgenommenen Tee oder Kaffee in der windstillen Umgebung des seitlich aufgerissenen 50 m hohen Kraters von ca. 500 m Durchmesser zu erwärmen. Vor der automobilen Zeit diente die ›Rösserburg‹ als Rastplatz für die Pferde auf dem Weg ins oder aus dem Hochland. Dieser Abstecher von der Piste erscheint vielen etwas abenteuerlich, denn wo kann man schon mit einem Fahrzeug in einen Krater hineinfahren? Die bereits aus größerer Entfernung erkennbare Hrossaborg ist ein vulkanischer Überrest aus der letzten ausklingenden Eiszeit und ihre jetzige Form eine Besonderheit. Die Bresche auf der Ostseite ist das Werk eines letzten Gletschervorstoßes gegen Ende der Eiszeit vor rund 10 000 Jahren. Einen Überblick über das Gebiet, in das man weiter vorzudringen gedenkt, kann man sich von ihrem Südrand aus verschaffen.

Über eine Piste in geringer Entfernung von der im Osten fließenden Jökulsá á Fjöllum beginnt nun die Fahrt durch die Wüste. In der steinigen und ausgeblasenen Umgebung der Mývatnsöræfi (Mückenseewüste) ist die Vegetationsdecke verschwunden. Nur ab und zu belebt das Grün einer kleinen Pflanze den schwarzen und steinigen Boden. Häufige Stürme haben aus dem Boden feine Bestandteile, wie z. B. Sand oder staubartige Partikel, ausgeweht und nach Norden verfrachtet. Steine als Hindernisse sind von dem Flugsand meistens durch Südwinde glattgeschliffen worden und zeigen auf der Luvseite einen regelrechten Facettenschliff, auf der Leeseite sind sie mit Flechten bewachsen. Trotz des steinigen Untergrundes sinkt man beim Begehen dieser Flächen leicht ein, denn nur an der Oberfläche fehlt der Sand, darunter steht ein Gemisch aus Gesteinsbrocken und Sand an. Durch den auch an manchen Sommertagen auftretenden Frost ist die oberste Bodenschicht aufgelockert worden.

In dieser Umgebung darf die Piste mit dem Fahrzeug nicht verlassen werden, denn die Radspuren sind trotz der ausgleichenden Tätigkeit des Windes über Jahre zu sehen. Außerdem setzt man sich wegen des unterschiedlich festen Untergrundes der Gefahr aus, besonders bei höherer Geschwindigkeit zu verunglücken. Etwa nach einem Drittel der Strecke ist sowieso ein zügiges Vorankommen nicht mehr möglich, denn der kiesige Untergrund wird von der rauhen und buckligen Oberfläche eines Lavafeldes abgelöst. Beim ersten Anblick glaubt man angesichts der aufgestellten Schollen und des Chaos großer schwarzer Blöcke nicht weiter nach Süden vordringen zu können. Aber inzwischen ist eine Route über den Lavastrom gelegt, die es selbst einem weniger geübten Fahrer erlaubt, weiter in die Wüstenlandschaft vorzudringen.

Unter großer Vorsicht wird nun das Fahrzeug fast im Schrittempo durch das schwarze Schollenlabyrinth des Lavafeldes bewegt. Allzu krasse Höhenunterschiede sind auf dieser ›Buckelpiste‹ ausgeglichen, so daß das Fahrzeug nicht wie noch vor etwa 20 Jahren Rad für Rad langsam über beträchtliche Unebenheiten bewegt werden muß. Nach einer halben Stunde taucht eine Flußlandschaft auf. Die Umgebung wird grüner, die Piste führt über Schotter. Das Tal der Grafarlandaá ist erreicht. Im Hintergrund zeigt sich ein kleiner Wasserfall. Nun ist die erste Furt zu bewältigen. Es bereitet keine Schwierigkeiten, wenn man sich an den auf einer Tafel dargestellten Routenverlauf hält. Manchmal sind auch Furten zu queren, wo selbst bei nicht zu starker Wasserführung der Bäche und Flüsse auf den festen Untergrund geachtet werden muß.

In der Zeit zwischen der Landnahme und dem 17. Jh. bewegten sich isländische Reisende auf ihrem Weg vom Süden zum Osten durch diese Landschaft. Sie werden sich in Grafarlönd aufgehalten haben und in der Höhe des an der Strecke gelegenen **Ferjufjall** **2** (Fährberg) die Jökulsá gequert haben. Ab dem 17. Jh. wurde das Reisen in diesem Gebiet aber wegen der ›Missetäter‹, die sich im zentralen Hochland mit dem Ódáðahraun (Missetäter-Lavafeld) aufhielten, zu unsicher.

## Das Ódáðahraun

Der erste Abschnitt durch die Wüste ist mit dem Queren von Mývatnsöræfi passiert. Nach Süden breitet sich nun Islands größte Wüste mit den kahlen Lavafeldern und Kiesflächen des Ódáðahraun aus. Die Jökulsá á Fjöllum und das Bárðardalur begrenzen sie nach Osten und Westen. Im Süden bildet der Vatnajökull die Grenze, nach Norden geht sie in das Mývatnsöræfi über und schließt somit auch das etwa 250 km² große und bis zu 1510 m hohe Vulkanmassiv der Dyngjufjöll mit der Askja in sich ein.

Das Ódáðahraun soll stellvertretend für die anderen Wüstenlandschaften Islands vorgestellt werden. Unendlich erscheinende Lavafelder breiten sich in einer Höhe von 500 bis 700 m NN aus. Die meisten Laven sind über 5000 Jahre alt. Trotzdem ist ihre Oberfläche kaum verwittert. Nur in einigen Nischen und Winkeln, wo sich feines Bodenmaterial ansammeln konnte, sind Pflanzen zu entdecken. Aus dieser trostlosen Umgebung ragen die flachen Erhebungen der Schildvulkane, von denen die auffälligsten, die Trölladyngja und die Kollóttadyngja, um mehrere Hundert Meter heraus, was wegen ihrer riesigen Basisflächen gar nicht so sehr auffällt. Imposanter sind da schon die klotzigen Tafelberge, wie die Herðubreið, und die Rücken des Upptyppingar oder des Herðubreiðartögl.

Manch einer mag sich nicht so recht mit dem Gedanken anfreunden, daß es im hohen Norden Wüsten gibt. In den Vorstellungen vieler Menschen existieren Wüsten als unendliche Sanddünengebiete ohne Vegetation. Die Sonne brennt vom Himmel, und an Regen ist nicht zu denken. Über den isländischen Wüstenlandschaften ist die Sonnenscheindauer nicht allzu lang, Regen fällt aber immerhin soviel, daß sich zumindest eine Heidelandschaft entwickeln könnte. Auch die Temperaturen sind nicht so niedrig, daß sie einen Bewuchs behindern oder gar verhindern. Das Ausgangsgestein könnte genügend Nährstoffe für die Entwicklung einer Pflanzendecke liefern, und trotzdem bleibt hier die Erdoberfläche kahl. Der Grund für den Wüstencharakter vieler Teile des Hochlandes ist in der Wasserhaltefähigkeit des Gesteinsuntergrundes zu suchen. Es steht entweder zerklüftetes und damit wasserdurchlässiges Basaltgestein an, oder vulkanische Aschen oder Kiese sorgen dafür, daß das Niederschlagswasser schnell im Untergrund verschwindet. Wir treffen also in Island durch den Untergrund bedingte oder ›edaphische‹ Wüsten an. Sie konzentrieren sich vor allem auf das Hochland, wo die Existenzbedingungen für die Gefäßpflanzen wegen der kritischen Klimabedingungen auf ein Minimum reduziert sind. So breiten sich über viele Quadratkilometer fast vegetationsfreie Lavaströme aus, die bereits vor 10 000 Jahren ausgebrochen sein können, oder zwischen den großen Gletschern existiert eine Kieswüstenlandschaft, aus der die häufig wehenden Winde das für den Pflanzenbewuchs wichtige Feinbodenmaterial ausgeweht haben. Von den Pflanzen können in dieser Wüstenlandschaft nur solche Arten existieren, die eine weitverzweigte Wurzelmasse besitzen. Im Juli leuchtet es daher vereinzelt auf dem schwarzen oder dunkelgrauen Untergrund in kleinen Büscheln rosa oder fast violett auf, wenn die Grasnelke *(Armeria maritima)* oder das Stengellose Leimkraut *(Silene acaulis)* erblühen. In der Wüste gibt es auch Oasen, nämlich dort, wo das im Boden versickerte Wasser zum Vorschein kommt. Derartige Vegetationsinseln zeichnen sich durch einen dichten Bewuchs mit leuchtend gelbgrünen Quellflurengesellschaften aus; sie bestehen aus Moosen, die zugleich ein sauerstoffhaltiges Wasser anzeigen. Haben sich schon Gefäßpflanzen ansiedeln können, fallen bei ihnen vor allem die großen Blütendolden und Blätter der Echten Engelwurz *(Angelica archangelica)* auf.

Ausgangsstation für die Erkundung dieser Wüstenlandschaft ist die Oase **Herðubreiðarlindir** 3 (S. 290). Sie liegt in einer Umgebung, die von der Herðubreið (1682 m) beherrscht wird. Die Querung des Lavafeldes Lindahraun zwischen der Grafarlandaá und der im Süden fließenden Lindaá erfordert noch einmal Konzentration und Aufmerksamkeit vom Fahrer, dann taucht nach etwa 50 km Pistenfahrt durch ein für Mitteleuropäer unwegsames Gelände im Hintergrund die Hütte von Herðubreiðarlindir vor der gewaltigen Kulisse eines der schönsten Berge Islands auf, der **Herðubreið** 4. In den meisten Fällen ist es nicht möglich, einen Übernachtungsplatz in der Hütte zu finden, so daß man sein Zelt auf einer ehemaligen Schotterbank aufschlagen muß. Das Leben in dieser Oase mit dem lieblichen Namen ist etwas spartanisch, auf warmes Wasser muß man verzichten. Daher ist man froh, eine Tasse mit einem wärmenden Getränk in der Hand halten zu können.

Wer sich über die weniger komfortablen Verhältnisse im Umfeld der Hütte beschwert, sollte den Unterstand oder Unterschlupf des Vogelfreien oder Missetäters Fjalla-Eyvindur (s. S. 266f.) am Rand des Lavastromes aufsuchen, wo er selbst im Winter in sehr beengten Verhältnissen in einer Nische dahinvegetierte. In dieser zugigen Felsnische strömte im Untergrund sogar noch ein Rinnsal vorbei. Nach der Rückkehr von dieser Besichtigung wird einem das Zelt

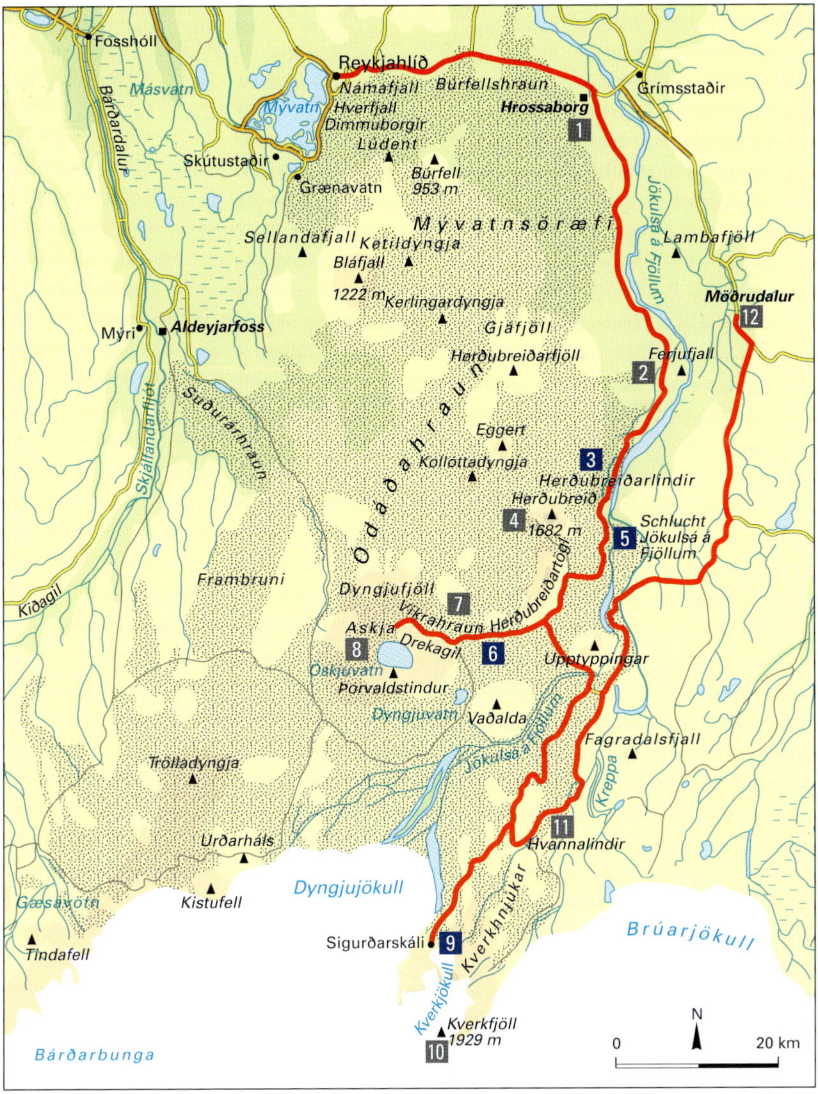

mit dem wärmenden Schlafsack als eine prachtvolle und nahezu luxuriöse Behausung vorkommen. Unweit des Unterschlupfes beginnt der Weg über den Lavastrom, der Zugang zur Herðubreið.

Wen es allerdings an das Wasser zieht, der sollte sich auf den Weg nach Süden in Richtung Askja begeben. Bald wird auf diesem Weg auch wieder ein Lavafeld betreten. Aber es ist anders als die bisher gesehenen, denn neben abgeschliffenen Untergrundpartien tauchen völlig beziehungslos zum vulkanischen Geschehen metergroße Blöcke auf dem Lavastrom auf, deren Herkunft rätselhaft erscheint. Die wenigsten Besucher dieser Landschaft werden sich die Herkunft dieser Blöcke erklären können. Wer aber schon den Öxarfjörður im Norden aufgesucht hat, wird hier in der Wüste ein gewisses Aha-Erlebnis haben, denn auch dort traten unvermittelt auf einer Schotterebene gleichartige riesige Blöcke auf.

Hier kann man die Überreste und Zeugnisse eines katastrophenartigen Ereignisses vor sich sehen, eines Vorganges, den man in seiner Wesensart in keinem anderen Land Europas studieren kann und der sich immer wieder im Zusammenhang mit dem Vulkanismus und dem Gletschereis ereignet. Es sind Überreste eines Gletscherlaufes (s. S. 232ff.), bei dessen ›Talfahrt‹ gewaltige Fluten mit Schlammassen Gesteinsblöcke mit einem Volumen von mehreren Kubikmetern mitgerissen und manchmal erst nach einer Wegstrecke von über 100 km – wie man es ja am Öxarfjörður sehen kann – wieder abgelagert haben. Um sich im Vergleich dazu von der Transportkraft eines Flusses in unserer näheren Umgebung eine Vorstellung zu machen: Der Rhein transportiert bei mittlerer Wasserführung in der Höhe von Wesel gerade groben Sand.

Auf dem Weg durch das Lavafeld sind noch weitere Zeugnisse eines gewaltigen, kaum vorstellbaren katastrophenartigen Vorganges zu finden. Zwischen den Lavaschollen fallen durch ihre helle Färbung bis zu haselnußgroße Bimskörner auf, deren Größe mit der Entfernung von der Hütte bzw. Oase zunimmt. Diese menschenleere Region wurde im Jahre 1875 von einem Vulkanausbruch in der etwa 15 km entfernten Askja heimgesucht. Damals wurden etwa zwei Milliarden Kubikmeter Bims in den Himmel geblasen.

Je weiter wir ansteigen, um so mehr zieht uns die Jökulsá in ihren Bann. Auffliegender Wasserstaub macht uns neugierig. Bald nimmt das Rauschen des Wassers das Ausmaß des Tosens an. Glattgeschliffene Felsen mit phantastischen Formen weisen auf ihre Nähe hin. Schließlich stehen wir unmittelbar vor einer etwa 6–8 m tiefen und 20 m breiten Rinne mit senkrechten Basaltwänden, durch die das schmutzig hellbraune Wasser des Gletscherflusses, zu meterhohen Wellen aufgeworfen, zu Tal schießt. Das Wasser in der kanalartigen **Schlucht der Jökulsá á Fjöllum** 5 ist von solch einer Wildheit, daß man sich respektvoll ein wenig weiter als sonst von der Abbruchkante zurückhält.

Nur ein kurzes Stück weiter oberhalb fällt das Wasser in vielen kleinen Kaskaden in diesen Einschnitt. Obwohl unten ein lebensbedrohliches Element tobt, fühlt man sich angehalten, an seinem vielgestaltigen Ufer auf Entdeckungsreise zu gehen und die Schlucht weiter nach unten zu verfolgen. Da kann man Felsen bewundern, die in verschiedensten Formen abgeschliffen wurden und nun wie moderne Plastiken anmuten, oder übereinandergestapelte Sandlagen, die wie Miniaturlandschaften aussehen.

# Zur Askja

Wer bis nach Herðubreiðarlindir vorgedrungen ist, sollte es nicht versäumen – wenn es die Witterung erlaubt –, die Askja aufzusuchen. Die Anfahrtsstrecke ist 40 km lang. Weiter im Westen ragt am Horizont das Vulkanmassiv der Dyngjufjöll mit der Askja aus der flachen Lava- und Kieswüste auf. Mit der Annäherung wird das etwa 250 km$^2$ große Vulkanmassiv der Dyngjufjöll zum beherrschenden Element der Wüstenlandschaft. Durch die Zunahme der Bimsbestreuung nimmt die Umgebung wegen der hellen Farbe einen weniger abweisenden Charakter an. Anders könnte allerdings die Situation schon eingeschätzt werden, wenn man damit konfrontiert wird, an den kahlen Hängen auf dem rauhen Untergrund zu zelten. Angesichts dieser ungewohnten Umgebung eines selbstgewählten Exils wird vielleicht der eine oder andere Besucher darüber nachdenken, warum in früheren Zeiten die Menschen diese Landschaft mieden und nun andere die Unbewohnbarkeit der Wüste fern der Zivilisation suchen.

Für manchen wird es etwas ungemütlich sein, im Zelt an der ›Drachenschlucht‹, der **Drekagil** 6 (S. 283), zu übernachten. Wer morgens das Bedürfnis besitzt, sich reinigen zu müssen, muß auch eine gewisse Abhärtung gegenüber kaltem Wasser mitbringen, denn es steht hier in der schon reichlich kühlen und häufig sogar kalten Umgebung nur Quellwasser aus der Drekagil zur Verfügung. Doch sollte man bedenken, der Kontakt mit dem erfrischenden Naß erspart einen Wecker und beschleunigt den Entdeckungsdrang, tiefer in die von Lavaformen beherrschte Schlucht oder weiter in das fast vegetationsfreie Gebirge vorzustoßen. Der Weg zur Schlucht gestaltet sich zu einem Ausflug in das Innere eines Höllenschlundes, der sich im Eiszeitalter unter dem Gletscher des Inselinneren auftat und im Kontakt mit dem entstehenden Schmelzwasser die skurrilsten Lavaformen schuf. In den z. T. senkrechten und manchmal auch bemoosten Wänden stapeln sich in Kissenform abgesonderte Lavablöcke mit glänzender, glasiger Oberfläche. Immer wieder muß man den Blick nach oben wenden. An manchen Stellen stürzen aus den Wänden Wassermassen. Etwa 300 m unterhalb der Hütte stürzt der aus der Drekagil fließende Bach in eine kleine Schlucht. Davor nehmen während des Monats Juli einzelne Abschnitte des Bachbettes die lila Farbe der Blüten des Arktischen Weidenröschens *(Epilobium latifolium)* an.

Eingestimmt auf die Formungsfähigkeit der höllischen unterirdischen Kräfte kehren wir zurück in die offene Landschaft und wenden uns den jüngsten Ergebnissen vulkanischer Gestaltungskraft zu. Nur wenige hundert Meter von

der Hütte entfernt breitet sich schwarz und fladenartig der etwa 7 km lange Strom des **Vikrahraun** 7 aus. Obgleich er schon vor nahezu 40 Jahren ausfloß und längst erkaltet ist, macht es das harte Klima hier in der Höhe selbst Pionierpflanzen schwer, den an sich nährstoffhaltigen Untergrund zu besiedeln. So blieben, wenn nicht die Frostsprengung gewirkt und sie zerstört hat, die Formen in ihrer ursprünglichen Frische erhalten. Manche Partien erscheinen wie zusammengedrehte oder geflochtene Stücke einer überdimensionalen Fußmatte. Daneben liegt in glatt fließenden Falten eine drapierte Gardine. An anderer Stelle fügen sich auf dem Weg zum Tal zusammengedrehte Lavabrokken wie die verkohlten Würste einer riesigen Schlachterplatte zusammen. Motive für Schwarzweißfotos gibt es hier genug. Oberhalb des Calderenbodens der Askja treffen wir auf die Krater dieser in interessanter Weise ver- und geformten Lavamassen, die Vikraborgir. Sie ordnen sich auf einer Ost-/West-gerichteten 750 m langen Spalte an. Ihr Ausbruch wurde nicht vorausgesehen und am 26. Oktober 1961 von den Piloten eines überfliegenden Flugzeuges bemerkt. Wenn man sich zu dem Innenrand dieser Basaltschlacken-Kegel wagt, glaubt man in einen Eingang zur Unterwelt zu sehen. Dieser Eindruck wird noch verstärkt durch die intensive Rotfärbung der aufoxidierten Lavamassen im Förderkanal. Sechs Wochen dauerte ihre Tätigkeit.

Respektvoll nähern wir uns auch den anderen Basaltkegeln, bevor wir den Weg zum tiefsten See Islands (220 m), dem **Öskjuvatn** 8, antreten. Bei windstillem Wetter beeindruckt immer wieder die absolute Stille in diesem Kessel, dem Einsturzkessel der Askja. Sie gehört zu der Ruine eines wahrscheinlich interglazialen Vulkans mit dem Ausmaß eines kleinen Gebirges von 250–300 km² Grundfläche. Absenkungen im Bereich entleerter unterirdischer Magmenkam-

*Víti und Öskjuvatn in der Askja*

mern ließen diese kesselförmige Landschaft mit aufragenden Randhöhen entstehen. Es ist eine Caldera, ein Einsturzkessel mit solchen Ausmaßen, daß eine Stadt von der Größe Krefelds (ca. 45 $km^2$) in ihr Platz fände. Die isländische Bezeichnung ›Askja‹ (Schachtel) trifft genau die Form dieser Landschaft. In welcher Zeit und nach welchem Ausbruch dieser große Kessel entstand, ist unbekannt. Ein etwa halbstündiger Marsch führt zu dem See, der gerade einmal 100 Jahre alt ist, und seine Entstehung einem ungemein heftigen Ausbruch im Jahre 1875 verdankt. Dabei ist er beileibe nicht der mit Wasser verfüllte Krater, aus dem 2 $km^3$ Bimsasche in wahrscheinlich nur 24 Stunden in große Höhen geschleudert wurden, sondern ein Einsturzbecken, in dem sich zwar außer dem Víti noch weitere, nun verborgene und verstürzte Ausbruchspunkte befinden können.

Der Ausbruch begann am Ostersonntag, dem 28. März 1875, als eine dunkle Eruptionswolke über den Dyngjufjöll aufstieg. Ihr folgte ein Aschenregen, der als einer der schlimmsten, die über Island niedergingen, weite Flächen wertvollen Wiesenlandes in Ostisland zudeckte. Insgesamt verteilte sich die Bimsasche auf einer Fläche, die mehr als sechsmal so groß ist wie Island. Viele Besitzer des vom Aschenniederschlag betroffenen Landes mußten ihren Grund und Boden aufgeben und wanderten nach Nordamerika aus. Besonders betroffen war davon die Region um den Vopnafjörður. Etwa 3000 Menschen verließen ihre Heimat.

Interessant war es zu beobachten, wie sich im Laufe der folgenden Jahre der See Öskjuvatn bildete. Vier Monate nach dem Ausbruch, im Juli 1875, nahm der entstehende Einbruchskessel (Caldera) eine Fläche von 2,5 $km^2$ ein. Das Gelände war um 120–150 m abgesunken und trocken. Nach einem Jahr war die Caldera auf eine Fläche von 7,3 $km^2$ mit etwa 230 m unter dem Rand angewachsen. Es hatte sich ein kleiner See mit lauwarmem Wasser gebildet. 20 Jahre nach dem Ausbruch hatte der Kessel ein Ausmaß erreicht, das schon etwa dem heutigen entsprach, nämlich 11 $km^2$ Fläche, und das Gelände stieg noch 60 m über der Wasserfläche bis zur Bruchkante an. Am See erinnert ein steinernes Denkmal mit einer Bronzeplatte an zwei im Jahre 1907 auf rätselhafte Weise auf dem Öskjuvatn verschollene Deutsche, den Geologen Walther von Knebel und den Maler Max Rudloff.

## Am Rand des Vatnajökull

Nach dem Besuch der Askja verlockt es, bis an den Vatnajökull vorzustoßen. Ein lohnendes und gut erreichbares Ziel ist der **Kverkjökull** 9 mit den Kverkfjöll. Der südöstliche Teil der ›Missetäter-Wüste‹ mit den auch in historischer Zeit noch tätigen Vulkanen der Kverkfjöll am Nordrand des Vatnajökull ist von der Askja über den Austurleið (F910) erreichbar. Hinter der Jökulsá-Brücke biegt dann der zur Sigurðarskáli führende Kverkfjallaleið (F902) ab. Mit den Flechten und Moosen an den Hängen erscheint die Umgebung der Hütte wie eine Oase. Dieser Eindruck wird noch dadurch verstärkt, daß sich die Betreiber der Hütte Sigurðarskáli an den **Kverkfjöll** 10 (S. 298) darum bemüht haben, den Campern einen rasenartigen weichen Untergrund durch die Anlage kleiner Wiesenflächen anzubieten. Genau zwischen den beiden großen Loben des Dyngjujökull und des Brúarjökull treten die Eismassen auf einer Breite von etwa 15 km nach Südwesten zurück. Dort befindet sich das Gebiet der bis zu 1920 m hohen Kverkfjöll mit der schmalen Zunge des Kverkjökull. Die stark zerklüfteten Berge sind mit vielen kleinen Kratern bedeckt. Vulkanische Aktivitäten ereigneten sich hier in den Jahren 1477, 1665, 1684, 1711, 1717, 1726 und 1729, wobei auch Gletscherläufe ausgelöst wurden, unter denen besonders 200 km weiter im Norden die im Gebiet des Öxarfjörður lebenden Menschen zu leiden hatten. Offensichtlich stand die vulkanische Tätigkeit der Kverkfjöll in den 1720er Jahren in einem Zusammenhang mit den Ausbrüchen nordöstlich des Mývatn in der Zeit von 1724–1729.

Besucher werden hier am Rand des Vatnajökull besonders von den Thermalquellen von **Hveradalur** 11 angezogen. Die Heißwasseraustritte erstrecken sich auf einer Fläche von 10 km$^2$ unter dem Gletscher. Der Besuch der Thermalquellen erfordert eine gute körperliche Kondition, denn es dauert 8–10 Stunden, um bis an die von Eismassen umgebenen Quellen vordringen zu können.

Ist man nun schon bis an den Nordrand des Vatnajökull vorgestoßen, dann sollte man es nicht versäumen, das Umland der Gletscherzunge Kverkjökull zu besuchen. Man hält sich von der Hütte aus links und quert eine Grundmoränenlandschaft mit großen Blöcken, die unter den rauhen klimatischen Bedingungen zum Teil reichlich gelitten haben. Spaltenfrost hat einzelne unter ihnen regelrecht in Scheiben zerlegt. Die Umgebung wird beherrscht von der Niederung der Jökulsá á Fjöllum, die sich über ihre eigenen Sedimente weitverzweigt nach Nordosten bewegt. Dahinter schließt sich weiter nach Westen der sanft ansteigende Schild des pfannenkuchenartig ausgebreiteten Dyngjujökull, eines Vorlandgletschers des Vatnajökull mit beträchtlichen Ausmaßen, an. Seine Oberfläche erscheint keineswegs rein und glatt, sondern es bedecken ihn schwarze Sedimente, möglicherweise auch Aschen. Einzelne schwarze Pyramiden wachsen über seiner Eisfläche empor. In Fortsetzung des Jökulsá-Tales lenkt am Horizont das Massiv der Dyngjufjöll die Aufmerksamkeit auf sich. Zwischen ihm und der flachen, weiträumigen Erhebung des 941 m hohen Schildvulkans Vaðalda leuchtet als heller Strich der Dyngjuvatn herüber.

Nach etwa 5 Minuten Fahrt erreichen wir vor einer etwa 10–15 m aufragenden Moräne den Ausgangspunkt der Gletscherwanderung. Zunächst führt der Pfad über die Moräne oberhalb eines aus dem Kverkjökull entspringenden Baches. Der untere Teil des Gletschers ist stark verschmutzt. Wir steigen an seiner rechten Seite hinauf und queren einen Moränenrücken. Bald befinden wir uns auf einem Talboden mit einem rasch dahin rauschenden kleinen Fluß, der gerade durch ein 20 m breites Tor den Gletscher verlassen hat. Eisabbrüche haben an der Seite riesige weiße Blöcke hinterlassen. Nach einer Querung des Tales können wir auf der Höhe bis an die reichlich flache Stirn des Gletschers herangehen oder ihn sogar besteigen. Hier ist allerdings Vorsicht geboten, denn der Untergrund ist als wässriger Gesteinsbrei außerordentlich schlüpfrig. Unter Beachtung der Gefahren, der auf dem flachen, schneefreien (aperen) Gletscher einsichtigen Spalten, können wir über die rauhe Oberfläche der Eismassen weiter hinaufgehen. Wem es zu gefährlich erscheint, der kann über einen pflasterartigen Untergrund den Rand auf dem Vorland weiter verfolgen.

Die Fahrt von Kverkfjöll nach Möðrudalur über den Austurleið (F910) ist von der landschaftlichen Schönheit und vom

*Fließstrukturen in Sedimenten der Jökulsá á Fjöllum*

fahrerischen Komfort gegenüber der westlichen Route nach Herðubreiðarlindir als die schönere und komfortablere anzusehen, wenn auch tiefgründige Sandpistenteile das Fortkommen erschweren können. In Bezug auf die Vegetation wirkt die Landschaft mit Ausnahme der Umgebung von Hvannalindir fast trostlos. Flechtentupfer erhellen ein wenig das Schwarz der Lavaströme. Weiter im Norden belebt die graugelbe Farbe des Bimses das Grau bis Schwarz der Umgebung. Dennoch sind die Regionen mit dem Ausgangsstoff der basaltischen Schmelze von sehr vielfältiger Natur. Einzelne schwarze Hügel ordnen sich zu einer Reihe an, burgenartige Berge besitzen hohe Schutthänge aus mehr als faustgroßen Gesteinsbruchstücken, so daß sie wie Haufen von Pflastersteinen aussehen. Am glatt geschliffenen Untergrund ist zu erkennen, daß an anderer Stelle Eiszeitgletscher die Oberfläche gestalteten.

Nach einzelnen Bachquerungen und nach einer längeren Fahrt über kiesigen Grund im Einzugsgebiet der Hvanná nimmt der Grasbewuchs des Untergrundes zu. Es tauchen die Gebäude von **Möðrudalur** 12 (S. 300) auf. Der Hof ist mit 469 m der höchstgelegene und einer der abgeschiedensten Höfe in Island. Die Weidegebiete sind für die Schafhaltung geeignet.

# Der Osten

# Wo nur noch der Fuchs ›Gute Nacht‹ sagt – Melrakkaslétta und der Nordosten

Nach dem Besuch der Küstenlandschaft des Öxarfjörður mit Ásbyrgi (s. S. 173) kann man sich entscheiden, sich entlang der Schlucht von Jökulsárgljúfur wieder nach Süden zu wenden oder die Fahrt nach Norden über den Norðausturvegur (85) fortzusetzen und sich in eine der einsamsten und zugleich wegen ihrer Herbheit und Weite beeindruckendsten Landschaften Islands, in den Nordosten mit der Halbinsel Melrakkaslétta, dem Þistilfjörður, der Bakkaflói, der Halbinsel Langanes und der Umgebung des Vopnafjörður zu begeben.

Auf keiner Route kommt man dem Polarkreis so nahe wie im Norden der Halbinsel Melrakkaslétta, der ›Ebene der Füchse‹. Am Leuchtturm von Hraunhafnartangi (66° 32′ 11″ N und 16° 01′ 36″ W) fehlen nur wenige Kilometer bis zum Nördlichen Polarkreis. Der Landschaftscharakter des Nordostens wird stark von den geologischen und klimatischen Verhältnissen geprägt, wobei das Alter der Gesteine von Westen nach Osten zunimmt. Die Spalten- und Störungszone des Südens setzt sich in Melrakkaslétta fort, so daß in der Nacheiszeit im Zentrum die Rauðhólar ausbrachen und die Lavaströme des Kerlingarhraun nach Nordosten fast bis nach Raufarhöfn und nach Nordwesten bis in die Höhe von Kópasker vordrangen.

Den größten Teil der Halbinsel bedekken vulkanische Gesteine aus dem Eiszeitalter. Unter dem Gletschereis entstandene Höhenzüge schließen am Ost- und Westrand der Halbinsel eine weite, namenlose Ebene ein. Älter ist der Untergrund weiter im Osten. Er gehört mit den Ausnahmen des Südostens von Melrakkaslétta und der Halbinsel Langanes mit einem Alter von 700 000 bis 3,1 Millionen Jahren in das Zeitalter des Pleistozäns bis Tertiärs. Dort sind die Gesteine vorwiegend basaltischer Natur. Aber das Antlitz der Oberfläche haben eiszeitliche Gletscher gestaltet, was sich in glatt gehobelten Felsflächen und in einer flachwelligen Landschaft äußert. Eine Form besonderer Art verläuft in Nord-/Süd-Richtung durch Melrakkaslétta. Obgleich sie Blikalónsdalur bezeichnet wird, besitzt sie aber keineswegs die Eigenschaften eines Tales mit einem fließenden Gewässer. Zwei Bruchlinien begrenzen beiderseits die langgestreckte, 20 km lange Hohlform, so daß sie eher als ein tektonischer Graben oder Riftvalley, also als Bestandteil des Mittelatlantischen Rückens anzusehen ist, wie im Südwesten die Senke von Þingvellir. Im Süden verschwindet das Blikalónsdalur unter der postglazialen Lava von Kerlingarhraun.

Die Gebiete mit geringer oder keiner Vegetation beschränken sich im wesentlichen auf die Palagonitberge der Halbinsel. Es sind die mit Moosheide bestandenen Gebiete und die höheren Berge. Auf Melrakkaslétta gibt es kaum Feuchtgebiete, dafür herrschen verschiedenste Formen der Heide und des Graslandes vor. Die Feuchtgebiete konzentrieren sich auf den Raum südlich des Þistilfjörður. Der gesamte Nordosten ist sehr dünn besiedelt. Selten trifft man unterwegs auf eine menschliche Behausung. Nur an einzelnen stillen Buchten mit einem kaum genutzten Hinterland macht die Ansammlung von Häusern bewußt, daß sich die hier lebenden

*Blick über den Öxarfjörður zur Halbinsel Melrakkaslétta*

Menschen vom Speisetisch des Meeres ernähren müssen. Größte städtische Siedlung ist mit etwa 700 Einwohnern Vopnafjörður.

## Die Route

Der Start zum Besuch der Halbinsel Melrakkaslétta kann nach einer Übernachtung in dem Sommerhotel mit Schwimmbad in **Lundur** bei Ásbyrgi (S. 277) im Mündungsgebiet der Jökulsá á Fjöllum erfolgen. Weiter im Norden ist als südliche Begrenzung der Halbinsel der 341 m hohe Tafelberg Núpar nicht zu übersehen. Seine Gipfelplattform ragt weitaus weniger hoch über der Basis auf als bei der Herðubreið im zentralen Hochland. Das bedeutet also, daß die Mächtigkeit der Eisdecke, die ganz Island bedeckte, nach Norden abgenommen hat, was durch weitere Tafelberge bestätigt wird.

Die nördlichsten Partien des Öxarfjörður werden verlassen. In der Umgebung eines grünen Landes liegt mit **Kópasker** **1** (s. S. 298) der nach Raufarhöfn wichtigste Ort dieser Halbinsel. Dennoch wohnen hier nur 170 Menschen, die ihren Lebensunterhalt mit Handel, Dienstleistungen und durch die Arbeit in einem Garnelenverarbeitungsbetrieb bestreiten. Während der Riftereignisse im Mývatn-Gebiet von 1975–84 wurde Kópasker am 16. Januar 1976 von einem Erdbeben erfaßt, dessen Hypozentrum sich 12 km weiter im Südwesten befand. Die Erdstöße waren so heftig, daß Gebäude und Bauten im Hafen den Erschütterungen nicht standhielten und barsten. Trotzdem sind derartige seismische Aktivitäten in dieser Region nichts Ungewöhnliches, denn die Halbinsel befindet sich am Rand der aktiven Vulkanzone, und gerade hier muß mit Plattenbewegungen und ihren Folgeerscheinungen gerechnet werden.

Schließlich ereignete sich sogar im Jahre 1823 weiter im Norden an dem Paß zwischen den Palagonitbergen der Leirhafnarfjöll und dem 248 m hohen Snartarstaðanúpur ein kleiner Vulkanausbruch. Etwa bis in die Höhe von Leirhöfn begleitet der Palagonittuffrücken der Leirhafnarfjöll die Küstenstraße. Den Abschluß bildet der 205 m hohe Aussichtsberg **Geifla** (Gefla). Dann geht die subglaziale Vulkanlandschaft in ein grünes buckliges *(þúfur)*-Tiefland mit zahllosen kleinen Seen über. Man quert Ausläufer dieses Höhenzuges und befindet sich schließlich vollends in der ›Ebene der Füchse‹. Wenn nicht gerade der Wind geht, herrscht absolute Stille. Einzelne Seen blinken wie Spiegel in der mit Gräsern und Heide bewachsenen Umgebung, dann eine Piste und sonst nichts. Man spürt den Hauch des kalten Nordens.

Bei diesem Anblick kann man nur erahnen, daß man sich in einer Region befindet, in der es außerordentlich hart ist zu existieren. Dieses an der Grenze menschlichen Siedlungsraumes gelegene Gebiet im Nordosten Islands wird von zwei über Pisten erreichbaren Leuchttürmen begrenzt. Den westlichen Eckpfeiler bildet die über einen Seitenweg erreichbare 73 m hohe rote Klippe des **Rauðinúpur** 2, zugleich Vogelfelsen mit Dreizehenmöwen, Trottellummen und Baßtölpeln (nördlichster Brutplatz in Island). Über einen seitlichen Schotterweg kann man im Nordosten näher an den Leuchtturm von **Hraunhafnartangi** 3 und die Küste heranfahren. Die sich hier darbietende Szenerie ist fürwahr zyklopisch. Unmittelbar vor der Küstenlinie bauen Gesteinsblöcke mit einem Durchmesser von einem Dezimeter bis zu deutlich über einem hal-

raunhafnartangi
aufarhöfn
Þistilfjörður
Kollavík
Langanes
Sævarland
Þórshöfn
5
Brekkna-
heiði
6
Gunnólfsvíkurfjall
Bakkaflói
Finnafjörður
Bakkafjörður
Bakkafjörður
Langanesströnd
Bakkaheiði
Sandvíkurheiði
fellsheiði
Ytri-Hágangur
923 m
891 m
Syðri-Hágangur
952 m
Vopnafjörður
Bjarnarey
Selárdalur
7
Vopnafjörður
Dýjafjall
717 m
Selá
Mælifell
822 m
Hrútafjöll
862 m
935 m
Héraðsflói
Þuríðará
8
Burstarfell
Smjörfjöll
Hauksstaðaheiði
Hofsárdalur
Hlíðarfjöll
Lagarfljót
Hróarstunga
Þjóðfell
1035 m
Sandfell
876 m
Möðrudalur
9
Eiðar
Möðrudalsfjallgarðar
Jökuldalsheiði
Jökuldalur
Skeggjastaðaheiði
Fellabær
Egilsstaðir
Seyðisfjörður

ben Meter einen 4–5 m hohen Wall vor der Küstenlinie auf. Es läßt sich nur mit kühnster Phantasie vorstellen, wie die aufgepeitschte Brandung toben muß, wenn wieder einmal ein Sturm die nördlichste Küste erfaßt. Wie wild der Atlantik sein kann – und das gilt sicher für die Küsten ganz Islands – wird man einschätzen können, wenn man sich vorstellt, mit welcher Gewalt 20 m hohe Brecher gegen die Küste anrennen. Die höchsten Wellen wurden am 9. Januar 1990 mit einer Höhe von 23 m, allerdings vor Südisland, gemessen.

Sand sucht man an dieser Küste vergebens. Viele Treibholzstämme liegen auf der dem Meer zugewandten Seite, aber einige müssen auch die an der Küste auflaufenden Brecher über den Strandwall hinweggeworfen haben. Große Platten des felsigen Untergrundes wurden herausgerissen und auf den Wall geschleudert. Hier wirkte dann die Verwitterung weiter auf sie ein und hinterließ große Löcher in Form von Tafoni. Selbst die aus dem Pflanzenteppich herausragenden Felsblöcke hat in vielen Fällen der Frost gespalten. Alte Torfbauten in unmittelbarer Nähe des Leuchtturms sind verfallen. Sogar der in den 1940er Jahren errichtete Bau des Leuchtturms blieb an seinen Fundamenten von den Wirkungen des Spaltenfrostes nicht verschont. Es ist nicht zu übersehen, daß der Norden von Melrakkaslétta schon vom Einfluß der subpolaren Breiten geprägt ist.

Auch im Osten der Halbinsel stellt sich das Hinterland als ein flaches Tundrengebiet mit vielen kleinen, während der Eiszeiten gebildeten Seen dar, über das die Stürme des Nordatlantiks ungehindert hinwegfegen können. Der bei schlechtem Wetter unwirtlich und rauh erscheinende Charakter der über 1000 km$^2$ großen Halbinsel verstärkt sich noch mehr, wenn sie in den Wintermonaten, manchmal bis weit in den Sommer hinein vom Treibeis umklammert wird und ein Auslaufen der Fischerboote unmöglich ist. Die Erwerbsmöglichkeiten der dort lebenden Bauern sind ohnehin sehr eingeschränkt, denn die Schafhaltung ist wegen der rauhen Klimabedingungen ein unsicheres Unterfangen. Nach strengen Wintern kommt das Gras im Frühjahr nicht mehr auf und bleibt damit als Futter aus. Daher müssen die Bauern oft in der kalten Jahreszeit auf die Fütterung mit Seetang zurückgreifen. Dennoch ging nach dem strengen Winter 1967/68 die Hälfte des Schafbestandes zugrunde. Erfolgversprechender für die Bestreitung des Lebensunterhaltes ist die Anzucht von Fischen, vor allem Lachsen, im Blikalón im Bereich der Sigurðarstaðavík. Auf der Basis Fisch stehen auch die Pelztierfarmen, wo hauptsächlich Füchse gehalten werden. Ihre ursprüngliche wirtschaftliche Bedeutung haben die Jagd auf Seehunde und das Aufsammeln von Treibholz verloren.

Es erstaunt, daß diese unwirtliche Landschaft bereits im Mittelalter besiedelt war. Die Fóstbræðra-Saga (Blutsbrüder-Saga) berichtet, daß der Isländer Þorgeir Hávarsson in der Umgebung von Hraunhafnartangi Zuflucht gesucht habe und in einer kriegerischen Auseinandersetzung 14 Gegner tötete, bevor er selbst fiel. Seinen abgetrennten Kopf brachte der siegreiche Gegner in einem Beutel zum Eyjafjörður. Der Körper des Enthaupteten wurde mit den anderen Toten auf einem Hügel bestattet. Dieser Flecken wird nun ›Þorgeirs Grabhügel‹ genannt. Er ist ein Steinhaufen, auf den nach altem Brauch die Besucher einen Stein werfen, um die Toten zu grüßen.

Wenn sich auch stellenweise unmittelbar hinter den Strandwällen der

# Warum der Boden das Fliegen lernt

Die Insel wird häufig von Stürmen heimgesucht. Diese machen sich im Bereich der Sanderflächen im Süden dadurch bemerkbar, daß Staubwolken manchmal kilometerhoch aufwirbeln und sich landeinwärts bewegen. Man sollte eigentlich annehmen, daß bei Jahresniederschlägen von mehr als 500 mm die feineren Gesteinspartikel wegen der Feuchtigkeit am Boden haften. Aber da unterschätzt man die Kraft einzelner Stürme und übersieht einen Umstand in der subpolaren Umgebung, der den Wind zu einem nicht zu unterschätzenden Transportfaktor für feines bewegliches Massengut macht. In dem Gebiet, wo die Wetterfronten aufeinanderprallen, ist die Kraft des Windes zeitweise so groß, daß wegen der verminderten Sicht und wegen der Gefahr, umgeweht zu werden, der Verkehr vorübergehend auf der über die Sander führende Ringstraße eingestellt werden muß. Die isländischen Autofahrer schützen ihr Fahrzeug gegen die abschmirgelnde Wirkung der aufgewirbelten Gesteinspartikel, indem sie die Außenseite der Karosserie mit einem Schweröl bestreichen. Dabei kann es den besonders Bequemen unter ihnen, die nur die Luvseite mit Öl versehen, passieren, daß ihr geheiligtes Auto doch noch einem Sandstrahlgebläse ausgesetzt wird, nämlich dann, wenn sie wegen einer Straßensperrung auf der Strecke umkehren müssen.

Der aufgewirbelte staubartige Feinboden der Sanderflächen kann vom Wind über 50 km weit verlagert werden. Derart verfrachtete Staubmassen finden wir manchmal in einer Mächtigkeit von mehr als einem Meter im Norden Islands wieder. Sie nahmen als Luftfracht ihren Weg aus dem zentralen Hochland, um zum Beispiel in der Fjordlandschaft um Akureyri abgelagert zu werden. Wieviel Boden angeweht werden kann, ist an den Bodenschichten zwischen unterschiedlich alten Aschelagen der Hekla zu ermessen. So wurden vom Wind zwischen 4000 Jahre alten Hekla-Ascheschichten und einer jüngeren datierten Schicht gleichen Ursprungs innerhalb von 1200 Jahren im Norden der Insel etwa 10 cm Boden abgesetzt. Das sind etwa 0,08 mm/Jahr, eine gering erscheinende, aber während der Kaltzeiten auch in Mitteleuropa übliche Sedimentationsrate.

Viel schneller verläuft der Abtragungsprozeß, wenn durch entstandene Kahlstellen in der schützenden und das Bodenmaterial festhaltenden Vegetationsdecke dem Wind eine Angriffsfläche geboten wird, was selbst durch kleine Brandflecken, Fahrspuren oder stellenweisen Kahlfraß verursacht werden kann. Denn in dieser subpolaren Landschaft fehlen innerhalb des Kornverbandes die bindenden Kräfte des Tons. Die Luftreise wird von den feinen Körnern wieder aufgenommen. Im Nordosten können die Staubstürme ein solches Ausmaß annehmen, daß die Sichtweite kaum mehr als 10 m beträgt.

Ein großer Teil des kostbaren Bodenmaterials wird unwiederbringlich ins Meer geweht. Daher ist es im hohen Norden außerordentlich wichtig, die Pflanzendecke nicht zu beschädigen, da sonst durch den beständig wehenden Wind riesige Kahlflächen entstehen können, wo später bestenfalls Flechten gedeihen können. Einen verhängnisvollen Beitrag zu diesem Unheil haben die isländischen Schafe geleistet. Im Norden der Insel sieht man häufig kahle, vom Wind blank gefegte Flächen mit einzelnen Vegetationsinseln, die wie überdimensionale Pilze aus ihrer Umgebung ragen. Für die Entstehung vieler dieser nackten Fels- oder Kiesflächen ist der Mensch durch seine ungünstige Beeinflussung eines empfindlichen Gleichgewichtes verantwortlich.

Bis zur Landnahme wurde dieses Gleichgewicht nur durch den Aschenfall bei Vulkanausbrüchen gestört. Danach griffen die auf der Insel gelandeten Menschen in den Naturhaushalt ein. Die Siedler brachten grasende Tiere mit, die zuvor auf Island fehlten. Außerdem begannen die Ankömmlinge, die Wälder abzuholzen, um ihren Bedarf an Brennholz und Bauholz zu decken. Ari der Weise berichtet noch im 12. Jh., daß das gerade entdeckte Land in der ersten Siedlungsperiode zwischen der Küste und den Bergen bewaldet gewesen sei. Es blieben letztendlich von ursprünglich 30 000 $km^2$ Moorbirkenwald nur noch 1300 $km^2$ Wald- und Buschland übrig. Zusammen mit den von anderen Pflanzengesellschaften bestandenen Regionen verschwanden also innerhalb von ca. 1000 Jahren rund 50 000 $km^2$ der dem Boden Halt verschaffenden Vegetationsdecke.

Eine Vorstellung von der Größe des Verlustes erhält man erst, wenn man sich vorstellt, daß jeden Tag pro Einwohner ein Quadratmeter schützende Pflanzendecke verlorenging. Für Island ist die Vernichtung des Bodens eines der größten, auch offenkundigen Umweltprobleme, denn es ist außerordentlich schwierig, den einmal begonnenen Prozeß der Bodenabtragung aufzuhalten.



Pflanzenbewuchs im wesentlichen auf die Echte Bärentraube *(Arctostaphylus uva-ursi)* oder die Krähenbeere *(Empetrum nigrum)* beschränkt, so zeichnet sich doch die Flora von Melrakkaslétta durch eine für die rauhen klimatischen Verhältnisse erstaunlich große Vielfalt aus. Im allgemeinen ähnelt sie den Tundrenflorengesellschaften anderer nordischer Länder. Allerdings fehlt hier der Dauerfrostboden. So bewachsen diese Halbinsel etwa 240 verschiedene Pflanzenarten. Eine der am weitesten verbreiteten Pflanzen ist die Besenheide *(Calluna vulgaris)*, außerdem trifft man auf die Alpenheide *(Loiseleuria procumbens)* und die eßbaren Arten wie die Rauschbeere *(Vaccinium uliginosum)* und die Krähenbeere *(Epetrum nigrum)*. Obgleich beide Beerenarten weniger schmackhaft sind als die Heidelbeere, werden sie auch wegen ihres häufigen Vorkommens von den Einheimischen gepflückt und zu Marmelade und Saft verarbeitet. Von den Gräsern ist das Schmalblättrige Wollgras *(Eriophorum angustifolium)* am auffallendsten, aber landwirtschaftlich weitaus wichtiger sind verschiedene Gras- und Seggenarten, denn sie dienen den Schafen und Rindern als Futter und werden in geschützteren Lagen auf den *Tun*-Flächen auch für die Wintermonate zu Heu verarbeitet. In günstigeren Lagen der Halbin-

*Ebene mit þúfur im Hinterland des þistilfjörður*

sel wächst auf Rücken und kleinen Hügeln der in dem Wald von Ásbyrgi weit verbreitete Storchschnabel *(Geranium sylvaticum)*. Besiedler weniger feuchter und geschützter Standorte sind auch die Silberwurz *(Dryas octopetala)* und der Frauenmantel *(Alchemilla vulgaris)* mit hellgrünen Blättern. Geringere Anforderungen an ihre Umgebung stellt da schon die Grasnelke *(Armeria maritima)* und der in der Gebirgsregion seltener als Farbtupfer zu sehende Steinbrech *(Saxifraga oppositifolia)*. Auf der nördlichen Ebene von Melrakkaslétta gedeiht schon allein wegen der Stürme kein Baum mehr. Es sind dort also nur noch niedrig wachsende Gehölze der Tundra anzutreffen, wie beispielsweise die Polar- oder Zwerg-Birke *(Betula nana)*, die Arktische Grauweide *(Salix callicarpaea)* und an geschützteren Stellen niedrige Exemplare der Grünen Weide *(Salix phylicifolia)*.

Weiter im Süden wird die Landschaft wieder freundlicher und dadurch belebter, daß eine Dampfwolke über silbrig glänzenden Tanks eines Fischverarbeitungsbetriebes den 150 Einwohner zählenden Ort **Raufarhöfn** 4 (S. 303) an der Ostküste ankündigt. Ein bescheidener Wohlstand der Einwohner ist an den bunten Häusern mit gepflegten Gärten zu erkennen, wo Anfang August gerade einmal die Johannisbeeren von der

Blüte in das Beerenstadium übergegangen sind. In Mitteleuropa sind sie um diese Zeit bereits zu Saft und Marmelade verarbeitet. Außerhalb der Heringsfangsaison geht es in der Ortschaft mit einer gewissen zentralen Bedeutung für die Region ruhig und beschaulich zu. Bis der Ort 1838 das Handelsrecht erhielt, existierte Raufarhöfn oder wie es damals hieß, Reiðarhöfn, nur als Bauernhof. Zur Zeit des Booms im Heringsfang während der 1950er Jahre wurde der Hafen für die Heringsflotte ausgebaut. Heute kann man sich gar nicht mehr vorstellen, daß der etwas verschlafen wirkende Ort zu dieser Zeit der wichtigste Heringshafen und einer der größten Exporthäfen der Insel war. Die Einwohnerzahl ging in den letzten 20 Jahren um fast 20 % zurück. Es dokumentiert sich hier ein Trend, der auf der gesamten Halbinsel festzustellen ist. Trotz der Aufnahme neuer Erwerbsmöglichkeiten und der Verbesserung der Infrastruktur durch den Anschluß an die Stromversorgung (1983) droht Melrakkaslétta, wie im Nordwesten mit Hornstrandir bereits geschehen, die Entvölkerung. Viele Gehöfte sind bereits verlassen. An der Entwicklung der Bewohnerzahlen des Gehöftes Grjótnes im äußersten Nordwesten spiegelt sich in sehr deutlicher Weise der Umfang der Abwanderung wider. Während der Sommermonate lebten einst in den zwei Haushalten 40–50 Personen, jetzt fristet nur noch der Bauer mit seiner Frau dort sein Dasein.

In der Umgebung des Ortes sind zwar noch *Þufur* und die flachen Seen die charakteristischen Landschaftselemente, aber südlich von Raufarhöfn ändert sich die Situation. Zunächst taucht völlig überraschend der schon begrünte junge Lavastrom des Kerlingarhraun auf. Dahinter ragen bis zu einer Höhe von etwa 200 m mit ihrem gelblichen Braun weniger triste Berge auf, die bereits aus dem allmählich in der Ferne verschwindenden flachen Norden zu sehen waren. Diese Höhen enden mit dem Kap des Súlur südöstlich von Raufarhöfn. Auflockernd wirken an den Gerinnen in den Hängen die hellgrünen Flecken der Quellflurengesellschaften. Die Reihe der auf der rechten Seite aufragenden, unter den Gletschern der Eiszeit aktiven Vulkane verschwindet in der Höhe des Stóra Viðarvatn mit dem Einschwenken in den Þistilfjörður.

Nahezu mystisch wirkt die Landschaft an der breiten Bucht des Þistilfjörður zwischen Melrakkaslétta und Langanes. Wie in den anderen Regionen des äußeren Nordwestens sind die Flüsse reich an Lachsen und Forellen. Vor dem kleinen Fischerort und Handelsplatz **Þórshöfn** **5** (S. 317; ca. 400 Einwohner) biegt die Straße nach Osten ab und quert die Halbinsel Langanes an ihrem südlichen Ansatz. Þórshöfn erhielt bereits 1846 die Handelsrechte, aber Gebäude mit einem Warenlager wurden erst im Jahre 1880 errichtet. Es war wie Raufarhöfn nur ein Handelsposten.

Der Weg führt über die Brekknaheiði. Am Fuße der Halbinsel erhebt sich über dem Finnafjörður der 719 m hohe Berg **Gunnólfsvíkurfjall** **6**. Er trägt als nordöstlicher Eckpfeiler eine der vier von den US-Amerikanern auf Island eingerichteten Radarstationen. Die Kirche von Skeggjastaðir im Bakkafjörður ist ein Beispiel für die Verarbeitung von Treibholz. Sie stammt aus dem Jahre 1845 und konnte dank einer Treibholzspende des Propstes von Vopnafjörður errichtet werden. In die absolute Einsamkeit begibt man sich bei einem Abstecher auf die Halbinsel Digranes jenseits **Bakkafjördður** (S. 277). Die Hochebenen zwischen den einzelnen Fjorden – in diesen Fällen ist die Bezeichnung

*Das Gehöft Burstarfell*

›Buchten‹ eher angebracht – breiten sich in Höhen um 150–300 m NN aus. Dennoch sind in einer Landschaft wie der Sandvíkurheiði (275 m) die Witterungsbedingungen zeitweise so bedrohlich (Stürme), daß Rettungshütten aufgestellt wurden. Von der Paßhöhe beherrschen im Osten die Smörfjöll die Szenerie. Sie erheben sich über dem Vopnafjörður mit dem gleichnamigen Ort.

Der alte Handelsplatz und Fischereiort **Vopnafjörður** 7 (S. 319) ist vom Fischfang und der Fischverarbeitung (Hering) geprägt. Eine unerwartete Annehmlichkeit bietet das Hinterland des Fjords vor allem den Campern. Etwa 10 km vom Ortszentrum befindet sich im Selárdalur ein Thermalbad. Es ist nicht sehr groß, wird aber sehr gern von ausgekühlten oder sogar verfrorenen Reisenden angenommen. Die Selá selbst zieht Sportfreunde an, die sich gerade dem sauerstoffreichen kühlen Wasser zuwenden. Angler schätzen den Lachsreichtum dieses recht wilden Flusses. Im Winter verliert das Tal einiges von seiner Attraktivität. Schneestürme und harte Witterungsbedingungen lassen trotz der guten Weidebedingungen im Sommer eine dichtere Besiedlung nicht zu. Es ist nur noch ein Hof in dem Tal bewohnt.

Um den Vopnafjörður ist der Boden in starkem Maße der Auswehung ausgesetzt. In dieser Region treten häufig schwere Sand- und Staubstürme auf. Aufgewirbelte Staubmassen verdunkelten im Sommer des Jahres 1988 den Ort Vopnafjörður so sehr, daß kaum die gegenüberliegenden Straßenseiten zu erkennen waren. Der als Bodenmaterial wertvolle Staub wird von den Stürmen unwiederbringlich in das Meer hinaustransportiert.

Wer Vopnafjörður besucht, sollte sich auf jeden Fall taleinwärts auf den Weg machen und das alte, erst 1966 aufgegebene und nun als Museum erhaltene Torfgehöft **Burstarfell** 8 besuchen. Die Ursprünge dieses Gehöftes gehen bis in das Jahr 1532 zurück, denn in diesem Jahr kaufte Arni Brandsson Burstarfell. Wahrscheinlich wurde ein Teil der Gebäude nach einem Brand 1770 neu errichtet. Die vordere Stube stammt aus den Jahren 1851/52, die mittlere Wohn- und Schlafstube wurde mit der Burschenkammer im Jahre 1877 dazugebaut. Die Küche ist viel älter. Einrichtungen der Wohn- und Wirtschaftsgebäude wurden den aktuellen Bedürfnissen und dem Stand der Technik angepaßt. Ab 1942 erzeugte eine Windturbine elektrischen Strom, bis im Jahre 1973 Burstarfell an das Stromnetz angeschlossen werden konnte. 1943 erhielten die Gebäude Wasserleitungen und schließlich 1944 eine Zentralheizung, die mit Kohle und nicht, wie zu erwarten gewesen wäre, mit Thermalwasser betrieben wird. 1943 verkaufte der Eigentümer Methúsalem Methúsalemsson den Hof an den isländischen Staat, was den Erhalt der Gebäude sicherte. Bis 1966 blieb der Hof bewohnt. Heute ist das Gehöft isländisches Heimatmuseum.

Nur wenige Kilometer vom Gehöft entfernt sorgte im Jahre 1980 im Tal der **Þuriðará** ein Fossilfund für eine geologische Sensation und für reichliche Verwirrung. Es wurden Knochenreste eines Landtieres, eines kleinwüchsigen Damhirsches, gefunden. Wahrscheinlich besitzen sie ein Alter von 3–3,5 Mio. Jahren und sind somit älter als das Eiszeitalter. Der Fund läßt die Vermutung wieder aufleben, daß im Tertiär eine Landbrücke mit Grönland oder über die Färöer-Inseln mit den Britischen Inseln bestanden habe. Wie soll sonst ein Landsäugetier in Warmzeiten auf eine Insel gelangt sein, wenn nicht über das Eis? Aber dann stellt sich wiederum die Frage nach den klimatischen Verhältnissen. War vor mehr als 3 Millionen Jahren das Klima kalt genug, daß ein Säugetier über das Eis Island erreichen konnte? Sicher erscheint, daß im Laufe der Zeit große Teile der Erdkruste abgesunken sind, so daß sich die ehemaligen Landteile als Grönland-Island-Faröer-Schottland-Rücken nun in einer Meerestiefe von 400–600 m befinden.

Es gibt zwei Möglichkeiten, die Reise von Vopnafjörður in den Osten Islands fortzusetzen. Die kürzere Verbindung führt auf dem Hlíðarvegur (917) über die nordwestlichen Ausläufer der sich östlich von den Smörfjöll erstreckenden Hlíðarfjöll Richtung Egilsstaðir. Als andere Möglichkeit schließt die Fahrt auf dem Norðausturvegur (85) über die Möðrudalsheiði mit einem Aufenthalt am Gehöft **Möðruðalur** 9 (S. 300) ab. Damit sind wir auf der Ringstraße (1) und können die Fahrt nach Osten oder Westen fortsetzen. Im Westen erwartet uns die Wüstenlandschaft von **Möðrudalsfjallgarður** mit den einst unter dem Gletscher aktiven Vulkanen der Palagonitberge. Sie sind als Bergrücken die Ergebnisse des unter dem Eis wirksamen Spaltenvulkanismus. Diese vornehmlich schwarzen Berge ragen über einer Ebene auf und können bis zur Missetäterwüste und an den Nordrand des Vatnajökull verfolgt werden. Vom Frost gespaltene Blöcke bedecken die Oberfläche. Wind hat das Feinmaterial ausgeweht und nur Gesteinsbrocken an der Oberfläche hinterlassen. Bei guter Sicht erkennt man schon die Tafelberge im Süden des Mývatn und in der Ferne die Berge von Akureyri. Die dunkle Farbe der Umgebung macht zwar nicht gerade einen aufmunternden Eindruck auf den Betrachter. Dennoch ist die Szenerie faszinierend und einmalig, da nur in wenigen Gebieten der Welt derartige Vulkanformen zu sehen sind.

Wendet man sich nach Osten, ändert sich die Landschaft. Nur die Kuppen einzelner ehemaliger Zentralvulkane überragen eine leicht wellige Heidelandschaft mit einzelnen Seen und Tümpeln, an deren Rändern die weißen Büschel der Wollgrasblüten leuchten. Sie hat einen beruhigenden Charakter. Im Süden grüßt halb versteckt der Snæfell herüber; nähert man sich Egilsstaðir, wird er zum landschaftlichen Fixpunkt.

# Rund um Egilsstaðir – Wald und die Ostfjorde

## Junge Landschaft aus altem Gestein – die Fjordlandschaft

Im Osten erstreckt sich zwischen der Bucht Héraðsflói und dem Vesturhorn bei Höfn mit etwa zehn Fjorden die Landschaft der Ostfjorde oder wie die Isländer sagen: Austfirðir. Der längste Fjord, der Reyðarfjörður, reicht mit etwa 35 km tief in das Land hinein. Im landschaftlichen, aber auch im geologischen Aufbau gleicht die Fjordlandschaft des Ostens weitgehend der Nordwest-Halbinsel. Die Gesteine sind gleichartig ausgebildet und haben nach jüngsten Datierungen auch fast dasselbe Höchstalter wie im Nordwesten, nämlich 13 Millionen Jahre. Diese sehr alten Gesteine wurden an der Lokalität Gerpir im äußersten Osten gefunden, wo auch fossile Pflanzenreste vorkommen.

Obgleich Austfirðir das geologische Gegenstück zum Nordwesten ist, zeigt diese Landschaft trotz gleichartiger Entwicklung und Umgestaltung durch die Eiszeitgletscher ein, wenn auch nur um Nuancen, anderes Erscheinungsbild. Sie ist eine Gebirgslandschaft alpinen Charakters in Küstennähe. Einzelne Gipfel erreichen Höhen von über 1300 m, was zwar einen Alpenfreund wegen der Höhe

*In den Ostfjorden*

nicht so sehr in Erstaunen versetzt. Wenn man aber bedenkt, daß die meisten Berge den Meeresspiegel und nicht eine Höhe um 1500 m als Basis haben, dann sind diese Höhen beträchtlich. Die Gipfelfluren sind zu zerschnitten, als daß größere zusammenhängende Gletschermassen mit dem Ausmaß eines Drangajökull wie im Nordwesten der Insel existieren könnten. Über den Fjorden erheben sich pyramidenförmige Bergspitzen mit scharfen Graten, deren bekannteste der 1069 m hohe Búlandstindur westlich von Djúpivogur ist. Einzelne von ihnen ragten während der Eiszeiten als Felskuppen aus den Gletschern heraus, die diese Fjordlandschaft bedeckten. In die Höhenrücken zwischen den Tälern und Fjorden sind häufig Kare als schüsselförmige Mulden mit einem Bach als Abfluß eingetieft worden, so daß sie manchmal riesigen Amphitheatern gleichen.

Der abwechslungsreiche Charakter und die stärkere Zerrissenheit der Ostfjorde ist sicherlich in den vom Nordwesten abweichenden früheren vulkanischen Verhältnissen begründet. Im Osten müssen während des Tertiärs viel mehr große Zentralvulkane die damals flache Landschaft überragt haben. Den Charakter dieser Landschaft kann man sich weiter im Westen gut mit den aus einer flachwelligen Umgebung herausragenden Bergen der Hágangur (922 m, 925 m) und des Mælifell (822 m) vorstellen. Heute durchsetzen ihre übriggebliebenen Stümpfe als kleine Bergmassive die leicht nach Westen geneigten Basaltabfolgen. Die eindrucksvollsten unter ihnen dürften in den Ostfjorden das 1136 m hohe Bergland der Dyrfjöll (Türberge), der Breiðdalur-Zentralvulkan und der Snjótindur sein.

Westlich des Talschlusses der engen Fjorde fügt sich eine weiträumige Region mit breiten Muldentälern an. Es sind die Gletschertäler Fljótsdalur mit dem drittgrößten See Islands, dem Lögurinn (53 km$^2$, Maximaltiefe 112 m), und das Tal der Geitdalsá. Der Gletscherfluß, der durch das von dem Lögurinn eingenommene Tal fließt, ist der Lagarfljót. Er hat seinen Ursprung am Nordostrand des Vatnajökull, am Eyjabakkajökull als Jökulsá í Fljótsdal und bildet nordöstlich des Bergrückens Múli in dem 30 km langen und 2,5 km breiten, fast gradlinigen Tal den See Lögurinn bis Egilsstaðir. Nach Volkssagen soll hier der Lindwurm ›Lagarfljótsormurinn‹ hausen, der einen Goldschatz bewacht. Im Norden strebt er dann parallel zur Jökulsá á Brú der breiten Bucht Héraðsflói zu. Obwohl auch hier der Vulkanismus schon längst seine Tätigkeit als gestaltende Kraft eingestellt hat und Gletschermassen die Räume westlich der Fjorde bedeckten, zeigt sich hier heute eine wesentlich weiträumigere Landschaft als in den Fjorden. Das bedeutet aber nicht, daß die Eismassen keine Spuren zurückgelassen haben. Wie schon im Breiðafjörður oder im Hinterland der Húnaflói, treffen wir in der ebeneren Landschaft mit Rundhöckern und Schrammen die gleichen Formen an. Einzelne Bäche fließen auf dem direkten Weg, manchmal über einige Fallstufen in die Haupttäler. Die Kulisse bilden höhere Bergzüge, wie die Smörfjöll.

Erwerbsgrundlage ist für die Menschen in den Fjorden der Fischfang, in den westlichen Regionen die Landwirtschaft. Die Ostfjorde waren schon sehr früh Siedlungsraum. Nun sind die Fjordsiedlungen in erster Linie Fischereistandorte. Kennzeichen ist für sie der Fischverarbeitungsbetrieb, ein ausgebauter Hafen mit meist einem Fischtrawler, der gerade ausgeladen oder für den nächsten Fischzug vorbereitet wird.

Unter den Siedlungen im Fjord kommt Seyðisfjörður mit seinen ca. 800 Einwohnern eine höhere Bedeutung zu. Es ist das Verwaltungszentrum Ostislands und Anlegehafen für regelmäßig verkehrende Fähren von Norwegen, Dänemark und den Färöer-Inseln. Dabei empfängt den Ankömmling aus Norwegen oder von den Färöer-Inseln hier in Island eine bereits sehr vertraute Landschaft.

## Egilsstaðir und Umgebung

Trotz der Bedeutung von Seyðisfjörður als Zielhafen der vom Festland und von den Färöer-Inseln anlaufenden Fähre besitzt die 1600 Einwohner zählende Kleinstadt **Egilsstaðir** 1 (S. 283) ein wesentlich größeres Angebot an Dienstleistungseinrichtungen. Als wichtigster Verkehrsknotenpunkt Ostislands ist es

*Die Ostfjorde (Austfirðir)*

an die Ringstraße angebunden. Der fast im Stadtgebiet liegende Flugplatz wird täglich von Reykjavík angeflogen. Wegen seiner zentralen Lage dient Egilsstaðir zugleich als Ausgangsort für touristische Unternehmungen und bietet Besuchern mit dem Museum der Ostfjorde einen Einstieg in die Region.

Zunächst kann man sich in der näheren Umgebung umschauen und die Ufer des hellgrünes Wasser führenden Sees Lögurinn aufsuchen. Angesichts seiner beträchtlichen Längserstreckung und relativ geringen Breite stellt sich die Frage: Ist dieses ein breites Tal ausfüllende Gewässer noch ein Fluß oder schon ein See? Aus diesem Grunde wird in jüngster Zeit häufiger der Begriff ›Lögurinn‹ für die breitere Talfüllung benutzt und nördlich von Egilsstaðir heißt das Gewässer Lagarfljót. Beide Teile befinden sich in einer Umgebung, die in der jüngeren Erdgeschichte der Belastung einer der Héraðsflói entgegenstrebenden Eismasse ausgesetzt war. Die als Rundhöcker hervortretenden blanken Felsen in der Umgebung von Egilsstaðir weisen deutlich darauf hin, daß hier einst gewaltige Eismassen schürfend, abhobelnd und glättend gewirkt haben. An den Nordseiten der von dem das Tal ausfüllenden Gletscher zurückgelassenen Formen, also in Leelage, sind die Hänge steiler und fallen in vielen Fällen senkrecht und abrupt ab. An manchen Stellen dieser flachen Rundhöcker kann man beim Anblick der tief eingeschnittenen Kerben erahnen, mit welcher Gewalt die vom Gletscher mitgeführten Felsblöcke über den Untergrund schrammten. Besonders schöne und tiefe Schrammen kann man in der unmittelbaren Umgebung der Kirche von Egilsstaðir betrachten. Als Ergebnis dieser gewaltigen und tiefschürfenden Arbeit blieben außerdem die Großformen der langgestreckten Täler mit sanften Hängen und auffallend dichtem Grün zurück, das von einem Buschwald in den größten Wald (740 km²) Islands um Hallormsstaður übergeht.

Das über den Upphéraðsvegur (931) erreichbare und etwa 25 km von Egilsstaðir entfernte **Hallormsstaður** **2** (S. 289) war ursprünglich ein Großbauernhof und Pfarrhof bis 1880. Als berühmte Persönlichkeit stammt von diesem Gehöft Guðmundur Magnússon (1741–98), der sich um die Veröffentlichung und Übersetzung alter Handschriften verdient gemacht hatte. Heute ist in Hallormsstaður eine im Jahre 1930 gegründete Hauswirtschaftsschule und ein Internat angesiedelt, außerdem ist das Waldgebiet Wiederaufforstungszentrum von Ostisland, in dem 55 verschiedene ausländische Baumarten herangezogen werden. Die Baumschule existiert seit 1903, der Wald wurde schon 1905 unter Schutz gestellt. Hinzu kommen noch größere Parzellen von Lärchen- und Kiefernwald, der erst seit einigen Jahrzehnten dank intensiver Aufforstungsarbeit den sonst doch recht kahlen Boden bedeckt. Kein Wunder, daß sich hierher und in das angrenzende Snæfell-Gebiet die Rentiere zurückgezogen haben und ihre weiteste Verbreitung finden. Nur selten wechseln sie in die angrenzenden Gebiete, wie z. B. in den unteren Vopnafjörður oder sogar an die Südostküste, wo sie verständlicherweise von den Bauern nicht gern gesehen werden.

Verlockend ist es, von Egilsstaðir aus dem Tal des Lagarfljót hinauszusteigen, um sich einen Überblick über die Umgebung zu verschaffen, die eine gewisse Ähnlichkeit mit der norwegischen Landschaft um Lillehammer besitzt. Häufiger wird der Anstieg von einem Bach oder einem kleinen Fluß begleitet, der ab und

*Am Lagarfljót*

zu über kleine Gefällsstufen als Wasserfall zu Tal stürzt. Im Südwesten taucht bei guter Fernsicht in Fortsetzung des Lögurinn oder des Lagarfljót der 1834 m hohe **Snæfell** 3 (S. 313) auf. Der in den letzten 10 000 Jahren nicht mehr aktive Zentralvulkan erinnert in seiner Massigkeit an den Mont Blanc. Allerdings ist dieser großartige, mit Schneefeldern übersäte Berg des isländischen Südostens um fast 3000 m niedriger als der höchste Alpengipfel. Dennoch überragt er in imposanter Weise sein Umland um mehr als 1000 m. Das garantiert seinen Gipfelstürmern bei gutem Wetter eine außerordentlich gute Aussicht auf das zentrale Hochland und die nordöstliche Region. Wenn abends sein Gipfel wolkenfrei erscheint, soll das Wetter am folgenden Tag gut werden. Im Norden des großen Tales um Egilsstaðir zeigen auf der Westseite die Smörfjöll und die Hlíðarfjöll und im Osten die Dyrfjöll ihre schneebedeckten Gipfel.

## Nach Osten

Den nach Osten begonnenen Anstieg in das Hinterland der Ostfjorde kann man zu einem der Fjorde fortsetzen oder direkt mit einem Fahrzeug vornehmen. Die Paßstraße in Richtung des nur 23 km entfernten Seyðisfjörður steigt mit mehr als 10 % zur Fjarðarheiði an. Rechter Hand sieht man die Fjarðará als Gufufoss im unteren Teil und über 20 m tief als Fardagafoss in das Gletschertal des Lögurinn fallen. Auf der Höhe wird das Gelände über eine längere Strecke flacher. Die als *heiði* bezeichnete flache Tundrenlandschaft besitzt mit erratischen Blöcken deutliche Hinweise einer ehemaligen Anwesenheit von Gletschern. Im Norden erheben sich flache schneebedeckte Höhen, die sich in den kleinen Seen, wie dem Heiðarvatn, spiegeln. Im Süden kann man an der Steilheit der Berge schon den Abbruch zum Fjord erahnen. Abgesehen vom Be-

*Im Mjóifjörður*

wuchs besteht eine gewisse Ähnlichkeit zu der Fjell-Landschaft in Norwegen. Der 500 m hohe Abbruch nach Osten ist prädestiniert für Wasserfälle. In mehreren Stufen stürzt sich die Stafðadalsá in die Tiefe. Einer der schönsten ihrer Fälle ist der Múlafoss; weiter unten gibt es ein weiteren Fall mit Namen Gufufoss.

Nach mehreren Windungen der Straße taucht überraschend **Seyðisfjörður** 4 (S. 311) auf. Zu den auffälligsten Gebäuden gehören die hellblaue Kirche und am südöstlichen Rand fischverarbeitende Betriebe. Seyðisfjörður wurde am 1. Januar 1895 als Gemeinde mit 567 Einwohnern zur Kleinstadt *(Kaupstaður)* ernannt. In den letzten Jahren des 19. Jh. ließen sich viele Norweger zum Heringsfang dort nieder. So wurde der Fang, die Verarbeitung und der Vertrieb von den Norwegern vorangetrieben, wobei sich besonders Otto Whatne vom Mandal für den Aufstieg dieser kleinen Stadt einsetzte. Aus dieser Zeit, der Wende vom 19. zum 20. Jh., stammen, wie auch in Reykjavík, die Holzhäuser der Norweger im ›Schweizer Stil‹. In keinem anderen Ort gibt es bessere Beispiele dafür als in Seyðisfjörður. Wegen ihrer exponierten Ostlage erhielt die Stadt 1906 nach der ersten Kabelverlegung über den Atlantik den ersten Telefonanschluß in Island. Das erste Wasserkraftwerk von Island wurde 1913 hier in Betrieb genommen.

Auf der Südseite des Fjordes kann man noch die Fahrt über das Gehöft **Hánefsstaðir** 5 hinaus fortsetzen. Das Gehöft war um 1800 der erste Handelsplatz im Fjord. Das nördliche Ufer schließt im Osten mit einem kleinen Leuchtturm unterhalb des 771 m hohen Brímnesfjall an der Einfahrt zum Fjord ab. Über den Hang des 882 m hohen Kistufjall schauen die Höhen oberhalb Skálanes hervor. Auf der gegenüberliegenden Seite steigt das Gelände mit dem Grýtokollur bis zu 1052 m an. Auch auf der Südseite kommt der Bægsli mit 938 m der Nordseite schon recht nahe.

Trotz der nahezu 1000 m hohen Abstürze fühlt man sich nicht eingeengt. An einem sonnigen Sommertag ist diese Landschaft paradiesisch. Die absolute Stille wird nur von dem gelegentlichen Geschrei der Möwen und dem weinerlichen Gepiepse eines Regenpfeifers unterbrochen. Vom etwa 3 km entfernten Selsstaðir schallt das Gebell eines Hundes herüber. Die Farben sind überwältigend: saftig grüne Wiesen und Hänge, zum Teil rötlich braune Felsen, blendendweiße Schneefelder auf den Höhen und Wolken an einem strahlendblauen Himmel, der in der Ferne in ein blasses und Kühle verheißendes Blau übergeht, ein Bild, das auf einen Mitteleuropäer schon fremdartig wirkt, denn am Horizont sind keine braunen Streifen der Luftverschmutzung zu erkennen. Bei aller Beschaulichkeit für den Besucher dieser anmutigen Landschaft bietet sie Einheimischen kaum eine Grundlage zum Leben. Immer wieder erkennt man im und auf dem Boden Überreste einer Besiedlung. Allein auf der Südseite sind fünf Gehöfte verlassen und verfallen.

Der Bauernhof Hánefsstaðir ist auch die Ausgangsstelle für einen alten Übergang zur Brekka-Siedlung (auch Brekkuþorp genannt) im benachbarten **Mjóifjörður** 6 (S. 300). In diesem 18 km langen, 2 km breiten und früher dicht besiedelten Fjord starteten 1880 ebenfalls Norweger den Heringsfang mit 15 Stationen zum Einsalzen. Bis 1912 wurden dort sogar gefangene Wale angelandet. Asknes am Südufer war damals die größte Walfangstation der Welt. Es wurden elf Walfangboote unterhalten, 300–400 Menschen arbeiteten zeitweise auf der Fangstation. 1902 lebten 420 Menschen an den Ufern des Fjords. Heute sind es nur noch 30, aber der Fjord übt immer noch mit der Schönheit seiner Natur, mit zahlreichen Wasserfällen, interessanten Felsformen und mit einer üppigen Vegetation, eine Faszination auf seine Besucher aus. In guten Sommern kann man sich sogar dem Genuß reifer Blaubeeren hingeben.

Der idyllischen Note mangelt es eher dem größten Fjord Ostislands, dem 35 km langen Reyðarfjörður. Dafür stellt er sich in einer Großartigkeit dar, wie man es nur von den großen Fjorden der Nordwest-Halbinsel kennt. Neben dem Ort **Reyðarfjörður** 7 (S. 303f.) besitzt die 1600 Einwohner zählende Kleinstadt **Eskifjörður** 8 (S. 284) an der Ostseite des gleichnamigen Seitenfjordes eine gewisse Bedeutung. Es ist Handelsstation seit 1787 und erhielt die Stadtrechte im Jahre 1978. Beherrscht wird die Umgebung von dem 985 m hohen Hólmatindur, der zusammen mit anderen Höhen des Rückens Hólmaháls und der Landzunge Hólmanes als Naturschutzgebiet ausgewiesen ist. Bekanntheit auch außerhalb Islands erlangte im Reyðarfjörður die Umgebung des Hofes **Helgustaðir** 9 als Lagerstätte des in der optischen Industrie verarbeiteten Doppelspates, der von Mineralienfreunden geschätzt wird. Über 200 Jahre, bis ins 20. Jh. hinein, hat man dieses Mineral gefördert. Das Bergen, Sammeln oder Mitnehmen dieses und anderer Minerale ist heute streng verboten. Auf der Nordseite des Fjordes befand sich bei Svínakálastekkur oder Innstekkur zu Beginn des 20. Jh. eine Walfangstation.

Eine Fahrt in diesen Teil der Ostfjord-Landschaft kann man mit einem Besuch des benachbarten Norðfjörður und des 1500 Einwohner zählenden Ortes **Neskaupstaður** 10 (S. 301) verbinden. Der Abstecher führt über den Bergpaß Oddsskarð. Seit 1977 verläuft die Straße durch einen 626 m langen Tunnel in 632 m Höhe. Neskaupstaður erhielt im Jahre 1929 die Stadtrechte.

Richtig Reisen
Thema

# Rentiere, verwilderte Einwanderer aus Norwegen



Es wurde in der Vergangenheit kein Versuch unterlassen, skandinavische Tiere auch in Island heimisch zu machen, um einen Nutzen aus den Grünflächen im Hinterland zu ziehen. Als letzte Weidetierart wurde zwischen 1771 und 1787 das Rentier aus der Finnmark in Norwegen nach Island gebracht, um eventuell Gewinne aus seiner Haltung zu erwirtschaften. Die ersten Rentiere – es waren drei von ursprünglich dreizehn verschickten Tieren – erreichten 1771 die Insel. Es dauerte fünf Jahre, bis ihr Bestand auf elf Stück angewachsen und damit sichergestellt war, daß diese Tierart in ihrer neuen Umgebung gedeihen würde. Man fühlte sich ermutigt, drei weitere Schiffsladungen mit Rentieren folgen zu lassen. Insgesamt wurden viermal 60–70 Tiere ausgesetzt, und es wurde angenommen, daß die Isländer dazu bereit wären, den Tieren in gleicher Weise zu folgen wie die Samen in Lappland. Doch das mißlang. Die alteingesessenen Bauern waren nicht daran interessiert, als Nomaden den Herden zu folgen. Sie wollten nur ihr Einkommen aufbessern und ließen die Bestände verwildern.

Die sowohl im Osten in Fljótshlíð, im Südwesten auf Reykjanes, im Norden auf der Vaðlaheiði und 1787 in der Umgebung von Vopnafjörður ausgesetzten Tiere gediehen so gut, daß zu befürchten war, daß in ihnen eine unliebsame Konkurrenz zu den Schafen erwuchs, die mehr Schaden anrichtete, als sie nützte. Das Rentier ist nämlich ein sehr soziales Tier, d. h. es neigt dazu, sich zu ziemlich großen Herden zusammenzufinden und seinem Partner treu zu bleiben. Aus diesem Grunde wurden die Bestände im Süden und Norden durch die Jagd ausgerottet. Nur in Austfirðir überlebten die Rentiere und vermehrten sich sogar in der Wildnis der ostisländischen Wald- und Heidelandschaft. Durch die behutsame Hege ist ihr Bestand mittlerweile auf etwa 3000 Tiere

*Rentiere in Ostisland*

angewachsen. Einzelne Gruppen verteilen sich an der Ostküste (etwa 1700–1800 Tiere). Die restlichen 1200 Tiere halten sich etwa in der Umgebung des Zentralvulkans Snæfell auf.

Mit dem Ende des Septembers beginnt die Brunftzeit. Sie dauert den Oktober hindurch an. In verbissener Weise kämpfen die männlichen Tiere um die Rentier-Kühe, die sie zu Herden zusammentreiben. In der Brunftzeit sind die Althirsche intensiv damit beschäftigt, ihre weibliche Herde gegenüber den Zudringlichkeiten der jüngeren zu verteidigen, wobei es manchmal zu heftigen Auseinandersetzungen kommt. Durch die fortdauernde Sorge um den Harem wird manches Alttier mit der Zeit geschwächt; denn es kommt kaum noch zur Nahrungsaufnahme. Oft nutzen die Junghirsche die Kampfeslust der älteren aus und paaren sich mit den Kühen, während sich die alten um die Herde streiten. Die Kälber werden im Mai bis Anfang Juni geworfen. Alljährlich wird unter strengen Auflagen der Hreindýraráð (›Rentierausschuß‹) durchgeführt. Gegenwärtig beträgt die Quote 297 Tiere, davon 141 Böcke und 156 Kühe. Diese Maßnahme ist notwendig, damit die Geweihträger nicht zu sehr die Schafhaltung beeinträchtigen. Die Jagd beginnt am 1. August und endet am 15. September. Sie wird von beamteten Aufsehern überwacht. In den Ostfjorden dringen einzelne Tiere auf der Suche nach Futter manchmal bis in die Ortschaften vor. Trotzdem sind sie die einzigen wild lebenden Rentiere in Europa, ausgenommen Spitzbergen.

Die Rentiere haben nie die wirtschaftliche Bedeutung erlangt, wie sie auch heute noch den Schafen zukommt, auch wenn der Stellenwert des Schafes in der Agrarwirtschaft wegen Absatzschwierigkeiten der von ihm gelieferten Produkte (außer der Wolle) und wegen der von ihm verursachten ökologischen Schäden kleiner geworden ist.

Richtig Reisen *Thema*

# Über die Herkunft der Eiderdaunen

Die größten Eiderentenkolonien befinden sich auf der Nordwest-Halbinsel im Ísarfjarðardjúp auf Æðey und im Südosten Islands auf Papey. Diese Entenart bevorzugt für die Brutzeit flache, grasbewachsene Inseln, Landzungen, entlegene Buchten, aber auch die Mündungsgebiete großer Flüsse und das Umfeld brackischer Seen. Es gibt auf Island etwa 250 Brutkolonien. Einzelne von ihnen sind mit mehr als 1000 Paaren bevölkert. Die gesamte Zahl der auf Island lebenden und streng geschützten Eiderenten beträgt 230 000 Einzeltiere. Wegen der wirtschaftlichen Bedeutung der Eier und vor allem der Daunen stehen die Eiderenten vollständig unter Schutz. Die Erscheinung der Weibchen ist mit einem rotbraunen Gefieder unscheinbar, die Männchen geben sich schon auffälliger mit ihrem schwarzen und weißen Federkleid. Eiderenten unterscheiden sich von anderen Artgenossen durch ihren keilförmigen Kopf, an dem die Stirn und der Schnabelfirst eine Linie bilden.

Die Brutzeit beginnt im Frühjahr. In der Zeit von April bis Juni werden vier bis sechs Eier gelegt. Nach 25–30 Tagen Brutzeit sind die Jungen geschlüpft, die sich dann mit den Weibchen in Trupps von manchmal einigen hundert Tieren an der Küste aufhalten und bei Annäherung recht schnell davonschwimmen, ohne aber in Panik zu geraten. Um ihnen den Nestbau zu erleichtern, haben manche Bauern im Nistgebiet gebrauchte Autoreifen auf einem wiesenartigen Gelände ausgelegt. Die Eiderenten polstern die Nester mit den weichen und so geschätzten Daunen aus, die dann nach der Brutzeit gesammelt, gereinigt und exportiert werden, oder der Bauer entnimmt schon während der Brutzeit einen Teil der Daunen. Die Eiderenten sind sowohl im Westen, Norden und Osten im Meeresrandbereich zu Hause. In den Fjorden gehören sie schon zum Standardvogel. Nur im Süden wird man sie wegen der schlechteren Nistmöglichkeiten kaum beobachten können.



## Von Egilsstaðir nach Norden

Ein Ausflug nach Norden ist nicht weniger spektakulär oder interessant, zumal in Nähe des Weges Archäologen einen Schatz zutage gefördert haben. Großes Aufsehen erregte im Jahre 1990 der Fund eines aus 44 Teilen bestehenden Silberschatzes am Gehöft Miðhús nordöstlich von Egilsstaðir. Er stammt vermutlich aus dem 10. Jh.

Der Weg durch das etwa 30 km breite Tal erinnert an vielen Stellen an die Gestaltungskraft eiszeitlicher Gletscher. Teilweise glattgeschliffene Rundhöcker und Seen prägen das vorwiegend grüne Landschaftsbild dieser Niederung. Als Farbtupfer ziehen einzelne eingestreute Gehöfte die Aufmerksamkeit auf sich.

Man muß nicht besonders aufmerksam sein, um auf den Seen Schwäne oder Eiderenten zu entdecken. Brachvögel fallen durch ihr Geschrei auf, ab und zu fliegen Skuas vorbei, und wenn man Glück hat, kann man auch scheue Wildgänse mit ihren Jungen entdecken. Von den Blütenpflanzen trifft man die gerade in der Umgebung von Egilsstaðir weit verbreitete Glockenblume, das Hornkraut, das Labkraut und den Frauenmantel an, und bei den Sträuchern dürfen die Polarweide und -birke nicht fehlen.

Lange Zeit lag der von über 1000 m hohen Bergen umgebene Borgarfjörður eystri im Abseits. Heute führt der Borgarfjarðarvegur (94), eine ausgebaute Zufahrtsstraße, dorthin. Wichtigste Ortschaft an der Strecke ist im Tal des Lagarfljót die Siedlung **Eiðar** 11 (S. 284) als Schul- und Gemeindezentrum. Das gleichnamige Gehöft existierte bereits im Mittelalter. Erfreulich ist das gute Aufkommen des Waldes in dieser Region.

Der Weg führt zunächst durch eine abwechslungsreiche Landschaft mit Seen im weiten Talgrund. Vor dem Erreichen des Fjordes sind die etwa 600 m hohen Ísfjöll über den 400 m hohen Vatnsskarð-Paß zu queren. Dann gelangt man in die Bucht Njarðvík, dessen gleichnamiger Hof in Sagas erwähnt wird. Aber die historischen Stätten beginnen direkt hinter der Brücke über den Selfljót. **Unaós** 12 ist ein historisch bedeutender Hof, dessen Name auf Uni Svavarsson, den Dänen, zurückgeht. Er war der Sohn von Garðar Svavarsson, der ursprünglich Island den Namen Garðarshólmi gegeben hatte. König Harald Schönhaar sandte Uni nach Island, um die Insel unter seine Herrschaft zu bringen, was mißlang. Uni wurde getötet. Wahrscheinlich stammt der Wall Þorragarður einschließlich einiger Grabhügel aus dieser Zeit.

Über eine Küstenstraße gelangen wir zum Ziel, dem **Borgarfjörður eystri** 13 (S. 279), dessen größte Siedlung das 130 Einwohner zählende Bakkagerði ist. Die Landschaft hat wiederum einen farbenfrohen Charakter, wozu gerade die hellen Rhyolithberge einen Beitrag leisten. Der Fjord war auch einst die Heimat der Brüder Jón und Hjörleifur Arnarson, die als die stärksten Männer ihrer Zeit galten. Von historischer Bedeutung ist der heute aufgegebene Hof Bakki. Bei Ausgrabungen wurde eine Steinplatte freigelegt, unter der sich ein Hohlraum befand, der möglicherweise das Erdhaus des Sagenhelden Gunnar Þiðrandabani gewesen ist. Das Tal ist voller Zeugnisse von Geschichten und Mythen. Im Westen befindet sich mit der **Álfaborg** (Elfenburg) ein Hügel, der erstens dem Fjord seinen Namen gegeben hat und zweitens der Wohnort von Elfen gewesen sein soll. Realität ist, daß einer der berühmtesten Maler Islands hier gelebt hat. In dem inzwischen verlassenen Hof Geitavík wuchs Jóhannes S. Kjarval (1885–1972) auf. Für eine Reihe von seinen Werken wählte er Motive aus seiner Heimat. Er malte auch das Altargemälde der Kirche von **Bakkagerði** 14. Es stellt Christus dar, wie er auf Álfaborg vor dem Hintergrund der Dyrfjöll eine Bergpredigt hält.

Außer diesen Möglichkeiten, von Egilsstaðir die Fjorde zu besuchen, führen Pisten in das Vorland des nordöstlichen Vatnajökull mit dem majestätischen 1833 m hohen Zentralvulkan Snæfell.

## Nach Süden

Auf dem Weg zur Südküste Islands können zwei Routen gewählt werden: Zum einen über den Nordfjarðarvegur (92) und ab Reyðarfjörður über den Suður-

*Moosheide-Landschaft im Breiðdalur*

fjarðavegur (96) oder zweitens über den Austurlandsvegur oder die Ringstraße (1). Die erste Route ist die längere, aber auch die schönere.

Der Weg durch das Fagridalur mündet in den 35 km langen Reyðarfjörður ein und führt anschließend am Südufer entlang bis zum südlichen Ende, dem Kap Hafnarnes. Im Fjord reihen sich oberhalb der Uferstrecke mehrere schüsselförmige Kare aneinander, die in der letzten Eiszeit mit kleinen Gletschern ausgefüllt waren. 3 km östlich des Kaps ragt die 161 m hohe grasbewachsene Insel Skrúður aus dem Meer. Zu den hier nistenden Seevögeln gehören auch Baßtölpel. Die Fjorde sind ein idealer Lebensraum für die Eiderenten, so daß die Bauern sich neben der Tierhaltung in der Landwirtschaft auch der Anzucht der Eiderenten widmen. Die in der Mündung des sich nach Süden anschließenden Faskrúðsfjörður liegende flache und grasbewachsene Insel Andey bietet der Eiderente ideale Nistgelegenheiten.

Die meisten Bewohner des Faskrúðsfjörður bestreiten ihren Lebensunterhalt durch den Fischfang und durch die Fischverarbeitung. Etwa 600 Einwohner zählt der Ort **Faskrúðsfjörður** 15 (S. 285), früher Búðir. Im Inneren des Fjordes, im Daladalur, herrschen für die Vegetation günstige klimatische Bedingungen; bei Geststaðir existiert sogar ein Wäldchen. Eine gewisse Bedeutung hatte die Umgebung von Hafnarnes am südlichen Ende des Fjordes. Das flache Vorland der Berge war einst dicht mit Fischerhütten besetzt. Auch französische Fischer hatten sich hier niedergelassen.

Mit einer Attraktion kann der sich im Süden anschließende Stöðvarfjörður aufwarten. Geradezu eine Pilgerstätte für Mineralienfreunde ist die Privatsammlung von Petra Sveinsdóttir in der Ortschaft **Stöðvarfjörður** 16 (S. 314), einer kleinen, 270 Einwohner zählenden dörflichen Siedlung *(Kauptún)* im gleichnamigen Fjord. In dieser größten Mineraliensammlung Islands, die sich über Haus und Garten der Sammlerin verteilt, kann man unter den ausgestellten auserlesenen Stücken von Jaspis, Calcit, Chalcedon, Achat, Quarz und vielen verschiedenartigen Zeolithen auf mineralogische Entdeckungsreise gehen.

Die meisten Menschen dieses Dorfes bestreiten ihren Lebensunterhalt mit dem Fischfang. Der etwa eine Stunde Fußmarsch entfernte **Steðjinn** diente den Einheimischen als Versteck vor den Algeriern, die im 17. Jh. neben den Westmänner-Inseln auch die Ostfjorde als Piraten heimsuchten. Eine geologische Sehenswürdigkeit befindet sich in

den Basaltbergen am Südrand des Fjordes. Der **Súlumar** besitzt einen Gipfel mit zwei gigantischen Basaltsäulen, was in Island höchst ungewöhnlich ist. Ende des 18. Jh. wurde in diesem Fjord ein Eisbär getötet. Er muß mit dem Treibeis nach Island gelangt sein, das den Osten der Insel bis über Höfn hinaus umklammern kann.

Die im Süden anschließende Breiðdalsvík wird nicht als Fjord angesehen, obwohl ihre Entstehung mit der eines Fjordes übereinstimmt. Im Vergleich zu den anderen Ostfjorden besteht der Unterschied in den Ausmaßen. Die Breiðdalsvík ist viel kürzer und breiter als die meisten anderen Ostfjorde. Eine Ähnlichkeit besteht nur mit dem Borgarfjörður eystri. Der Grund wird sein, daß in beiden Fjorden der Rhyolith mit seinen riesigen Schutthalden den Charakter dieser ertrunkenen und bereits schon weitgehend aufgefüllten Flußtäler prägt.

Dem aufmerksamen Betrachter fällt auf, daß am Ostufer des benachbarten Berufjörður jeweils in der Mitte des Fjordes Gesteine mit einer anderen Farbe anstehen und daß sich dort auch die morphologischen Verhältnisse ändern. Die Farbe der Gesteine reicht von Gelb bis Hellrot oder von Grau bis fast Schwarz. Die zum Talanfang einfallenden Basaltlagen werden unterbrochen, dieses Gestein zeigt keine besondere Struktur. Seine Bergspitzen haben das Aussehen von Burgen, die über einen Schuttkegel aufragen. Es sind Rhyolithberge eines ehemaligen Zentralvulkans, der sich über die beiden Fjorde ausbreitet. Das Gestein ist offensichtlich anfälliger gegenüber der Abtragung, denn das abfließende Wasser hat tiefe und enge

Richtig Reisen *Tip*

## ›Islandspat‹ und andere Mineralien – Die Gesteins- und Mineraliensammlung von Petra Sveinsdóttir in Stöðvarfjörður

Eine besondere Mineralienvielfalt hat Island nicht gerade aufzuweisen. Es herrscht eher eine gewisse Eintönigkeit der Gesteine – schließlich besteht die Insel zu 83 % aus Basalten im weiteren Sinn – überschaubar, besonders wenn man diesen Umstand aus der Sicht des Mineraliensammlers betrachtet. Die auffälligsten Mineralien sind Hohlraumfüllungen, die in sechs Gruppen zusammengefaßt werden können. Da gibt es die verschiedenen Modifikationen der Kieselsäure mit Quarz, Chalcedon, dann die recht häufigen Zeolithe, Tonminerale, Erzminerale und die verschiedensten Ausbildungen des Calcits, von denen eine sogar die Bezeichnung ›Islandspat‹ erhalten hat.

Bereits im Jahre 1669 beobachtete man in oder mit dem ›Islandspat‹ eine Eigenschaft, die andere Mineralarten zwar auch besitzen, aber sie ist nicht in so überzeugender Form direkt zu beobachten. Das ist die Doppelbrechung des Lichtes. Ein auf einen Kristall wie den Calcit auftreffender Lichtstrahl wird in zwei sich unterschiedlich verhaltende Lichtstrahlen aufgespalten, so daß man in einer bestimmten Richtung ein Objekt oder ein Schriftzeichen doppelt sieht. Daher wird der durchsichtige Calcit auch Doppelspat genannt. Minerale und Substanzen mit dieser Eigenschaft finden in der optischen Industrie eine vielseitige Verwendung. Daher war der bei Helgustaðir im Reyðarfjörður anstehende Doppelspat ein außerordentlich geschätztes Mineral, das hier für den Export gewonnen wurde.

Neben anderen Calcitausbildungen in Basalthohlräumen kann dieses Mineral in Hohlräumen fossiler Muschelschalen auf Tjörnes vorkommen. Der Calcit besitzt mit seinen bräunlichen Kristallen eine Ähnlichkeit mit Rohzucker und wird daher von den Islän-

Schluchten in den Untergrund hineingefräst. Vor dem Austritt der Schlucht breiten sich große Schwemmfächer aus. Diese Formen wurden vornehmlich erst in der Nacheiszeit geschaffen. Hinweise auf das Wirken der Eiszeitgletscher, die einst die Fjorde ausfüllten, sind Rundhöcker auf dem Talboden als noch heutzutage nackte Felsen.

Am Ausgang des Breiðdalur macht sich schon bemerkbar, was sich weiter im Westen zeigen wird. Das Meer tritt als aufbauender und nicht nur zerstörender Gestalter der Landschaft in Erscheinung. Es hat einen Strandwall aufgeschüttet, der für die Trassenführung der Ringstraße genutzt wurde. Am nördlichen Anfang des Dammes befindet sich die Ortschaft **Breiðdalsvík** 17 (S. 280f.) mit 200 Einwohnern. Die Haupterwerbszweige sind die Fischerei, die Landwirtschaft und der Handel.

*Quarzdruse im Mineraliengarten von Petra Sveinsdottir*

dern als *sykurberg,* als Zuckerstein, bezeichnet.

Besonders vielfältig ist die Gruppe der in Island anzutreffenden Zeolithe vor allem als Hohlraumfüllungen in den tertiären Plateaubasalten. Sammler, die an frischen Straßenabschnitten diese interessante Mineralart finden, können so sehr vom ›Jagdfieber‹ nach den meist milchigweißen, strahlen- oder würfelförmigen oder gar fasrigen Kristallen gepackt werden, daß sie vorübergehend Island vergessen. Wie groß die Spielarten der Kieselsäure mit Opal, Achat, Onyx u. a. sein können, erfährt man in der bewundernswerten Gesteins- und Mineraliensammlung von Petra Sveinsdóttir, etwa auf dem halben Wege von Egilsstaðir nach Djúpivogur im Stöðvarfjörður. Man sollte dort unbedingt eine Pause einlegen und Zeit mitbringen.



Der Übergang zum nächsten Fjord zieht sich in die Länge. Am Meeresrand sind steile getreppte Hänge im Plateaubasalt die landschaftlichen Begleiter auf der Bergseite. Dann zeigt sich auf der gegenüberliegenden Seite des Berufjörður Djúpivogur mit der beherrschenden Pyramide des Búlandstindur. In der Höhe des Großgehöfts **Berunes** 18 (S. 278) ergeben sich in der Landschaft mit vielen kleinen Buchten Aus- und Einblicke in eine attraktive und wegen der Veränderungen im Gesteinsaufbau abwechslungsreiche Umgebung. Für ein längeres Verweilen stehen eine Jugendherberge und ein Zeltplatz zur Verfügung. Im Inneren des Berufjörður ragen die burgenartigen Felsen des Smátindur auf einem Schuttsockel in den Himmel. Im Talbereich hat das Wasser mit seiner Sedimentfracht tiefe klammartige Einschnitte geschaffen.

# Der Süden

# Landschaften im südöstlichen Vorfeld des Vatnajökull

Was der Südosten Islands an Sehenswürdigkeiten zu bieten hat, kann ein Besucher, der sich mit dem Fahrzeug über die Insel bewegt, nur erahnen. Kaum eine Piste, kaum ein Pfad führt tiefer in das wilde, faszinierende und formenreiche Bergland hinein, denn es gibt in den vielen Tälern nur wenige Furten durch die reißenden Flüsse. Wer mehr sehen will, ist auf die Veranstalter von Wander- und Abenteuertouren angewiesen. Aber auch wer sich nur an die Küstenstraße, den Austurlandsvegur (1) hält, wird von der herben Schönheit des isländischen Südostens fasziniert oder sogar begeistert sein.

**Djúpivogur** **1** (S. 282) ist mit 400 Einwohnern neben dem ca. 100 km weiter im Südwesten gelegenen Höfn der einzige zentrale Ort in diesem nur sehr dünn bevölkerten Teil Islands. Die sich nur als größere Ansammlung von Häusern darbietende Ortschaft am Berufjörður ist eine der ältesten Siedlungen an der Ostküste und war im 16. Jh. Handelsplatz der deutschen Hanse. Das auffälligste Haus ist das Packhaus Langa-Búð im Hafengebiet. Es stammt als eines der ältesten seiner Art aus dem Jahre 1850 und gehörte dänischen Geschäftsleuten. Heute beherbergt es die Sammlung des Bildhauers Ríkhardur Jónsson, der in Strýta geboren wurde und aufwuchs. Djúpivogur befindet sich in einer sehr reizvollen und geschichtsträchtigen Umgebung. Sein Wahrzeichen ist die 1063 m hohe Pyramide des **Búlandstindur.** Es ist ein Basaltberg, der sich aus mehr als 30 Plateaubasaltlagen aufbaut. Je eine dieser Basaltlagen oder ›flow units‹ repräsentiert einen Vulkanausbruch, der sich in der Millionen Jahre zurückliegenden Frühzeit Islands ereignete.

860 n. Chr. verschlug es Naddoðr als ersten Wikinger norwegischer Abstammung in das Gebiet der Ostfjorde. Nur wenig später gelangte der Schwede Garðar Svavarsson nach Island. Auch er hatte sein Ziel verfehlt. Er beabsichtigte, von Dänemark nach den Hebriden zu fahren und landete in Höhe des Austurhorns, um dann die Insel in Westrichtung zu umrunden. Der erste Siedler norwegischer Abstammung, Ingólfur Arnarson, machte 872 eine Erkundungsfahrt nach Island und landete im Álftafjörður. Somit verwundert es nicht, daß Djúpivogur als eine der ältesten Siedlungen mit einem natürlichen Hafen sich früh zu einem Handelsplatz entwickelte.

Etwa 7 km von der Küste entfernt liegt die zwei Quadratkilometer große Insel **Papey** **2**. Ihr Name soll von irischen Mönchen stammen, die sich in Island vor der Ankunft der nordischen Besiedler aufhielten. Sie wird nur im Sommer bewohnt; ihre Grasflächen dienen der Schafhaltung. Außerdem besitzt sie eine der größten Eiderenten-Kolonien Islands (täglich 13 Uhr Überfahrt von Djúpivogur möglich).

Das Landschaftsbild dieses Küstenstreifens zwischen der Ortschaft Djúpivogur und dem Breiðamerkurjökull wird im Osten von den ehemaligen Gletschertälern in einer stark gegliederten und wilden Gebirgslandschaft und im Westen von den Eisabflüssen des Vatnajökull bestimmt. Gemeinsam ist diesem verschiedenartigen Hinterland die gleich-

*Im Hafen von Djúpivogur*

artige Küstenregion, denn südwestlich von Djúpivogur gehen die Fjorde und die Gletschertäler nicht direkt in den Meeresraum über. Ihre Mündungen werden vom Meer durch die von ihm aufgeschütteten Dämme (Nehrungen) einer Ausgleichsküste getrennt. Wie man es beispielsweise auch an der deutschen Ostseeküste, z. B. Rügen, beobachten kann, werden Sedimente und Abtragungsprodukte durch die Meeresströmung seitlich, fast parallel zum Küstenverlauf verfrachtet, so daß dammartige Strandwälle entstehen, die sich dann vor den Buchten erstrecken. In Südostisland erstreckt sich vor dem Lónsfjörður und dem Papafjörður vom Austurhorn bis zum Vesturhorn ein 23 km langer und etwa 300 m breiter Strandwall. Er wird *Fjörur* (Strand) genannt und setzt sich aus angeschwemmten und aufgeworfenen Brandungsschottern zusammen. Es ist eine typische Form der südostisländischen Küste, wie sie von Djúpivogur bis über Höfn hinaus ausgebildet ist. Der hier beschriebene östliche Teil besitzt zwar Buchten, die als Fjorde bezeichnet werden und wohl von Eiszeitgletschern ausgefüllt waren. Ihnen fehlt aber im

Vergleich zu den Fjorden im herkömmlichen Sinne die Enge und die Länge. Mit einem derartigen Verschluß reihen sich von Ost nach West Hamarsfjörður, Álftafjörður, Lónsfjörður, Papafjörður, Skarðsfjörður und Hornafjörður aneinander.

Die Wildheit des bis 1300 m hohen und teilweise vergletscherten Berglandes mit schroffen Felspartien und engen Tälern ist sicherlich auch dadurch bedingt, daß dort häufiger als in anderen Plateaubasaltgebieten Islands saure Vulkanite, erkennbar an den rötlichen und gelblichen Farbtönen, anstehen. Offensichtlich sind es die abgetragenen Reste größerer Zentralvulkane. Ein Grund für die starke Zerschneidung der Landschaft werden außerdem die hohen Niederschläge (Teigarhorn am Fuß des Búlandstindur etwa 1300 mm/Jahr), die zahlreichen Talgletscher vom Vatnajökull mit ihren Abflüssen und die kleineren Gletscher im Osten sein. Breit angelegte Talformen mit ausgedehnten Schotterflächen sind ein Indiz für die Transportkraft der sedimentbeladenen Flüsse.

Die Schotterflächen der Jökulsá í Lóni, des größten Flusses in der Region, bilden einen der längsten Talsander in Island. Die Flüsse sind im Begriff, die hinter den Nehrungen befindlichen Strandseen, Lagunen oder Haffs aufzufüllen. Am weitesten ist dieser Verlandungsprozeß schon am Lónsfjörður fortgeschritten. In den Buchten befinden sich fast verlandete Seen, die im Isländischen als *Lón* (Lagune) bezeichnet werden. Zwischen dem Tal der Hlíðará und der Jökulsá í Lóni steht das historische Gehöft **Stafafell** 3 (S. 314), das über Jahrhunderte als Pfarrhof diente. Heute ist es Jugendherberge und zugleich

Im südöstlichen Vorfeld des Vatnajökull

Ausgangsstation für Wanderungen in die farbenfrohe Gebirgswelt der Lónsöræfi.

Geologisch interessant sind das Austur- und **Vesturhorn** 4. Sie begrenzen als kleine Bergmassive die große Bucht der Lónsvík. Im Untergrund steht das Tiefengestein Gabbro an. Beide Gesteinsvorkommen fallen wegen ihrer massigen Bergformen auf. Die Abtragung hat aus dem Tiefengestein regelrechte Bergspitzen herausgearbeitet und besonders am Vesturhorn gewaltige Schutthalden hinterlassen. Diese geologische und morphologische isländische Rarität mit den massigen Felsen vermittelt das Gefühl, eher in Norwegen als in Island zu sein. Die Küstenregion vor dem Vesturhorn ist ein beliebter Aufenthaltsort für Robben, die sich dort in den Klippen westlich von Stokksnes aufhalten.

Die einzige größere Ortschaft mit Kleinstadtcharakter ist der etwa 1800 Einwohner zählende Fischerort **Höfn** 5 (S. 290f.) auf einer kleinen Halbinsel zwischen Horna- und Skarðsfjörður. Höfn besitzt seit 1976 über die Ringstraße entlang der Südküste eine direkte Verbindung mit Reykjavík. Zuvor verlief die Straße über den Osten, so daß die Hauptstadt fast 1100 km anstatt jetzt rund 440 km entfernt war. Die Flüsse waren für die Reisenden durch den Südosten Islands große, fast unüberwindbare Hindernisse, die sogar manchmal über die Gletscher umgangen werden mußten. Sie wechselten dauernd ihren Lauf, so daß auch immer wieder neue Furten gesucht werden mußten. Den wasserreichen Gletscherfluß Hornafjarðarfljót quert man heute in komfortablerer Weise über eine Brücke. Bis zu ihrer Fertigstellung im Jahre 1961 mußte der Fluß durch Furten auf einer Breite von 5 km gequert werden.

Die Nähe des Vatnajökull wird einem in der Höhe von Höfn durch den Anblick der vier Eisabflüsse Skálafellsjökull, Heinabergsjökull, Fláajökull und Hoffellsjökull bewußt. Diese vier, in etwa 2–3 km breite Täler einmündenden Gletscherzungen dringen in das Küstenvorland bis in eine Höhe von nur etwa 100 m NN vor. Noch während des 19. Jh. bildeten der Fláajökull und die beiden anderen im Südwesten befindlichen Gletscher fast einen gemeinsamen Lobus. Seitdem haben sie sich zurückgezogen und im Zeitraum von 1890 bis 1936 etwa ein Drittel ihres Volumens eingebüßt. Das Vorland ist immer wieder von Gletscherläufen heimgesucht worden. Dammbrüche der vor den Gletschern befindlichen Seen lösten sie aus. Zu Beginn des 20. Jh. zerstörten Gletscherläufe mehrere Gehöfte. Aus diesem Grund sind nun die meisten von ihnen auf kleinen felsigen Anhöhen über den Schotterflächen errichtet worden.

Sie sind die prägenden Landschaftselemente im Einzugsbereich des Hornafjörður. Die Straße führt durch die Region Mýrar über die Mündungsgebiete der zum Teil weit verzweigten Flüsse Hornafjarðarfljót, Djúpá, Hólmsá und Kolgrímá. Es ist ein Gelände mit unsicherem Untergrund. Sümpfe und wechselnde Flußläufe erschweren eine Besiedlung oder Erschließung. Erst weiter im Westen bessert sich in der angrenzenden Region Suðursveit die Situation. Hier befindet sich die Ausgleichsküste in einem fortgeschrittenen Stadium. Die Haffs sind bereits weitgehend verlandet. Der Küstensaum besteht aus Sandbänken und schmalen Lagunen. Ein schmaler Streifen zwischen der Küste und den bis 1406 m aufragenden Bergen kann landwirtschaftlich genutzt werden.

Interessant ist die Umgebung des Gehöftes Hestgerði oder Hreggsgerði,

*Gletschersee Jökulsárlón*

eines Bauernhofes am Fuße des Berges Borgarhafnarfjall und unmittelbar an der Lagune des Hestgerðislón gelegen. Das an der gleichen Lagune gelegene Kambstún war über eine lange Zeit der Ausgangsort für den Fischfang, der sich gelohnt haben muß, denn Bauern kamen aus dem Nordland über den Vatnajökull, um an der Südküste zu fischen. Die Fischerei wurde nach einem Unglück eingestellt, das sich im Jahre 1573 ereignete. Bei einem Unwetter kamen 53 Fischer ums Leben. Heute künden nur noch Ruinen und Ortsnamen von diesen Aktivitäten. Grundlage für den Lebensunterhalt ist nun für die Bevölkerung von Suðursveit die Landwirtschaft, was sich am größeren Viehbestand, den bewirtschafteten *Tún*-Flächen und in manchem stattlichen Hof äußert. So trifft man in **Kálfafellsstaður** 6 sogar ein kleines Gemeindezentrum mit Grundschule und Pfarrhof an.

Wendet man sich weiter nach Südwesten, schlägt die grandiose Gletscherwelt des südlichen Vatnajökull einen in seinen Bann. Fast in unmittelbarer Nähe zur Küste erstreckt sich der Breiðamerkurjökull mit seinen weit ausladenden Eismassen und dem vorgelagerten **Jökulsárlón** 7 aus. Dieser Gletschersee nimmt eine Vielzahl von

Eisbergen auf, die sich von der etwa 3 km entfernten Stirn gelöst haben. In dem schmutzig grauen, eiskalten Wasser schwimmen riesige Eisblöcke mit den unterschiedlichsten Formen und Farben. Der Abtauprozeß hat Formen hinterlassen, die an Pilze erinnern, an manchen Stellen leuchtet das Eis türkisfarben auf. Eingefaßt wird die Szenerie von Sedimentrücken, die der Gletscher vor nicht allzu langer Zeit auf seinem Weg zum Meer zusammengeschoben hatte. Es sind Endmoränen mit zugerundeten Basaltblöcken verschiedenster Größe. 1891–92 reichte der Breiðamerkurjökull bis fast an das Meer und hat sich seitdem kontinuierlich zurückgezogen. In der kleinen Cafeteria am See wird durch Luftbilder aus den 1940er und 1990er Jahren die Geschwindigkeit des Rückzugs sehr gut veranschaulicht. Heute verbindet ein kleiner Abfluß – Islands kürzester Gletscherfluß – die Lagune mit dem Meer. Bis zur Fertigstellung der Brücke im Jahre 1967 war die Durchquerung des Flusses wegen der starken Strömung und der Eisberge ein gefährliches Unterfangen.

Ein Blick über die Eisfelder läßt erahnen, welche nahezu unendlichen Ausmaße der Vatnajökull besitzt, denn wir blicken nur auf sein ausgedehntes Vorfeld. Auf der westlichen Seite steigt das vergletscherte Gelände über 2000 m zum Plateau des gerade im Mittelalter so gefürchteten **Öræfajökull** mit der höchsten Bergspitze Islands an. Vor den Gletschern haben die Abflüsse ihre Sedimentfracht auf der Ebene des fast vegetationsfreien Breiðamerkursandur abgeladen. Im milderen Klima des Mittelalters konnten hier Bauernhöfe existieren. So soll sich in dieser Region auch der Hof Breiða von Kár Sölmundarson aus der Njáls-Saga befunden haben. Mit dem Einsetzen der Kleinen Eiszeit (14.–19. Jh.) war das Schicksal dieser Höfe besiegelt. Die vorrückenden Gletscher zerstörten sie.

Heute haben sich in dieser menschenleeren Landschaft die Skuas niedergelassen. Etwa 3000 Paare der in der Arktis und der Antarktis lebenden Raubmöwenart bevölkern Südisland, neben dem Breiðamerkursandur auch den Skeiðarársandur. Die Sander zählen zu den wichtigsten Brutstätten im Nordatlantik. Von den Eiszungen des östlichen Öræfajökull greift die größte, der **Fjallsjökull** 8, fast in das Küstenland vor. Da er über einen unebenen Untergrund hinwegfließt, ist er von Querspalten sehr zerrissen. Auch hier nimmt vor der Stirn ein See das Schmelzwasser mit einzelnen Eisbergen auf. Im Gegensatz zum Jökulsárlón ist man am Fjallslón fast allein.

Noch im Blickfeld der großen Gletscher taucht der traditionsreiche Hof **Kvísker** 9 auf. Von dieser kleinen grünen Oase mit einem Birkenbuschwald stieg der bekannte isländische Forscher Sveinn Pálsson im Jahre 1794 zum Gletscher Öræfajökull auf. Kvísker ist der einzige isländische Standort für eine botanische Rarität, die Graugrüne Rose (*Rosa dumalis*).

Nach dem Passieren dieser eindrucksvollen Gletscherlandschaft begibt man sich auf den Weg nach Westen in das Einzugsgebiet des Öræfajökull und nach Skaftafell. Die Straße kommt an der Südspitze des Öræfajökull der Küste recht nahe. Als nächster Ausflußgletscher taucht der **Kvíárjökull** 10 auf. Er versteckt sich ein wenig hinter einem fast 100 m hohen Halbrund von Endmoränen und ist der erste von weiteren fünf Ausflußgletschern, die z. T. weit bis in das Tiefland vordringen.

Schon bei der Umrundung des als kleines Gebirge anzusehenden Vulkans

*Gabbrofelsen Vesturhorn bei Höfn*





ist am Horizont die kleine kastenförmige Erhebung **Ingólfshöfði** 11 (76 m hoch, 1200 m lang und 750 m breit) zu erkennen. Dieses Felsplateau befindet sich in unmittelbarer Strandnähe und kann wegen der durch viele Flußarme und Fließsand führenden Piste nur mit einem allradgetriebenen Fahrzeug in Begleitung einer ortskundigen Führung aufgesucht werden. Als einziges Gebäude ziert diese ehemalige Insel ein Leuchtturm. Eine Säule erinnert an die Landung des ersten Siedlers, Ingólfur Arnarsons, im Jahre 874. Papageitaucher, Lummen, Eissturmvögel und Möwen bevölkern in den Sommermonaten die Klippen.

Aber nicht nur die Gletscher haben das Bild der Landschaft geprägt. Die Landschaft an der Abzweigung nach Ingólfshöfði wurde im Mittelalter von einer vulkanischen Katastrophe heimgesucht. Verursacher war der unter der Kappe des **Öræfajökull** 12 schlummernde gleichnamige große Zentralvulkan. Der Öræfajökull ist mit dem Hvannadalshnúkur (2119 m) nicht nur der höchste Berg Islands, sondern wegen seiner explosiven Aktivität ein außerordentlich gefährlicher Vulkan. Sein Ausbruch im Jahre 1362 stürzte die anwohnende Bevölkerung mit Ascheeruptionen, folgenden Gletscherläufen und Eisabbrüchen ins Verderben. Infernalische Explosionen, was man heute von diesem Ruhe ausstrahlenden Bergmassiv gar nicht erwartet, förderten 10 km$^3$ Bims, der auch weit aufs Meer hinausgetragen wurde und eine Fläche von schätzungsweise 300 000 km$^2$ bedeckte. In diesem dünnbesiedelten Teil Islands kam der Verlust von etwa 40 Bauernhöfen einer Katastrophe gleich. Heute erinnern die Namen und die Landschaft Öræfi an dieses furchtbare Ereignis. Im Jahre 1727, also in der Zeit, als auch am Mývatn die vulkanische Tätigkeit auflebte, sorgte wiederum ein

Ausbruch für Verwüstungen. Als Folgeerscheinung entstand die von gewaltigen mitgerissenen Gletschereismassen geschaffene Senke Háalda, Westlich der Siedlung Hof wurden die Ruinen des 1362 beim Ausbruch zerstörten und unter einer Ascheschicht verschwundenen Bauernhofs Gröf ausgegraben.

Diese Landschaft war wegen des Vatnajökull im Norden und der trügerischen Sanderflächen und reißenden Gletscherflüssen im Westen und Osten bis zur Fertigstellung der Brücken über die Sander einer der am schwierigsten passierbaren Abschnitte auf dem Weg nach Osten. Die letzte Lücke in der Ringstraße wurde am 14. Juli 1974 mit der Vollendung der 904 m langen Skeiðará-Brücke geschlossen. Selbst für Mäuse und Ratten waren die Sander bis dahin ein unüberwindbares Hindernis. Es ist verwunderlich, daß gerade im Umfeld der Gletscher der Birkenwald gedeiht und sich schon sehr früh hier Menschen niedergelassen haben. Zu den frühen Bewohnern des südlich von Skaftafell gelegenen Svínafell gehörte der in der Njáls-Saga erwähnte Flosi þórðarson. Auch in der Folgezeit besaß das Geschlecht der Flosi in Island einen großen Einfluß. Svínafell ist in Island auch bekannt wegen seiner Pflanzenfossilfunde aus wärmeren Zwischeneiszeiten.

Häufiges Etappenziel auf Fahrten durch Island ist **Skaftafell** 13 (S. 312). Ein komfortabler, aber im Untergrund recht steiniger Campingplatz ist praktisch das Zentrum des Nationalparks Skaftafell und Ausgangsort für verschiedene Unternehmungen zu Fuß. Man befindet sich mitten in einer majestätischen Landschaft, denn über den Sanderflächen steigt das Gelände um etwa 2000 m bis zu den höchsten Gipfeln des eisbedeckten Öræfajökull an. Seine Gletscherzungen dringen bis in die Ebenen vor. Trotz der eisigen Höhen in einer zwar recht niederschlagsreichen Region sind die klimatischen Verhältnisse um Skaftafell unerwartet mild. Die Höhen



*Im Skaftafell-Nationalpark*

des Öræfajökull-Massivs halten die kühlen Ostwinde fern. Das weite Vordringen der Gletscher bis in das Tiefland ist eine Folge der hohen Niederschläge.

Es herrschen also hier günstige klimatische Bedingungen für die Pflanzenwelt, was sich in einer ungewöhnlichen Vielfalt äußert. Bis in eine Höhe von 260 m bestockt ein lichter Wald aus Moorbirken *(Betula pubescens)* die Hänge. Von den bis zu 12 m hohen Bäumen werden Samen für die Aufforstung in ganz Island verwendet. In der Krautschicht fällt vor allem während der Blütezeit der Wald-Storchschnabel *(Geranium sylvestris)* auf. Feuchtere Stellen bevölkert die Wald-Engelwurz *(Angelica sylvestris)*. Als typische Blume des Ostens grüßt noch die Rundblättrige Glockenblume *(Campanula rotundifolia)*. Die geschlossene Vegetationsdecke setzt sich bis in eine Höhe von 600 m NN mit Heide-, Schutthalden- und Moorgewächsen fort. Die baumartige Moorbirke hat in dieser Zone der Polarbirke *(Betula nana)* Platz gemacht. In Höhen über 700 m bleibt der steinige Untergrund vegetationsfrei.

Auf dem Territorium des Nationalparks stehen noch zwei Gehöfte. Die an den Füßen der Hänge befindlichen Höfe wurden mit der Zeit von den dauernd wechselnden Läufen der Gletscherflüsse vernichtet. Reste kann man noch bei Bæjargil und Gömlutún besichtigen.

Skaftafell ist der Ausgangsort aller Wanderungen in diesem Gebiet. Vom Campingplatz aus ist beispielsweise in einer halben Stunde eine der Sehenswürdigkeiten, der **Svartifoss**, zu erreichen. Über senkrechte, wie Orgelpfeifen stehende schwarze Basaltsäulen fällt das Wasser eines Baches etwa 10 m in die Tiefe. In unmittelbarer Nähe befindet sich der **Hundafoss** (Hundsfall) und das Gehöft Bölti.



## Feuer, Wasser und Eis des Südens – zwischen Hekla und Öræfajökull

Der Süden ist neben der Umgebung des Mývatn und der Halbinsel Snæfellsnes eines der attraktivsten Gebiete Islands. Die landschaftlichen Sehenswürdigkeiten sind ungemein vielfältig. Beherrschende Formen der südisländischen Landschaft sind wegen ihrer Höhe und Größe der 596 km$^2$ große Plateaugletscher Mýrdalsjökull und die Eiskappe des 78 km$^2$ großen Eyjafjallajökull. Deutlich kleiner, aber enorm gefährlich ist der 1491 m hohe Rücken des Zentralvulkans Hekla. Bis in die geschichtliche Zeit war das Gebiet von Fjallabak vulkanisch aktiv. Wie am Mývatn fügen sich viele farbenprächtige vulkanische Formen zu einem 2 Millionen Jahre alten Komplex zusammen, den man auch als den größten Zentralvulkan Islands bezeichnet.

Völlig anders aufgebaut sind die Formen des sogenannten ›Streifenlandes‹ zwischen den beiden Gletschern Mýrdalsjökull und Vatnajökull. Auf von Südwest nach Nordost ausgerichteten Spalten sind noch in jüngster Zeit aus einer Vielzahl kleinerer Kegel um den Palagonitberg Laki auf einer Länge von 25 km und aus einer 5 km langen Spalte,

*Der Svartifoss*

der Eldgjá, durch einzelne Ausbrüche mehr basaltische Lavamassen gefördert worden als irgendwo anders auf der Welt in geschichtlicher Zeit.

Die Vielfalt des Berglandes setzt sich auch bis zur Küste fort, der die Route mit allmählicher Annäherung auf Reykjavík weiter folgt. Die Küstenregion wird landeinwärts in zwei völlig unterschiedliche Teile untergliedert: Am Meeressaum erstrecken sich weite Schwemmlandebenen mit einer Breite bis zu 25 km. Dahinter erheben sich unvermittelt trockengefallene, Jahrtausende alte Kliffs mit gewaltigen Felsabstürzen und Inseln, die kein Wasser mehr umspült. Die einzigartigen Schwemmlandebenen vor den Gletschern werden im Isländischen als *sandur* oder *sandr* bezeichnet, ein Begriff, der in den internationalen Wortschatz als ›Sander‹ aufgenommen wurde. Westlich von Skaftafell beginnt das Gebiet der großen Sanderflächen mit dem Skeiðarársandur. Es endet im Westen mit der Mündung des Markarfljót.

# Die Südküste von Skaftafell bis zum Eyjafjallajökull

Mit dem Verlassen von Skaftafell in Richtung Westen auf dem Suðurlandsvegur (1) begibt man sich auf den **Skeiðarársandur** 1, die größte Schwemmlandebene Islands. Er erstreckt sich über eine Breite von 60 km, von Ingólfshöfði im Osten bis zum Brunasandur im Westen. Seine Sedimente bedecken einen etwa 25 km breiten Streifen vom Gletscher bis zur Küste. Sein richtiges Ausmaß kann man erst vom Flugzeug erkennen. Über diese Kies- bzw. Sandebene ergießen sich in ständig wechselnder Verzweigung die aus den Gletschern kommenden Flußarme. Wenn man auf der Brücke steht und sieht die schmutzig graubraunen Wassermassen unter sich hindurchfließen, dann kann man gar nicht so recht begreifen, wieso in einem so flachen Gelände ein Fluß eine so hohe Strömungs-Geschwindigkeit erreichen kann. Man fühlt auf der sicher erscheinenden Brücke, daß von diesen kaum gezähmten Flüssen eine Bedrohung ausgeht und daß man sich höchster Gefahr aussetzen würde, sollte man sich auf die vom Wasser durchtränkten Schotterflächen begeben, selbst wenn nicht gerade der Abfluß eines Gletscherlaufs angekündigt ist (s. S. 232).

Als westlicher Eckpfeiler der von Gletschern geprägten Region ragt fast senkrecht bis zu einer Höhe von 668 m das ehemalige Kliff **Lómagnúpur** 2 auf. Es war eines der höchsten auf der Welt. Westlich des Vorlandgletschers Skeiðarárjökull beginnt im Hinterland als Abschluß der Schwemmlandebenen das ›Festland‹ der Insel mit ehemaligen hoch aufragenden Kliffs. Die einstige Küstenlandschaft ist ein wesentlicher Bestandteil der südisländischen Landschaft und begleitet mit kleinen Unterbrechungen den Weg bis in den äußersten Westen dieses Teilgebietes. Dazu gesellen sich verlandete Inseln (Inselberge), die nach der Namensgebung der Isländer auch Inseln geblieben sind, wie Pétursey, Hafursey und auch Dyrhólaey.

Wir bleiben am Rand der ehemaligen Küstenlandschaft. In einer grünen Umgebung schmiegt sich am westlichen

*Torfkirche von Núpsstaður, im Hintergrund Lómagnúpur*





Ausgang des Aurádalur das alte Gehöft **Núpsstaður** 3 an die alte Steilküste. Ältestes Gebäude ist eine eher als Kapelle zu bezeichnende Torfkirche. Sie stammt aus dem 17. Jh. und steht unter der Obhut des Nationalmuseums.

Weiter im Westen werden die Flüsse und ihre Schotter von den ausgedehnten Lavaströmen des Skaftaeldahraun vom Jahre 1783 und von dem Eldhraun wahrscheinlich aus dem Jahre 934 abgelöst.

Ursprünglich waren Teile des Skeiðarársandur besiedelt. Gletscherläufe haben inzwischen alle Gebäude zerstört. Aber nicht nur auf dem Lande geht von den Flüssen eine Gefahr aus. Ihre Sedimentfracht wird immer weiter in das Meer hinausgetragen, so daß die flache Sandküste eine Gefahr für die Schiffahrt darstellt. Viele Schiffe sind hier schon gestrandet, u. a. im 17. Jh. der niederländische Schoner ›Het Wappen van Amsterdam‹, der mit wertvoller Ladung offensichtlich vom Kurs abkam und in das Verhängnis im isländischen Süden abgetrieben wurde.

Nach dem Brunahraun gewinnen noch einmal die Schotterfluren mit dem Brunasandur die Oberhand, um dann ab Kirkjubæjarklaustur bis zum Mýrdalsjökull von der Lava verdrängt zu werden. **Kirkjubæjarklaustur** 4 (S. 297) birgt interessante Erscheinungen aus dem Formenschatz der alten Küstenlandschaft. Wie glatt das Meer mit Sand und bewegten Geröllen den Untergrund abzuschleifen vermochte, zeigt eine als Kirkjugolf (Kirchenboden) bezeichnete terrassenartige Fläche mit einem vorwiegend sechseckigen Muster am östlichen Ausgang von Kirkjubæjarklaustur. Es sind die glattgeschliffenen Köpfe von Basaltsäulen einer Brandungsplattform. Die Namen der anderen Sehenswürdigkeiten der Umgebung, ›Systrastapi‹ (Nonnenfelsen) und Systrafoss (Nonnen-Wasserfall), geben schon den Hinweis, daß hier von 1186 bis zur Reformation einmal ein Nonnenkloster existiert hat. Der Wasserfall ergießt sich wie ein Schleier über die Felsen des ehemaligen Kliffs, der Systrastapi diente den Nonnen als eine Art Wachturm. Von seiner Spitze konnten sie Ausschau nach erwarteten und unerwünschten Ankömmlingen halten. Heute würde man hier oben mit solchen Erwartungen allein gelassen, aber man kann sich an der Aussicht auf die in der Ferne leuchtenden Firnhänge des imposanten Öræfajökull und die nahen, unermeßlichen Lavafelder erfreuen. Kirkjubæjarklaustur ist mit 150 Einwohnern die größte Siedlung in der weiten Umgebung.

6 km südwestlich der Siedlung zweigt von der Ringstraße der Lakavegur (F206) zur Kraterreihe der **Lakagígar** 5 ab. Diese Jeeppiste führt in eine völlig unbesiedelte Region Südislands, in der etwa 40 km vom Küstenvorland entfernt 1783 eine der schlimmsten vulkanischen Katastrophen über den Inselstaat hereinbrach. Auf einer 25 km langen Spalte in der Nähe des Palagonitberges Laki brachen etwa 100 Krater aus und förderten die unvorstellbare Menge von 12 $km^3$ Lava. Heute sind die meisten Krater wie im Vorland die Lavafelder moosbewachsen. Dieses Musterbeispiel von Spaltenvulkanismus ist sehenswert. Da die Fahrt in ein schwierigeres und bergiges Gelände führt, ist zu beachten, wann im Juli die Piste geöffnet wird.

Nach dem Abstecher zu den Lakagígar wird die Fahrt auf dem Suðurlandsvegur (1) fortgesetzt, wobei die zu durchfahrenden Lavafelder in recht eindrucksvoller Weise verdeutlichen, zu welchen gigantischen Leistungen der Vulkanismus fähig ist. Über 20 km lang ist die Passage durch die bemoosten Laven des Eldhraun und des Skaftaeldahraun (Laki). Sie setzen sich auch noch jenseits des zu querenden Kúðafljót fort. Gelegenheit zum Übernachten bietet der Campingplatz am Gehöft **Hrífunes** (S. 293). An ihrem Rand treten Formen auf, wie auch schon am Mývatn beobachtet wurden: Pseudokrater.

Mit dem Mýrdalssandur wird ein Gebiet erreicht, das früher die einheimischen Fahrer veranlaßte, schneller zu fahren. Die Ruhe auf den schwarzen Kiesebenen erschien ihnen trügerisch. So war Eile geboten, das tatsächlich nicht ungefährliche Gebiet zu queren. Der Antrieb zur Eile war ihr Respekt vor dem äußerst gefährlichen, unter dem Eis des Mýrdalsjökull schlummernden Vulkan Katla. Sie löste im Jahre 1918 einen der größten Gletscherläufe aus. Dabei wälzten sich über die tischebene, schwarze Fläche des Mýrdalssandur gewaltige Mengen riesiger Gesteins- und Eisblöcke. Was die Ausbrüche der Katla anbetrifft, so ist der nächste längst überfällig. Das sensibilisiert manche Isländer, gerade in der Saure-Gurken-Zeit. Am Ende des Sandur lenkt ein massiver steiler Felsen mit einem historisch interessanten Namen die Aufmerksamkeit auf sich. Als sich im frühen Mittelalter zur Zeit der Besiedlung Islands Hjörleifur Hróðmarsson, der Ziehbruder des Gründers von Reykjavík, Ingólfur Arnarson, hier niederließ, konnte man noch mit dem Schiff an den Felsen festmachen. Heute liegt **Hjörleifshöfði** 6 einige Kilometer landeinwärts. Daran kann man ermessen, daß die Aufschüttung solcher Sedimentmassen nicht allein die ruhig dahinströmenden Flüsse vorgenommen haben können. Innerhalb von nur etwa 1000 Jahren müssen vor allem katastrophenartige Abflüsse ihre Last in diesem Küstenstrich eingebracht haben.

Bis zum Jahre 1937 existierte auf der ehemaligen Insel ein Bauernhof. Jetzt haben auf dem Inselberg als einzige Be-

# Wenn Islands Flüsse Berge versetzen – Gletscherläufe

*Stirn des Skaftafellsjökull mit Moränen und Sanderfläche*

Unter den großen Gletschern verbergen sich Vulkane, deren Aktivität sich in unterschiedlicher Weise äußert. Besonders gefürchtet sind von den Isländern die während und vor allem nach dem Ende eines Vulkanausbruches ausgelösten Gletscherläufe. In höchst unangenehmer Weise machen sich im Gebiet des Skeiðarársandur die unter dem Vatnajökull gelegenen Grímsvötn bemerkbar. In nahezu regelmäßigen Abständen werden Gletscherläufe ausgelöst, die sich dann mit gewaltigen Schutt- und Eismassen über die Sanderflächen ergießen. Bereits 1598, 1685 und 1716 wurden Gletscherläufe des Skeiðarárjökull in den Annalen erwähnt, die offensichtlich von den Grímsvötn verursacht wurden. Weitere Gletscherläufe fanden auch in der Folgezeit statt. Der größte Teil von ihnen hat seine Ursache in der auftauenden Wirkung eines großen, im Umfeld der Grímsvötn befindlichen Thermalgebietes. Die Lage der Grímsvötn war bis zum Ausbruch 1903 noch fast unbekannt.

Die Besonderheit dieses Vulkans – und zu dieser Art ist auch die unter dem Mýrdalsjökull momentan ruhende, aber im Laufe der Geschichte Islands ungemein aktive Katla zu rechnen – besteht darin, daß trotz der Förderung gasarmer Schmelzen wegen des Kontaktes mit dem Eis nur Schlacken, Bomben und Aschen ausgeworfen werden, niemals aber Lavaströme ausfließen. Ein Teil des Auswurfsmaterials gelangt auf das Eis und verschwindet mit der Zeit im Gletscher. Der größte Teil wird aber mit den durch das Aufschmelzen der Gletscherpartien freiwerdenden Wassermassen abgeschwemmt und im flachen Land, in den Sandergebieten, abgelagert oder sogar bis in das Meer transportiert. Aus den Lockermassen allein kann sich also kaum ein Vulkankegel aufbauen, da der Förderschlot ringsum von gewaltigen Gletschermassen umgeben ist. Bei den von kleineren Eiskappen bedeckten Zentralvulkanen, wie z. B. beim Öræfajökull oder beim Snæfellsjökull, hat die vulkanische Tätigkeit die Vorherrschaft gewonnen. Es werden auch hier Gletscherläufe und Eisstürze ausgelöst, die vulkanischen Kräfte waren aber in der Lage, einen Kegel aufzubauen. So häufen sich hier in Gipfellage vulkanische Lockerprodukte an. Erst nach längeren Ruhepausen können die Gletscher wiederum in die Gipfelregion vordringen.

Der letzte Ausbruch der Katla unter dem Mýrdalsjökull fand 1918 statt. Er löste einen gewaltigen Gletscherlauf aus. Etwa zwei Drittel des 600 $km^2$ großen Mýrdalssandur waren von Schutt- und Eismassen bedeckt. Sie verschoben nach diesem einzigen Ereignis die Küste um etwa 4 km seewärts. Die Abflußrate des Gletscherlaufs muß zeitweise über 100 000 $m^3$/sek betragen haben, und das ist mehr als die Wasserführung des Amazonas.

Durch die Medien konnte man an einem solchen wegen seiner Ausmaße schon fast unbegreifbaren Ereignis im Jahre 1996 teilhaben. Die vulkanische Aktivität unter dem Gletscher verriet sich dadurch, daß Anfang August die aus dem Nordrand des Vatnajökull hervortretende Jökulsá á Fjöllum plötzlich schwarze basaltische Aschenpartikel mit sich führte. Es rumorte also unter dem Gletscher. Aber wo? Es sollte noch über einen Monat dauern, bis die vulkanische Aktivität im Bereich der Barðarbunga-Caldera an der nördlichen Flanke des Grímsvötn-Vulkans einsetzte. Über einer 4 km langen und 1–2 km breiten Spalte schmolz die Eruption das in diesem Teil 400–600 m dicke Eis des Vatnajökull. Das war das erste sichtbare Zeichen des Ausbruchs. Pro Sekunde werden 5000 $m^3$ Eis geschmolzen sein. Das Schmelzwasser floß zu den Grímsvötn ab und bildete dort einen See. Es sollten sich dort bis zu 3 Milliarden Kubikmeter Wasser ansammeln. Bei dem Ausbruch wurden insgesamt etwa 700 Millionen $m^3$ Asche ausgeworfen. Mit großer Besorgnis beobachtete man das Ansteigen des Seespiegels unter dem Eis und erwartete seinen Abfluß. Am 5. November 1996 war es soweit. Der erwartete, von den Grímsvötn ausgehende Gletscherlauf setzte ein. In den Morgenstunden war die Wasserführung der Skeiðará stark angestiegen. Eine leichte kontinuierliche Erdbebentätigkeit war bereits am Vorabend verzeichnet worden. Die Stärke der Bodenunruhe hatte während der Nacht ständig zugenommen. Nun der chronologische Ablauf des Gletscherlaufs:

**Mittwoch, 5. November 1996, 10 Uhr**

Die Hauptphase des Gletscherlaufs setzt um 8 Uhr mit einer 3–5 m hohen Wasserwelle ein. Viele Eisberge (bis zu

200 Tonnen) breiten sich über das Vorland des Gletschers aus. Die Straße über den Skeiðarársandur wird gesperrt. Die Wassermassen mit Eis- und Felsblöcken des Gletscherlaufs umgeben die 900 m lange Brücke über die Skeiðará. Innerhalb von 2 Stunden wurde eine Abflußrate von 6000 $m^3$/sek erreicht (Wasserführung des Rheins in der Höhe von Emmerich bei mittlerer Wasserführung etwa 2500 $m^3$/sek). Eisberge brechen von der Stirn des Skeiðarárjökull ab und werden vom Fluß abgetrieben.

**13 Uhr**

Nach Radiomeldungen ist die Brücke über einen der Gletscherflüsse (Gígjukvísl) in den Fluten untergegangen. Die Elektro-Überlandleitung ist heruntergebrochen. Das Telefonkabel wurde durch die Flut durchtrennt. Die Brücke über den Sæluhúsakvísl ist durch die Flut zerstört worden und Islands längste Brücke, die 900 m lange Skeiðará-Brücke, ist so sehr beschädigt, daß ihre völlige Zerstörung erwartet wird. Nach Schätzungen von Glaziologen beträgt die Abflußmenge ca. 25 000 $m^3$/sek. Das ist das Doppelte des größten Rheinhochwassers. Der Gesamtschaden an der Ringstraße wird auf 15 Mill. US-$ geschätzt.

**6. November 1996, 9 Uhr**

Der Gletscherlauf erreichte seinen Höhepunkt um 22.30 Uhr. Zu dieser Zeit flossen durch die 50 km lange subglaziale Wegstrecke des Vorlandgletschers Skeiðarárjökull nahezu 45 000 $m^3$/sek von den Grímsvötn auf das Schwemmland des Skeiðarársandur. Von der stark beschädigten Skeiðará-Brücke stehen noch 700 m, aber die Brücken über den Sæluhúsakvísl und den Gígjukvísl sind von den abströmenden Wasser- und Schuttmassen weggerissen worden. Die westlichste Brücke über die Núpsvötn blieb intakt.

**7. November 1996, 12 Uhr**

Der Gletscherlauf ist beendet. Die Abflußrate in den Gletscherflüssen auf dem Skeiðarársandur beträgt nunmehr nur noch 400 $m^3$/sek. Mindestens 3 Milliarden Kubikmeter Wasser, angefüllt mit Aschenpartikeln und anderen Fragmenten vom Ausbruch haben sich ihren Weg von den Grímsvötn über die Basis des Gletschers bis zum Meer gebahnt. Dieses einzigartige Naturschauspiel dauerte 52 Stunden. Daraus ergibt sich eine durchschnittliche Abflußrate von 16 000 $m^3$/sek. Das Wasser hatte riesige Eisberge hinterlassen. Einige waren 10–15 m hoch und erreichten ein Gewicht von 1000 Tonnen. Die Brücke über den Sæluhúsakvísl war am 5. November für einige Zeit von den Wassermassen verschlungen, aber sie tauchte mit nur geringem Schaden wieder auf.

Schon nach zwei Jahren war das Gebiet wieder wie früher über die Ringstraße und ihre Brücken passierbar. Die letzte Brücke wurde im August 1998 in Betrieb genommen. Der Gletscher ist an seiner östlichen Stirn noch fast vollständig schwarz von den sedimentierten vulkanischen Lockermassen.

Zwischen dem 18. und 28. Dezember 1998 ereignete sich wiederum im Gebiet der Grímsvötn ein Ausbruch. Die Eruptionswolke erreichte eine Höhe von 10 km und war sogar im 200 km entfernten Reykjavík zu sehen. Fünf Ausbruchspunkte auf einer 1300 m langen Spalte förderten basaltische Aschen. Ein Gletscherlauf wurde nicht ausgelöst, da die Schmelzwassermenge bei weitem nicht so groß war wie 1996.

wohner der steilen Felsabbrüche nur noch Eissturmvögel einen festen Wohnsitz. Bemühungen, Sandstürmen die abtragende Wirkung zu nehmen und den lockeren Bodenmassen einen Halt zu verschaffen, haben in dieser ausgesetzten Umgebung offensichtlich Erfolg, denn neben der Straße ist der Boden mit Gras begrünt.

Der Mýrdalsjökull verschwindet westlich des Múlakvisl hinter den bemoosten und von Höhlungen durchsetzten Felswänden des Küstenlandes. Fast in einer Nische liegt der kleine, 300 Einwohner zählende Ort **Vík í Mýrdal** 7 (S. 319) mit einer gewissen zentralen Bedeutung. Er ist Handels- und Dienstleistungszentrum mit einem Supermarkt, einer Poststelle und einer Einkaufsmöglichkeit für Wollartikel. Als Begegnungsstätte dient die Tankstelle mit dem angeschlossenen Restaurationsbetrieb, wo die Durchreisenden ihren Hunger mit Fastfood stillen oder ihre Lebensgeister mit einer guten Tasse Kaffee wecken können.

Wer seinem Forschungsdrang nachgehen möchte, kann sich mit einem Amphibienfahrzeug zu den Sehenswürdigkeiten an der Küste, z. B. zu den Felsen von **Reynisdrangar** 8 fahren lassen. Die unmittelbar vor dem Bergrücken Reynisfjall gelegenen bizarren Felsen bestehen aus dem dreigipfeligen Langsamur, nach einer Volkssage eine versteinerte Dreimastbark. In seiner unmittelbaren Nachbarschaft befindet sich als direkte Verlängerung des Bergrückens Reynisfjall die Zinne Landdrangur, nach der Sage ein versteinerter Riese, der ein Trollweib, verkörpert in dem am weitesten vom Land entfernten Felsen Háidrangur oder Skessudrangur (Trollweibfelsen), verfolgt haben soll. Ernüchternd wirkt die wissenschaftliche Erklärung der Existenz dieser Felsen. Sie sind zusammen mit dem Reynisfjall und Dyrhólaey Überreste eines im Eiszeitalter unter dem Gletschereis aktiven Vulkans oder Palagonitberges. Dieser hinterließ die interessantesten Anordnungen von Basaltsäulen in Kolonnaden und eben auch als Abtragungsformen des Meeres diese markanten Felsen. Sie sind so sehr dem Angriff des Meeres ausgesetzt, daß innerhalb weniger Jahre Veränderungen in der Gestalt festzustellen sind. So stürzten während der Jahreswende 1985/86 vom Felsen Langsamur beträchtliche Massen ins Meer.

Wer viel Zeit besitzt, kann zur Seeseite des **Reynisfjall** fahren (Reynishverfisvegur, 215 ). Am südlichsten Bauernhof Islands, dem Gehöft Garðar, geht es zu Fuß weiter. Eine von der Brandung aus dem Fels herausgespülte Höhle wurde im 19. Jh. als Thingstätte genutzt. Am Kliff kann der Besucher weitere kunstvolle Anordnungen von Basaltsäulen und bis Juli Papageitaucher bewundern. An manchen Stellen erinnern stufenartige Absätze in der Nähe des Strandes an Giant's Causeway in Irland.

Wir bleiben in der Umgebung von Vík í Mýrdal und wenden uns **Dyrhólaey** 9 (Türhügelinsel) zu. Diese ehemalige Insel ist praktisch das ›Südkap‹ von Island, ein Vogelfelsen mit interessanten basaltischen Felsformen. Dyrhólaey steht mit Kötlutangi im Wettstreit, südlichster Punkt Islands zu sein. Die Lage von Kötlutangi verändert sich insofern, weil die durch Gletscherläufe abgelagerten Sedimente wieder abgetragen werden. Von Vík gelangt man nach Dyrhólaey über die Ringstraße in Richtung Westen, wo man nach 15 km nach links auf den Dyrhólavegur (218) abbiegen muß. Kurz vor dem Anstieg zur ›Insel‹ tauchen etwa 3000 Jahre alte, dunkelbraune versteinerte Dünen auf. Nach dem Passieren einer Landzunge führt die Strecke hinauf auf den ehema-

ligen Inselvulkan. Wir begeben uns zunächst auf den niedrigeren östlichen, den als Lágey bezeichneten Teil und lassen das flache Haff des Dyrhólaós (*ós* ›Flußmündung‹, hier eine etwas unglückliche Bezeichnung) hinter uns. Uns empfangen steile Kliffs, Einzelfelsen, Brandungstore und ein kleiner Hafen, in dem die anwohnenden Fischer früher ihre Boote aus dem Wasser zogen.

Auf dieser durch einen Untermeeresausbruch vor etwa 100 000 Jahren entstandenen und erst gegen Ende der letzten Eiszeit zu Festland gewordenen Insel wird die vulkanische Aktivität im Osten begonnen haben. Man nimmt einen Spaltenausbruch an. Die Tätigkeit endete mit dem Auswurf von Asche, die nun als Tuff in umfangreichem Maße die Insel, besonders ihren höchsten plateauartigen Teil, bedeckt.

Für die Sommergäste unter den Vögeln sind die vulkanischen Lockergesteine ein ideales Material, sich in Spalten und Hohlräumen ihre Nistplätze zu schaffen. Es sind die putzigen und recht zahmen Papageitaucher, die an den mit der Strandkamille *(Matricaria maritima)*

Ostrand von Dyrhólaey mit Dyrhólaós und Höhenzug Reynisfjall

bewachsenen Kliffkanten in den frühen Sommermonaten logieren und ihren Nachwuchs großziehen, immer auf der Hut vor den Angriffen der vor den Felswänden patrouillierenden Raubmöwen. In den Wänden leisten Dreizehenmöwen und Eissturmvögel den Papageitauchern Gesellschaft. Die nicht nur während der Brutzeit angriffslustigen Seeschwalben ziehen es vor, sich auf der flachen grasbestandenen Oberfläche der Insel niederzulassen. Von dem höchsten Punkt der Insel in Höhe des 1910 erbauten Leuchtturms hat man eine sehr schöne Aussicht auf das Hinterland mit dem Mýrdalsjökull, nach Westen erstreckt sich ein kilometerlanger, schwarzer und menschenleerer Strand. Etwas weiter nach links tauchen im Meer am Horizont die Silhouetten der Westmänner-Inseln auf. Neben den nistenden Seevögeln ist aber das riesige Brandungstor im Süden die Attraktion der Inseln. Hier geht mit einzelnen Schären Island in den Atlantik über. Sie haben die Namen Háidrangur, Lundadrangur (benannt nach dem Papageitaucher, dem *Lundi*), Máfadrangur und schließlich Stampur und Sker.

Es lohnt sich, weiter der Küstenstraße (1) zu folgen. Der Weg führt an der ehemaligen Insel Pétursey vorbei. Wenige Kilometer dahinter macht sich ein fauliger Geruch bemerkbar. Auf der Landseite sind in einem Tal die Eismassen des 8 km langen und 1–2 km breiten Ausflußgletschers Sólheimajökull zu erkennen, der sich zungenartig in das Vorland ausbreitet. Man quert die Jökulsá á Sólheimasandi mit den Sanderflächen. Dieser Fluß wird von den Isländern auch wegen seines penetranten Geruchs schwefelhaltiger Verbindungen ›*Fúlilækur*‹ (stinkender Bach) genannt. Für die Entstehung der Sanderflächen hat eine Volkssage eine besondere Erklärung. Danach datiert ihr Ursprung auf die Landnahmezeit. Sie sollen das Ergebnis oder die Folge eines Streites zwischen den beiden anwohnenden Siedlern Loðmundur von Sólheimar und Þrasi von Skógar sein, als sie sich über den Verlauf der Jökulsá stritten.

Diese Ebenen werden ohne Übergang von dem Skógasandur abgelöst. Über eine Steilstufe steigt nun das Gelände zu den Bergen der Eyjafjöll an. Hinter ihnen versteckt sich der Zentralvulkan des 1666 m hohen **Eyjafjallajökull** mit gleichnamiger und 78 km$^2$ großer Gletscherbedeckung. An seiner Südflanke nagte einst das Meer und schuf eine Steilküste. Heute stürzen sich über ihre inzwischen etwa 5 km landeinwärts gelegenen Kanten Bäche und kleine Flüsse als Wasserfälle in die Tiefe, von denen der 60 m hohe **Skógafoss** wohl der bekannteste ist. Er ist der krönende Abschluß einer Reihe von weiter oberhalb gelegenen Fallstufen des Flusses Skógá.

Nicht allein wegen des Wasserfalls ist es zu empfehlen, sich hier vorübergehend aufzuhalten, denn mit viel Liebe hat Þórður Tómasson in **Skógar** 10 (S. 313) ein volkskundliches Museum aufgebaut, das wegen seiner vielfältigen Ausstattung und der Vorführkunst des Gründers über die Grenzen Südislands hinaus bekannt ist. Es ist eines der ältesten und am besten bestückten Museen seiner Art auf der Insel. Weit über 3000 Gegenstände von der Tabaksdose bis zum Strandgut der in der Nähe befindlichen trügerischen Küste können besichtigt werden. Torfhäuser und -ställe vermitteln die ländliche Lebensweise vergangener Generationen.

Am Ende des Gebirgsmassivs verlassen wir das Küstenland und folgen dem Lauf des Markafljót. Damit gelangen wir auf die Nordseite des Eyjafjallajökull. In Höhe dieser Abzweigung auf den Þórsmerkurvegur (249, dann F249) stürzt die Seljalandsá etwa 100 m tief über die von Eissturmvögeln bewohnten Klippen. An diesem Naturdenkmal befindet sich ein Rastplatz. Außerdem besteht die Möglichkeit, auf einem Pfad hinter den Wasserfall zu gehen.

Auffälligste Erhebung ist in der Flußebene des Markarfljót der 178 m hohe **Stóra Dímon**, ein alleinstehender Berg, der schon als Rauðuskriður in der Njáls-Saga erwähnt wurde.

Wir folgen dem Markarfljót über den Þórsmerkurvegur (F249) taleinwärts. Hier dringen die Zungen der Ausflußgletscher **Gíg- oder Fjalljökull** 11 und Steinholtsjökull bis in das Tiefland vor. Mit einem geländegängigen Fahrzeug kann man bis an den mit Eisbergen besetzten See, den Lónið, und den Rand des Gletschers vordringen. In diesem von Gletscherflüssen durchzogenen Gebiet ist äußerste Vorsicht beim Queren der Gewässer angebracht, denn der Wasserstand der Furten ändert sich ständig. Es ist eine günstige Gelegenheit, nahe an einen Gletscher in Island heranzukommen. Doch sollte man in jedem Fall die Gefahren beachten, die von einem Gletscher ausgehen. Besonders tückisch kann die von Sedimenten überdeckte Randzone sein, wo man sich noch auf festem Untergrund wähnt und die unter einem lauernden Gefahren verdeckter Spalten nicht ahnt. Deshalb sollte man dort Vertiefungen im Randbereich genauso meiden wie die Stirn, die in diesem Falle zum Wasser hin abbrechen kann. Mit der nötigen Vorsicht wird es sicher ein großes Erlebnis sein, sich solchen Eismassen nähern zu können. Der Talgletscher Gígjökull hat seinen Beginn im Krater des noch in den Jahren 1612 und 1821–23 tätigen Vulkans. In einer sehr spaltenreichen Bruchzone bricht der Gletscher nach Norden ab und mündet in dem etwa 40 m tiefen und von einem hohen Moränenwall umgebenen Zungenbeckensee Lónið.

Der benachbarte **Steinholtsjökull** 12 wird weniger häufig besucht. Er fand aber große Beachtung, als am 15. Januar 1967 durch einen Bergsturz ein Gletscherlauf verursacht wurde, dessen felsige Bestandteile als zum Teil riesige Blöcke (bis über 100 m$^3$) im Krossádalur auf dem Weg nach Þórsmörk bewundert oder angesichts der freigesetzten Energie respektvoll betrachtet werden können.

Ein Erlebnis besonderer Art ist ein Besuch der Schlucht **Stakkholtsgjá** 13 mit senkrechten, manchmal über 100 m hohen Wänden. Ihr östlicher Teil endet in einem engen Kessel, in den ein kleiner Wasserfall stürzt. Ende August kann man hier junge Eissturmvögel auf ihrer Wanderschaft zum etwa 20 km entfernten Meer beobachten. Wenn auch ihre Bewegungen noch recht unbeholfen sind und sie auch manchmal den Eindruck machen, erschöpft zu sein, hüte man sich, sie anzufassen. Zu ihrem Schutz und ihrer Verteidigung scheiden sie ein übelriechendes Sekret ab.

Der Besuch der Schlucht gibt schon einen Vorgeschmack von den Reizen einer Landschaft, die uns weiter taleinwärts erwartet. Hinter dem 458 m hohen Aussichtsberg Valahnúkur empfängt uns die waldreiche Umgebung **Þórsmörk** 14 (S. 317), einer der schönsten Plätze in Island. In harmonischer Weise schmiegen sich in die Welt der Gletscher Mýrdalsjökull und Eyjafjallajökull die Täler der Gletscherflüsse mit randlichen Schluchten, bizarren Felsformen, grünen bemoosten Höhen und in den tieferen Partien Birkenwälder mit einer artenreichen Krautschicht ein. Die Mühe lohnt sich, von der Hütte des *Ferðafélag Íslands* im Langidalur aus den fast einstündigen Aufstieg auf den Gipfel des Valahnúkur zu unternehmen. Die Aussicht führt bei gutem Wetter die Schönheit um Þórsmörk vor Augen: Im Süden bilden die Gletscher mit ihren Ausläufern die Kulisse. Terrassenförmige Verebnungen mit grünen Moosen sind von engen und tiefen Schluchten zerschnitten. Im Norden ist die Landschaft weniger dramatisch. Aus dem fernen Nordosten grüßen die Berge um Landmannalaugar, also des über Wanderpfade erreichbaren Fjallabak. Nicht ganz so weit sind die Eisfelder des Tindfjallajökull entfernt.

*Wohnzimmer im Torfgehöft des Heimatmuseums von Skógar*

Richtig Reisen *Tip*

# Auf dem Pferderücken durch die Landschaft von Fjallabak

Immer beliebter, wenn auch nicht gerade billig sind die umweltfreundlichen Unternehmungen auf urisländische Art, auf dem Pferderücken, geworden. Welche Landschaft ist da nicht besser geeignet als die von Fjallabak mit ihren vielen Furten und ständig wechselnden Szenerien?

Da bei solchen längeren Reittouren Tagesstrecken von 20 bis 50 km durch bergiges Gelände, durch Steinwüsten und Flüsse zurückgelegt werden, d. h. daß man 5–10 Stunden im Sattel sitzt, muß der Teilnehmer schon über eine genügende Reitererfahrung verfügen und auch eine gewisse körperliche Fitness mitbringen. Fjallabak heißt übersetzt ›Berglandschaft im Hintergrund‹ und erfaßt im wesentlichen die Formenvielfalt der Rhyolithberge des Torfajökull-Massivs. In dieser farbenfrohen Umgebung herrschen anstatt des basaltischen Schwarz die gelblich braunen, rötlichen und grünen Farbtöne der rhyolithischen Gesteine vor. Unwirklich erscheinen in dieser Umgebung die Ströme aus vulkanischem Glas, aus Obsidian. Mit einer Höhe bis zu 50 m erfassen sie die Flußebenen bei Landmannalaugar. Auf dem Weg zur Eldgjá wird die Farbenvielfalt von dem Grün der bemoosten Hänge abgelöst.

Der landwirtschaftlich geprägte Südwesten ist Ausgangsgebiet für viele Unternehmungen auf dem Pferderücken durch die für den Naturfreund ungewöhnliche attraktive Wildnis des Südens. Zu einem großartigen Erlebnis im Sattel wird beispielsweise auf einer achttägigen Tour der unmittelbare Kontakt mit der Natur Islands.

Im folgenden ein Vorschlag für den Zeitplan und den Routenverlauf einer Reise für den Pferdefreund: Anreise nach Hella, Hella-Austvaðsvolt. Aufbruch nach Mittag entlang des Flusses Rangá bis Leirubakki. Am zweiten Tag Ritt durch die Lava am Fuße der Hekla bis zu einer Schaftreiberhütte bei Landmannahellir. Am dritten Tag ist Landmannalaugar das Ziel. Der Weg führt über das Dómadalur und am Frostastaðavatn vorbei. Nachmittags wird die Umgebung erkundet, Übernachtung in der Hütte. Der vierte Tag hat die Eldgjá zum Ziel. Auf dieser Etappe wird es abenteuerlich in einer nahezu alpinen Landschaft. Mehrere Flußfurten müssen auf dem Weg bis zur größten Vulkanspalte der Erde gequert werden. Die Übernachtung erfolgt in Hólaskjól.

Folgende Leistungen werden vom Veranstalter erbracht: Gestellung der Pferde, des Führers und der Regenkleidung, Übernachtung in Hütten, Transport des Gepäcks. Außer Kondition müssen die Teilnehmer noch einen Schlafsack, warme Kleidung und Stiefel mitbringen. Eine solche spezielle achttägige Islandreise auf vier Beinen kostet etwa 1200 €. Auskünfte erteilt das Isländische Fremdenverkehrsamt, Frankfurter Str. 181, 63263 Neu-Isenburg, Tel. 0 61 02/25 44 84, Fax 0 61 02/25 45 70.

Es ist nicht von der Hand zu weisen, daß Þórsmörk schon unmittelbar nach der Landnahme besiedelt war, aber schon bald darauf wieder aufgegeben wurde. Auch ein weiterer Versuch der Besiedlung scheiterte im frühen 9. Jh. Die Ursache für die nur kurzzeitigen Besiedlungsbemühungen und damit den Erhalt des Waldbestandes werden die unberechenbaren Flüsse Krossá und Markarfljót (Waldfluß) gewesen sein. Der Name des letzten kündet noch davon, daß in diesem Teil Südislands der Wald weiter verbreitet gewesen sein muß.

Von Þórsmörk führen als kürzeste Verbindung Wanderwege zur nächsten Attraktion Südislands, nach Fjallabak. Mit einem Fahrzeug sind schon Umwege erforderlich. Man kann das Gebiet am Rande der Hekla und von Fjallabak auf dem Rücken eines Islandpferdes und mit einem geländegängigen Kraftfahrzeug erkunden.

Auf dem Wege zur Hekla wird das Tal wieder über den Þórsmerkurvegur (F249) verlassen. In der Höhe des allein stehenden Berges Stóra Dímon stellt der Dímonarvegur (250) die Verbindung mit dem Fljótsdalur und dem Flótshlíðarvegur (261) her. Diese Tallandschaft war schon früh besiedelt. Zu seinen Sehenswürdigkeiten gehören neben einigen stattlichen Höfen der über zwei Stufen von dem Höhenrücken herunterstürzende Wasserfall Merkjarfoss und die Jugendherberge von **Fljótshlíð** 15 (S. 285f.) mit einem herrlichen Ausblick auf die mit Gletscher bedeckten Berge im Osten. Die Jugendherberge ist in einem traditionellen Torfgehöft untergebracht. Sie ist Ausgangspunkt einiger Wanderungen in die reizvolle Umgebung. Der Fljótshlíðarvegur endet in Hvólsvöllur. Über die Ringstraße und den westlich von Hella abzweigenden Landvegur (26) ist das Hekla-Gebiet erreichbar. Eine Einstimmung auf das Wesen und die Aktivitäten des bekanntesten Vulkans von Island erhält man im Hekla-Zentrum von **Leirubakki** 16 (S. 300) am gleichen Wege.

## Anfahrt von Südwesten ins Hekla-Gebiet

In den meisten Fällen nähert man sich dem Hekla-Gebiet mit einem Kraftfahrzeug von Reykjavík aus.

Nach der Übernachtung im Südwesten, beispielsweise am Laugarvatn, steuern wir über Skálholt und Reykir den Þjórsárdalsvegur (32) und das schon dort zu sehende Ziel, die **Hekla**, an. Am südöstlichen Horizont taucht aus einer hügeligen Landschaft der auch in Mitteleuropa bekannte Vulkan als schneebedeckter Rücken auf. Seine längliche, einem umgekippten Ruderboot ähnelnde Form sagt schon etwas über ihren Ursprung aus. Im Eiszeitalter ist in dieser Region die 5,5 km lange Spalte Heklugjá aufgerissen, und seitdem baute sich auf der Basis der unter dem Eis gebildeten Tuffe der 1491 m hohe Zentralvulkan Hekla aus Lava und Lockermassen auf. Es sind insgesamt 21 Ausbrüche der Hekla bekannt, mit Sicherheit werden aber noch mehr Eruptionen an ihrem Aufbau beteiligt gewesen sein. Das Alter der ersten Lavaergüsse ist unbekannt. Über Abfolge, Alter und Verbreitung der von ihr geförderten Bimsaschen wissen die Vulkanforscher schon wesentlich mehr, denn in den Böden kamen sie selbst in Nordisland als Aschen- oder Tephrahorizonte zur Ablagerung und lassen sich eindeutig als von der Hekla stammend identifizieren. Von diesen Aschenbändern wissen wir, daß die Hekla vor 6000, 4200, 2800, vor 2000–1500 Jahren und im Jahre

*Im Hekla-Gebiet – erste Pflanzen auf junger Asche*

1104 n. Chr. aktiv war und Bims förderte. Von den jüngeren Ausbrüchen existieren bereits Aufzeichnungen. Der Ausbruch von 1104 war eine Katastrophe für die im Norden lebende Bevölkerung. Bis zu einer Entfernung von 70 km nördlich des Vulkans wurden die Weidegebiete unbrauchbar, weil sie unter einer dicken Aschenschicht verschwanden. Selbst in einer Entfernung von 250 km hat das Aschenband in Nordisland noch eine Mächtigkeit von fast 10 cm. Derartige Ausbrüche brachten der Bevölkerung Tod und Entbehrungen. Weidetiere gingen zugrunde, Hungersnöte brachen aus.

Von den Folgen des Ausbruchs war auch der wieder freigelegte und rekonstruierte Stöng an der Þjórsá betroffen. Der Niederschlag der feinkörnigen Bimsaschen des Ausbruches von 1104 erhielt das Gehöft Stöng in einem so guten Zustand, daß man sehr gute Vorstellungen über die Konstruktion, Raumgröße und Funktion der damaligen Behausungen gewinnen konnte (s. S. 54).

Die Hekla brachte im Laufe der Zeit den im Umland lebenden Menschen noch häufig Not und Entbehrung. Von den mittelalterlichen Aktivitäten muß neben dem beschriebenen der Ausbruch von 1300 hervorgehoben werden.

Die Eruptionen dauerten etwa ein Jahr lang an, und die geförderten 500 Millionen Kubikmeter Bimsaschen richteten einen so großen Schaden an, daß im Winter 1300/01 etwa 500 Menschen verhungerten. Im Jahrhundert des Hungers, dem 18. Jh., beteiligte sich die Hekla auch an den Katastrophen, die über Mensch und Tier hereinbrachen. Zwischen 1766 und 1768 ergossen sich über ihre Flanken 1,3 Milliarden Kubikmeter Lava. Das ist die zweitgrößte in geschichtlicher Zeit in Island geförderte Lavamenge. Eine große Anzahl an Haustieren ging zugrunde. Die Hekla ist auch für den größten isländischen Ausbruch im 20. Jh. verantwortlich. Es war zugleich die letzte große explosive Eruption. Am 29. März 1947 öffnete sich an der Nordostflanke eine Spalte, aus der nach einer Stunde Aschen bis zu einer Höhe von 30 000 m aufstiegen. Vom Wind wurden feine Partikel bis nach Helsinki verdriftet, das sie nach 52 Stunden erreichten. Den Lärm der Explosionen konnte man noch in 300 km Entfernung hören. Trotz einer Verbreitung der Aschen auf 3130 km$^2$ und der Lava auf 40 km$^2$ hielt sich der angerichtete Schaden noch in Grenzen. Nur zwei Gehöfte mußten für mehrere Monate verlassen werden. Erst 23 Jahre später, am 5. Mai 1970, trat die Hekla wieder in Aktion. Es rissen an den Flanken Spalten auf, die Aschen und Lava förderten.

Bei einem Besuch dieser Region sollte man nicht versäumen, die rekonstruierten Gehöfte zu besuchen, zumal sie sich in einer zum Teil lieblichen Landschaft mit Wasserfällen befinden. Das erste, aus der Saga-Zeit, befindet sich am Wege. Es ist der unweit vom Kraftwerk Búrfell fast am Þjórsárdalsvegur (32) gelegene Hof **Þjóðveldisbær** 17. Unweit von diesem Gehöft führt als Abstecher der Stangarvegur (327) zu dem Gehöft **Stöng** 18 (S. 314) und der sehr schönen Schlucht Gjáin mit einigen kleinen Wasserfällen, darunter der Gjárfoss. Man fand in der 1104 vom Hekla-Ausbruch verschütteten Hofanlage von Stöng eine Menge von Relikten aus der Landnahmezeit, denn hier war unter der Asche der Erhaltungszustand der aus Holz und Torf errichteten Gebäudeteile wesentlich besser als bei anderen aus der gleichen Zeit. Jene waren im Laufe der Zeit Verwüstungen zum Opfer gefallen, einen weiteren Beitrag leistete das nicht gerade für den Erhalt günstige Klima. Überliefert sind hier die Überreste eines vollständigen Bauernhauses mit Kuhstall und Schmiede. Es wurde offensichtlich fluchtartig von den Bewohnern verlassen, als die Aschen während des Ausbruchs niederfielen.

## Nach Landmannalaugar und Fjallabak

Der Þjórsárdalsvegur (32) wird bis zu seinem Ende verfolgt, wo er in den Landvegur (26) einmündet und sich parallel zur Flußlandschaft der Tungnaá bewegt. Über die Piste des Landmannaleið (F208, Allradfahrzeug erforderlich) gelangt man direkt in das Zentrum von Fjallabak oder des unbewohnten Torfajökull-Gebietes, nach Landmannalaugar. Die Anfahrt gibt uns schon einen Vorgeschmack von dem, was uns am Ziel erwartet: Bemooste Kegel, einsame Seen, Maare mit intensiv roten Schlackenwänden und schließlich hellgelblichbraune bis hellbraune Berge mit schwarzen, glänzenden Obsidianströmen.

Damit befinden wir uns in einem von Touristen am meisten besuchten Gebiet: **Landmannalaugar** 19 (S. 298). Was macht diese menschenleere und häufig

*In den Rhyolithbergen bei Landmannalaugar*

vegetationsfreie Umgebung im Zentrum des südlichen isländischen Berglandes so attraktiv? Es sind einmal die **Thermalquellen**, die schon vor dem ersten Touristen die isländischen Bauern am und im beheizten Bach unterhalb des Obsidianstroms Laugahraun beim frühherbstlichen Einsammeln der Schafe verweilen ließen. Andererseits ist es die ungewöhnliche Ruhe um die Seen und die Farbenpracht der Berge, bedingt durch den Moosbewuchs im östlichen Teil und durch die hellen und leuchtenden Farben der Rhyolithberge mit ihren ungewöhnlichen Obsidianströmen. Ein Aufenthalt in Landmannalaugar ist unumstritten einer der großen Höhepunkte einer Islandreise. Es kann mit dem Fahrzeug von Norden nach einer Inlandquerung, von Westen nach einem Besuch der Hekla oder von Osten nach einem Aufenthalt an der Eldgjá erreicht werden.

Die landschaftliche Vielfalt und Schönheit fordern geradezu auf, sich in der Umgebung umzusehen. Nachhaltige Erlebnisse sind ohne Zweifel eine Besteigung der 855 m hohen **Brennisteinsalda** oder des fast 100 m höheren **Bláhnúkur** (Blauspitze), der sich unmittelbar südlich der Hütte erhebt. Seine blaugrüne Färbung fällt in der Landschaft mit vorwiegend gelblichen Bergen auf. Einst war er wie die Brennisteinsalda unter dem Gletschereis als Vulkan aktiv. Allein neun Gletscher sind zu sehen, als nächster im Süden der Torfajökull. Der schönste Ausblick ist nach Norden. Über dem Obsidianstrom Laugahraun – ›Badlava‹ – , dessen Fließstrukturen erst aus dieser Entfernung erkennbar werden, ragen die bräunlichgelben Spitzen des Suðurnámur auf. Gleichartige Bergformen erheben sich am Horizont mit den ebenfalls aus hellem Rhyolithgestein aufgebauten Kerlingarfjöll. Dahinter wölbt sich in einer Entfernung von 80 km der uhrglasförmige Hofsjökull. Selbstverständlich darf man es in Landmannalaugar nicht versäumen, ein ausgiebiges Bad im beheizten Bach zu nehmen.

Die Weiterfahrt nach einem Besuch dieser außergewöhnlichen Landschaft bietet zwei Möglichkeiten, sich noch weiter in dieser atemberaubenden Gebirgsszenerie umzusehen. Eine der schönsten und auch manchmal abenteuerlichsten Etappen ist die Benutzung

des Landmannaleið oder **Fjallabaksleið nyrðri** (F208) nach Osten. In vielen Windungen schlängelt sich der Weg durch die Umgebung bemooster Rhyolithberge zunächst durch die Schotterebene der Jökugilskvisl. Die Berge steigen bis zu einer Höhe von etwa 1000 m an und vermitteln mit ihren spitzen Gipfeln den Eindruck, in den Alpen zu sein. Es geht an stillen Seen vorbei, dann folgt der Weg einem Flußbett. Mühsam muß sich das Fahrzeug einen steilen Hang aus der Umgebung des Flusses hinaufquälen. Der Hang birgt interessante Gesteinsbrocken. Es ist Pechstein mit bunten Anlauffarben.

Mit der Annäherung an das Ziel, die **Eldgjá** 20, wird die Umgebung zunehmend basaltischer, aber die Bemoosung der Berge ist geblieben. Terrassenförmige Überreste in den breiten Niederungen liefern den Hinweis, daß im Osten des Torfajökull-Gebietes eine Seenlandschaft existiert hat. Nach einem Anstieg ist es schließlich soweit. Wir stehen am nordwestlichen Rand einer bis zu 270 m tiefen und 5 km langen Schlucht, deren gesamtes Ausmaß von dieser Stelle noch nicht zu erkennen ist. Den nordöstlichen Abschluß bildet der 948 m hohe Gjátindur. Wir fahren hinunter in die Tiefe zum Boden der Schlucht, durch die

*Zackenmützenmoos auf dem Eldhraun*

in diesem Stück die Nyrðri Ófæra fließt. Um weiter an den Fuß des Gjátindur, wegen seiner exponierten Lage einer der besten Aussichtsberge, zu kommen, muß dieser kleine Fluß gequert werden. Die starke Strömung und ein hoher Wasserstand kann bei einem ungeeigneten Fahrzeug (Allradantrieb ist Voraussetzung) das Queren der Furt erschweren.

Auf der parallel zum Rand über der Schlucht verlaufenden Piste lernt man allmählich die Ausmaße dieser einmaligen Hohlform kennen. Auf halbem Weg tauchen auf der gegenüberliegenden Seite die Fälle der **Ófærufossar** auf. Das Wasser der Nyrðri Ófæra stürzt in zwei großen Fallstufen in die Schlucht. Bis 1994 spannte sich über den unteren Fall eine Naturbrücke, die auch begangen werden konnte. Am Fuß des Gjátindur angelangt, ist nun das gesamte Ausmaß der 30 km langen Spalte mit der 600 m breiten, im Durchschnitt 200 m tiefen und 5 km langen Eldgjá (Feuerschlucht) zu sehen. Die Eldgjá ist der größte Explosionsgraben der Erde und riß im Jahre 934 n. Chr. auf. Dabei zerteilte sie eine gesamte Landschaft mit ihren Anhöhen, Tälern und Flüssen. Von diesem tektonischen Vorgang war die Ófæra nyrðri betroffen. Sie stürzt nun nach dem Aufreißen über zwei Stufen in die Spalte und verläßt die Schlucht im mittleren Teil wieder.

Die Eldgjá förderte die unvorstellbar große Menge von 10 Milliarden Kubikmetern Lava, die sich nach dem Weg durch die Flußtäler im Küstenvorland ausbreitete. Eine Besteigung des **Gjátindur** eröffnet auf dem Gipfel einen großartigen Rundblick. Drei der vier großen Gletscher sind zu sehen. Man erkennt die Kerlingarfjöll, das Fjallabak-Bergland, den Öræfajökull und fast vor sich die Lakagígar. Über eine anfangs unruhige Piste, vorübergehend auch durch das Skaftá-Tal gelangt man nach Süden und hat die Möglichkeit, die Fahrt in Richtung Reykjavík über die Ringstraße fortzusetzen.

# Feurige Ableger vor der Hauptinsel – die Westmänner-Inseln

■ (S. 318f.) Die Inselgruppe der Westmänner-Inseln (Vestmannaeyjar) liegt 10–15 km vor der Küste Islands und setzt sich aus 15 Inseln und einigen aus dem Meer ragenden Felsen zusammen. Die größte davon ist Heimaey. Im Gegensatz zu den meisten anderen Inseln vor Islands Küste sind sie vulkanischen Ursprungs. Die jüngsten sind 35, die ältesten etwa 10 000 bis 12 000 Jahre alt.

Die Anreise zu den Westmänner-Inseln erfolgt mit der Fähre von Þorlákshöfn oder mit dem Flugzeug von Reykjavík. Es reichen durchaus ein oder zwei Tage aus, um die Inselwelt kennenzulernen. Dabei konzentriert sich der Besuch auf die Hauptinsel Heimaey. Bei einem Aufenthalt auf dem Eldfell und seinem Lavastrom kann man ermessen, welchen Gefahren die Siedlungen um den Vulkan ausgesetzt waren, als mit dem Ausbruch am 23. Januar 1973 ein wahres Inferno über die Insel hereinbrach. Die anderen Sehenswürdigkeiten auf der Insel sind zu Fuß bequem zu erreichen. Daher sollte man sich auf den Weg zur Bucht im Südwesten machen, wo das immer wieder spannende Spiel der Wellen, oder bei stürmischer See das krachende Auflaufen der Brandung den Betrachter in den Bann zieht. Sollte das Wetter zu unwirtlich sein, bietet sich die Gelegenheit an, eines der beiden naturkundlichen Museen zu besuchen und sich in der Vielfalt der Fisch- und Vogelwelt umzuschauen.



*Trügerische Idylle: Die Westmänner-Insel Heimaey*

## Vulkanischer Ursprung

Geologisch betrachtet, erstreckt sich von Nordosten nach Südwesten über den Mýrdalsjökull Islands Vulkanprovinz und setzt sich über die Inselberge vom Typ Dyrhólaey bis zu den Westmänner-Inseln fort. Der westliche Zweig verläuft über die Halbinsel Reykjanes zum untermeerischen Reykjanes-Rücken, wo als Reste von Inselvulkanen nur noch einzelne Felsen (z. B. Eldey) aus dem Meer ragen. So lagern erloschene Vulkane vor der Südküste Islands als Inseln, als Einzelfelsen oder als deren vom Meer zurückgelassene Überreste. Die vulkanische Tätigkeit unter dem Meeresspiegel, die schließlich in Einzelfällen zur Inselbildung führte, ist schon lange bekannt.

Es wurde immer wieder während der nun 1100 Jahre dauernden Geschichte des Landes von Ausbrüchen oder mysteriösen Feuererscheinungen oder von Aschewürfen berichtet. Der erste Bericht über einen untermeerischen Ausbruch datiert zurück auf 1211, als ein Mann namens Sörli Kolsson die Feuerinseln *(eldeyjar)* entdeckte. In diesem Jahr sollen durch Erdbeben ältere Vulkaninseln an der Südwestspitze zusammengesunken, im Meer verschwunden und neue durch Vulkanausbrüche aufgebaut worden sein. Reisende beobachteten bereits im Mittelalter vulkanische Vorgänge unter dem Meer. Der Mönch und Kaplan Herbert von Clairvaux berichtet in seinem 1178 niedergeschriebenen Buch ›Liber miraculorum‹ (›Wunderbuch‹),

*Vulkanausbruch von 1973 auf Heimaey*

von einem untermeerischen Ausbruch in der Nähe Islands. Er stellt fest, daß »das ewige Feuer nicht nur unter dem Grund des Berges schwelt, sondern auch unter dem Meeresboden, denn häufig wird bemerkt, wie es mit erstaunlicher Kraft draußen auf dem Ozean hoch über die Wellen bricht, Fische verbrennt und alle lebenden Dinge auf dem Meer. Es setzt auch Feuer auf Schiffe und Kapitäne, wenn diese nicht so rasch wie möglich ihr nacktes Leben durch Flucht haben in Sicherheit bringen können.«

Die Westmänner-Inseln verteilen sich über ein Gebiet von etwa 700 $km^2$, in das noch 55–60 weitere Krater unter dem Meeresspiegel einzubeziehen sind. Nur die Anfänge der Hauptinsel Heimaey reichen bis in die letzte Eiszeit zurück. Die anderen Inseln sind jünger. Auch der gut erhaltene, 226 m hohe Krater Helgafell neben dem 1973 tätigen Eldfell ist mit seinen Laven erst etwa 5000 Jahre alt. Die Existenz dieser Inseln ist ein Beweis dafür, das sich die aktive Vulkanzone über den Rand Südislands hinaus nach Süden fortsetzt.

Vor den jüngsten Ausbrüchen 1973 richteten die Menschen auf den Westmänner-Inseln ihre Aufmerksamkeit fast ausschließlich auf die Ausbeutung des Fischreichtums im Meer und auf die zahlreichen Seevögel in den steilen Kliffs, denn die Westmänner-Inseln sind ideale Vogelfelsen, deren Fleisch- und Eierangebot die Bewohner schon immer zu nutzen verstanden. Es ist allerdings nur ein kleiner Nebenerwerb der etwa 5000 auf Heimaey lebenden Menschen im Vergleich zu den Erträgen aus dem Fischfang. Denn aufgrund der günstigen Lage inmitten bester Fischgründe ist Heimaey das größte Fischfang- und Verarbeitungszentrum Islands. 12 % der von Isländern gefangenen Fische werden in Heimaey angelandet.

## Geschichte von Heimaey

Schon bevor die ersten Menschen Heimaey besiedelten, haben sich Fischer zeitweise auf der Insel aufgehalten. Erkenntnisse über die Lebensgewohnheiten der frühesten Siedler gewann die Wissenschaft aus dem Studium der altisländischen Sagas und in letzter Zeit auch durch archäologische Untersuchungen. Belege über das alltägliche Leben der ersten Jahre der Besiedlung und über den Zeitpunkt der Landnahme lieferte eine 1971 auf Heimaey begonnene Ausgrabung.

Nach dem ›Landnámabók‹ sollen die Westmänner-Inseln bis etwa in das 10. Jh. durchgehend besiedelt gewesen sein. Die Ausgrabungsbefunde widerlegten diese überlieferten Angaben. Aufschluß über das Alter und die Dauer der Besiedlung gab ein datierbarer Horizont vulkanischer Aschen in der Ausgrabungsstätte. Als sie um das Jahr 896 fielen, existierten auf Heimaey bereits Siedlungen. Erste Siedler bevölkerten also wohl schon in der ersten Hälfte des 9. Jh. und damit vor Ingólfur Arnarson isländisches Territorium. Bereits vor Ende des gleichen Jahrhunderts muß nach den Bodenuntersuchungen eine starke Bodenabtragung die Lebensbedingungen erschwert und die Besiedlung unterbrochen haben. Die Ursache wird die Überweidung gewesen sein; denn es gibt keinen Hinweis, daß das Ausbleiben der Vegetation durch eine natürliche Katastrophe, z. B. einen Vulkanausbruch, erklärt werden könnte.

Nach den Ausgrabungen haben auf Heimaey keine ›Westmänner‹ oder Kelten, die nach dem ›Landnámabók‹ hierher geflohen sein sollen, sondern in frühester Zeit Menschen nordischer Herkunft gelebt. Gebäudereste und gefundene Artefakte sind nordischen Ursprungs.

Richtig Reisen *Tip*

# Traditionelle Feste – Das Volksfest im Herjólfsdalur

In der ersten Augustwoche eines jeden Jahres wird die Überreichung der isländischen Verfassung durch den dänischen König im Jahre 1874 mit einem Volksfest auf der Westmänner-Insel Heimaey gefeiert. Das Volksfest für alle Isländer, die auf den Westmänner-Inseln geboren sind, findet in der kesselförmigen Vulkanruine Herjólfsdalur statt. Es wird unter der Anteilnahme der gesamten Bevölkerung drei Tage lang gefeiert. Die Gäste kommen aus allen Teilen Islands mit dem Flugzeug oder der Fähre auf die Insel und errichten in dem Tal eine riesige Zeltstadt. Zu ihnen gesellen sich die Einheimischen. Zur Abwicklung des Volksfestes gehört es, daß junge Burschen vom Gipfel des Blátindur über das Herjólfsdalur hinweg zu einem anderen Gipfel ein Seil spannen, an dem dann am Abend des Festes das Vereinsabzeichen des die Veranstaltung ausrichtenden Sportvereins auf den Westmänner-Inseln erstrahlt. Es ist ein Festzelt aufgebaut und ein riesiger Scheiterhaufen auf einem Felsplateau Fjósaklettur errichtet.

Zum Festprogramm gehören sportliche Wettkämpfe in der Leichtathletik sowie Hand- und Fußballspiele. Der Tanz auf zwei installierten Podien wird mit dem Entzünden des Holzstapels um 24 Uhr eingeleitet. Es ist das Signal für den Auftritt von Volkstanzgruppen. Tagsüber findet ein Sangeswettstreit zwischen Kinder- und Erwachsenenchören statt. Die stärkeren Teilnehmer des Festes messen sich im traditionellen Ringkampf, dem ›Glíma‹, andere haben sich zu einem Schachspiel mit menschlichen Figuren zusammengefunden. Der Sangeswettstreit wird mit Kaffee und Kuchen beschlossen. An einem anderen Tage wird die Kunst des Abseilens von der 280 m hohen Felswand Fiskahellanef vorgeführt, eine bergsportliche Betätigung die im Moment auch Jugendlichen außerhalb Islands den ›Kick‹ verpaßt. Es wird die lebensgefährliche Tätigkeit des Vogelfanges und des Eiersammelns in der Wand demonstriert, in dem die Angeseilten in weiten Schwüngen an dem Seil pendeln. Die Nationalfeier schließt mit einem prächtigen Feuerwerk.

Dabei erinnern die Relikte älterer Gebäude sehr an Funde aus dem 9. Jh. in Norwegen und anderen Ländern Skandinaviens sowie auf den Britischen Inseln. Die jüngeren lassen Anpassungen in der Architektur an die isländischen Verhältnisse erkennen.

Die nordische Herkunft der Artefakte offenbart sich in dem verarbeiteten Material, denn sie sind aus Gesteinen angefertigt, die nicht auf Island anstehen, so z. B. Abziehsteine aus Schiefer, Spindelköpfe und Scherben aus Speckstein sowie Feuersteinpartikel. Speckstein kommt in Norwegen vor. Er wurde dort bereits während der Wikingerzeit verarbeitet. Nach den Knochenfunden müssen sich die Menschen als Bauern hauptsächlich der Schafhaltung gewidmet haben. Zu ihrem Viehbestand gehörten außerdem Rinder, Schweine und Pferde. Einen Hinweis auf die Schafhaltung lieferten auch die zur Wollverarbeitung gebrauchten Spindelköpfe.

Weitere Vorstellungen über die Art der Viehhaltung gewann man aus den Grundrissen der Gebäude. Offensichtlich wurden nur die Kühe in Ställen gehalten. Die Schafe überwinterten draußen, was durchaus bei den milden Wintermonaten auf den Westmänner-Inseln denkbar ist. Bruchstücke von Handmühlen sowie Gerstenpollen im Boden sind der Beweis, daß Getreide angebaut wurde. Nach den aufgefundenen Knochenresten von Vögeln, Robben und Walen ist es erwiesen, daß auch das Nahrungsangebot der isländischen Küstenlandschaft genutzt wurde. Zweifelsohne besaß man Boote, um zu fischen, um Holz (Treib- und Birkenholz) vom etwa 10 km entfernten ›Festland‹ zu holen und die Felder dort zu bestellen. Das herangeholte Holz wurde als Baumaterial verarbeitet und diente außerdem als Brennholz. Die gefundenen Überreste ließen nicht erkennen, ob auch Holzkohle zum Schmieden hergestellt und ob Torf als Heizmaterial verfeuert wurde. Als Beleuchtung haben wohl einfache Öllampen mit Fischöl gedient.

## Der Vulkanausbruch von 1973

Bis ins 20. Jh. blieb die Bevölkerung von dem Wirken der vulkanischen Kräfte verschont. Doch am 23. Januar 1973 brach das Unheil über die Insel Heimaey

*Heimaey*

herein. Nur 200–300 m von den Wohnhäusern entfernt riß eine Spalte auf. Anfangs schossen auf einer Länge von 300–400 m Lavafontänen in den nächtlichen Himmel. Zweieinhalb Stunden später war die Spalte bis zu ihrer größten Länge von 1500 m aufgerissen. Lavafontänen sprudelten bis zu einer Höhe von 150 m auf.

Der Ausbruch bedrohte die Existenz von etwa 5000 Menschen. Es war das erste Mal, daß so viele Isländer direkt den Gefahren eines Vulkanausbruchs ausgesetzt waren. In nur vier Stunden war die Inselbevölkerung bis auf die wenigen Personen, die Wache hielten, entweder mit Fischereischiffen oder mit Flugzeugen evakuiert. Die größte Bedrohung für die Stadt ging zunächst von dem Aschefall und später von der Lava aus. Teile der Ortschaft verschwanden unter einer zum Teil mehr als 5 m dicken Aschenschicht. 50–100 Häuser fielen dem Bombardement glühender Lava-

*Die Westmänner-Inseln sind bevorzugte Nistplätze der Papageitaucher*

brocken zum Opfer und brannten zum Teil ab. Am Nachmittag des ersten Tages konzentrierte sich die Ausbruchstätigkeit nur noch auf die Mitte der Spalte. Zeitweise erreichte die Explosionswolke eine Höhe von 9000 m, und nach fünf Tagen bedeckte ein Lavastrom mit einem Volumen von ca. 35 Millionen Kubikmetern eine Fläche von 1,35 $km^2$. Die Schlackenförderung schüttete einen Schlackenkegel bis zu einer Höhe von 150 m auf, der den Namen ›Eldfell‹ (Feuerberg) erhielt.

Die größte Gefahr für den Ort ging von dem langsam, aber stetig vorrückenden Lavastrom aus, denn er drohte die Hafeneinfahrt zu verriegeln. Er konnte durch Aufbringen von 6 Millionen Kubikmetern Wasser unter dem Einsatz vieler Pumpensysteme nach einem Monat abgelenkt und zum Stillstand gebracht werden.

Schon bevor der neu entstandene Vulkan Eldfell seine Tätigkeit Ende Juni 1973 beendete, hatten die 500 auf der Insel verbliebenen Menschen mit der Abräumung der Aschen begonnen. Allerdings blieb ein Drittel der Häuser irreparabel. Der Hafen wurde durch den Lavastrom nicht benachteiligt; im Gegenteil, er befindet sich heute in einer geschützteren Lage. Außerdem lieferte die nur langsam erkaltende Lava der größer gewordenen Insel Heizwärme in hinreichender Menge. Diese Quelle ist inzwischen versiegt.

Heute ist wieder Ruhe auf der Hauptinsel. Allerdings ist die Einwohnerzahl durch dieses überraschende und für viele Familien katastrophale Ereignis von 5300 Bewohnern im Jahre 1973 auf rund 4600 im Jahre 1999 zurückgegangen. Der Eldfell erhebt sich als Kegel über der kleinen Stadt, die Fumarolentätigkeit ist fast eingestellt. Von dem Lavastrom steigen nur vereinzelte Dampfschwaden auf. Die Vegetation faßt, begünstigt durch das feuchte ozeanische Klima, immer mehr Fuß. In einem mit viel Liebe auf dem Lavastrom angelegten Garten blühen sogar schon Blumen auf den basaltischen Gesteinsmassen. Aschen und Schlacken stehen als wertvolles Baumaterial wieder in größerem Umfang zur Verfügung.

## Besichtigung von Heimaey

Von den Sehenswürdigkeiten der Insel ist das **Herjólfsdalur** zu erwähnen, in dem sich alljährlich seit 1874 die Bewohner der Insel am ersten Wochenende im August versammeln. Es wird mehrere Tage gefeiert (s. S. 250).

Ein Ausflug nach Süden führt zum 7 km entfernten Leuchtturm von **Stórhöfði**. Kurz davor wird **Ræningjatangi** erreicht, wo im Jahre 1627 algerische Piraten bei dem sogenannten ›Türkenüberfall‹ 242 Isländer als Sklaven entführten und 45 Inselbewohner töteten.

Am 10. September 1998 wurde Heimaey um eine Attraktion reicher. Mit einer amerikanischen Militärmaschine landete der 5 t schwere Orka oder Schwertwal Keiko. Er ist das bisher größte Säugetier auf isländischem Territorium. Keiko lebte bisher in Aquarien in Mexiko und den USA und hat vorläufig in der Klettsvík in einem submarinen Gehege eine neue Heimat gefunden. Dort soll er erst dann, nachdem er sich

*Garten mit Blumen auf dem Lavastrom von 1973*

# Die Geburt der Insel Surtsey

Zwischen den Jahren 1963 und 1967 lief vor der Küste Islands ein für Europa einmalige Ereignis ab. Die Geburt der Insel Surtsey erregte in der ganzen Welt Aufsehen. Der Ausbruch war nicht erwartet worden und setzte ohne große Vorankündigung ein. Am 14. November 1963 nahmen Fischer, die vor der isländischen Küste kreuzten, einen stechenden Geruch wahr und daß über dem Meer Rauch aufstieg. Was sie für ein brennendes Schiff hielten, war in Wirklichkeit die Entstehung einer neuen Insel, die mit einem Vulkanausbruch in einer Tiefe von etwa 130 m einsetzte. Aus den anfänglich bescheidenen vulkanischen Rauchzeichen entwickelte sich noch im Laufe des Tages eine 4 km hohe Ausbruchswolke, in der Wasserdampf, Gase und Aschen in die Höhe geschleudert wurden. Der Aufstieg der Wolke war mit heftigen Explosionen verbunden. An diesem Novembertag riß 33 km vor der Küste in einer Tiefe von 130 m eine 500 m lange Spalte auf. Bereits am zweiten Tag wurde für kurze Zeit eine aus Schlacke und Aschen bestehende Insel sichtbar. Sie überragte den Meeresspiegel um etwa 8–10 m und hatte eine Längenausdehnung von 400–500 m. Man benannte sie nach dem Feuerriesen Surtur der nordischen Mythologie und gab ihr den Namen ›Surtsey‹, der Krater erhielt den Namen ›Surtur‹.

Das vulkanische Geschehen war weithin sichtbar, denn Dampf, vulkanische Gase und feinkörnige Aschen stiegen mittlerweile bis zu einer Höhe von 8000 m auf. Auf der Insel tobte der Kampf zwischen dem Meer und dem Vulkanismus. Immer wieder brach das Meer in den sich aufbauenden Krater ein und rief Explosionen hervor. Am 1. Dezember legte die Ausbruchstätigkeit eine mehrstündige Pause ein. Während einer weiteren Pause konnte Surtsey am 16. Dezember das erste Mal betreten werden. Doch der Rückzug der wißbegierigen Invasoren war von einem Bombardement von niedersausenden und glücklicherweise neben dem Landungsboot einschlagenden Bomben begleitet.

Ende Januar war Surtsey 1100 m lang, 800 m breit und etwa 160 m hoch. Am 1. Februar 1964 verlagerte sich die




an die natürliche Umgebung gewöhnt und die Selbstversorgung wieder gelernt hat, in die Freiheit entlassen werden.

Sollte das Wetter weniger gut sein, bietet sich der Besuch eines der beiden Museen an. Das **Naturkundliche Museum** (Heiðarvegur 12) wurde 1964 gegründet. In einem Aquarium kann man die um Island lebenden Meerestierarten besichtigen. Außerdem besitzt das Museum eine Sammlung präparierter Fische und Vögel mit den 34 Arten, die auf den Inseln nisten. Sehenswert ist die

Tätigkeit. An der südwestlichen Flanke der Insel schufen Eruptionen einen weiteren Kegel, dessen Aktivität rasch zunahm und auch Lavamassen fontänenartig förderte. Heute ist der 188 m hohe Krater der höchste Punkt der Insel. Am 4. April änderte sich die Ausbruchstätigkeit. Aus der Krateröffnung schossen 50–100 m hohe Lavafontänen empor. Die basaltische Lava floß seitlich ab und baute eine 90 m mächtige Decke auf. Heute schützt sie die Insel gegen die Kräfte des Meeres. In der Zwischenzeit waren aus dem Meer noch zwei weitere Inseln, Jólnir und Syrtlingur, aufgetaucht. Sie verschwanden recht schnell wieder in der Tiefe des Atlantiks, denn ihre Schlacken und Aschen waren rasch vom Meer eingeebnet.

Am 5. Juni 1967 erlosch der Vulkan. Zurück blieb eine 2,5 $km^2$ große Insel, deren Oberfläche zu zwei Dritteln aus Lava und zu einem Drittel aus Lockermassen besteht. Ein Jahr später hatte das Meer bereits am Rand des Lavaschildes ein 20 m hohes Kliff geschaffen, das nun, der Meeresabtragung ausgesetzt, ständig zurückverlegt wird. In den ersten 25 Jahren ihres Bestehens hatte das Meer schon 15 % der Inselfläche verschlungen. Es besteht aber kaum eine Gefahr, daß die Insel wieder verschwindet, denn inzwischen haben sich die leicht abtragbaren vulkanischen Lockerprodukte zu festen Tuffen und Schlackenagglomeraten verfestigt. Das überraschte die Fachwelt. Man hatte geglaubt, daß es Jahrtausende dauern würde, bis der Verhärtungsvorgang abgeschlossen und ein Palagonittuff entstanden sei. Beschleunigt wurde der Prozeß sicherlich durch Temperaturen von mehr als 100 °C um den Krater.

Der Ausbruch war der größte seiner Art, der in historischer Zeit im Meer stattfand. Surtsey steht nun unter strengem Naturschutz. Es werden dort Studien zur Besiedlung durch Tiere und Pflanzen angestellt. Außerdem beobachtet man die Wirkung der Abtragung. Die Biologen mußten eine überraschende Feststellung machen. Sie erwarteten, daß sich als erste pflanzliche Besiedler die Pionierpflanzen der Flechten vor den Moosen und den höheren Pflanzen einstellen würden. Aber das Gegenteil geschah. Als Pioniere wagten sich Vögel noch vor den Pflanzen bereits während der vulkanischen Aktivität auf die Insel. Die Eissturmvögel waren die ersten, die auf der Insel nisten wollten. Bald folgten Möwen verschiedener Art. Aber bis 1986 hatten die Möwen mit dem Nisten noch keinen Erfolg. Jedes Frühjahr kamen auch Robben an die Küste.

Die Geburt der Insel Surtsey – heute zweitgrößte der Westmänner-Inseln – zeigt in anschaulicher Weise, wie Island selbst vor rund 15 Millionen Jahren mitten im Atlantik entstanden sein könnte.



Gesteins- und Mineraliensammlung. Das **Heimatmuseum** der Westmänner-Inseln in der Ráðhúströð bietet dem Besucher einen Überblick über die wirtschaftliche Entwicklung von Heimaey seit der Wende vom 19. zum 20. Jh. Auch ältere Gegenstände gehören zum Inventar, z. B. ein Teil der Ausrüstung, den die nordafrikanischen Piraten nach der Besetzung von Heimaey 1627 zurückgelassen haben.

Die 1780 erbaute **Landakirkja** liegt am südlichen Ortsrand. Sie ist eine der ältesten Steinkirchen in Island.

# Inlands-passagen

# Zwischen den Gletschern – Passagen durch das Hochland auf Pisten

Die beiden Traversen durch das Hochland, der Kjalvegur (F35) und der Sprengisandsleið (F26), zählen trotz streckenweiser Verbesserung der Wegverhältnisse zu den abenteuerlichen Strecken durch Island. Gleichgültig, ob man sich bei gutem oder bei schlechtem Wetter auf die Querung des Landesinneren begibt, es kommt nach dem Passieren des letzten Gehöftes oder Anwesens ein Gefühl der Spannung und auch ein wenig des Ausgesetztseins auf, besonders, wenn man – was allerdings nicht ratsam ist – diese Etappe einer Islandfahrt allein und nicht mit Begleitung vornimmt. Man kann auf dem Sprengisandurvegur nachempfinden, wie sich die Isländer vor einer solchen abenteuerlichen Unternehmung fühlten, wenn sie sich mit ihren Pferden auf den Weg begaben, besonders dann, wenn Regen, Wind und Nebel keine gute Querung verhießen. Bei schönem Wetter gerät man beim Anblick der Gletscher und der weiten Tundren- oder Kieswüstenflächen ins Staunen und wird hier und da eine unvorhergesehene Pause einlegen, um die Großartigkeit dieser Landschaft auf sich einwirken zu lassen.

## Der Kjalvegur zwischen Hofs- und Langjökull

Die westliche Passage, der 165 km lange Kjalvegur (F35), zwischen den Gletschern Lang- und Hofsjökull wird schon seit der Besiedlung genutzt. Sie beginnt im Süden am Gullfoss und endet im Norden am Gehöft Eyvindarstaðir im Blandadalur. Diese Route kann zwischen Juli und September mit geländegängigen Fahrzeugen durchfahren werden. Selbst im Juli muß aber noch damit gerechnet werden, daß Teile des Weges wegen des noch nicht völlig abgetauten Bodeneises nur unter Schwierigkeiten oder gar nicht passierbar sind. Deshalb ist es notwendig, sich vor einer Querung zu Saisonbeginn nach dem Zustand des Weges zu erkundigen.

Hat man den **Gullfoss** (s. S. 91) hinter sich gelassen, dann verläßt man auch die gewohnt grüne Umgebung des besiedelten isländischen Südwestens. Eine menschenleere Einöde mit einem braunen, steinigen, fast vegetationsfreien Untergrund nimmt einen gefangen. Blöcke liegen verstreut auf einer weiten Fläche, die während der Eiszeit vom isländischen Inlandeis bedeckt war. Es ist eine karge, wüstenartige Grundmoränenlandschaft, die sich von der Hvítá bis zum Rand des Langjökull ausbreitet. Der Gletscher und einige Vorberge, wie zum Beispiel die Reihe der unverwechselbaren Spitzen der **Jarlhettur** bilden den Abschluß einer Szenerie, an deren kalter Eigenart man sich erwärmen kann. Nach Norden lenkt der massige, beherrschende und 1204 m hohe Tafelberg **Bláfell** die Blicke auf sich. Die Piste zieht sich an seiner Westflanke bis zu einer Paßhöhe von 700 m hinauf.

Im Norden taucht vor dem Hintergrund einzelner Schildvulkane und Tafelberge der See **Hvítárvatn** im Vorland des Langjökull auf. Auf dem Weg nach Norden ist ein Abstecher zum See und nach **Hvítárnes** 1 (S. 295), einer gras-

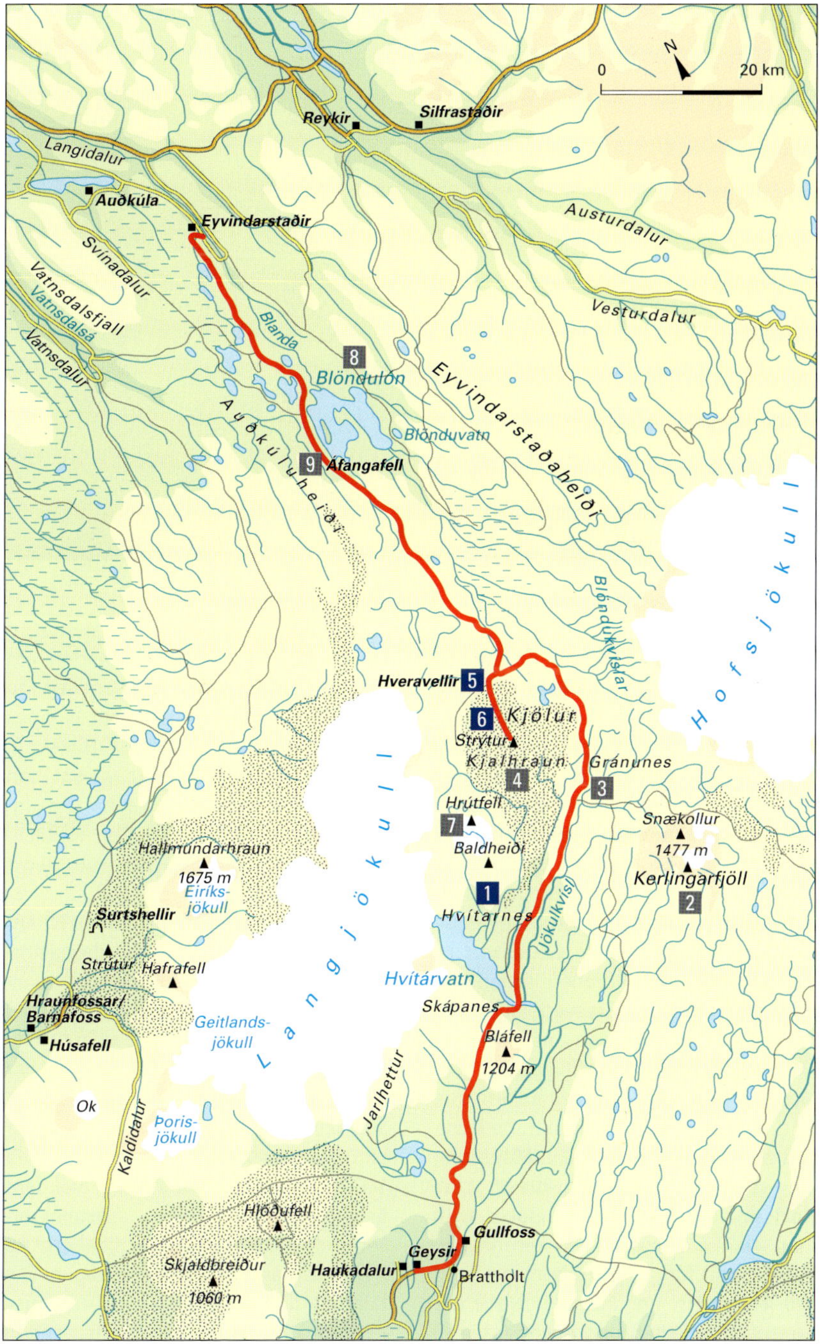

0
20 km
N
Reykir
Silfrastaðir
Langidalur
Auðkúla
Eyvindarstaðir
Austurdalur
Svínadalur
Vatnsdalsfjall
Vatnsdalsá
Vatnsdalur
Vesturdalur
Blanda
8
Blöndulón
Eyvindarstaðaheiði
Auðkúluheiði
Blönduvatn
9
Áfangafell
Hofsjökull
Blöndukvíslar
Hveravellir
5
6
Kjölur
Strýtur
Kjalhraun
4
Gránunes
3
Hrútfell
7
Baldheiði
Snækollur
1477 m
Kerlingarfjöll
2
1
Hvítarnes
Jökulkvísl
Langjökull
Hallmundarhraun
1675 m
Eiríks-
jökull
Surtshellir
Strútur
Hafrafell
Hvítárvatn
Skápanes
Hraunfossar/
Barnafoss
Húsafell
Geitlands-
jökull
Bláfell
1204 m
Jarlhettur
Ok
Kaldidalur
Þoris-
jökull
Hlöðufell
Gullfoss
Geysir
Haukadalur
Bratthol t
Skjaldbreiður
1060 m

*Im Thermalgebiet Hveravellir*





bestandenen Fläche mit einer Hütte des Ferðafélag Íslands, zu empfehlen. Der 29,6 km² große und bis zu 84 m tiefe See ist der fünftgrößte Islands. Er muß vor 10 000 Jahren wesentlich größere Ausmaße besessen haben, denn etwa 200 m über seinem heutigen Seespiegel sind noch alte Strandlinien und Strandgerölle des Sees zu finden. Das Mündungsgebiet des Gletscherflusses Fúlakvísl am Nordufer ist im Gegensatz zu den kahlen Grundmoränenflächen mit einer Tundren- und Grasvegetation bestanden, wo auch Gänse und Schwäne Nahrung finden. Es ist schwierig, sich diesen stattlichen Vögeln zu nähern. Sie sind sehr scheu und darauf bedacht, daß zwischen ihnen und den Menschen ein größerer Abstand bleibt. Bei **Karlsdráttur,** einer kleinen Bucht, trifft man eine außerordentlich artenreiche Vegetation für die Höhenlage von 420–440 m NN an. Trotz der Nähe der Gletscher gedeihen dort noch 80 bis 90 verschiedene höhere Pflanzenarten, am Südhang des im Norden gelegenen Palagonitberges Hrefnubúðir sogar eines der am höchsten gelegenen Birkengebüsche in Island. Vom Ostufer sieht man die Eisabflüsse des Langjökull fast unmittelbar vor sich liegen. Der nördlichste von ihnen, der Norðurjökull, reicht bis in den See hinab.

Seit dem Passieren des Bláfell ist am nordöstlichen Horizont der uhrglasförmig gewölbte Hofsjökull der zweite eisige Wegbegleiter. An seinem Südrand lenken die für Island ungewöhnlichen, bis zu 1477 m hohen Bergspitzen der **Kerlingarfjöll** 2 die Aufmerksamkeit auf sich. Ihre auffällige Form und Farbe beruhen darauf, daß sie zu einem etwa 100 km² großen Vulkanmassiv aus dem hellen Rhyolith gehören. Gesteinszersetzende Thermalquellen haben zu ihrem Farbenreichtum beigetragen. Die Kerlingarfjöll werden während der Sommermonate häufig an Wochenenden von schneehungrigen Sommerskiläufern aus Reykjavík aufgesucht, die sich auf den kleinen Gletschern tummeln.

Nördlich von Hvítárvatn beginnt eine fast vegetationsfreie, von Stürmen ausgeblasene Kieswüstenlandschaft, in der 10 km südlich der 672 m hoch gelegenen Hauptwasserscheide, etwa in Höhe der Weidefläche **Gránunes** 3 eine Abzweigung, der Kerlingarfjallavegur (F347), zu Berghütten in den Kerlingarfjöll führt. In Gránunes trafen sich früher die Schafstreiber aus Nord- und Südisland.

Danach verläuft die Piste entlang des in der Nacheiszeit entstandenen Lavafeldes Kjalhraun und nähert sich dem Hofsjökull bis auf etwa 8 km. Auf dem **Kjalhraun** 4 wurden im Spätherbst 1780 fünf Männer von Reynistaður im Skagafjörður mit ihrer Schafsherde von einem Schneesturm überrascht. Sie kamen um. Erst zwei Jahre später fand man an der kleinen Anhöhe Beinhóll, dem Knochenhügel, Schafsknochen. Von den Männern fehlte jede Spur. Nach diesem Unglück wurde der Kjalvegur lange Zeit gemieden. Noch vor rund 25 Jahren zeigten die Busfahrer einen großen Respekt vor dieser Hochland-Passage.

Am Nordrand dieser vom Schildvulkan Strýtur ausgeflossenen Basaltlava zeigen abziehende Dampfschwaden eines der attraktivsten Thermalfelder in Island an. Es ist **Hveravellir** 5 (S. 295), die ›Ebene der heißen Quellen‹, mit ihren sehenswerten Dampfaustritten und Heißwasserquellen. Hier dampft, brodelt und faucht es unmittelbar am Rand des Schildvulkans aus einer zwei Hektar großen kahlen Fläche von Kieselsinterablagerungen. An etwa 50 Stellen treten heißes Wasser und Dampf in verschiedensten Quellaustritten an die Oberfläche. Aufmerksamkeit erregt wegen seines unablässigen Getöses ein meterhoher vulkanähnlicher Sinterkegel mit dem bezeichnenden Namen **Öskjuholt** (Donnerkegel). Am Rand einer türkisfarbenen heißen Quelle hat sich netzartiges schwefelhaltiges Sintermaterial abgeschieden. In der Luft hängt auch der Geruch schwefliger Gase. Aus einzelnen Löchern spritzt kochendes Wasser. In einem größeren Becken mit einem Durchmesser von 4 m wallt kochendes Wasser auf. Es hat die wohlklingende Bezeichnung **Meyrarauga** (Mädchenauge). Wer sich nicht noch in der Umgebung umsehen will, kann ein aufwärmendes Bad in einem etwa 50 cm tiefen Pool neben der Hütte nehmen. Dabei kann er sich die gewünschte Temperatur selbst einstellen, denn die thermale Badewanne wird über Holzrinnen mit 4 °C kaltem und von einer anderen Seite mit 85 °C heißem Wasser gespeist. Von letzterem Zufluß sollte man sich fernhalten.

Wer von der Anfahrt noch nicht ermüdet ist, hat die Gelegenheit, dem Krater des Schildvulkans **Strýtur** 6 einen Besuch abzustatten. Der ein- bis anderthalbstündige Marsch zum 840 m hoch gelegenen Ziel führt über Buckelwiesen oder Bülten *(Þúfur)*. Der Weg über die ›Buckelstrecke‹ steigt sanft an und passiert einzelne Pseudokrater. Im Gipfelbereich bricht das Gelände unvermittelt über senkrechte Wände ab. Vom 40 m hohen Kraterrand blickt man auf einen erstarrten Lavasee im großen kesselförmigen Gipfelkrater. Im Süden beherrscht das Massiv der vergletscherten majestätischen Tafelbergs **Hrútfell** 7 die Szenerie. Seine Gletscherkappe nimmt immerhin eine Fläche von 10 km$^2$ ein.

Nördlich von Hveravellir endet die Gletscherlandschaft und wird zunächst von einer steinigen Wüste (Grundmoräne) mit zum Teil vom Wind glatt geschliffenen Blöcken abgelöst. Bei einem Rückblick ist die flache Anhöhe des Schildvulkans Strýtur neben dem riesi-

*Der Goðafoss*

gen, kastenförmigen Tafelberg Hrútfell kaum auszumachen. Nach und nach tauchen erste Bachläufe auf, über die keine Brücke hinwegführt, so daß nach der Furt Ausschau gehalten werden muß. Belebt wird die Szenerie durch die leuchtend gelbgrüne Farbe der Moose, die sich an den an Bachufern gelegenen Quellhorizonten angesiedelt haben.

Ganz allmählich geht die Wüste in eine mit einer fußhohen, heideartigen Vegetation bestandene Tundralandschaft über. Ihre Oberfläche ist durch ständiges Auftauen und Gefrieren zu Buckelwiesen aufgewölbt. Zusammen mit einer Vielzahl kleiner Seen sind sie Bestandteile einer sehr ebenen, weiträumigen Landschaft, der 400–500 m hoch gelegenen **Auðkúluheiði,** benannt nach dem Gehöft Auðkúla im Svínadalur. Im Süden verabschiedet sich, bei guter Sicht noch erkennbar, als weiße Linie mit dunklen Unterbrechungen der Langjökull. Etwas nach rechts abgesetzt wölbt sich flach der Plateaugletscher des **Eiríksjökull** gerade über dem Horizont auf. Es ist einer der schönsten Tafelberge Islands. Im Norden zeigen die etwa 1000 m hohen Berge aus Tertiärbasalt an, daß das Ziel nähergerückt ist.

Daß sich hier die Bodenbedingungen mit der Ausbildung von Erdbülten geändert haben, ist gesteinsbedingt. Die jungvulkanische Zone ist verlassen. Der Untergrund setzt sich nun aus alten tertiären Basalten und deren Verwitterungsprodukten zusammen. In der Auðkúluheiði wurde zwischen den Jahren 1984 und 1988 die Blanda zum Stausee **Blöndulón** 8 aufgestaut. Der Staudamm Reftjarnarbunga besitzt eine Länge von 800 m und Höhe von 40 m. Unter dem Wasser des Stausees verschwanden weite Landstriche. Dazu gehört auch die alte Hochlandstraße, die nach Westen verlagert nun über Höhen des 579 m hohen **Áfangafell** 9 mit einem Aussichtspunkt hinwegführt. Die Durchquerung des zentralen Hochlandes endet mit dem Erreichen des neuen Kraftwerkes Blönduvirkjun und der Abfahrt hinunter in das trogförmige Blanda-Tal, wo in der Aue einzelne Gehöfte mit ihren grünen *Tún*-Flächen als erste Anwesen nach 165 km Wüste und Tundra herauf- und herübergrüßen. Vom Blanda-Tal ausgehend, haben sich einige Seitenbäche schluchtartig in den alten Basaltuntergrund mit seinen lagenartigen Absonderungen eingeschnitten. Häufig sind die Anschnitte mehrerer Basaltströme zu erkennen.

## Auf dem Sprengisandurvegur in den Süden

Zwischen den beiden großen Eismassen des Hofs- und des Vatnajökull liegt eine wegen ihrer Unwirtlichkeit und Einsamkeit außerordentlich eindrucksvolle Gletscherlandschaft. Seit Jahrhunderten wurde das Gebiet zwischen den beiden gewaltigen Gletschern als Traverse durch das zentrale Hochland von den besiedelten Gebieten im Norden nach Süden und umgekehrt benutzt. Besonders gefürchtet war die Kieswüste des Sprengisandur wegen ihrer plötzlich auftretenden Stürme. Die Pferde wurden hier angehalten, schneller zu laufen – vorwärtszu›sprengen‹.

Vom Norden her nähert man sich dem Land, wo das Eiszeitalter noch fortzudauern scheint, durch das grüne **Bárðardalur** auf einem der beiden Talwege Bárðardalsvegur vestri (842) oder eystri (844). Letzte Einkaufs-, Einkehr- und Tankmöglichkeit gibt es in **Fosshóll** (S. 286) an einem der bekanntesten Wasserfälle Islands, dem **Goðafoss** 1 Das manchmal türkisfarben erscheinende Wasser des Skjálfandafljót stürzt sich als ›Götterfall‹ etwa 12 m in die Tiefe. Nach der Überlieferung soll der Gode und Gesetzessprecher Þorgeir Ljósvetningagoði nach der Annahme des Christentums im Jahre 1000 seine heidnischen Götterstatuen den Fluten anvertraut haben.

Der U-förmige Talquerschnitt oberhalb des Wasserfalles läßt erkennen, daß es noch während der letzten Eiszeit mit einem Talgletscher ausgefüllt war, der in die Skjálfandi-Bucht mündete. Etwa 4000 Jahre nach dem Rückzug der Gletscher benutzte der glühend heiße Lavastrom Frambruni den gleichen Weg und gelangte, vom Schildvulkan Trölladyngja aus dem zentralen Hochland kommend, fast bis an das Meer. Heute ist das Tal durch Grasflächen begrünt, die auf der östlichen Seite durch Überweidung Kahlschäden aufweisen. Auf der Westseite verdecken kleinflächige Birkenwälder die Konturen der Hänge. In diesem Tal soll Grettir beim Gehöft Eyjadalsá (bis 1858 bewohnt) die Bäuerin von Sandhaugar mit ihrer Tochter durch den Fluß getragen haben. Auf der Ostseite befindet sich das Gehöft **Lundarbrekka** 2, wo Gnúpa-Bárður sich niederließ, nach dem das Tal benannt worden ist. Er soll als erster das zentrale Hochland durchquert haben, als ihm der Aufenthalt im Norden nicht mehr behagte. In Höhe des Gehöftes Mýri wird das Bárðardalur mit dem Skjálfandafljót verlassen, und es beginnt der Anstieg zum zentralen Hochland über die Piste des Sprengisandsleið (F26).

Nach wenigen Kilometern kann man einen der schönsten Wasserfälle Islands, den **Aldeyjarfoss** 3, besuchen. Ein seitlicher Weg führt zur Schlucht des Skjálfandafljót, in die er sich über eine Stufe des – hier als Suðurárhraun bezeichneten – Frambruni 20 m in die Tiefe stürzt. Der Wasserfall ist von sehr schönen Basaltsäulenstrukturen umgeben, u. a. stehen Kolonnaden mächtiger Säulen über dem Fluß. Seine Erosionsarbeit hat auch einen Pseudokrater angeschnitten.

Auf dem Weg nach Süden hat die Piste bald eine Höhe von 500 m über dem Meeresspiegel erreicht, und nun führt der Weg über schmale Höhenrükken zwischen den nach Norden ausgerichteten Tälern. Die Vegetationsdecke ist fast verschwunden, und immer deutlicher treten die Spuren eiszeitlicher Gletschermassen auf glattgeschliffenen Partien des tertiären Gesteinsuntergrundes zutage. Bald entschwinden auch die Felsrücken und machen einer schwarzen Kieswüste Platz, in der nur in muldenförmigen Tälern Pflanzenbewuchs auftritt. Hellgrüne Moosvegetation hat sich an den kurzen Hängen in Höhe der Quellhorizonte angesiedelt. Mit der Annäherung an die Wasserscheide zwischen Nord- und Südisland kommt man nach einer letzten Querung der Kíðagil in einer Höhe von etwa 800 m in das fast vegetationsfreie **Sprengisandur**-Gebiet mit seinen schwarzen Kieshügeln. Bei tiefhängenden Wolken fühlt man sich in der wegen plötzlich auftretender Stürme einst so gefürchteten Umgebung in die Eiszeit zurückversetzt, denn am Horizont einer fast endlos erscheinenden Kieswüste leuchten die Eisfelder der großen Gletscher herüber. Die Stürme haben aus dem Untergrund sämtliches Feinmaterial ausgeblasen, so daß nur die widerstandsfähigsten Pflanzen, wie die Gewöhnliche Grasnelke oder das lila blühende Stengellose Leimkraut, Halt finden. Niederfallender Regen versickert sofort im porösen Boden.

Nach dem Überwinden der Wasserscheide gelangt man in das Einzugsgebiet von Islands größtem Fluß, der Þjórsá, deren Nebenflüsse nun weiterhin den Weg begleiten werden, bis diese ungemein weiträumige Landschaft des zentralen Hochlandes wieder verlassen wird. In der Höhe des Fjórðungsvatn, der oft seine Größe verändert, verläuft die Piste direkt auf den Tungnafellsjökull zu, einen Zentralvulkan mit einem 48 km$^2$ großen Gletscher. An seinem Nordwesthang fließen drei große Zungen weit den Hang hinunter. In seinem Vorland, unweit der Hütte von **Nýidalur** 4 (S. 301), weisen fünf- und sechseckige Riesenpolygone mit einem Durchmesser von etwa 20 m auf eiszeitliche Verhältnisse in diesem Hochland hin. Moose, kleine Polarbirken und -weiden sowie Gräser zeichnen die Ränder der Polygone nach. Dieses eigenartige Muster verdankt seine Entstehung der Wirkung des Bodeneises im gletschernahen Raum. Es sind Relikte einer kälteren Zeit.

Bald ist die Hütte erreicht, die gern zur Übernachtung in der oft unwirtlichen Landschaft aufgesucht wird. Von diesem zentralen Platz zwischen den beiden großen Gletschern bietet sich die Möglichkeit, in einem etwa dreistündigen Aufstieg auf den Gipfel des 1540 m hohen **Tungnafellsjökull** 5 zu gelangen, um bei schönem Wetter die weite glaziale Landschaft mit ihren Gletschern und den vorgelagerten Grundmoränen-

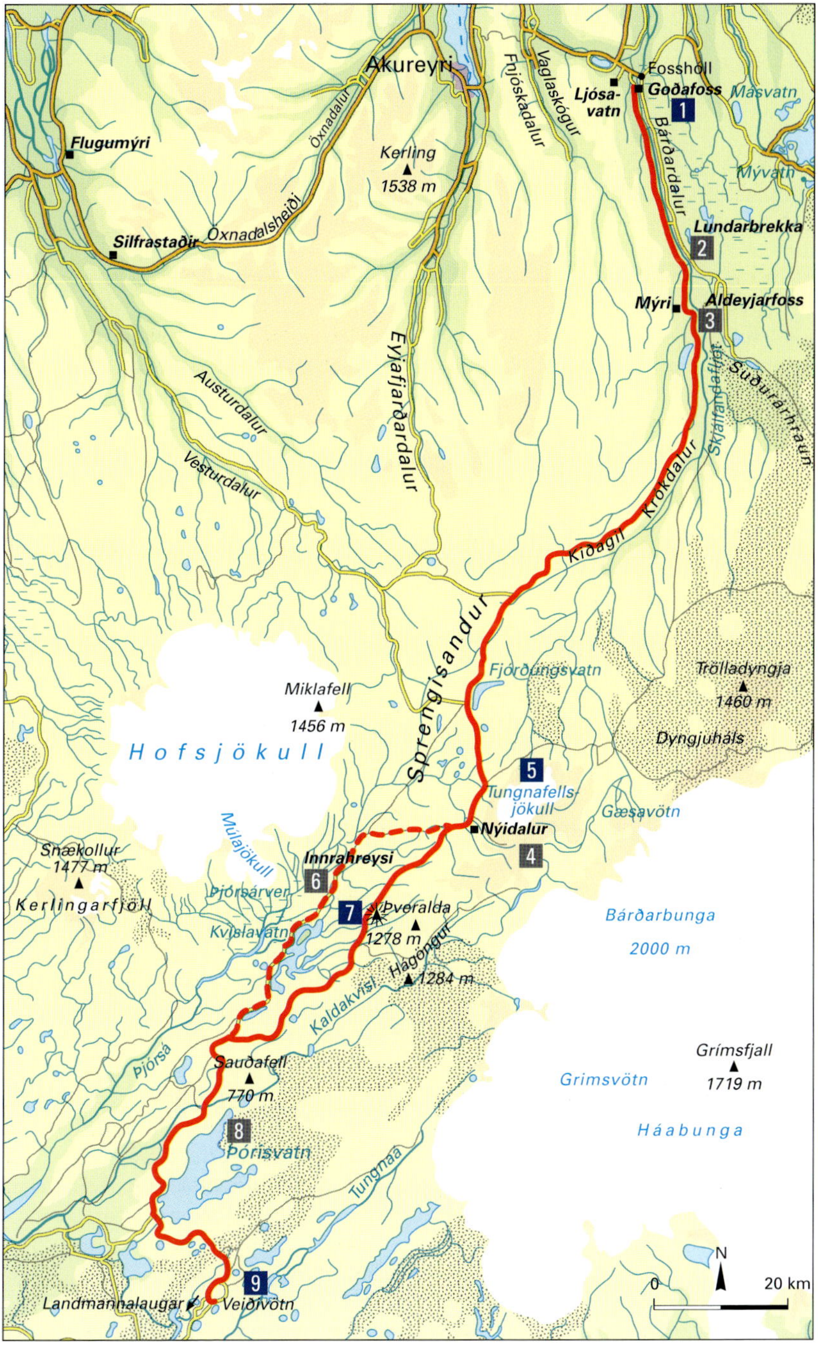
Akureyri
Fosshóll
Goðafoss
Ljósa-
vatn
Másvatn
Mývatn
Fnjóskadalur
Vaglaskógur
Bárðardalur
Öxnadalur
Flugumýri
Kerling
1538 m
Silfrastaðir
Öxnadalsheiði
Lundarbrekka
Mýri
Aldeyjarfoss
Suðurárhraun
Skjálfandafljót
Eyjafjarðardalur
Austurdalur
Vesturdalur
Krókdalur
Kiðagil
Sprengisandur
Fjórðungsvatn
Trölladyngja
1460 m
Dyngjuháls
Miklafell
1456 m
Hofsjökull
Tungnafells-
jökull
Gæsavötn
Nýidalur
Múlajökull
Snækollur
1477 m
Kerlingarfjöll
Innrahreysi
Þjórsárver
Kvíslavatn
Þveralda
1278 m
Hágöngur
1284 m
Kaldakvísl
Bárðarbunga
2000 m
Þjórsá
Sauðafell
770 m
Þórisvatn
Grímsvötn
Grímsfjall
1719 m
Háabunga
Tungnaá
Landmannalaugar
Veiðivötn
N
0
20 km
1
2
3
4
5
6
7
8
9

# Das Schicksal des Geächteten Fjalla-Eyvindur



Wenn ein Isländer eines Verbrechens überführt und geächtet wurde, dann bedeutete das für ihn, daß ihm keine Hilfe geleistet werden durfte. Jedermann konnte ihn erschlagen, ohne eine Strafe befürchten zu müssen. Die Geächteten zogen es daher vor, sich in die unbewohnten Gebiete zurückzuziehen.

Der Geächtete Eyvindur Jónsson oder der ›Fjalla Eyvindur‹ (Eyvindur aus den Bergen) lebte rund 20 Jahre in der Verbannung und hielt sich auf der Flucht vor der Bestrafung in verschiedenen Teilen Islands auf. Er wurde 1714 auf dem Pfarrhof Hlíð nahe Flúðir in Südwestisland geboren und blieb dort bis zu seiner Volljährigkeit. Danach ging er nach Tradarholt im Gebiet zwischen der Hvítá und der Þjórsá und bestritt seinen Lebensunterhalt als Arbeiter. Schon während dieser Zeit verfolgte ihn der Ruf, sich durch Tricks das Eigentum anderer anzueignen.

Er begab sich auf die Nordwest-Halbinsel und soll in einem der Täler der Jökulfirðir mit der Witwe Halla und ihren Kindern ein kleines landwirtschaftliches Anwesen unterhalten haben. Halla hatte wegen ihrer Rücksichtslosigkeit einen schlechten Ruf. Eyvindur besaß ein gewinnendes Wesen und war ein athletischer Mann. Seine Fähigkeiten als Läufer im steilen Gelände waren bekannt. Ungewöhnlich und unglaubhaft war sein Vermögen, besonders schnell auf den Händen laufen zu können. Er soll in dieser Fortbewegungsart schneller gewesen sein als das schnellste Pferd. Einfallsreichtum und handwerkliches Geschick halfen ihm, das Leben in der Abgeschiedenheit und Erbarmungslosigkeit der Hochlandwüsten meistern. Es ist unbekannt, wie lange das Paar auf der Nordwest-Halbinsel blieb und warum es floh. Das Paar hatte sich mit dem Banditen Arnes zusammengetan, der angeblich einen Jüngling im Hrafnsfjörður ertränkt hatte. Ursache für die Ächtung Eyvindurs und Hallas war die Aussetzung ihrer Kinder, die aber gerettet werden konnten. Eines Tages zogen die drei nach Osten und verbrachten über die folgenden etwa 20 Jahre ein Leben als Geächtete.

Das Thermalgebiet Hveravellir zwischen dem Hofs- und Langjökull wurde zu ihrem ersten Aufenthaltsort, wo sie am Kjalvegur ihr Unwesen mit Überfällen trieben, Schafe stahlen und in Hütten einbrachen. Ihre Untaten nahmen überhand. Eine Gruppe von Bauern rückte aus, um Eyvindur aufzuspüren. Sie entdeckten sein Lebensmittellager mit 50 Schafskörpern, nahmen das Fleisch und sammelten alles ein, was ihnen nützlich erschien. Der Unterschlupf wurde dem Erdboden gleichgemacht. Eyvindur und Arnes konnten entfliehen; Halle hatte weniger Glück und wurde ergriffen.

Der folgende Winter war eine schlimme Zeit für Eyvindur. Er lebte im wesentlichen von Schneehühnern. Es wird behauptet, daß Halla kurz darauf zu ihnen stieß, worauf sie sich nach Arnarfellsmúli am Ostrand des Hofsjökull im Gebiet der Þjórsá-Quellen begaben. In dieser Umgebung verbrachten sie unter dem Schutz eines Unterstandes vier oder fünf Winter. Danach zog es sie wieder zurück nach Hveravellir. In diesem Sommer wurden viele Schafe von den Hochlandweiden gestohlen, so daß der Diebstahl beim Abtrieb auffiel. Es wurde eine Suche organisiert. In den entferntesten Teilen der Hochweiden stieß der Suchtrupp auf eine hohe Konzentration von Schafsfährten. Sie endeten an Eyvindurs Hütte. Die Diebe konnten gerade noch entkommen. Ihre Verfolger nahmen alles in Besitz, was sie fanden und waren erstaunt über das Geschick, mit denen viele der Geräte angefertigt worden waren. Außerdem fanden sie einen großen Stapel an Feuerholz und die Körper von 80 Schafen. Was der Suchtrupp nicht mitnehmen konnte, das wurde zerstört und niedergebrannt.

Halla und Eyvindur hielten sich im folgenden Winter bei seinem Bruder Jón in Skipholt in Südisland versteckt. In der Folgezeit ließen sie sich in einem Sumpfgebiet östlich des Múlajökull (Hofsjökull) nieder, das heute Eyvindarver heißt. Dort befinden sich noch Ruinen einer Hütte mit Pferde- und Vogelknochen. Hier sollen sie sich am längsten aufgehalten haben. Eyvindur soll ein guter Jäger gewesen sein, und war im Sommer recht erfolgreich. Doch ohne ausreichende Wintervorräte waren die Geächteten im Frühjahr vor Hunger so geschwächt, so daß sie im Sprengisandur dem Tod näher waren als dem Leben.

Schließlich wurde Eyvindur entdeckt und nach Reykjahlíð gebracht. Seine Gefangenschaft dauerte nicht lange. Bei einem Gottesdienst floh und verschwand er im Nebel. Seitdem spricht man dort von ›Eyvinds Nebel‹. Es verschlug ihn im folgenden Winter (1774/75) in die Missetäterwüste nach Herðubreiðarlindir, wo er Unterschlupf im Lavastrom fand (s. S. 181). Es war der härteste Winter seiner Zeit als Ausgesetzter, denn es gab nichts anderes zu essen als rohes Pferdefleisch und Engelwurzwurzeln. Man sagt, Eyvindur habe sieben bis neun Pferde in den östlichen Bergen während des Herbstes gestohlen. Im späten Winter mußte er sein Versteck verlassen und soll Vógar am Mývatn aufgesucht haben. Er erfuhr, daß Halla nach Osten gebracht worden war, wo sie auch zusammentrafen. Sie flohen in das Gebiet des Jökuldalur, wo sie den Schafsbestand ein wenig dezimierten, was ihnen eine Verfolgungsjagd einbrachte. Eyvindur konnte sich dem Zugriff entziehen, indem er auf den Händen laufend das Weite suchte.

Im Osten beschloß Eyvindur das Leben als Geächteter und kehrte in das besiedelte Land zurück. Er soll gesagt haben, er würde selbst seinen schlimmsten Feind nicht in die westliche Wildnis schicken, aber seinen Freund in die östliche. Das Paar kehrte zu seinem ursprünglichen Anwesen am Hrafnsfjörður (Vestfirðir) zurück. Heute kann man dort Eyvindurs Grab besuchen.

Der bekannte isländische Schriftsteller Jóhann Sigurjónsson schrieb ein Stück über das Schicksal von Fjalla-Eyvindur. Es setzt sich mit den Effekten der Entbehrung und mit dem Konflikt zwischen den beiden am stärksten bei den Menschen ausgeprägten Instinkten auseinander, dem Bedürfnis nach Nahrung einerseits und nach Liebe andererseits.

Ebenen zu genießen. Ein anderer lohnender Abstecher kann zu Thermalquellen im östlichen Jökuldalur oder zu den Þjórsár-Quellen bzw. -Oasen im Westen unternommen werden. Das Jökuldalur oder Nýidalur besitzt auf der Talsohle die höchstgelegene zusammenhängende Pflanzendecke (800 m NN) mit einem auffallend großen Artenreichtum. Im Gegensatz zur Umgebung des Langjökull fehlen im östlichen zentralen Hochland die beeindruckenden Tafelberge und Schildvulkane. Es schaut nur am Nordostrand des Hofsjökull der Tafelberg Míklafell mit einer fast 1000 m hohen Randstufe unter den Eismassen hervor.

Von den Eisabflüssen der großen Gletscher zieht als südöstlicher Ausläufer des imponierenden Hofsjökull der Múlajökull die Aufmerksamkeit auf sich. Er fließt im flachen Vorland zu einem fast kreisrunden Lobus auseinander. Seitab der Piste befinden sich die Ruinen **Innrahreysi** 6, eines Unterschlupfes des Fjalla-Eyvindur im Sumpfgebiet von Eyvindarver, wo er im Jahre 1772 mit seiner Frau aufgegriffen wurde. Dieses Gebiet gehört mit zur Landschaft der Þjórsárver, der Þjórsá-Quellen. Weiter im Süden fallen im Vorfeld des Vatnajökull die steil aufragenden Kuppen der etwa 1300 m hohen **Hágöngur** auf. Ein besonders schöner Anblick auf diese rhyolithischen Berge ist von der 728 m hohen Anhöhe **Þveralda** 7 gegeben. Von ihrem Gipfel wird erstmals das Ende der über lange Strecken endlos erscheinenden Kieswüste im Süden absehbar. Ihre Hochflächen lösen sich allmählich in Kuppen, Höhenrücken und Täler auf.

In der Höhe des nun wegen wasserbaulicher Maßnahmen größten Sees

von Island, des **Þórisvatn** 8 (früher 72 km$^2$), ändert sich die Szenerie. Allmählich wird die von den vorzeitlichen und den rezenten Gletschern geprägte Landschaft verlassen, und etwa in Höhe des 10 km südwestlich des Sees gelegenen Wasserkraftwerkes Sigalda bestimmt wiederum der Vulkanismus das morphologische und geologische Geschehen. Dessen wird man sich spätestens mit der Durchquerung des nach-

eiszeitlichen Tungnaárhrauns (Þjórsá-Laven) bewußt. Doch davor wird die Piste des Sprengisandsleið (F26) verlassen. Auf dem Landmannaleið (F208) gelangt man über die Tungnaá-Laven zum Fluß Tungnaá selbst. Die Route führt nun auf ein beliebtes Tagesziel, Landmannalaugar, zu.

Bereits 9 km vor dem Abzweig des Landmannaleið führt eine Piste in eines der größten Vulkangebiete Islands,

**Veiðivötn** 9 (S. 318). Die ›Fischseen‹ sind Maare oder Kraterseen. Ihre Entstehung beruht auf dem Grundwasserreichtum. So gedeihen in der sonst wüstenartigen Umgebung in der Uferzone vor allem Moose und als große krautartigen Pflanze die Engelwurz. Das Wasser bevölkern Enten, Schwäne sowie die selteneren Rothals- und Eistaucher. Von den Anglern werden die Seen wegen ihres Fischreichtums geschätzt.

Information

Unterkunft

Restaurant

Sehenswert

Museum

Einkauf

Nachtleben

Feste

Aktivitäten

Verkehr

# Tips & Adressen

# Tips & Adressen

▼ Das erste Kapitel, **Tips & Adressen von Ort zu Ort**, listet die im Reiseteil beschriebenen Orte in alphabetischer Reihenfolge auf. Zu jedem Ort finden Sie hier Empfehlungen für Unterkünfte und Restaurants sowie Hinweise zu den Öffnungszeiten von Museen und anderen Sehenswürdigkeiten, zu Unterhaltungsangeboten Aktivitäten, Verkehrsverbindungen etc. Piktogramme helfen Ihnen bei der raschen Orientierung.

▼ Die **Reiseinformationen von A bis Z** bieten ein Nachschlagewerk – von A wie Anreise über N wie Notfälle bis Z wie Zeitungen – mit vielen nützlichen Hinweisen, Tips und Antworten auf Fragen, die sich vor und während der Reise stellen.

**Bitte schreiben Sie uns, wenn sich etwas geändert hat!**
Alle in diesem Buch enthaltenen Angaben wurden von dem Autor nach bestem Wissen erstellt und von ihm und dem Verlag mit größtmöglicher Sorgfalt überprüft. Gleichwohl sind – wie wir im Sinne des Produkthaftungsrechts betonen müssen – inhaltliche Fehler nicht vollständig auszuschließen. Daher erfolgen die Angaben ohne jegliche Verpflichtung oder Garantie des Verlages oder des Autors. Beide übernehmen keinerlei Verantwortung und Haftung für etwaige inhaltliche Unstimmigkeiten. Wir bitten daher um Verständnis und werden Korrekturhinweise gerne aufgreifen:
DuMont Buchverlag, Postfach 10 10 45, 50450 Köln
E-mail: reise@dumontverlag.de

# Inhalt

## Reiseinformationen von A bis Z

# Adressen & Tips von Ort zu Ort

**Preiskategorien Hotels**
sehr preiswert: ca. 20 € Schlafsackplatz
günstig: 35–55 € (60–80 €) im Einzel- bzw. 80 € (100 €) im Doppelzimmer
moderat: 55–70 € (80–90 €) im Einzel- bzw. 80–90 € (100–120 €) im Doppelzimmer
teuer: ab 70 € (90 €) im Einzel- bzw. 90 € (120 €) im Doppelzimmer
sehr teuer ab 85 € (105 €) im Einzel- bzw. ab 110 € (140 €) im Doppelzimmer
jeweils für ein Zimmer ohne (mit) Bad
Frühstück ca. 12 €

**Preiskategorien Restaurants**
günstig: Hauptgericht bis1500 ISK (ca. 20 €) oder 3-Gänge-Menü bis 2500 ISK (ca. 35 €)
moderat: Hauptgericht1500–2200 ISK (ca. 20–28 €) oder 3-Gänge-Menü 2500–3500 ISK (ca. 35–44 €)
teuer: Hauptgericht ab 2200 ISK (ca. 28 €) oder 3-Gänge-Menü ab 3500 ISK (ca. 44 €)
(jeweils ohne Getränke)



## Akranes

*Lage: Vordere Umschlagklappe C6*
*Postleitzahl: 300*
*Einwohner: ca. 5300*

Suðurgata 57, Tel. 431 3327, Fax 431 4327, info@akranes.is, www.akranes.is, 15. 5.–31. 8. Mo–Fr 10.30–12 u. 13–17 Uhr, 1. 9.–14. 5. Mo–Fr 13–16 Uhr.

**Campingplatz,** Tel. 431 3327, 1. 6.–31. 8. Im Ortszentrum (Víkurbraut); Schwimmbad und Einkaufsmöglichkeit in der Nähe.
**Hótel Barbró,** Kirkjubraut 11, Tel. 431 4240 u. 431 4740, Fax 431 4241, barbro@aknet.is, 1. 1.–31. 12., günstig. Im Ortszentrum gelegenes kleines Hotel, auch Schlafsackplätze, warme Mahlzeiten und Alkoholausschank.
**Hótel Ósk,** Vogabraut 4, Tel. 431 3314, Fax 431 1204, 28. 5.–31. 8., moderat. Fast am Ortsrand gelegen, warme Mahlzeiten und Alkoholausschank.

**Garðar-Heimatmuseum (Byggðasafn)**, Tel. u. Fax 431 1255, www.akranes.is/museum, Mai–Aug. tgl. 10.30–12 u. 13.30–16.30 Uhr, Sep.–April Mo–Fr 13.30–16.30 Uhr. Die lokalhistorische Sammlung ist u. a. im ehem. Pfarrhaus, dem ersten isländischen Betonhaus (erbaut 1871), untergebracht.

**Schwimmbad,** Sportzentrum Jaðarsbakkar, Tel. 431 2643, Mo–Fr 6.45–21, Sa, So 9–18 Uhr.
**Golf,** Tel. 431 2711, Fax 431 3711, leynir@aknet.is, www.aknet.is/leynir. Einer der besten 18-Loch-Plätze der Insel.
**Hochsee-Angeln** und **Reiten.**

**Busverbindungen:** ganzjährig tgl. mehrmals von/nach Reykjavík und Borgarnes (Nr. 1b, 1c). Info: Tel. 431 3861.

## Akureyri

*Lage: Vordere Umschlagklappe F3*
*Postleitzahl: 600*
*Einwohner: ca. 15 000*

Hafnarstræti 82, Tel. 462 7733, Fax 461 3303, touring@est.is, 1. 6.–31. 8. Mo–Fr 7.30–20, Sa, So 8–17 Uhr.

**Campingplatz v/Þórunnarstræti,** Tel. 462 3379, Fax 461 2030, 10. 6.–31. 8. Etwa 500 m bis zum Stadtzentrum, warmes und kaltes Wasser, Duschen, Waschmaschine und Wäschetrockner; Telefon, Lebensmitteleinkauf und Schwimmbad direkt am Platz.
**Jugendherberge,** Stórholt 1, Tel. 462 3657 u. 854 4299, Fax 461 2549, 10. 1.–15. 12. Ca. 1 km nordwestlich vom Stadtzentrum.
**Gästehaus Súlur,** Þórunnarstræti 93, Tel. 461 1160, Fax 461 3077, 15. 5.–15. 9., günstig. Ca. 500 m vom Zentrum entfernt, auch Schlafsackplätze und Kochgelegenheit.
**Hótel EDDA Akureyri,** Hrafnagilsstræti, Tel. 461 1434, Fax 461 1423, 18. 6.–31. 8., moderat. Ca. 500 m vom Zentrum entfernt, auch Schlafsackplätze, warme Mahlzeiten nur für Gruppen.
**Hótel EDDA Þelamörk,** Tel. 462 1772, Fax 461 2337, 5. 6.–31. 8., moderat. 10 km nördlich von Akureyri im Hörgardalur mit Schwimmbad, Sauna und Solarium, auch Schlafsackplätze. Das Restaurant bietet gute isländische Kost in ansprechender Umgebung (Touristenmenü).
**Fosshótel KEA-Harpa,** Hafnarstræti 83–89, Tel. 460 2000, Fax 460 2060, kea@fosshotel.is, teuer bis sehr teuer. Das komfortabelste Hotel von Akrreyri liegt unmittelbar im Zentrum, mit empfehlenswertem Restaurant (auch Touristenmenü) und Alkoholausschank. Neben Gaumenfreuden vom Hummer gibt es auch Hausmannskost wie der mit Tomaten, Oliven und Perlzwiebeln pikant angerichtete Salzfisch.

**Greifinn,** Glerárgata 20, Tel. 460 1600, günstig bis moderat. Sehr beliebtes Lokal, große Auswahl an saftigen Steaks und Fischgerichten sowie Pastas, Pizzas und Salate, außerdem Touristenmenü.
**Pizza 67,** Geislagata 7, Tel. 461 2967, günstig bis moderat. Neben Pizzen und Pasta auch Steaks und Fisch.
**Bautinn/Smiðjan,** Hafnarstræti 92; Tel. 462 1818, moderat. Alt eingesessenes erstklassiges Restaurant in der Innenstadt, Spezialität: Lammkoteletts.
**Fiðlarinn,** Skipagata 14, Tel. 462 7100, Fax 462 6607, moderat. Umfassende Speisekarte, u. a. Touristenmenü; schöne Aussicht auf Akureyri.
**La Vita è Bella,** Hafnarstræti 92, Tel. 461 5858, moderat. Beliebter Italiener im Stadtzentrum, behagliche Atmosphäre, qualitativ gute Küche.
**Karólína Veitinghús,** Kaupvangsstræti 23, Tel. 461 2755, tgl. ab 18 Uhr, moderat. Moderne europäische Küche von guter Qualität; warme Atmosphäre mit geschmackvoller Gemäldeausstattung.

**Botanischer Garten,** Eyrarlandsholt, Tel. 462 7487, 1. 6.–31. 10. Mo–Fr 8–22, Sa, So 9–22 Uhr.
**Nonnahús,** Aðalstræti 54, Tel. 462 3555, 1. 6.–15. 9. tgl. 10–17 Uhr. Elternhaus des Kinderbuchautors Jón Sveinsson mit Erinnerungsstücken.

**Heimatmuseum (Minjasafn),** Aðalstræti 58, Tel. 462 4162, 1. 6.–15. 9.tgl. 11–17 Uhr.
**Kunstmuseum (Listasafn),** Kaupvangstræti 12, Tel. 461 2610, Di–Do 14–18, Fr, Sa 14–22, So 14–18 Uhr. 1993 gegründetes und damit jüngstes Kunstmuseum Islands.
**Naturkundliches Museum (Náttúrugripasafnið),** Hafnarstræti 81, Tel. 462 2983, 1. 6.–15. 9. tgl. 10–17, 1. 9.–31. 5. So 13–17 Uhr sowie auf Anfrage.

**Schwimmbad,** Þingvallastræti 13, Tel. 461 4455, Mo–Fr 7–21.30, Sa, So 8–20 Uhr. Mit Wärmebecken, Whirlpool, Dampfbad.
**18-Loch-Golfplatz,** Tel. 462 2974 Fax 461 1755 und **Reitmöglichkeit.**
**Bergsteigen:** Die Berge oberhalb des Glerárdalur laden zu alpinen Touren ein.
**Ausflüge** nach Goðafoss, Vaglaskógur, Dettifoss, Mývatn, Grímsey, Tjörnes u. v. a. Info: Tel. 463 3179, Fax 463 3144, oder bei der Tourist-Information.

**Bókval,** Hafnarstræti 91–93, Mo–Fr 9–22, Sa, So 10–22 Uhr. Wollprodukte, Bücher und Karten.
**Folda,** Dalsbraut, Mo–Fr 9–18 Uhr. Wollprodukte.

Ende Juni–Aug. **Akureyri-Kunstsommer**, diverse Veranstaltungen.

**Busbahnhof,** Umferðarmiðstöðin, Hafnarstræti 82, Tel. 462 4442, Fax 461 1817, Öffnungszeiten: 15. 6.–31. 8. Mo–Fr 7.30–20.30, Sa, So 7.30–11.30, 14–19 Uhr, 1. 9.–30. 9. Mo–Fr 7.30–19 Uhr. **Fährverbindungen** nach Hrísey, Info: Tel. 461 1522; nach Grímsey, Info: Samskip, Tryggvabraut 5, Tel. 461 3600, Fax 462 5730. **Flugverbindungen** tgl. nach Reykjavík; mind. 3 × wchtl. nach Egilsstaðir, Grímsey, Húsavík, Ísafjörður, Þórshöfn, Vopnafjörður, Kópasker, Raufarhöfn. Info: Flugfélag Íslands, Tel. 460 7000, Fax 460 7010, www.flugfelag.is; Norlandair, Tel. 461 2101, Fax 461 2106.

## Arnarstapi

*Lage: Vordere Umschlagklappe A5*
*Postleitzahl:* 355 Ólafsvík

**Gehöft Snjófell,** Tel. 435 6783, Fax 435 6795, snjofell@snjofell.is, www.snjofell.is, günstig. Altes Gehöft mit Grasdach in wildromantischer Umgebung südl. des Snæfellsjökull. Betten, Schlafsackplätze, Frühstück, warme Mahlzeiten, Alkoholausschank. Bootsfahrten, Fahrradverleih.

**Busverbindungen:** 7. 6.–27. 8. Mo–Fr von/nach Hellissandur bzw. Ólafsvík (Nr. 2d). Info: Tel. 435 6750.

## Ásbyrgi

*Lage: Vordere Umschlagklappe G3*
*Postleitzahl: 641 Húsavík*

**Ásbyrgi National Park (Þjóðgarðurinn Jökulsárgljúfrum),** Tel. 465 2195, Fax 465 2359, 1. 6.–31. 8. tgl. 9–22 Uhr.

**Camping,** Tel. 465 2195, Fax 465 2359, 1. 6.–15. 9. Zeltplatz in einer sehr ruhigen, sturmsicheren und waldigen Umgebung, etwa 4 km von der Hauptstraße entfernt. Kaltes Wasser und WC. **Camping und Schlafsackplätze,** Lundur, Lundarskóli, Tel. 465 2247, Fax 465 2249, 20. 6.–20. 8. Kochgelegenheit, warme Mahlzeiten, Schwimmbad.

Fossiler Wasserfall (Jökulsá á Fjöllum) und Waldlehrpfad.

**Busverbindungen:** 1. 6.–1. 9. Mo–Fr von/nach Akureyri und Þórshöfn; 30. 6.–14. 8. Mo, Mi, Fr von/nach Neskaupstaður (Nr. 12c). Info: Tel. 465 2260.

## Bakkafjörður

*Lage: Vordere Umschlagklappe H3*
*Postleitzahl: 685*

**Gehöft Fell (DagrúnÞórisdóttir),** Tel. u. Fax 473 1696, günstig. Frühstückspension in der Einsamkeit des Nordostens mit Kochgelegenheit; auch Schlafsackplätze und Sommerhäuser.

**Busverbindungen:** 30. 6.–15. 8. Mo, Mi, Fr nach Akureyri und Egilsstaðir (Nr. 12c).

## Barðaströnd

*Lage: Vordere Umschlagklappe A4*
*Postleitzahl: 451 Patreksfjörður*

**Campingplatz** mit Erfüllung der Grundbedürfnisse in einer außerordentlich ruhigen und beruhigenden Landschaft an der Südküste von Vestfirðir. **Gästehaus Bjarkarholt,** Barðaströnd (Stóra Krossholti), Tel. 456 2025 u. 456 2006, Fax 456 2030, günstig. Auch Schlafsackplätze, Kochgelegenheit.

**Schwimmbad Birkimelur** (Silja Björg), Tel. 456 2080, tgl. 13.30–21 Uhr und nach Absprache.

**Busverbindungen:** 8. 6.–31. 8. Mo, Mi, Do, Sa von/nach Ísafjörður und Látrabjarg (Nr. 6b). Info: Tel. 540 1313.

## Berunes

*Lage: Vordere Umschlagklappe J5*
*Postleitzahl: 765 Djúpivogur*

**Camping,** 15. 5.–15. 9. Fließend kaltes Wasser und WC.
**Jugendherberge,** Tel. u. Fax 478 8988, berunes@simnet.is, www.simnet.is/berunes, 15. 5.–15. 9. Unterkunft in einem fast hundertjährigen Bauernhaus des ehem. Pfarrhofes Berunes in wunderschöner Fjordlandschaft. Frühstück und typisch isländische Gerichte auf Vorbestellung.

Innere des **Berufjörður** mit den burgenartigen Zinnen des 823 m hohen **Smátindur,** Überreste eines 10–12 Mio. Jahre alten Vulkans, und der wilden Schlucht der **Svartagil.** Sehenswert die hellen rötlich-gelben und sogar hellgrünen Gesteinsschichten, die hier die dunkelgrauen Lagen des Plateaubasaltes ablösen.

**Busverbindungen:** 8. 5.–1. 10. Mo, Mi, Fr und 1. 6.–31. 8. Di, Do, Sa, So nach Egilsstaðir und Höfn (Nr. 18, 18a). Info: Tel. 478 8887 u. 545 1717.

## Bifröst

*Lage: Vordere Umschlagklappe C5*
*Postleitzahl: 311 Borgarnes*

**Fosshótel Bifröst,** Tel. 435 0005, Fax 435 0020, bokun@fosshotel.is, moderat. Unauffälliges Hotel (Schlafsackplätze) in jungvulkanischer Umgebung; isländische Küche und Touristenmenü. Wandermöglichkeiten und Entspannung in warmem Wasser (Varmaland).

Die etwa 3000 Jahre alte bemooste Lava des **Grábrókarhraun** mit den Schlackenkegeln **Grábrók** und **Grábrókarfell**.

**Busverbindungen:** ganzjährig tgl. nach Reykjavík und Akureyri (Nr. 9b).

## Bíldudalur

*Lage: Vordere Umschlagklappe A3*
*Postleitzahl: 465*
*Einwohner: ca. 300*

**Camping** am Gemeindezentrum mit fließend Wasser und WC.
**Gästehaus Helena**, Hafnarbraut 2, Tel. 456 2133, 894 1684, günstig. Auch Kochmöglichkeiten.

**Vegamót,** Tjarnarbraut 2, Tel. 456 2232, tgl. 9–22 Uhr, günstig. Einfache Küche, auch Fast Food.

**Busverbindungen:** 1. 6.–31. 8. von/nach Patreksfjörður bzw. Tálknafjörður (Nr. 4b). Info: Tel. 462 4442.

## Blönduós

*Lage: Vordere Umschlagklappe D3*
*Postleitzahl: 540*
*Einwohner: ca. 1000*

Auf dem **Campingplatz** (s. u.), ferdhun@isholf.is, 1. 6. – 31. 8. tgl. 8.30–12 u. 13–22.30 Uhr.

**Campingplatz,** Brautarhvammur, Tel. 452 4520, Fax 452 4063, 1. 6.–31. 8. In zentraler Lage an der Ringstraße.
**Sommerhäuser Glaðheimar,** Brautarhvammur, Tel. 452 4403, 452 4520, Fax 452 4924, stigandi@islandia.is; 3- und 5-Personen-Hütten.
**Hótel EDDA Húnavellir,** Tel. 452 4370, Fax 452 4281, 12.6.–31. 8., moderat. Südlich von Blönduós nahe dem Blandatal in einer ruhigen Seenlandschaft gelegene moderne Anlage mit Schwimmbad; diverse Fisch- und Fleischgerichte (Touristenmenü), Alkoholausschank, auch Schlafsackplätze.
**Hótel Sveitasetrið,** Aðalgata 6, Tel. 452 4126, Fax 452 4989, teuer. Unmittelbar am Meer gelegenes kleines freundliches Hotel; warme Mahlzeiten (Touristenmenü), Alkoholausschank, auch Schlafsackplätze.

**Esso-Skálinn,** Tankstelle an der Ringstraße, Tel. 452 4298, tgl. 8–23.30 Uhr, günstig. Pizzen, Hamburger, Brathähnchen sowie etwas teurere Fisch- und Fleischgerichte.

**Naturpark Insel Hrútey** im Bereich der Blanda.

**Heimatmuseum (Heimilisiðnaðarsafnið),** Halldórusstofa, Árbraut 31, Tel. 524 4067 u. 452 4520, 20. 6.–20. 8. tgl. 14–17 Uhr und nach Absprache. Kleine, aber interessante Sammlung von Gebrauchsgegenständen.

**Schwimmbad,** Húnabraut, Tel. 452 4451, Mo–Fr 8–21, Sa, So 9–17 Uhr.

**Kaupfélag Húnvetninga,** Húnabraut 4, Mo–Do 9–18, Fr 9–19, Sa 10–18 Uhr. Reiseproviant, Souvenirs.

**Busverbindungen:** 16. 6.–15. 9. tgl. von/nach Akureyri und Reykjavík (Nr. 9b); 20. 5.–30. 9. Mo, Mi, Fr nach sowie Di, Do, Sa von Siglufjörður (Nr. 8). Info: Tel. 452 4350.

## Bolungarvík

*Lage: Vordere Umschlagklappe B2*
*Postleitzahl: 415*
*Einwohner: ca. 1000*

**Camping,** Höfðastíg 1, Tel. 456 7381 u. 456 7554 (Shell-Skálinn), 1. 6.–31. 8.. Am südlichen Ortseingang beim Schwimmbad, fließend Wasser und WC.
**Gästehaus Finnabær,** Vitastígur 1, Tel. 456 7254, Fax 456 7234, günstig. Betten und Schlafsackplätze. Sauberes, aber kitschig eingerichtetes Restaurant, große Auswahl an Hamburgern, Sandwiches und Pizzen sowie Rindersteak und Strammer Max.

**Fischfangstation Ósvör,** Tel. 456 7172 (Geir Guðmundsson), 1. 6.–31. 8. Mo–Fr 8–17 Uhr. Ósvör war der wichtigste Zufluchtshafen im äußersten Nordwesten Islands.

**Naturkunde-Museum (Náttúrugripasafn),** Vitastígur 3, Tel. 456 7207 u. 456 7005, Mo–Fr 9–12 u. 13–17, Sa, So 13–17 Uhr.

**Schwimmbad,** Höfðastíg 1, Tel. 456 7381, Mo, Mi, Fr 8–11 u. 13–20.45, Di, Do 13–20.45, Sa 10–17.45, So 10–15.45 Uhr.
**Ausflug** in die einsame und romantische Bucht Skálavík, einst ein wichtiger Hafen.

**Busverbindungen:** 1. 6.–31. 8. Mo–Fr tgl. von/nach Ísafjörður (Nr. 5b). Info: Tel. 456 7195.

## Borgarfjörður eystri

*Lage: Vordere Umschlagklappe J3*
*Postleitzahl: 720*
*Einwohner: ca. 130*

**Álfasteinn-Verslun,** Tel. 472 9977, Fax 472 9877, 1. 6.–31. 8. tgl. 10–18 Uhr.

**Camping,** Tel. 472 9999 (Borgarfjarðarhreppur), Fax 472 9855, 1. 6.–31. 8. Nahe Álfaborg; nur mit den nötigsten sanitären Einrichtungen.
**Gästehaus Borg,** Borgarfjarðarvegur, Tel. 472 9870, Fax 472 9880, günstig. Schmuckes Haus mit Betten und Schlafsackplätzen, auch Kochgelgenheit.
**Gästehaus Fjarðarborg,** Tel. 472 9920, Fax 472 9962, 1. 6.–1. 9., günstig. Betten und Schlafsackplätze. Leistungsfähiges Restaurant mit großer Auswahl von der isländischen Fleischsuppe bis zu fangfrischem Fisch, außerdem Fast Food.

**Álfasteinn,** Juni–Aug. Mo–Fr 10–18, Sa, So 11–18 Uhr, Sep.–Mai 10–12 u. 13–18 Uhr. Große Auswahl an künstlerisch bearbeiteten Gesteinen im einzigen auf Mineralien und Gesteine spezialisierten Laden Islands.

**Busverbindungen:** Mo, Di, Do, Fr von/nach Egilsstaðir (Nr. 13c). Info: Tel. 472 9805.

## Borgarnes

*Lage: Vordere Umschlagklappe C5*
*Postleitzahl: 310*
*Einwohner: ca. 1750*

am **Brúartorg,** Tel. 437 1529 u. 437 2214, Fax 437 2314, tourinfo@vesturland.is, 1. 6.–31. 8., Mo–Fr 9–17, Sa, So 9–11 u. 10–16 Uhr.

**Camping,** Tel. 437 2108, 1. 6.–31. 8. Geringer Komfort, aber im Zentrum des Ortes gelegen.
**Jugendherberge Hamar,** Golfskálinn, Tel. 437 1663, Fax 437 2063, gb@aknet,is, www.aknet.is/gb, 15. 5.–15. 9. In einem einladenden alten Bauernhaus 4 km nordwestlich von Borgarnes an der Ringstraße. Warme Mahlzeiten; Kochgelegenheit.
**Hótel Borgarnes,** Egilsgata 12–14, Tel. 437 1119, Fax 437 1443, hotelbo@centrum.is, teuer. Älteres Haus im Ortszentrum mit guter traditioneller Küche, z. B. Suppe der Engelwurz oder Lammkoteletts nach Großmutter Art; Alkoholausschank.

**Hyrnan Veitingsala,** Tel. 430 5555, günstig. Beliebtes Restaurant im automobilen Versorgungszentrum mit vielfältigem Angebot. Spezialität: isländische Fleischsuppe

**Borg á Mýrum**, Grab von Skallagrímur Kveldolfsson und Skulptur »Sonartorrek« von Ásmundur Sveinsson (1985); 3 km nördlich von Borgarnes.

**Borgarfjörður-Museum (Héraðskjalasafn Borgarfjarðar),** Bjarnarbraut 4–6, Tel. 437 2127, 20. 6.–20. 8., Mo–Fr 14–18 Uhr, Do, Sa, So auch 20–22 Uhr.

**Schwimmbad,** Skallgrímsgata, Tel. 437 1444, Mo–Fr 7–22, Sa, So 9–20 Uhr.
**Golfskálinn,** Tel. 437 1663, Fax 437 2063, 9-Loch-Golfplatz.

**Busverbindungen:** ganzjährig tgl. von/nach Grundarfjörður (Nr. 2b), Hellissandur (Nr. 2e) und Reykjavík (Nr. 1c); ganzjährig Di, Do, Fr, So von/nach Reykhólar (Nr. 3b); 1. 6.–31. 8. So–Fr nach Reykholt (Nr. 1b); 29. 5.–30. 9. tgl. von/nach Siglufjörður (Nr. 8b); 16. 6.–15. 9. tgl. von/nach Akureyri (Nr. 9b); 1. 6.–5. 9. Di, Fr, So von/nach Drangsnes (7b). Info: Tel. 437 1200.

## Breiðavík

*Lage: Vordere Umschlagklappe A3*
*Postleitzahl: 451 Patreksfjörður*

**Camping,** Brunnar, Hvallátur, 1. 5.–30. 9. In der entlegenen Bucht Breiðavík, etwa 10 km nordöstlich der Westspitze Islands, sanitäre Einrichtungen.
**FerðaÞjónustan Breiðavík,** Tel. 456 1575, Fax 456 1189, 1. 6.–1. 9, günstig. Gehöft mit Schlafsackplätze n und Kochgelegenheit, außerdem Zeltmöglichkeit.

**Vogelfelsen** Látrabjarg sowie Bjargtangar, der westlichste Punkt Europas.

**Busverbindungen:** 8. 6.–31. 8. Mo, Mi, Sa von/nach Ísafjörður bzw. Látrabjarg (Nr. 6b). Info: Tel. 540 1313

## Breiðdalsvík

*Lage: Vordere Umschlagklappe J5*
*Postleitzahl: 760*
*Einwohner: ca. 200*

im **Hotel Bláfell,** Tel. 475 6770, Fax 475 6668.

**Camping,** Tel. 475 6660, Fax 475 6758 (Breiðdalshreppur), 1. 6.–31. 8. Nur notwendige sanitäre Einrichtungen.
**Hótel Bláfell,** Sólvöllum 14, Tel. 475 6770, Fax 475 6668, blafell@centrum.is, moderat. Moderner Hotelbau im ländlichen Baustil im Inneren der Breiðdalsvík, auch Schlafsackplätze und Ferienhäuser. Im gemütlichen Restaurant werden Fisch und diverse Fleischgerichte angeboten sowie das Touristenmenü; Spezialität ist eine vor-

zügliche isländische Fleischsuppe. Vergabe von Angellizenzen.

**Busverbindungen:** 1. 6.–31. 8. tgl. von/nach Höfn (Nr. 18, 18a); 31. 5.–1. 9. tgl. von/nach Egilsstaðir (Nr. 15b, 18, 18b). Info: Tel: 475 6608.

## Brjánslækur

*Lage: Vordere Umschlagklappe B3*
*Postleitzahl: 451 Patreksfjörður*

**Surtarbrandsgil.** In dieser Schlucht befindet sich Islands bekannteste Fossilfundstätte. Neben der Braunkohle wurden bereits von Eggert Ólafsson im Jahre 1752 Blattabdrücke aus Islands wärmerer Vorzeit entdeckt.

**Busverbindungen:** 1. 6.–31. 8. Mo, Mi, Sa von/nach Ísafjörður, Látrabjarg (Nr. 6b). Info: Tel. 540 1313.
**Fährverbindung:** 1. 6.–31. 8. tgl. nach Flatey und Stykkishólmur mit MS ›Baldur‹, Info: MS ›Baldur‹, Pósthólf 22 (Smiðjustígur), 340 Stykkishólmur, Tel. 438 1120 u. 456 2020, Fax 438 1093.

## Búðardalur

*Lage: Vordere Umschlagklappe D4*
*Postleitzahl: 370*
*Einwohner: ca. 150*

Vesturbraut 12c, Tel. 434 1410, Fax 434 1212, upp@isholf.is, 10. 6.–20. 8. tgl. 11–18 Uhr.

Übernachtungsmöglichkeiten im ca. 20 km entfernten Laugar:
**Camping,** Tel. 434 1265, 10. 6.–31. 8. In ruhiger Lage abseits der Hauptstraße. Duschen im benachbarten Hotelschwimmbad.
**Hótel EDDA Laugar,** Tel. 434 1265, Fax 434 1469, 9. 6.–31. 8., moderat. Auch Schlafsackplätze. Die Küche des Hauses ist für ihre hohe Qualität bekannt, Spezialitäten sind u. a. Lammgerichte und besondere Büfett-Arrangements, Touristenmenü.

**Schwimmbad,** im Edda-Hotel, Mo–Fr 10–22 Uhr, Sa 13–18 Uhr.

**Busverbindungen:** ganzjährig Di, Do, Fr, So von/nach Reykjavík und Reykhólar (Nr. 3b). Info: Tel. 434 1410.

## Búðir (Snæfellsbær)

*Lage: Vordere Umschlagklappe A5*
*Postleitzahl: 355 Ólafsvík*

**Camping,** Tel. 435 2108, 1. 6.–31. 8. Lage in der Búðavík am Ostrand des Búðahraun in einer bezaubernden Küstenregion. Notwendige sanitäre Einrichtungen sind vorhanden.
**Hótel Búðir,** Tel. 435 6700, Fax 435 6701, 1. 5.–1. 11., moderat bis teuer. Das Hotel befindet sich an einem Anlegeplatz aus dem 16. Jh. in unmittelbarer Nähe zum Zeltplatz. Die Küche bietet sehr schmackhafte Fisch- und Fleischgerichte.

**Wanderungen** entlang der Küste, **Besteigung** des Snæfellsjökull.

**Busverbindungen:** ganzjährig tgl. von/nach Hellissandur und Reykjavík (Nr. 2d, 2e). Info: Tel. 435 6701.

## Dalvík

*Lage: Vordere Umschlagklappe E3*
*Postleitzahl: 620*
*Einwohner: ca. 1500*

**Ráðhús,** Goðabraut (im Gemeindezentrum), Tel. 466 1370, Fax 466 1899.

**Camping,** Tel. 466 3233, Fax 466 1899, 1. 6.–31. 8. Im Westen der Stadt am Schwimmbad; kaltes und warmes Wasser, Dusche, WC.
**Gästehaus Dalvík,** Stórhólsvegur 6, Tel. 466 3088, Fax 466 1661, moderat. Betten und Schlafsackplätze, Kochmöglichkeit.
**Gästehaus Árgerði**, Tel. u. Fax 466 3326, argerdi@islandia.is, teuer. Vornehme Frühstückspension südlich des Ortes.

**Café Menning,** Hafnarbraut 14, Tel. 466 3350, im Sommer tgl. 12–15 u. 18–23 Uhr, günstig. Im Obergeschoß des ›Kultur‹-Cafés, so die deutsche Übersetzung des Namens, treffen sich isländische Tanzfreunde.

**Heimatkunde-Museum (Byggðasafn),** Tel. 466 1497 u. 466 3160, 1. 6.–15. 9. tgl. 13–17, 16. 9.–31. 5. So 14–17 Uhr und nach Vereinbarung.

**Schwimmbad,** Svarfaðarbraut 34, Tel. 466 3233 u. 466 3133, Mo–Fr 7–20, Sa, So 10–19 Uhr. Mit Wärmebecken, Dampfbad etc.
**Walbeobachtung,** Sea Tours Ltd., Tel. 466 3355 u. 892 3658. Im Mündungsgebiet des Eyjafjörður können Buckelwale, Zwergwale, Schwertwale, Delphine, Tümmler und vielleicht an der Küste einige Seehunde beobachtet werden.
**Wanderungen** in die nahe Gebirgslandschaft des Svarfaðardalur und **Ausflüge** zur Insel Hrísey im Eyjafjörður.

**Busverbindungen:** Mo–Fr von/nach Akureyri; 1. 6. –30. 9. von/nach Ólafsfjörður (Nr. 10b). Info: Tel. 466 1236.
**Fährverbindungen:** Mo, Do nach Grímsey. Info: Hrísey & Grímsey Ferry Sæfari, Ferðaskrifstofan Nonni, 600 Akureyri, Tel. 461 1841 u. 853 2211, Fax 461 1843.

## Djúpavík

*Lage: Vordere Umschlagklappe C3*
*Postleitzahl: 522*

**Hótel Djúpavík,** Kjörvogur, Tel. 451 4037, Fax 451 4035, www.akademia.is/vestfirdir, moderat. Entlegenes kleines Hotel auf der Nordwest-Halbinsel in landschaftlich reizvoller Umgebung mit Restaurant. Spezialität: Gerichte vom überall in Island geschätzten Strandir-Lamm. Begrenzte Aufnahmekapazität, auch Schlafsackplätze. Bootsfahrten.

**Busverbindungen:** Info: Tel. 451 3225.

## Djúpivogur

*Lage: Vordere Umschlagklappe J5*
*Postleitzahl: 765*
*Einwohner: ca. 400*

im **Hotel Framtíð,** 478 8887, Fax 478 8187.

**Camping,** Tel. 478 4887, 1. 6.–15. 9. Ca. 100 m oberhalb des Hafens, kaltes und warmes Wasser.
**Hótel Framtíð,** Vogaland 4, Tel. 478 8887, Fax 478 8187, framtid@simnet.is, www.simnet.is/framtid, moderat. Gut ausgestattetes kleines Hotel im Ortszentrum mit Sauna, Schlafsackplätzen, Kochgelegenheit. Restaurant mit Blick auf den Berufjörður und den kleinen betriebsamen Hafen, Spezialität: Fischgerichte; Touristenmenü.

**Langabúð,** Tel. 478 8220 u. 478 8866, 1. 6.–15. 9. tgl. 10–18 Uhr (Kaffeestube Fr, Sa bis 23.30 Uhr). Sammlung des Bildhauers Ríkarður Jónsson.

**Schwimmbad,** Varða 6, Tel. 478 8863, 8. 6.–22. 8. Mo–Fr 13–21, Sa, So 13–17 Uhr.
Besuch der Insel **Papey** mit einer der größten Eiderenten-Kolonien, Überfahrt tgl. vom Hafen.

**Busverbindungen:** 8. 5.–1. 10. Mo, Mi, Fr und 1. 6.–31. 8. Di, Do, Sa, So von/nach Egilsstaðir und Höfn (Nr. 18, 18a). Info: Tel. 478 8887.

## Drangsnes

*Lage: Vordere Umschlagklappe C3*
*Postleitzahl: 520*
*Einwohner: ca. 100*

**Camping,** Tel. 451 3227, 15. 6.–31. 8.
**Gehöft Bær III,** Tel. 451 3241, Fax 451 3274, günstig. In nahezu unberührter Fjordlandschaft, Betten und Schlafsackplätze, warme Mahlzeiten (ohne Speisekarte); Kochgelegenheit für Selbstversorger.

**Bootsfahrten** und **Meeresangeln,** Ásbjörn Magnússon, Tel. 451 3238.

**Busverbindungen:** 1. 6.–5. 9. Di, Fr, So nach Borgarnes u. Reykjavík (Nr. 7b). Info: Tel. 451 3225 u. 511 1515.

## Drekagil v/Dyngjufjöll

*Lage: Vordere Umschlagklappe G5*

**Camping,** Tel. 853 2541 (Ferðafélag Akureyrar, Strandgata 23), ffa.est.is, 20. 6.–31. 8. Campinguntergrund: Bims.
**Dreki-Hütte,** 20 Schlafplätze, beheizt, - Waschmöglichkeiten nur im Freien, Kochgelegenheit.

Die Schlucht **Drekagil** mit bizarren Felsformen.

**Ausflug** in die einsame Berglandschaft der Dyngjufjöll mit der Caldera Askja, dem Öskjuvatn und dem Kraterloch Víti.

Nur mit **Allrad-Fahrzeugen** erreichbar.
**Busverbindungen:** Info: Tel. 562 3320 u. 552 2300, Fax 552 9973.

## Egilsstaðir

*Lage: Vordere Umschlagklappe J4*
*Postleitzahl: 700*
*Einwohner: ca. 1600*

Kaupvangur 10, Tel. 471 2320, Fax 471 1863, 15. 6.–10. 9. tgl. 9–17 Uhr.

**Camping,** Tel. 471 2320, Fax 471 1865, 1. 6.–31. 8. Der Zeltplatz befindet sich in nahezu zentraler Lage von Egilsstaðir. Es stehen ausreichende Waschgelegenheiten und Duschen zur Verfügung.
**Camping Fellabær,** Tel. 471 1324, Fax 471 2413, 15. 5.–15. 9. 2 km nördl. der Stadt.
**Gistihúsið Egilsstöðum,** Egilsstöðum I, Tel. 471 1114, Fax 471 1266, günstig. Gehöft am Lögurinn mit Betten und Schlafsackplätzen, Frühstück und warmen Mahlzeiten sowie Alkoholausschank.
**Hótel Svartiskógur,** Hallgeirstöðum, Hlíðarhreppur, am Hlíðarvegur, Tel. 354 1030, Fax 471 1016, moderat. Idyllisch vor einem Birkenwald in verkehrsgünstiger Lage ca. 30 km nordwestlich von Egilsstaðir auf dem Weg nach Vopnafjörður oder zum Mývatn. Vorzügliche Küche, allerdings nur wenige verschiedene Gerichte.
**Hótel EDDA Egilsstaðir,** v/Tjarnarbraut, Tel. 471 2775, Fax 471 2776, teuer. Dieses Haus strahlt eine für ein EDDA-Hotel ungewöhnliche Exklusivität aus. Touristenmenü für den kleinen Geldbeutel, Alkoholausschank; auch Schlafsackplätze.
**Hótel Valaskjálf,** Skógarlönd 3, Tel. 471 1000, Fax 471 1001, www.valaskjalf.is, sehr teuer. Keine Schlafsackplätze. Gepflegtes Restaurant (moderat) mit ausgesuchter regionaler Küche. Erfreulich ist auch das Lunchangebot mit kleinen Gerichten.

**Hraðbúð K.H.B. Esso,** Kaupvangur 6, Tel. 470 1235, 9–23 Uhr, günstig. Das Restaurant an der Tankstelle wird bevorzugt von Einheimischen aufgesucht; Snacks und Tagesmenüs von guter Qualität.

**Museum der Ostfjorde (Minjasafn Austurlands),** Laufskógar 1, Tel. 471 1412, Fax 471 1452, 1. 6.–1. 9. Mo–Fr 13–18, Sa, So 9–13 Uhr.

**Schwimmbad,** Tjarnarbraut 24, Tel. 471 1467, 1. 6.–31. 8. Mo–Fr 7–21.30, Sa, So 10–19 Uhr.
**Ausflugsfahrten** mit dem MS ›Lagarfljótsmurinn‹ auf dem Lagarfljót. Info: Tel. 471 2900, Fax 471 2901.

**Busverbindungen:** 1. 6.–31. 8. tgl. nach Akureyri über Mývatn (Nr. 11c); 3. 7.–14. 8. Mo, Mi, Fr von/nach Akureyri über Raufarhöfn (Nr. 12c); 6. 5.–1. 10. Mo, Mi, Fr und 1. 5.–31. 8. Di, Do, Sa, So von/nach Höfn (Nr. 18, 18a); 1. 6.–31. 8. Mo, Do von/nach Eiðar sowie Mo, Di, Do, Fr von/nach Borgarfjörður eystri (Nr. 13c); 21. 6.–9. 8. Mi von/nach Hallormsstaður

(Nr. 14b); 3. 4.–9. 9. Mo–Sa von/nach Eskifjörður, Reyðarfjörður, Norðfjörður (Nr. 14c); 31. 5.–1. 9. Mo–Fr Breiðdalsvík (Nr. 15b); 1. 6.–31. 8. Mo–Fr, So von/nach Seyðisfjörður (Nr. 16b). Info: Tel. 471 2320.
**Flugverbindungen:** mit Icelandair tgl. von/nach Reykjavik; mit Nordlandair Di, Do, Fr, So von/nach Akureyri. Info: Flugfélag Íslands, Tel. 471 1210, Fax 471 2208.

## Eiðar

*Lage: Vordere Umschlagklappe J4*
*Postleitzahl: 705 Eiðar*

**Jugendherberge Húsey,** Tungahreppur, Tel. 471 3010, Fax 471 3009, 20. 5.–30. 9. Die Herberge in einem umgebauten alten Bauernhaus liegt im Tal des Lagarfljót, ein Naturparadies mit 30 verschiedenen Vogel- und 175 Pflanzenarten.
**Gästeheim Eiðar,** Tel. 471 3846, Fax 471 3866, 1. 6.–31. 8., günstig. Betten und Schlafsackplätze, Kochgelegenheit.
**Hótel EDDA Eiðar,** Tel. 471 3803, Fax 471 3804, 1. 6.–31. 8., moderat bis teuer. Gepflegte Anlage im weiten Tal des Lagarfljót mit Schlafsackplätzen. Vielseitige Speisekarte: neben Fisch auch z. T. exotisch angerichtete Fleischgerichte wie gegrilltes Lammsteak mit Kokosnuß-Currysauce, Touristenmenü, Alkoholausschank.

**Reiten:** Húsey, Hróarstunga, Tel. 471 3010, Fax 471 3009.
**Tierbeobachtung:** Zahlreiche Robben schwimmen die Jökulsá á Dal hinauf.

**Busverbindungen:** 1. 6.–31. 8. Mo, Do von/nach Egilsstaðir (Nr. 13b). Info: Tel. 471 3803.

## Eskifjörður (Fjarðabyggð)

*Lage: Vordere Umschlagklappe J4*
*Postleitzahl: 735*
*Einwohner: ca. 1000*

**Sel-Handverksfélag,** Strandgata 33, Tel. 476 1668, Mo–Fr 14–18 Uhr, Sa 11–15 Uhr. Im **Hotel Askja**, s. u..

**Camping,** Tel. 1170. 470 9060, 1. 6.–31. 8. In sehr schöner Lage in einem Birkenwäldchen an der Straße nach Reyðarfjörður. Kaltes und warmes Wasser, Dusche, WC.
**Hótel Askja,** Hólsvegur 4, Tel. 476 1261, Fax 476 1561, moderat. Warme Mahlzeiten, nur ein Gericht im Angebot.

**Shell stöðin,** Strandgata 13, Tel. 476 1383, günstig. Fast Food.

**Ostisländisches Fischereimuseum (Sjóminjasafn),** Strandgata 39b, Tel. 476 1179, 476 1605 u. 476 1177, 15. 6.–31. 8. tgl. 14–17 Uhr. Das Museum befindet sich in einem alten Handelshaus (Gamla-Búð) aus dem Beginn des 19. Jh.; Gegenstände der Heringsfischerei, des Wal- und Haifanges sowie eine Vielzahl von Gegenständen anderer Erwerbszweige.

**Mineralien- und Gesteinssammlung Sören Sörensen,** Lambeyrarbraut 5, Tel. 476 1177. Die Sammlung ist eine der größten in Island.

**Schwimmbad,** Lambeyrarbraut 14, Tel. 476 1238, Mo–Fr 7–10, 15–21, Sa 10–13 Uhr.
**9-Loch-Golfplatz** am westl. Ortsrand.
**Bergwandern:** Eine Herausforderung stellt der Wanderpfad auf den getreppten Hólmatindur (985 m) als Eckpfeiler zwischen Eskifjörður und Reyðarfjörður dar.

**Busverbindungen:** 3. 4.–9. 9. Mo–Sa von/nach Egilsstaðir bzw. Neskaupstaður (Nr. 14c, 12c). Info: Tel. 476 1426.

## Eyrarbakki

*Lage: Vordere Umschlagklappe C7*
*Postleitzahl: 820*
*Einwohner: ca. 550*

**Gästehaus Hjá Ása,** Eyrargata 36, Tel. 483 1120, günstig. Einfaches Anwesen mit Betten und Schlafsackplätzen, Kochgelegenheit, Fahrradverleih und Angellizenzen.

**Kaffi Lefolii,** Buðarstígur, Tel. 483 1600, werktags 11–23.30 Uhr, Sa, So 11–2 Uhr, günstig. Fischspezialitäten und selbstgebackener Kuchen. Bar im Keller des Wellbechgebäudes.

**Seefahrtsmuseum Eyrarbakki (Sjá Byggðasafn Árnesinga),** Túngata 59, Tel. 483 1165, Fax 483 1145, 1. 6.–31. 8. tgl. 9–12 u. 13–18 Uhr oder nach Absprache. Geschichte des Handels und der Fischerei von Eyrarbakki.
**Heimatmuseum Eyrarbakki,** Húsið, Tel. 483 1504, 1. 6.–31. 8. tgl. 9–12 u. 13–18 Uhr. Das Museum ist im ältesten Haus von Eyrarbakki untergebracht (erbaut 1765).

**Busverbindungen:** 1. 6.–31. 8. tgl. mindestens 2 Verbindungen nach Selfoss bzw. Reykjavík (Nr. 3, 3a). Info: Tel. 483 1385.

## Fáskrúðsfjörður

*Lage: Vordere Umschlagklappe J5*
*Postleitzahl: 750*
*Einwohner: ca. 600*

**Camping,** Tel. 475 1220 (Búðahreppur), Fax 475 1327, 15. 6.–31. 8. Am Westrand des Ortes.
**Hótel Bjarg,** Skólavegur 49, Tel. 475 1466, Fax 475 1476, günstig. Moderner Hotelbau mit familiärer Atmosphäre, auch Schlafsackplätze. Umfangreiche Speisekarte mit vielen Fischgerichten, z. B. gefüllter Schellfisch mit Weißweinsauce, außerdem Fast Food, Alkoholausschank.

**Schwimmbad,** Skólavegur 41, Tel. 475 1214, Mo–Fr 19.30–20.30 Uhr, Sa 10–13 Uhr.
**Golfplatz,** 3 km entfernt.

**Busverbindungen:** 31. 5.–1. 9. Mo–Fr von/nach Breiðdalsvík und Egilsstaðir (Nr. 15b). Info: Tel. 475 1298.

## Flatey (Insel)

*Lage: Vordere Umschlagklappe B4*
*Postleitzahl: 345 Breiðafjörður*

**Gästehaus Vogur,** Flatey, Tel. 438 1413, Fax 438 1093, 1. 6.–31. 8., günstig. Mit Schlafsackplätzen, Restaurant.

**Fährverbindung:** MS ›Baldur‹, 1. 6.–31. 8. tgl. nach Stykkishólmur, Brjánslækur.

## Flateyri (Ísafjarðabær)

*Lage: Vordere Umschlagklappe B3*
*Postleitzahl: 425*
*Einwohner: ca. 300*

**Camping,** am Ortseingang, Tel. 456 7738 u. 456 7807.
**Gistiskáli Húsverks sf.,** Brimnesvegur 4b, Tel. 456 7649, günstig. Die Pension ist eine der wenigen Unterkünfte im schönen Önundarfjörður.

**Esso söluskáli**, Tel. 456 7807, 9.30–22.30 Uhr, günstig. Grill, Snackbar.

**Memorial Museum (Björgvin Sveinsson),** Hjarðardalur, Önundarfjörður, Tel. 456 7773, nach Absprache geöffnet. Museum zur Fischereiwirtschaft.

**Schwimmhalle,** Tjarnargata, Tel. 456 7738, 15. 6.–31. 8. Mo–Fr 10–21, Sa, So 11–16 Uhr.

**Busverbindungen:** 8. 6.–31. 8. Mo, Mi, Sa von/nach Ísafjörður u. Patreksfjörður (Nr. 6b). Info: Tel. 540 1313.

## Fljótshlíð

*Lage: Vordere Umschlagklappe D7*
*Postleitzahl: 861 Hvolsvöllur*

**Jugendherberge Fljótsdalur,** Fljótshlíð, 487 8498, Fax 487 8497, 15. 4.–15. 10.

**Busverbindungen:** : 1. 6.–15. 9. tgl. von/nach Reykjavík (Nr. 9, 9a). Info: Tel. 545 1717.

## Flókalundur

*Lage: Vordere Umschlagklappe B3*
*Postleitzahl: 451 Patreksfjörður*

im **Sveitahótelið (s. u.),** 1. 6.–30. 9. tägl. 8–23.30 Uhr.

**Camping,** Tel. 456 2011, 15. 6.–31. 8. Am Ufer des Vatnsfjörður gegenüber dem Hotel.
**Sveitahótelið Flókalundur,** Vatnsfjörður, Tel. 456 2011, Fax 456 2053, saevar@mmedia.is, 1. 6.–15. 9., moderat. Eine der wenigen Unterkünfte am Nordufer des Breiðafjörður und bestes Restaurant im Umkreis von 50 km. Das Holzhaus fügt sich sehr gut in die mit Birken bestandene Umgebung ein.

**Thermalpool(Flókalaug),** Vatnsfirði, Tel. 456 2044, tgl. 10–12 Uhr, 16–19 Uhr.
**Ausflüge** mit gemieteten Booten.

**Busverbindungen:** 8. 6.–31. 8. Mo, Mi, Sa von/nach Ísafjörður, Látrabjarg (Nr. 6b). Info: Tel. 540 1313.

## Flúðir

*Lage: Vordere Umschlagklappe D6*
*Postleitzahl: 845*
*Einwohner: ca. 270*

**Camping,** Tel. 486 6630, 1. 6.–31. 8.
**Gästehaus Syðra Langholt,** Vesturbrun 1, Tel. u. Fax 486 6674 u. 486 6574, günstig. Einfache Unterkunft, auch Schlafsackplätze; warme Mahlzeiten.
**Hótel EDDA Flúðir,** Tel. 486 6630, Fax 486 6530, icehotel@icehotel.is, www.icehotel.is, moderat. Farbenfreudiger Neubau in der Flußlandschaft des Südwestens; auch Schlafsackplätze. Die Küche bietet Fisch- und Fleischgerichte sowie frisches Gemüse aus den umliegenden Gewächshäusern (Touristenmenü); Alkoholausschank. Golf, Schwimmbad in der Nähe.

**Schwimmbad,** Tel. 486 6790, Mo–Fr 10–22, Sa, So 9–19 Uhr.

**Busverbindungen:** 1. 7.–31. 8. tgl. von/nach Reykjavík (Nr. 7a, 8, 8a). Info: Tel. 486 6633.

## Fosshóll v/Góðafoss

*Lage: Vordere Umschlagseite F3*
*Postleitzahl: 645*

**Camping,** Tel. 464 3108, 1. 5.–15. 9. Günstige Lage am Verkehrsknotenpunkt nach Nordisland, in das Landesinnere und zum Mývatn. Einfache Austattung mit sanitären Anlagen.
**Gästehaus Bárðardalur,** Tel. 464 3108, Fax 464 3318, 1. 5.–15. 9., geöffnet Hauptsaison 7–22.30 Uhr, Nachsaison 18–22 Uhr. Der deutsche Inhaber Günter Hansmann bietet neben isländischer Küche deftige deutsche Gerichte (auch Touristenmenü).
**Hótel EDDA Stóru-Tjarnir,** Ljósavatn, Tel. 464 3240, Fax 464 3224, 10. 6.–31. 8., moderat. Das Hotel an der Ringstraße, ca. 10 km westlich des Goðafoss, ist Station auf dem Wege zwischen Akureyri und dem Mývatn sowie bei einer Inselquerung letzte Rastgelegenheit vor dem Eintritt in das raue Hochland. Freundlicher Empfang und gute isländische Küche: für den kleinen Appetitt sind eine Portion Krabben oder ein Stück Apfelkuchen zu empfehlen, große Auswahl an Fisch- und diversen Fleischgerichten, auch vom Schwein (Touristenmenü). Schwimmbad (14–22 Uhr), Möglichleit zum Golfspielen und Angeln.

Größte Sehenswürdigkeit des weiten Bárðardalur ist der etwa 12 m hohe **Goðafoss**.

**Busverbindungen:** 15. 5.–30. 9. tgl. von/nach Mývatn und Akureyri (Nr. 11b, 11c). Info: Tel. 462 3510, Fax 462 7020.

## Geysir

*Lage: Vordere Umschlagklappe D6*
*Postleitzahl: 801 Selfoss*

**Camping,** Tel. 486 8935, 1. 5.–1. 10.
**Gästehaus Geysir,** Haukadal III, Tel. u. Fax 486 8733, günstig. Frühstückspension mit Restaurant; auch Schlafsackplätze, Kochgelegenheit.
**Hótel Geysir,** Biskupstungur, Tel. 486 8915, Fax 486 8715, 1. 4.–1. 10. Sehr schönes, aus Holz errichtetes Hotel gegenüber dem Thermalfeld, auch Schlafsackplätze, mit Restaurant und Alkoholausschank.

Thermalfeld um den **Großen Geysir,** der nach dem Erdbeben im Juni 2000 aktiviert wurde. Beeindruckend sind die bis zu 15 m aufschießenden Wasser-/Dampffontänen des Geysir **›Strokkur‹** und der türkisfarbene stille **Bláhver.**

**Busverbindungen:** Fr ganzjährig sowie 1. 6.–30. 9. tgl. von/nach Gullfoss, Reykjavík (Nr. 2, 2a). Info: Tel. 468 8935.

## Glaumbær

*Lage: Vordere Umschlagklappe E4*
*Postleitzahl: 560 Varmahlíð*

**Privatunterkunft Glaumbær,** Tel. 453 8146, 1. 6.–15. 9., Sommerhaus für 4–6 Personen, sehr preiswert.

**Heimatmuseum (Byggðasafn Skagfirðinga),** Tel. 453 6173, 1. 6.–30. 9. tgl. 9–18 Uhr. Torfgehöft aus dem 18. und 19. Jh.

**Áskaffi,** Tel. 453 88 55, 1. 6.–30. 9. tgl. 9–18 Uhr, moderat. Traditionelle isländische Spezialitäten.

**Busverbindungen:** 29. 5.–30. 9. Mo, Mi, Fr von Reykjavík nach Siglufjörður sowie Di, Do, So von Siglufjörður nach Reykjavík (Nr. 8b). Info: Tel. 562 3320, Fax 552 9973.

## Grenivík

*Lage: Vordere Umschlagklappe F3*
*Postleitzahl: 610*
*Einwohner: ca. 300*

**Camping,** Tel. 463 3281 u. 463 3218, 1. 6.–15. 9. Sanitäre Anlagen mit kaltem Wasser. Grenivík befindet sich in einem Teil der Insel, der nach Norden hin touristisch kaum erschlossen ist.
**Grunnskólinn,** Tel. 463 3159, 463 3218, Fax 463 3269, sehr preiswert. Schlafsack-Unterkunft im Schulgebäude.
**Gästehaus Miðgarðar,** Tel. 463 3223, Fax 463 3260, günstig. Frühstückspension im ältesten Haus im Ort, auch Schlafsackplätze.

**Jonsabúð,** Túngata 3, Tel. 463 3236, tgl. 11–23 Uhr, günstig. Einfaches Restaurant mit Lebensmittelladen.

**Laufás-Torfgehöft,** Eyjafjörður (10 km südöstlich von Grenivík), Tel. 463 3106 (Pétur Þórarinsson), 1. 6.–15. 9. tgl. 10–18 Uhr.

**Schwimmbad,** nahe dem Campingplatz, Tel. 463 3218, Mo–Fr 6.30–9, 15–19, Sa, So 13–17 Uhr.

**Busverbindungen:** Info: Tel. 462 4442.

## Grímsstaðir á Fjöllum

*Lage: Vordere Umschlagklappe G3*
*Postleitzahl: 660 Mývatn*

**Camping,** Tel. 464 4292 u. 462 2720, Fax 464 4492 (Bragi Benediktsson), 15. 6.–15. 9. Übernachtungsmöglichkeit am Drehkreuz nach Norden und nach Zentralisland. Sanitäre Anlagen mit kaltem Wasser.

**Busverbindungen:** 1. 6.–31. 8. tgl. von/nach Akureyri und Egilsstaðir (Nr. 11c). Info: Tel. 471 2320.

## Grindavík

*Lage: Vordere Umschlagklappe B7*
*Postleitzahl: 240*
*Einwohner: ca. 2200*

Víkurbraut 62, Tel. 426 7111, Fax 426 7123, 1. 5.–15. 9. tgl. 8–12, 13–17 Uhr.

**Camping,** Tel. 426 7111, 1. 6.–15. 9. An der Südküste der Halbinsel Reykjanes in Ortsnähe gelegen.
**Hótel Bláa Lónið,** Svartsengi, Tel. 426 8650 u. 426 7050, Fax 426 8651, hotelbluelagoon@simnet.is, teuer. Mit Restaurant (Touristenmenü) und Alkoholausschank; auch Kochgelegenheit.

**Hafurbjörninn**, Hafnargata 6, Tel. 426 8466, günstig. Kleines Restaurant in der Nähe des Hafens mit isländischen und thailändischen Spezialitäten.

**Schwimmbad,** v/Austurvegur, Tel. 426 7555, 1. 5.–1. 10. Mo–Fr 7–21, Sa, So 9–17 Uhr.
Die **›Blaue Lagune‹,** Tel. 426 8800, im Sommer tgl. 10–22 Uhr. Künstlicher Teich mit salzigem Thermalwasser. Kein Zutritt für Kinder unter 11 Jahren.

**Busverbindungen:** 1. 7.–31. 8. tgl. von/nach Reykjavík und zur ›Blauen Lagune‹ (Nr. 5). Info: Tel. 426 8091.

## Grundarfjörður

*Lage: Vordere Umschlagklappe B5*
*Postleitzahl: 350*
*Einwohner: ca. 850*

www.grundarfjordur.is

**Camping,** 15. 6.–31. 8. In Ortsnähe unmittelbar neben dem Schwimmbad. Zeltplatz mit fließend kaltem und warmem Wasser in einer der sehenswertesten Fjordlandschaften Islands an der Nordküste der Halbinsel Snæfellsnes.
**Hótel Framnes**, Nesvegur 6–8, Tel. 438 6893, Fax 438 6930, framnes@simnet.is, www.simnet.is/framnes, moderat. Gute Küche, nette Atmosphäre.

**Kristján IX,** Grundargata 59, Tel. 438 6988 u. 438 6990, www.simnet.is/kristjanix, tgl. ab 11 Uhr, günstig bis moderat. Helles und sauberes Lokal an der Fjordküste, aufmerksamer Service, neben Sandwiches, Hamburger und Pizzen auch Fleisch- u. Fischgerichte, z. B. gebackener Saibling.

**Schwimmbad,** v/Borgarbraut, Tel. 438 6964, Mo–Do 8–21, Fr 8–22, Sa, So 11–17 Uhr.

**Busverbindungen:** ganzjährig tgl. von/nach Reykjavík (Nr. 2b), 7. 6.–27. 8. tgl. von/nach Hellissandur. Info: Tel. 438 6700.

## Hafnarfjörður

*Lage: Vordere Umschlagklappe C6*
*Postleitzahl: 220*
*Einwohner: ca. 18500*

Vesturgata 8, Tel. 565 0661, Fax 565 2914, tourist-info@hafnarfj.is, www.hafnarfj.is/tourist-info, 15. 5.–15. 9. Mo–Fr 8.30–17.30, Sa, So 9–14 Uhr.

**Camping,** Víðistaðatún, Tel. 565 0902, 1. 6.–31. 8. Im Norden der Stadt neben der Jugendherberge Hraunbyrgi.
**Jugendherberge Hraunbyrgi,** Hjallabraut 51, Tel. 565 0900, Fax 555 1211, tourist.hfj@scout.is, www.scout.is/tourist/hfj. Das neue Herbergshaus wurde im Mai 1998 in Betrieb genommen.
**Jugendherberge Arahús,** Strandgata 21, Tel. 555 0795, Fax 555 3658, arah@mmedia.is. An der Hauptgeschäftsstraße von Hafnarfjörður. Beide Jugendherbergen sind ganzjährig geöffnet.
**Gästeheim Berg,** Bæjarhraun 4, Tel. 565 2220, Fax 565 4520, günstig. Größeres Haus mit 52 Betten und 70 Schlafsackplätzen am Stadtrand. Warme Mahlzeiten, keine Schankerlaubnis.

**A.-Hansen,** Vesturgata 4, Tel. 565 1130, Mo–Fr 12–14 Uhr, tgl. ab 18 Uhr, moderat. Spezialität des Hauses ist das ›Elfen‹-Menü bestehend aus einer Creme-Pilzsuppe mit selbstgebackenem Brot, Fischduett ›à la elf‹ mit Kartoffeln und frischem Salat, Kaffee.
**Fjörukráinn,** Strandgata; Tel. 565 1213, teuer. Das Lokal wirbt mit einem 3-Gang Menü inklusive Drinks für ›nur‹ 4000 ISK (ca. 50 €).

**Isländisches Seefahrtsmuseum,** Vesturgata 8, Tel. 565 4242, 1. 6.–30. 9. tgl. 13–17 u. 1. 10.–31. 5. Sa, So 13–17 Uhr. In einem restaurierten Lagerhaus von 1865 werden Bilder und Gegenstände aus der Seefahrt der Isländer gezeigt.
**Hafnafjörður-Museum,** Vesturgata 6, Tel. 565 5420, 1. 6.–30. 8. tgl. 13–17 u. 1. 9.–31. 5. Sa, So 13–17 Uhr.

**Schwimmbad Suðurbæjarlaug,** Hringbraut 17, Tel. 565 3080, Mo–Fr 6.30–21.30, Sa 8–18.30, So 8–17.30 Uhr.
**Schwimmhalle,** Herjólfsgata 10, Tel. 555 0088, Mo–Fr 6.30–21, Sa, So 8–12 Uhr.
**Golf:** Keilir Golf Club, Tel. 565 3360, Fax 565 2560.
**Ausritte** durch die Lavafelder um Hafnarfjörður mit **Íshestar,** Sórlaksheiði 26, Tel. 555 7000, Fax 555 7001, info@ishestar.is, www.ishestar,is.
**Walbeobachtung:** Skerseyrarvegur 2, Tel. 894 1388, Fax 565 2914. Abfahrt tgl. 10 Uhr, Dauer 3–4 Stunden.

**Busverbindungen:** alle 20 Minuten von/nach Reykjavík .

## Hallormsstaður

*Lage: Vordere Umschlagklappe H4*
*Postleitzahl: 701 Egilsstaðir*

**Camping Atlavík,** Tel. 471 1774 (Skógrækt Ríkisins), Fax 471 2172, 15. 6.–31. 8.
**Sumarhótel Hússtjórnarskólans,** 471 1761, Fax 471 2761, moderat. Sommerhotel ist in einer ehemaligen Hauswirtschaftsschule mitten im Wald. Schlafsackplätze, Frühstück, Schwimmbad, Bootsverleih. Restaurant (Touristenmenü, Alkoholausschank) im ca. 300 m entfernten Fosshótel.

**Busverbindungen:** 21. 6.–29. 8. Mi von/nach Egilsstaðir (Nr. 14b). Info: Tel. 471 1705.

## Hella

*Lage: Vordere Umschlagklappe D7*
*Postleitzahl: 850*
*Einwohner: ca. 600*

**Umboðsskrifstofan,** Suðurlandsvegur 1, Tel. 487 5165, Fax 487 5491, 1. 6.–18. 8. Mo–Fr 9–19, Sa, So 9.30–12.30 Uhr.

**Camping Hella,** Tel. 487 5828. Durch die Nähe zu den wichtigen Dienstleistungseinrichtungen in diesem Durchreiseort ist ein angenehmer Aufenthalt gewährleistet.
**Hótel Mosfell,** Þrúðvangur 6, Tel. 487 5828, Fax 487 5004, moderat. Schmuckloses Gebäude mit 140 Betten nahe dem Schwimmbad, warme Gerichte, Alkoholausschank, auch Schlafsackplätze.

**Schwimmbad,** Útskálum 4, Tel. 487 5334.
**Ausritte** in die reizvolle Umgebung der Hekla. Info: Hekluhestar, Tel. 487 6598, Fax 487 6002.

**Busverbindungen:** 1. 6.–7. 9. tgl. von/nach Reykjavík (Nr. 10, 11a); 1. 7.–7. 9. tgl. von/nach Skaftafell (Nr. 11, 11a); 1. 6.–15. 9. tgl. von/nach Þórsmörk (Nr. 9, 9a); 1. 6.–15. 9. tgl. von/nach Höfn (Nr. 12, 12a). Info: Tel. 487 5881.

## Hellissandur (Snæfellsbær)

*Lage: Vordere Umschlagklappe A5*
*Postleitzahl: 360*
*Einwohner: ca. 400*

**Gästehaus Gimli,** Keflavíkurgata 4, Tel. 436 6825, Fax 436 6770, günstig. Farbenprächtiges Haus an der Nordwestküste von Snæfellsnes; warme Gerichte, auch Schlafsackplätze. Vermietung von Fahrrädern, Pferden, Booten. Schwimmbad mit Solarium in der Nähe.

**Svörtuloft,** Hellissandsbraut 21, Tel. 436 6855, tgl. 12–23 Uhr, günstig bis moderat. Pizza, Grillgerichte, frische Meeresfrüchte.

**Naturgeschichtliches Museum,** Grunnskólinn, Tel. 436 6644 u. 436 6710 (Íþróttahúsíð), nur nach Absprache. **Fischereimuseum Sjómannagarðurinn,** Útnesvegur, Tel. 436 6961, 1. 6.–31. 8. tgl. außer Mo 13–18 Uhr.

**Schwimmbad,** v/Skólabraut, Tel. 436 6710, 1. 6.–31. 8. Mo–Fr 14–19, Sa 13–16 Uhr.

**Busverbindungen:** ganzjährig von/nach Reykjavík (Nr. 2e). Info: Tel. 436 6659.

## Herðubreiðarlindir

*Lage: Vordere Umschlagklappe G4*

**Camping,** Ferðafélag Akureyrar, Tel. 854 9301, 20. 6.–31. 8. Zeltplatz in grandioser Landschaft. Der steinige Untergrund, das kalte Wasser und die Lage im Hochland machen ihn zu einem weniger gemütlichen Aufenthaltsort. **Hütte Þorsteinsskáli,** 40 Schlafplätze, beheizt, Kochgelegenheit, Aufsicht Juni bis Ende August.

Besuch der Schlucht der Jökulsá á Fjöllum, Ausflug zu Islands schönstem Berg, der Herðubreið (1684 m) und eventuell Besteigung.

Zufahrt nur mit **Allrad-Kfz** möglich.
**Busverbindungen:** Info: Tel. 562 2320, Fax 552 2300.

## Hljóðaklettar (Jökulsárgljúfur)

*Lage: Vordere Umschlagklappe G3*

**Camping,** Tel. 465 2195, Fax 465 2359, 15. 6.–31. 8. Aufgrund seiner Lage einer der schönsten Zeltplätze Islands, allerdings einfache sanitäre Ausstattung mit kaltem Wasser.

**Fels- und Flußlandschaft** mit phantastischen Felsformen, begleitet von einem reißenden Gletscherfluß.

**Wanderungen** durch das Labyrinth der Basaltfelsen im Bereich von Vesturdalur; Tageswanderungen zu den Wasserfällen Hafragilsfoss und Dettifoss; Besuch der Rauðhólar und der Fallkante von Ásbyrgi im Norden.

**Busverbindungen:** 19. 6.–1. 9. tgl. von/nach Akureyri und Dettifoss (Nr. 12e). Info: Tel. 464 2200, Fax 464 2201.

## Höfn í Hornafirði

*Lage: Vordere Umschlagklappe H6*
*Postleitzahl: 780*
*Einwohner: ca. 1800*

Am **Campingplatz,** Hafnarbraut 25, Tel. 478 1500, Fax 478 1901, 1. 6.–31. 8. tgl. 7.30–23 Uhr.

**Camping,** Tel. 478 1000, Fax 478 1901, 1. 6.–15. 9. Schöner Platz an der Lagune.
**Jugendherberge Nýibær,** Hafnarbraut 8, Tel. 478 1736 u. 478 1559, Fax 478 1965, nyibaer@simnet.is, 15. 5.–30. 9. Im Ortszentrum; Kochgelegenheit, Fahrradverleih.
**Gästehaus Árnanes,** Nesjum, in Flugplatznähe, Tel. 478 1550, Fax 478 1819, günstig. Betten, Schlafsackplätze und Hütten; Restaurant mit Alkoholausschank, Pferde- und Fahrradverleih.
**Hvammur Gästehaus,** Rónarstöð, Tel. 478 1503, Fax 478 1591, günstig. Frühstückspension am Hafen, auch Schlafsackplätze.

**Gästehaus Jöklasel,** v/Vatnajökull (Skalafellsjökull), Tel. 478 1001, Fax 478 1703, moderat. Komfortable Hütte mit Schlafsackplätzen am Gletscherrand; Speisemöglichkeit, Alkoholausschank.
**Hótel EDDA Höfn, Nesjaskóla,** Tel. 478 1470, Fax 478 1496, 10. 6.–31. 8, moderat. Moderne Anlage 6 km nördlich von Höfn mit Blick auf die Talgletscher des Vatnajökull. Schlafsackplätze, isländische Küche (Touristenmenü), Alkoholausschank.
**Hótel Höfn,** v/Víkurbraut, Tel. 478 1240, Fax 478 1996, hofn@icehotel.is, teuer. Modernes Hotel der gehobenen Klasse am Nordrand des Ortes mit Ausblick auf den Fjord und sein Hinterland. Ansprechende Speisekarte: Meeresfrüchte, Fisch und Hummer, in manchmal ungewöhnlicher Zubereitung, Kinder- und Touristenmenü.
**Hótel Ásgarður,** v/Ránarslóð, Tel. 478 1365, Fax 478 1312, teuer. Frühstückshotel in Hafennähe, auch einige Schlafsackplätze.

**Osinn,** Hafnarbraut 38, Tel. 478 2200, günstig. Beliebtes Restaurant an der Hauptstraße mit außerordentlich vielfältigem Angebot vom Sandwich bis zum Hummergericht zu verhältnismäßig günstigen Preisen. Natürlich stehen in einem der größten Fischereiorte empfehlenswerte Fischgerichte im Vordergrund.

**Heimatmuseum (Byggðasafn),** Hafnarbraut, Tel. 478 1833, 1. 6.–31. 8. tgl. 10–12 u. 14–17 Uhr. Das Museum ist in einem alten Haus von 1864 untergebracht.

**Schwimmbad,** Hafnarbraut 11, Tel. 478 1157, 1. 6.–24. 8. Mo–Fr 7–10, 14–20, Sa, So 9–14 Uhr.
**Golfanlage** in 2 km Entfernung.
**Glacier Tours,** Hafnarbraut 52, Tel. 478 1000, Fax 478 1901. Touren auf dem Vatnajökull.
**Bootsfahrten,** Jökulsárlón, Fahrten zwischen den Eisbergen mit einem Amphibienfahrzeug. Hali, Suðursveit, Tel. 478 1065, Fax 478 2222.

**Busverbindungen:** 1. 6.–15. 9. tgl. von/nach Reykjavík (Nr. 12, 12a); 1. 7.–31. 8. tgl. von/nach Jökulsárlón; 1. 6.–31. 8. tgl. von/nach Egilsstaðir (Nr. 17). Info: Tel. 478 1701.
**Flugverbindungen:** tgl. von/nach Reykjavík. Info: Air Iceland, Tel. 478 1250 u. 750 3030 Fax 478 1297, www.flugfelag.is.

## Hofsós

*Lage: Vordere Umschlagklappe E3*
*Postleitzahl: 565*
*Einwohner: ca. 200*

**Camping,** Tel. 453 7376, an der Grunnskólinn Hofsósi mit fließend kaltem und warmem Wasser, WC.
**Brimnes Íshúsið,** Tel. 853 0220, 453 7434, 453 7366, Fax 453 7936, sehr preiswert. 6-Personen-Hütte mit Kochgelegenheit.
**Höfðaborg Gemeindezentrum,** Tel. 453 7367, 453 7368, 1. 6.–31. 8, günstig. Betten und Schlafsackplätze, mit Kochgelegenheit.
**Gästehaus Sunnuberg,** Suðurbraut 8, Tel. 453 7434, 453 7935, Fax 453 7936, vestur@krokur.is, günstig. Kleine Pension mit Betten und Schlafsackplätzen sowie Kochgelegenheit; auch Information.

**Veitingastofan Sólvík,** Tel. 453 7930, Mai–Sept. tgl. 10–22 Uhr, günstig. Snacks und Erfrischungen in einem typisch isländischen Wellblechhaus; Gastraum mit dem ländlichen Charme des 19. Jh. Spezialitäten: Pfannkuchen und Forelle.
**Sigtún,** Tel. 453 7393, 9–23 Uhr, an Wochenenden 10–3 Uhr, günstig. Abwechslungsreicher Mittags- und Abendtisch; Blick auf Hafen und Fjord.

**Pakkhúsið,** Suðurbraut 6, Tel. 453 7935, 10. 6.–10. 9. tgl. 11–18 Uhr. Heimatmuseum mit Dauerausstellung ›Jäger und Fischer‹ in einem ehemaligen Lagerhaus von 1772.
**Isländisch-Amerikanisches Auswanderungs-Zentrum,** Tel. 453 7935, www.vestur.is, 10. 6.–10. 9. tgl. 11–18 Uhr und nach Absprache. Dokumentation über das Schicksal isländischer Auswanderer in den USA und Kanada; außerdem kleine Bücherei und kleiner Laden.

**Torfkirche Gröf,** Tel. 453 7310 u. 453 7930, 10. 6.–1. 9. tgl. 13–19 Uhr. Die Torfkirche ist eine der schönsten, kleinsten und ältesten ihrer Art.

**Busverbindungen:** 29. 5.–30. 9. Mo, Mi, Fr von Reykjavík und Di, Do, So nach Siglufjörður (Nr. 8b). Info: Tel. 453 7300.

## Hólar í Hjaltadalur

*Lage: Vordere Umschlagklappe E3*
*Postleitzahl: 551 Sauðárkrókur*
*Einwohner: ca. 75*

**Camping,** Tel. 453 6303, Fax 453 6301, 6. 6.–31. 8. Idyllisch gelegener Zeltplatz auf einer Teillichtung im Birkenwald. Die sanitären Einrichtungen mit kaltem Wasser sind ausreichend.
**Hotel Hólar,** 551 Sauðárkrókur, Tel. 453 6303, Fax 453 6301, 8. 6.–30. 8., günstig. Mit Restaurant, Schwimmbad, Warmwasserbecken.

**Domkirche zu Hólar,** Hólarskóli, Tel. 453 6303, 453 6300, Fax 453 6301, Mo–Fr 9–12, Sa, So 13–18 Uhr und nach Absprache.
**Torfgehöft** von 1854.

**Trekking:** Vom Hjaltadalur führen einige historische Routen über die zum Teil vergletscherte Region von Tröllaskagi zum Einzugsgebiet des Eyjafjörður.
**Schwimmbad** im Hotel.

**Busverbindungen:** Info: Tel. 562 3320, Fax 552 9973.

## Hólmavík

*Lage: Vordere Umschlagklappe C3*
*Postleitzahl: 510*
*Einwohner: ca. 400*

**Gemeindezentrum,** Tel. 451 3510, Fax 451 3403, ganzjährig Mo, Do, Fr 8.30–20, Di, Mi 8.30–16, Sa, So 10–20 Uhr.

**Camping,** Tel. 451 3510, 451 3455, 15. 6.–31. 8., am Gemeinde- und Informationszentrum in landschaftlich schöner Lage mit Blick auf den Fjord. Nachteilig ist der z. T. steinige Untergrund. Dusche, Kochstelle und Waschmaschine im Gemeindezentrum.
**Gästehaus,** Borgarbraut 4, Tel. 451 3136 u. 853 1956, Fax 451 3413, günstig. Auch Schlafsackplätze, Kochgelegenheit.

**Café Riis,** Hafnarbraut 39, Tel. 451 3567, 892 3467, Juni–Aug. tgl. 11.30–23.30 Uhr, moderat. Fußböden und Säulen dieses ältesten Hauses im Ort (1897) sind aus Treibholz der Region Strandir gefertigt. Spezialitäten sind Kabeljau und gegrillter Papageitaucher mit zuckrig glasierten Kartoffeln und Blaubeersauce; außerdem Hamburger, Pasta und Pizzen in vorzüglicher Qualität. Am Wochenende wird nach dem Essen bis zum frühen Morgen zum Tanz aufgespielt.

**Reiten:** Trips auf dem Pferderücken mit **Strandahestar,** Riding stables, Tel. 451 3196.
**9-Loch-Golfplatz:** Golfklubbur Hólmavíkur, Tel. 451 3465.
**Wandertouren** in einer stillen und abwechslungsreichen Landschaft mit phantastischen Aussichten sowie **Hochseeangeln.**

**Busverbindungen:** 8. 6.–31. 8. Di, Fr, So von/nach Ísafjörður (Nr. 6c); 1. 6.–5. 9. von/nach Reykjavík und Drangsnes (Nr. 7b). Info: Tel. 451 3101.

## Hrafnseyri

*Lage: Vordere Umschlagklappe B3*
*Postleitzahl: 471 Þingeyri*

**Gedenkstätte von Jón Sigurðsson (Safn Jón Sig.),** Tel. u. Fax 456 8260 u. 456 8337, 17. 6.–1. 9. tgl. 13–20 Uhr.

**Busverbindungen:** 1. 6.–31. 8. Mo, Mi, Sa von/nach Ísafjörður und Látrabjarg (Nr. 6b). Info: Tel. 540 1313.

## Hrífunes

*Lage: Vordere Umschlagklappe E7*
*Postleitzahl: 880 Kirkjubæjarklaustur*

**Camping,** Tel. 487 1371 u. 852 3341, 1. 6.–30. 9. An einem alten Gehöft oberhalb der Niederung des Kúðafljót, 1,7 km von der Ringstraße entfernt; einfache sanitäre Anlagen mit kaltem Wasser; auch Übernachtungsmöglichkeit im Haus, Kochgelegenheit.

**Busverbindungen:** Info: Tel. 487 4799.

## Hrísey (Insel)

*Lage: Vordere Umschlagklappe F3*
*Postleitzahl: 630*
*Einwohner: ca. 220*

Tel. 466 1751.

**Camping,** am Versammlungshaus, Tel. 466 3012, 1. 6.–15. 9.
**Sommerhäuser Eyland,** Lambhagi, Tel. 466 1745. 8-Personen-Hütte ca. 350 €/Woche.
**Gästehaus Brekka,** Brekkugata, Tel. 466 1751, Fax 466 3051, günstig bis moderat. Mit Restaurant.

**Schwimmbad,** Austurvegur 5, Tel. 466 3012, nur im Sommer Mo–Fr 15–20, Sa 10–17, So 13–17 Uhr.

**Fährverbindung:** MS ›Sævar‹, tgl. von/nach Árskógssandur bei Dalvík (Buszubringer von Akureyri), Tel. 466 1797 u. 852 2211, Fax 466 1790. Info: Hrísey Ferry Sævar, Nonni Travel, 600 Akureyri, Brekkugata 5, Tel. 461 1841, Fax 461 1843.

## Húsafell

*Lage: Vordere Umschlagklappe D5*
*Postleitzahl: 311 Borgarförður*

**Camping,** Tel. . 435 1550, Fax 435 1551, husafell@aknet.is, www.husafell.is, 1. 6.–10. 10. Gut ausgestatteter Zeltplatz in einem landschaftlich schönen und ruhigen Waldgebiet. Auch Sommerhäuser.

**Bæjargil,** die Schlucht im Süden von Húsafell ist Ziel eines lohnenden Spaziergangs.

**Schwimmbad,** Tel. 435 1552, tgl. 10–22 Uhr. Mit Sauna.
**Pferdeverleih** (Hestaleigan), Tel. 435 1486, bjarnastadir@simnet.is.
**9-Loch-Golfplatz**
Die **Besichtigung** der Höhlen im Hallmundarhraun sowie der Hraunfossar und des Barnafoss sind ein Erlebnis für Wanderer.
**Bergsteigen.** Ein fünf- bis sechsstündiger Marsch führt oberhalb der Bæjargil direkt auf den Gipfel des **Ok**, ein Schildvulkan mit einem der kleinsten Gletscher Islands. Der 1675 m hohe Gipfel des **Eiríksjökull** ist eine Herausforderung für alpinistisch ambitionierte Bergsteiger und sollte nur nach gründlicher Information und mit entsprechender Ausrüstung erklommen werden.

**Busverbindungen:** 1. 7.–31. 8. tgl. von/nach Reykjavík (Nr. 1e). Info: Tel. 562 3320, Fax 552 9973.

## Húsavík

*Lage: Vordere Umschlagklappe F3*
*Postleitzahl: 640*
*Einwohner: ca. 2500*

**Bókasafn,** Stóragarði 17, Tel. 464 1173, Fax 464 2273, 1. 6.–31. 8. Mo–Fr 10–19 Uhr, Sa, So 10–16 Uhr.
**Hafnastéttinn,** Tel. 464 2520, 464 2522, icewhale@centrum.is.

**Camping,** Tel. 464 1899 u. 464 2299, 1. 6.–31. 8. Am Nordrand des Ortes in der Nähe des Schwimmbades.
**Gästehaus Árból,** Ásgarðsvegur 2, Tel. 464 2220, Fax 464 1463, günstig. Gemütlich eingerichtete Pension in einem Gebäude aus dem Jahre 1903.

**Hótel Húsavík,** Ketilsbraut 22, Tel. 464 1220, Fax 464 2161, relax@hotel-husavik.is, www.hotel-husavik.is, Nebensaison 9. 6.–1. 9., Hauptsaison 10. 6.–31. 8., sehr teuer. Im Restaurant wird der Gast vor allem mit hervorragenden und preiswerten Fischgerichten verwöhnt. Zu einem Festpreis wird ein 3-Gang-Tagesmenü angeboten.

**Gamli Baukur,** Tel. 464 2551, moderat. In dem Lokal unmittelbar am Hafen gibt es fangfrische Köstlichkeiten aus dem Meer: Meeresfrüchte, Krabben in verschiedenster Zubereitung und vor allem Fisch.
**Bakkinn,** Ketilsbraut, Tel. 464 1233, moderat bis teuer. Reichhaltiges Fischangebot von gebackener Forelle bis Heilbutt, aber auch Fleischgerichte und Pizza.

**Torfgehöft Grenjaðarstaður,** Tel. 3881 2435, 464 3545, 1. 6.–31. 8. tgl. 10–18 Uhr. Grenjaðarstaður befindet sich 25 km südlich von Húsavík im Aðaldalur. Die ältesten Teile dieses stattlichen Hofes stammen aus dem Jahr 1876.
**Fossiliensammlung Hallbjarnarstaðir IV,** Tjörnes, Tel. 464 1968 (Kári Árnason), 1. 6.–1. 9. tgl. 9–20 Uhr.

**Gemeindemuseum Húsavík (Safnahúsíð),** Storigarður 17, Tel. 464 1860, Fax 464 2160, ganzjährig tgl. 10–18 Uhr. Heimat-, Naturkunde- und Seefahrtsmuseum.

**Tjörnes-Profil** an der Mündung des kleinen Flusses Halbjarnarstadaá, ca. 12 km nördlich von Húsavík (Abzweigung am Gehöft Ytri-Tunga). Nicht nur für den Geologie-Freund ist das Sedimentprofil sehenswert. In meterdicken Lagen stapeln sich 2,5 Mio Jahre alte Muschelschalen übereinander – für eine Vulkaninsel eine außerordentliche Kuriosität. Da die Schalen nicht unversehrt geborgen werden können, sollte man es beim Anschauen oder Fotografieren belassen.
**Schwimmbad,** Laugarbrekka 2, Tel. 464 1144, Mo–Fr 7–21, Sa, So 10–18 Uhr.
**Walbeobachtung:** Tel. 464 2520 u. 464 2350, Fax 464 2351.

**Busverbindungen:** 1. 6.–1. 9. tgl. von/nach Akureyri (Nr. 12b); 19. 6.–1. 9. tgl. von/zum Dettifoss (Nr. 12e); 3. 7.–14. 8. Mo, Mi, Fr von/nach Neskaupstaður (Nr. 12c). Info: Tel. 464 2200
**Flugverbindungen:** Norlandair Di, Do, Sa u. So nach Reykjavík. Info: Tel. 461 2101, fn@est.is.

## Hvalfjörður

*Lage: Vordere Umschlagklappe C6*
*Postleitzahl: 301 Akranes*

**Schlafsackunterkunft (Félagsheimilið) Hlaðir,** Gemeindezentrum, Tel. 433 8979, Fax 433 8857, www.hladir.ehf.is, 1. 6.–31. 8., sehr preiswert.

**Veitingaskálinn Ferstikla** (Tankstelle), Tel. 433 8940, günstig. Große Auswahl an warmen Speisen, außerdem Kaffee und Kuchen.

**Schwimmbad Hlaðir,** Hvalfjarðarströnd, Tel. 433 8980, Fax 433 8857, tgl. 13–21 Uhr. Mit Dampfbad, Solarium und Massagebecken.

**Busverbindungen:** tgl. von/nach Reykjavík und Borgarnes. Info: Tel. 562 3320, Fax 552 9973.

## Hvammstangi

*Lage: Vordere Umschlagklappe D3*
*Postleitzahl: 530*
*Einwohner: ca. 600*

Tel. 451 2454 u. 898 5154.

**Campingplatz,** am Hang nahe dem Kirchhof (Kirkjuhvammur), Tel. 866 8694, 865 1588, 861 5987, 451 2715, 1. 6.–31. 8. Nur kaltes Wasser.
**Gästeheim Hönnu Siggu,** Garðavegur 26, Tel. 451 2407, 861 2207.
**Hótel Selið,** Norðurbraut 1, Tel. 451 2717, Fax 451 2728, hotelsel@simnet.is, mode-

rat. Unauffälliges Hotel (früher: ›Vertshúsið‹) mit Restaurant. Spezialitäten des Hauses sind Hangikjöt und Saibling, vor allem wird aber Fast Food angeboten.

**Schwimmbad,** Tel. 451 2532, 1. 6.–31. 8. Mo–Fr 7.30–22, Sa, So 10–20 Uhr, 1. 9.–31. 5. Mo–Fr 7.30–9, 16–22, Sa,. So 10–14 Uhr.

**Busverbindungen:** 16. 6.–15. 9. tgl. von/nach Reykjavík und Akureyri (Nr. 9b); 29. 5.–30. 9. So–Fr von/nach Siglufjörður (Nr. 8b). Info: Tel. 451 2465.

## Hveragerði

*Lage: Vordere Umschlagklappe C7*
*Postleitzahl: 810*
*Einwohner: ca. 1800*

Breiðamörk 10, Tel. 483 4280, Fax 483 4287, 1. 6.–31. 8. Mo–Fr 9–18, Sa, So 9–14 Uhr.

**Camping,** Tel. 483 4280, 1. 6.–15. 9., im Norden des Ortes am Fluß Varmá.
**Jugendherberge Hveragerði,** Hveramörk 14, Tel. 483 4198, 483 4588, Fax 483 4088, 1. 5.–15. 9. Auch warme Mahlzeiten.
**Gästehaus Frost and Fire,** Hverhamar, Tel. 483 4959, 893 4959, Fax 483 4914, frostandfire@itn.is, www.itn.is/frostogfuni, moderat bis teuer. Mit Warmwasserbecken.
**Hótel Örk,** Breiðamörk 1c, Tel. 483 4700, Fax 483 4775, booking@keyhotel.is, sehr teuer. Moderne Hotelanlage im Süden mit Schwimmbad, Solarium, Whirlpool; auch warme Mahlzeiten.

**Schwimmbad Laugaskarð,** Tel. 483 4113, 483 4780, Mo–Fr 8–21, Sa, So 9–18 Uhr.
**Pferdeausflüge und -verleih:** Hestaleigan Reykjakoti, Tel. 483 4462, Fax 483 4911; Eldhestar Tel. 483 4884, Fax 486 5577.

**Listaskálinn,** Austurmörk 21, Tel. 483 4858; Kunstgalerie und Café, Kunsthandwerk und Souvenirs.

**Garten- und Einkaufszentrum Eden,** Austurmörk, Tel. 483 9000. Das Zentrum existiert seit etwa 40Jahren; Verkauf von Gartenbauprodukten, Souvenirs und Wollartikeln; Imbiß-Möglichkeit.

**Busverbindungen:** jeweils tgl. 1. 6.–7. 9. von/nach Reykjavík (Nr. 10, 10a, 11, 11a); 1. 7.–7. 9. von/nach Skaftafell (Nr. 11, 11a); 1. 6.–15. 9. von/nach Þórsmörk (Nr. 9, 9a); 1. 6.–15. 9. von/nach Höfn (Nr.12, 12a); 1. 6.–15. 9. von/nach Vík (Nr. 10, 10a); 1. 6.–31. 8. von/nach Gullfoss. Info: Tel. 483 4225.

## Hveravellir

*Lage: Vordere Umschlagklappe E5*

**Camping,** Tel. 854 1193 oder Ferðafélag Íslands Tel. 568 2533, 1. 7.–31. 8. Im Hochland in großartiger Gebirgs- und Vulkanlandschaft gelegen.
**Zwei Hütten** mit 70 Schlafplätzen, ganzjährig beheizt, Kochgelegenheit, ganzjährige Aufsicht.

Thermalquellen mit Dampfaustritten und Quelltöpfen, feingliedriger Zierat aus Sinterablagerungen.

**Bergsteigen:** Besteigung des Schildvulkans Strýtur.

**Öffnung** des Kjölurvegur ab Ende Juni/Anfang Juli; nur mit **Allrad-Kfz**.
**Busverbindungen:** im Sommer tgl. von/nach Akureyri und Reykjavík. Info: Tel. 562 3320, Fax 552 9973.

## Hvítárnes

*Lage: Vordere Umschlagklappe D5*

**Hütte** am Ostufer des Hvítárvatn (Langjökull) mit 30 Schlafplätzen.

**Zufahrt** ab Ende Juni/Anfang Juli; nur mit Allrad-Kfz.

**Busverbindungen:** im Sommer tgl. von/nach Akureyri und Reykjavík. Info: Tel. 562 3320, Fax 552 9973.

## Hvolsvöllur

*Lage: Vordere Umschlagklappe D7*
*Postleitzahl: 860*
*Einwohner: ca. 650*

**Sælubúið hf.,** Tel. 487 8781, Fax 487 8782, 1. 6.–15. 9. tgl. 8.30–23 Uhr.

**Camping,** Tel. 487 8781, Fax 487 8782, 1. 6.–31. 8. Der Campingplatz befindet sich nahe der Ringstraße und ist mit den nötigen sanitären Einrichtungen ausgestattet. Möglichkeiten zum Baden, Einkauf und Essengehen im Ort.
**Hvolsskóli Gisting,** 15. 6.–15. 8., Tel. 487 8171, Fax 487 8083, sehr preiswert. Schlafsackunterkunft mit Kochgelegenheit, auch warme Mahlzeiten.
**Pension Húsið,** Fljótshlíð, Tel. 487 8448, Fax 487 8748, günstig. 8 km östlich von Hvolsvöllur; auch Schlafsackplätze, Kochgelegenheit und warme Mahlzeiten.
**Hótel Hvolsvöllur,** Hlíðarvegur 7, Tel. 487 8187, Fax 487 8391, hotelhvol@simnet.is, moderat. Einziges Hotel im Ort; Restaurant mit vielseitigem Speiseangebot, Touristenmenü, Alkoholausschank.

**Hlíðarendi Veitingastuður,** Service-Zentrum an der Ringstraße, Austurvegur 3, Tel. 487 8145, günstig. Schmackhaftes Essen vom Fast Food bis Menüs.

**Busverbindungen:** 1. 6.–15. 9. tgl. von/nach Reykjavík, Höfn (Nr. 17). Info: Tel. 487 8145.

## Ísafjörður

*Lage: Vordere Umschlagklappe B2*
*Postleitzahl: 400*
*Einwohner: ca. 2800*

**Ísafjarðarbær,** Aðalstræti 7, Tel. 456 5121, Fax 456 5122, 1. 6.–1. 9. Mo–Fr 8–18, Sa, So 10–14 Uhr.
Allgemeine Information für die Nordwest-Halbinsel: Tel. 450 3000, www.atvest.is.

**Camping,** Tel. 456 4485 (Sumarhótel Framhaldsskólanum), 22. 6.–15. 8. Zeltplatz in landschaftlich schöner Lage des Tungudalur, ca. 2 km vom Ortskern Ísafjörður entfernt. Kaltes und warmes Wasser, Dusche.
**Áslaug's Gästehaus,** Austurvegur 7, Tel. 456 3868, Fax 456 4075, gistias@snerpa.is, moderat. Frühstückspension im Zentrum, auch Schlafsackplätze und Kochgelegenheit.
**Hótel Ísafjörður,** Silfurtorg 2, Tel. 456 4111, Fax 456 4767, info@hotelisafjordur.is, teuer. Im Ortszentrum mit Schlafsackplätzen und kleinem, intimen Restaurant. Schmackhaft zubereitete Fischgerichte, insbesondere Kabeljau und Lachs, gutes Touristenmenü (z. B. auch Hangikjöt), Alkoholausschank.

**Seefahrts-Museum (Byggðasafn),** Neðstikaupstaður, Tel. 456 3293, 1. 7.–15. 8. tgl. 10–17 Uhr, 15. 5.–30. 6. u. 16. 8.–15. 9. tgl. 13–17 Uhr.

**Schwimmhalle,** Austurvegur 9, Tel. 456 3200**,** 15. 6.–31. 8. Mo–Fr 7–16, 18–21.30, Sa, So 10–16 Uhr.
**Ausflüge** in die schöne Gebirgslandschaft um Ísafjörður. In die 40 km Luftlinie entfernte Einsamkeit von Hornstrandir gelangt man per Flugzeug. Übernachtung auf dem Campingplatz in Reykjafjörður à Ströndum, Tel. u. Fax 456 7215, 15. 6.–1. 8.

**Busverbindungen:** Mo–Fr von/nach Bolungarvík; 1. 6.–31. 8. tgl. von/nach Reykjavík und Flateyri (Nr. 4); 8. 6.–31. 8. Di, Fr, So von/nach Hólmavík (Nr. 6c); 8. 6.–31. 8. Mo, Mi, Sa von/nach Látrabjarg (Nr. 6b). Info: Tel. 456 5121.
**Flugverbindungen:** Air Iceland tgl. von/nach Reykjavík, Info: Tel. 456 3000 u. 456 5340. Ernir Air Mo–Fr von/nach Bíldudalur, Flateyri, Patreksfjörður, Suðureyri und Þingeyri, nach Hornstrandir bei Bedarf,

Info: Ernir Air, Ísafjarðarvöllur, Tel. 456 4200, Fax 456 4688.
**Fährverbindungen:** Sjóferðir Hafsteins og Kiddýar, Hjallavegur 7, Tel. 456 3879 u. 892 1879, Fax 456 4879, vesturferdir@isholf.is, planmäßige Fahrten nach Hornstrandir und anderen Orten im Bereich des Ísafjarðardjúp. Auskunft für Fahrten nach Hornstrandir und den Fjordinseln erteilt die Touristinformation Ísafjörður.

## Keflavík/Njarðvík

*Lage: Vordere Umschlagklappe B7*
*Postleitzahl: 230 Keflavík, 260 Njarðvík*
*Einwohner: ca. 10500*

**Flughafen,** 235 Keflavík, Tel. 425 0330, Fax 421 4308 oder 421 6199, 1. 6.–15. 9. tgl. 12–24 Uhr.

**Camping,** ›Stekkur‹, Tjaldstæðið, Tel. u. Fax 421 1460, 1. 5.–15. 9. Im Ortszentrum, mit Waschmaschine.
**Jugendherberge Strönd,** Njarðvíkurbraut 48–50, 260 Innri Njarðvík, Tel. u. Fax Fax 421 6211, strond@centrum.is. Frühstücksmöglichkeit, Kochgelegenheit und Waschmaschine. Pferde- und Fahrradvermietung, Angelschein erhältlich.
**Gästehaus Kristína,** Holtsgata 49, 260 Njarðvík, Tel. 421 5622, Fax 421 5887, günstig. Frühstückspension im Süden des Ortes mit Schlafsackplätzen, Kochgelegenheit, Alkoholausschank.
**Hótel Keflavík,** Vatnsnesvegur 12–14, 230 Keflavík, Tel. 420 7000 u. 421 4377, Fax 420 7002 u. 421 5590, htkef@ok.is, sehr teuer. Hotel der gehobeneren Klasse mit Solarium und Whirlpool, Restaurant (Touristenmenü) und Alkoholausschank.

Die **Beobachtung von Vögeln** an den Felsen von Hafnarberg, Reykjanestá, Krísuvíkurbjarg wird zu einem unvergeßlichen Erlebnis. Mit Glück kann man auch Wale entdecken. Erwärmen kann man sich außerdem an und in der ›Blauen Lagune‹ (s. 288).
**Schwimmbad**, Sunnubraut 31, Tel. 421 1500, Mo–Fr 6.45–21, Sa, So 9–18 Uhr.

**Walbeobachtung:** HI-Tourist Service, Tunguvegur 12, 260 Njarðvík, Tel. 421 7777, Fax 421 3361.

**Busverbindungen:** mehrmals tgl. nach Reykjavík und zur ›Blauen Lagune‹ (Nr. 22). Info: Tel. 421 5551.

## Keldur

*Lage: Vordere Umschlagklappe D7*
*Postleitzahl: 861 Hvolsvöllur*

**Torfgehöft Keldur,** Rangárvellir, 851 Hella, Tel. 487 8458, 1. 6.–15. 9. tgl. 10–18 Uhr.

## Kirkjubæjarklaustur

*Lage: Vordere Umschlagklappe F7*
*Postleitzahl: 880*
*Einwohner: ca. 150*

**Skaftárvellir,** Tel. 487 4620, 1. 6.–31. 8. tgl. 9–12, 13–17 Uhr.

**Camping,** Zeltplatz Kirkjubær II, Tel. u. Fax 487 4612, 1. 6.–30. 9. Unterhalb der ehemaligen Steilküste fast im Zentrum gelegen, notwendige sanitäre Einrichtungen.
**FerðaÞjónustan Efri-Vík**, i Landbroti, ganzjährig, Tel. 487 4694, Fax 487 4894, günstig. Ferienanlage 5 km südlich von Kirkjubæjarklaustur am Medallandsvegur (204) mit Sommerhäusern und Golfplatz, auch Frühstück und Schlafsackplätze.

**Hótel EDDA Kirkjubæjarklaustur,** Tel. 487 4799 u. 487 4900, Fax 487 4614, klaustur@icehotel.is, teuer. Zwischen Systrafoss und Skaftá gelegen, warme Mahlzeiten mit dem guten Standard und der Ausgewogenheit eines EDDA-Hotels (Touristenmenü), Alkoholausschank und Schlafsackplätze.

**Skaftárskáli,** Tel. 487 4628, günstig. Fast Food; Spezialität: Isländische Fleischsuppe.

**Kirkjugólf** (Kirchenflur), glatt geschliffene Brandungsplattform, die an einen Kirchenfußboden erinnert.
**Systrastapi,** Tuff-Felsen am ehemaligen Kliff mit schöner Aussicht.

**Schwimmbad** im EDDA-Hotel, tgl. 10–19 Uhr.
**Golfplatz** in der Ferienanlage **Efri-Vík** (s. o.)
**Ausflüge** zur Laki-Spalte und in die wilde Schlucht Fjaðrárgljúfur.

**Busverbindungen:** 1. 6.–15. 9. tgl. von/nach Reykjavík und Höfn (Nr. 12, 12a); 1. 7.–31. 8. tgl. von/nach Laki (Nr. 16). Info: Tel. 487 4799.

## Kópasker

*Lage: Vordere Umschlagklappe G2*
*Postleitzahl: 670*
*Einwohner: ca. 170*

**Camping:** Möglichkeit zum Zelten am Norðausturvegur (85).
**Gästehaus und Jugendherberge Kópasker,** Bakkagata 8, Tel. 465 2121, Fax 465 2102, geöffnet 7.30–13, 15.30–22 Uhr. Einzige Unterkunft in Kopasker und Umgebung. Im Ortszentrum mit Schlafsackplätzen und Kochgelegenheit; Hygiene und Service lassen zu wünschen übrig. Vermittlung von Bootstouren u. Hochseeangeln.

**Busverbindungen:** 30. 6.–15. 8. Mo, Mi, Fr von/nach Akureyri und Egilsstaðir (Nr. 12c). Info: Tel. 465 1120.
**Flugverbindung:** Mo, Mi, Fr nach Akureyri.

## Kverkfjöll

*Lage: Vordere Umschlagklappe G5*

**Camping,** trotz der Höhenlage kann dank intensiver Pflege auf Rasenparzellen gezeltet werden.
**Sigurðarskáli-Hütte,** Ferðafélag Íslands, Tel. 568 2533 u. 853 6236, Fax 568 2635. 70 Schlafplätze, Kochmöglichkeit, Waschgelegenheit außerhalb der Hütte (nur kaltes Wasser). Aufsicht im Juli und August.

**Ausflüge** zum 3 km entfernten Kverkjökull (mit einem Gletschertor, Íshellir) und zum Geothermalgebiet von Hveradalur im Gletscherbereich. Der Besuch des Thermalgebietes ist mit einer mehrstündigen Begehung des Gletschers verbunden ist. Aus Sicherheitsgründen muß unbedingt Kontakt mit dem Personal der Sigurðarskáli-Hütte aufgenommen werden.

**Zufahrt** ab Ende Juni möglich, nur mit **Allrad-Kfz**.

## Landmannalaugar

*Lage: Vordere Umschlagklappe E7*

**Camping,** Tel. 568 2533, 1. 7.–31. 8. Der Zeltplatz befindet sich an einem der schönsten Plätze von Island. Nachteilig ist der feste und steinige Untergrund.
**Hütte,** Ferðafélag Íslands, Landmannalaugar, Tel. 854 1192, Fax 568 2535. 80 Schlafplätze, ganzjährig beheizt, Kochgelegenheit, Aufsicht 1. 7.–30. 9.

Vorzügliche **Bade**gelegenheit in dem von einzelnen ›Hot Spots‹ beheizten Bach in unmittelbarer Nähe der Hütte. Zahlreiche **Wandermöglichkeiten** auf markierten Wegen , u. a. auch ein Übergang zu den Hütten von Þórsmörk. Besteigung der **Aussichtsberge** Blahnúkur (943 m) und Brennisteinsalda (855 m).

**Zufahrt** ab Ende Juni/Anfang Juli, nur mit **Allrad-Kfz**.
**Busverbindungen:** 1. 67.–7. 9. tgl. von/nach Reykjavík bzw. Skaftafell (Nr. 11, 11a). Info: Tel. 562 3320, 552 9973.

## Laugar (Reykjadalur)

*Lage: Vordere Umschlagklappe F3*
*Postleitzahl: 650*

**Camping,** Tel. 464 3340, Fax 464 3163, 1. 6.–31. 8. Der Zeltplatz gehört zum Fosshótel, daher Gelegenheit zum Baden, Duschen und Einkehren.
**Fosshótel Laugar,** Tel. 464 3340, Fax 464 3163, 7. 6.–26. 8., moderat. Großzügiger Gebäudekomplex an einer der am meisten frequentierten Touristenrouten, mit Hallenbad aus dem Jahre 1925, auch Schlafsackplätze. Im Restaurant werden fast ausschließlich einheimische Gerichte in sehr guter Qualität und phantasievoller Zubereitung angeboten; außergewöhnlich ist Trottellummenbrust mit Karamell-Kartoffeln und Beerensoße; Touristenmenü.

**Ausflüge** nach Húsavík, auf die geologisch interessante Halbinsel Tjörnes und zur Schlucht Jökulsárgljúfur sowie zum Mývatn-Gebiet.
**Ausritte:** Hestaleigan, Freydis Anna Arngrímsdóttir, Hömrum, Reykjadal, Tel. 464 3349.

**Busverbindungen:** 28. 5.–4. 9. tgl. von/nach Akureyri und Egilsstaðir bzw. Mývatn (Nr. 11b, c). Info: Tel. 464 3179.

## Laugar (Sælingsdalur)

s. Búðardalur

## Laugarbakki

*Lage: Vordere Umschlagklappe D4*
*Postleitzahl: 532*

**Camping:** neben Olis-Tankstelle (Olíuverzlun Íslands), Tel. 451 2987. Kalt- und Warmwasserversorgung, WC.
**Hótel EDDA Laugarbakki,** Tel. 451 2904, Fax 451 2801, 16. 6.–25. 8., moderat. In ruhiger Lage seitab der Hauptstraße, auch Schlafsackplätze. Lohnenswerter Abstecher für eine Kaffee- oder Essenspause auf der Durchreise, aber auch für einen längeren Aufenthalt; Touristenmenü, Alkoholausschank.

**Thermalbad (Sundlaugin Grettislaug),** Tel. 451 2876, 16–20 Uhr, 1 km vom EDDA-Hotel entfernt, mit Warmwasserbecken und Duschen.

**Busverbindungen:** Info: Tel. 551 1145.

## Laugarhóll (Bjarnarfjörður)

*Lage: Vordere Umschlagklappe C3*
*Postleitzahl: 510 Hólmavík*

**Camping,** Tel. 451 3380, 15. 6.–31. 8. Zeltplatz in der attraktiven östlichen Fjordlandschaft der Nordwest-Halbinsel.
**Gästehaus Laugarhóll,** Bjarnarfjörður, Tel. 451 3380, Fax 451 3580, 3. 6.–31. 12., günstig bis moderat. In der Idylle des weiten Goðdalur gelegen, auch Schlafsackplätze. In aller Ruhe kann man vor schöner Kulisse köstliche Lammgerichte, fangfrischen Fisch oder gelegentlich Schweinefleisch speisen. Angellizenzen.

**Schwimmbad,** Bjarnarfjörður, Tel. 451 3380, tgl. außer Do 8–22 Uhr.

**Busverbindungen:** 1. 6.–5. 9. Di, Fr, So zwischen Hólmavík und Reykjavík (Nr. 7b). Anschluß Laugarhóll, Info: Tel. 451 1301.

## Laugarvatn

*Lage: Vordere Umschlagklappe D6*
*Postleitzahl: 840*
*Einwohner: ca. 160*

**Camping,** Tel. 486 1155, 10. 6.–31. 8. Der Zeltplatz erstreckt sich am grünen Unterhang des etwa 600 m hohen Laugarvatnsfjall.
**Gästehaus und Jugendherberge Laugarvatn,** Dalsel, Tel. u. Fax 486 1215, günstig. Gemütliches, modernes Haus mit Gästeküche, Waschmaschine, Warmwasserbecken.
**Hótel EDDA ML Laugarvatni,** Tel. 486

1118, Fax 486 1237, 12. 6.–30. 8., moderat. Das große, über 30 Jahre alte Hotel befindet sich in der Nähe des Sees; auch Schlafsackplätze. Restaurant mit mensaartiger Ausstattung, aber gemütlicherer Aufenthaltsraum; Touristenmenü, Alkoholausschank.

**Veitingahúsið Lindin,** Tel. 486 1262, Fax 486 1263.

**Nationalpark Þingvellir**
(s. S. 316)

**Pferdeverleih,** Hestaleigan, Efstidalur, nahe Laugarvatn, Tel. 486 1186. Ausritte in die Flußaue der Brúará.
**Schwimmbad,** Tel. 486 1251, im Sommer Mo–Fr 10–22, Sa, So 10–18 Uhr. Thermalbecken, Liegeplätze zum Sonnen.

**Busverbindungen:** 1. 7.–31. 8. tgl. von/nach Selfoss (Nr. 6). Info: Tel. 486 1126.

## Leirubakki

*Lage: Vordere Umschlagklappe D7*
*Postleitzahl: 851 Hella*

**Camping,** Tel. und Fax 487 6591 (Oliufélagið Esso),1. 6.–31. 8. Nördlich der Hekla.

**Hekla-Zentrum (Heklumiðstöðin),** Brúarlundur, 1. 6.–31. 8. tgl. 10–18 Uhr. Filmvorführungen und Kunst in Verbindung mit der Hekla.

**Busverbindungen:** Info: Tel. 562 3320, Fax 552 9973.

## Mjóifjörður

*Lage: Vordere Umschlagklappe J4*
*Postleitzahl: 715*
*Einwohner: ca. 30*

**Gehöft Sólbrekka,** Tel. 476 0007, 1. 7.–25. 8., günstig. Die einzige Siedlung in einem der einsamsten Fjorde der Ostküste ist ein idealer Ort zum Entspannen; Schlafsackplätze, Kochgelegenheit.

Zahlreiche Wasserfälle sowie am Beginn des Fjordes die abenteuerliche Schlucht Prestagil .

**Busverbindungen:** Info: Tel. 471 2320.

## Möðrudalur

*Lage: Vordere Umschlagklappe G4*
*Postleitzahl: 701 Egilsstaðir*

**Imbiß Fjallakaffi,** Tel 471 1060 u. 853 6150 (Vilhjálmur Þ Snædal Skjöldólfsstaða). Selbstgemachte Kuchen und Suppen, aber auch Fast Food-Gerichte wie Hot Dogs.

**Hof Möðrudalur:** Höchstgelegenes Gehöft in Island mit Schafhochweiden und schöner Aussicht auf die Palagonitberge und auf die Herðubreið.

**Busverbindungen:** 1. 6.–31. 8. tgl. von/nach Akureyri und Egilsstaðir (Nr. 11c). Info: Tel. 462 3510, Fax 462 7020.

## Mosfellsbær v/Varmá

*Lage: Vordere Umschlagklappe C6*
*Postleitzahl: 270*
*Einwohner: ca. 5000*

**Ásfell,** Háholt 14, Tel. u. Fax 566 6620.

**Camping,** Tel. 566 6754, 1. 6.–31. 8. Zeltplatz im Tal der Varmá unterhalb des Reykjavíker ›Hausberges‹ Esja vor den Toren der Hauptstadt.
**Pension Árvellir,** Kjalarnes, Tel. 566 6953, Fax 566 6952, günstig. Modernes Gehöft mit Dampfbad am Südhang der Esja in einem ausgezeichneten Wandergebiet; warme Mahlzeiten.

**Schwimmbad Varmárlaug Mosfellsbær,** Tel. 566 62 54, Mo–Fr 6.30–21, Sa, So 9–18 Uhr.
**Reiten:** Laxnes Hestaleigan, Tel. 566 6179, Fax 566 6797.

**Busverbindungen:** tgl. von/nach Reykjavík (Linie 25).

## Neskaupstaður

*Lage: Vordere Umschlagklappe J4*
*Postleitzahl: 740*
*Einwohner: ca. 1500*

**Camping,** Tel. 477 9000, 1. 6.–31. 8. Am Ostrand des Ortes mit den notwendigen sanitären Einrichtungen.
**Hótel EDDA Egilsbúð,** Nesgata 40, Tel. 477 1331, Fax 477 1361, teuer. Modernes Hotel im Zentrum des Ortes; warme Mahlzeiten (Touristenmenü), Alkoholausschank. Ausgangspunkt für Bootsausflüge.

**Naturkundliches Museum (Náttúrugripasafn),** Miðstræti 1, Tel. 477 1454, 15. 6.–31. 8. tgl. 13–17 Uhr. Ausgezeichnete Sammlung von präparierten Vögeln, von Schalentieren und Gesteinen.

**Schwimmbad,** Miðstræti 15 (am Ortsrand), Tel. 477 1243, im Sommer Mo–Fr 6.45–20, Sa, So 10–18 Uhr.
**Golfplatz** in 4 km Entfernung.

**Busverbindungen:** 3. 4.–9. 9. Mo–Sa von/nach Egilsstaðir (Nr. 14c). Info: Tel. 477 1713.

## Núpur (Dýrafjörður)

*Lage: Vordere Umschlagklappe B3*
*Postleitzahl: 471 Þingeyri*

**Camping,** Tel. 456 8222, 20. 6.–31. 8., in der Nähe des Edda-Hotels.
**Hótel EDDA Núpur,** Tel. 456 8222, Fax 456 8236, 20. 6.–31. 8. moderat. Haus in grandioser Landschaft mit Schlafsackplätzen, Solarium und Restaurant. Der Gast wird mit guten Fisch- und Lammgerichten oder köstlichen Waffeln mit Johannisbeergelee und Sahne verwöhnt, auch Touristenmenü. Bei Sonnenwetter vergißt man, daß man sich im hohen Norden befindet.

**Skrúður,** kleiner Botanischer Garten im Dýrafjörður, tgl. 17. 6.–30. 9.

**Busverbindungen:** Info: Tel. 456 5121

## Nýidalur

*Lage: Vordere Umschlagklappe F5*

**Camping,** Tel. 568 2533, 1. 7.–31. 8. In unmittelbarer Nachbarschaft zu den Hütten in einer atemberaubenden Hochland-Landschaft mit großen Gletschern als Kulisse. Spartanische Ausstattung mit fließend kaltem Wasser und WC.
**Zwei Hütten,** Ferðafélag Islands, Nýidalur Tel. 854 1194. 160 Schlafplätze, beheizt, Kochgelegenheit, Aufsicht 1. 7.–31. 8.

**Pflanzenwelt** im Jökuldalur.

**Ausflug** durch die Kieswüste des Sprengisandur zu den Ruinen der Hütte von Fjalla-Eyvindur bei Innrahreysi, **Besteigung** des Tungnafellsjökull (1453 m) nach Rücksprache mit dem Hüttenwart.

**Zufahrt** ab Ende Juni/Anfang Juli, nur mit **Allrad-Kfz**.
**Busverbindungen:** 15. 7.–31. 8. Do u. So zwischen Reykjavik und Akureyri. Vorbuchung erforderlich. Info: Tel. 562 3320, Fax 552 9973.

## Oddi

*Lage: Vordere Umschlagklappe D7*
*Postleitzahl: 861 Hvolsvöllur*

**Hof Oddi,** berühmter Pfarrhof, im Mittelalter literarisches Zentrum.

**Busverbindungen:** 4,3 km von der Haltestelle an der Ringstraße entfernt, 1. 6.–15. 9. tgl. von/nach Reykjavík und Vík (Nr. 10, 10a). Info: Tel. 487 8145.

## Ólafsfjörður

*Lage: Vordere Umschlagklappe E3*
*Postleitzahl: 625*
*Einwohner: ca. 1100*

**Camping,** Tel. 466 2363, Fax 466 2663, 1. 6.–31. 8. Fast im Zentrum des Ortes gelegen.
**Hótel Ólafsfjörður,** Bylgjubyggð 2, Tel. 466 2400, Fax 466 2660, günstig bis moderat. Haus in ansprechender landschaftlicher Umgebung mit vielfältigen Freizeitmöglichkeiten. Abwechslungsreiche Speisekarte, Alkoholausschank. Übernachtungsmöglichkeit auch in Sommerhäusern (4-Personenhütte ca. 120 €/Tag).

**Naturkundemuseum (Náttúrugripasafn),** Aðalgata 14, im Haus der Sparkasse, Tel. 466 2651, 1. 6.–31. 8. tgl. außer Mo 14–17 Uhr. Präparate nahezu sämtlicher in Island lebender Vogelarten.

**Schwimmbad,** Íþróttamíðstöð Ólafsfjarðar, Tel. 466 2363, Mo–Fr 7–20, Sa, So 9–17 Uhr.
**9-Loch-Golfplatz,** Skeggjabrekka-Platz am Ortsrand.
**Vermietung** von Pferden und Booten sowie Angellizenzen im Hotel.

**Busverbindungen:** 1. 6.–30. 9. Mo–Fr von/nach Akureyri (Nr. 1b). Info: Tel. 488 2272.

## Ólafsvík

*Lage: Vordere Umschlagklappe A5*
*Postleitzahl: 355*
*Einwohner: ca. 1000*

**Pakkhúsið,** Tel. 436 1543, Fax 436 6688, 15. 6.–15. 9. Mo–Fr 13–18, Sa, So 9–13 Uhr.

**Camping,** Tel. 436 1543, 1. 6.–31. 8. Platz im Osten des Ortes in idyllischer, aber auch etwas feuchter Umgebung (Feuchtwiese) mit fließend Waser, WC. Die wichtigsten Einrichtungen sind im Ort.
**Gästehaus Ólafsvík,** Ólafsbraut 19, Tel. 436 1300, Fax 436 1302, günstig bis moderat. Auch Schlafsackplätze, Waschmaschine.
**Hótel Höfði,** Ólafsbraut 20, Tel. 436 1650, Fax 436 1651, hotelhofdi@aknet.is, moderat. Modern ausgestattetes Haus im Ortszentrum mit ansprechendem Ambiente, auch Schlafsackplätze, Solarium. Abgesehen von den Fischgerichten läßt die Qualität der Küche zu wünschen übrig; Touristenmenü, Alkoholausschank. Organisation von Bootsfahrten, Angellizenzen.

**Grillskálinn,** Ólafsbraut 54, Tel. 436 1362, 9–23 Uhr, günstig. Gut geführter, bei den Einheimischen beliebter Imbiß mit breitem Fast Food-Angebot wie Pizzen, Hamburger und Sandwiches, aber auch Steak und Lammbraten.

**Heimatmuseum,** Pakkhúsið, Tel. 436 15 43, Mai–Sept. tgl. 13–17 Uhr.

**Schwimmbad Ólafsvík,** v/Ennisbraut, Tel. 436 1199, 1. 6.–31. 8. Mo–Fr 8–21, Sa, So 13–17 Uhr.
**Beobachtung von Walen,** Orca, Brautarholt 26, Tel. 436 1471, Fax 436 1472.
**Hochsee-Angeln,** Friðgerður Pétursdóttir, Grundarbraut 32, Tel. 436 1688 u. 436 1471.
**9-Loch-Golfplatz,** Fróðárvellir, Tel. 436 1666.

**Busverbindungen:** tgl. von/nach Hellissandur und Reykjavík (Nr. 2e). Info: Tel. 436 1212.

## Ósar

*Lage: Vordere Umschlagklappe D3*
*Postleitzahl: 531 Hvammstangi*

**Jugendherberge,** Vatnsnes, Tel. u. Fax 451 2678 (Knútur Arnar Óskarsson), osar@simnet.is, www.simnet.is/osar. Lage in Meeresnähe.

Die einsame Küstenlandschaft der Halbinsel Vatnsnes; Attraktion ist eine **Robbenkolonie** mit etwa 200 Tieren.

**Busverbindungen:** Von der 25 km entfernten Haltestelle an der Ringstraße (Bus Nr. 9b) auf Wunsch kostenpflichtiger Transfer zur Herberge.

## Patreksfjörður

*Lage: Vordere Umschlagklappe A3*
*Postleitzahl: 450*
*Einwohner: ca. 800*

**Gallerí Sonja Ísafold,** Strandgata 17, Tel. 895 7175, Fax 456 1316, 1. 6.–15. 9. Di–So 13–18 Uhr.

**Camping:** am Versammlungshaus.
**Jugendherberge (Farfuglaheimilið),** Stekkar 21, Tel. 456 1675, Fax 456 1547, 1. 6.–1. 9. In der Nähe des Ortszentrums; Kochgelegenheit.
**Gästehaus Erla,** Brunnar 14, Tel. 456 1227, günstig. Betten und Schlafsackplätze.
**Gästehaus Stekkaból,** Stekkar 19, Tel. 456 1675, Fax 456 1547, günstig. Betten und Schlafsackplätze.

**Rabbabarinn,** Aðalstræti 89, Tel. 456 1667, 11–23.30 Uhr, im Sommer Fr u. Sa bis 3 Uhr, günstig. Gemütliches, erst 1999 eröffnetes Restaurant, etwas spärlich beleuchtet. Einfache und nicht überteuerte Gerichte. Auf einer Großleinwand werden Sportereignisse live übertragen. An Wochenden wird nach Küchenschluß gegen 22 Uhr bis in die frühen Morgenstunden aufgespielt.

**Volkskunde-Museum (Minjasafn) Hnjótur,** Tel. 456 1590 u. 456 1569, 1. 6.–15. 9. tgl. 9–19 Uhr. Eine bemerkenswerte Sammlung: vom Fischerboot bis zum Flugzeug.

**Schwimmbad,** Eyrargata, Tel. 456 1523, Mo–Fr 7–11, 13–20.30, Sa, So 11–17 Uhr. Mit Wärmebecken, Dampfbad.

Es werden **Bootsfahrten** entlang der Küste bis nach Látrabjarg durchgeführt. Dabei hat man die Gelegenheit, Vögel, Robben und sogar Wale zu beobachten.

**Busverbindungen:** 8. 6.–31. 8. Mo, Mi, Sa von/nach Látrabjarg und Brjánslækur bzw. Ísafjörður (Nr. 6b); 1. 6.–31. 8. tgl. von/nach Bíldudalur (Nr. 4b). Info: Tel. 456 1567 u. 540 1313.

## Raufarhöfn

*Lage: Vordere Umschlagklappe G2*
*Postleitzahl: 675*
*Einwohner: ca. 150*

**Hótel Norðurljós,** Aðalbraut 2, Tel. 465 1233, Fax 465 1383, tgl. 8–24 Uhr.

**Camping,** Tel. 465 1151 (Hraunhafnarhreppur), 1. 6.–31. 8. An der Schule, mit Windschutzwall; alle notwendigen Einrichtungen in der Umgebung.
**Hótel Norðurljós,** Aðalbraut 2, Tel. 465 1233, Fax 465 1383, moderat. Keine Schlafsackplätze. Die Küche bietet ein vielfältiges Fischangebot wie Heilbutt, Steinbutt, Kabeljau, Schellfisch, Forelle, bisweilen Papageitaucher, auch Touristenmenü, Alkoholausschank. Die Umgebung ist von der außergewöhnlichen Ruhe des extremen Nordens geprägt.

**Schwimmbad,** v/Skólabraut, Eyrargata, Tel. 456 1144, tgl. 11–13, 18–20 Uhr. Mit Wärmebecken, Dampfbad.

**Busverbindungen:** 1. 6.–1. 9. Mo–Fr von/nach Þórshöfn und Akureyri (Nr. 12c). Info: Tel. 465 1120

## Reyðarfjörður

*Lage: Vordere Umschlagklappe J4*
*Postleitzahl: 730*
*Einwohner: ca. 650*

Auskunft in der **Jugendherberge,** Tel. 474 1447.

**Camping,** Tel. 470 9090, 15. 6.–31. 8. Am Westrand des Ortes am Beginn des größten Fjordes in Ostisland gelegen; alle wichtigen Einrichtungen im Ort.
**Jugendherberge und Gästehaus Tærgesenshúsið,** Búðargata 4, Tel. 474 1447 u. 892 2207, gistirey@mmedia.is, günstig. Kochgelegenheit, Speiseangebot mit typischen isländischen Fischgerichten zu angemessenen Preisen. Angellizenzen.
**Gästehaus Þórsmörk,** Heiðarvegur 1, Tel. 474 1160, günstig. Betten und Schlafsackplätze, Kochgelegenheit.
**Fosshótel Reyðarfjörður,** Búðareyri 6, Tel. 474 1600, Fax 474 1601, moderat. Haus an der Hauptstraße mit gemütlicher Atmosphäre, keine Schlafsackplätze. Fleisch- und Fischgerichte sowie Touristenmenü. Als Besonderheiten bietet der Küchenchef auch manchmal isländisches Renfleisch oder Papageitaucher an.

**Shellskálinn,** Tel. 474 1111, günstig. Schnellimbiß mit Sandwiches, Pommes frites und Hamburger.

**Kriegsmuseum (Stríðsárasafn),** Hæðargerði, Tel. 470 9090, 17. 6.–31. 8. tgl. 13–17 Uhr.

**Schwimmbad,** Heiðarvegur 14, Tel. 474 1331, Mo–Fr 7–10 u. 15–21, Sa 10–13 Uhr.
Vielfältige Möglichkeiten für ausgedehnte **Wanderungen.**

**Busverbindungen:** Mo–Sa von/nach Egilsstaðir und Neskaupstaður (Nr. 14c). Info: Tel. 474 1111.

## Reykhólar

*Lage: Vordere Umschlagklappe B4*
*Postleitzahl: 380*
*Einwohner: ca. 300*

**Verslunin Arnhóll,** Hellisbraut 72 (Gemeindezentrum), Tel. 434 7880, Mo–Fr 12–18, Sa, So 14–18 Uhr. Auskunft im Laden.

**Camping,** Tel. 434 7738, Fax 434 7875, 1. 6.–31. 8. Lage in der imposanten Fjordlandschaft im Osten der Nordwest-Halbinsel am Breiðafjörður. Geothermalgebiet.
**Gästehaus Álftaland,** Tel. 434 7878, günstig. Schlafsackplätze, Kochgelegenheit, Wärmebecken.

**Schwimmbad Grettislaug,** Tel. 434 7738, Mo–Fr 10–21, Sa, So 10–22 Uhr.

**Busverbindungen:** Di, Do, So von/nach Reykjavík (Nr. 3b). Info: Tel. 562 3320, Fax 552 9973.

## Reykholt (Árnessýsla)

*Lage: Vordere Umschlagklappe D6*
*Postleitzahl: 801 Selfoss*
*Einwohner: ca. 125*

**Camping,** Tel. 486 88 07, 15. 5.–15. 9. Die Lage in der Niederung des Tungufljót ist ein günstiger Ausgangspunkt für Besuche von Gullfoss, Geysir oder Skálholt.
**Jugendherberge,** Biskupstungur, Tel. 486 88 30 u. 486 8811, Fax 486 87 09, www.icefire.is, 5. 6.–25. 8. Mit Kochgelegenheit; im Übernachtungspreis ist der Besuch des Schwimmbades inbegriffen.

**Aratunga,** Tel. 486 8811, günstig. Einfaches Restaurant mit Alkoholausschank.

**Schwimmbad Reykholtslaug,** Tel. 486 8807, tgl. 10–22 Uhr.
Reykholt und seine Umgebung sind ein wichtiges **Geothermalgebiet.** Einzelne **Gärtnereien** können besichtigt werden. **Ausflüge** zum Gullfoss, Geysir oder nach Skálholt.

**Busverbindungen:** 1. 6.–31. 8. tgl. u. Fr ganzjährig von/nach Reykjavík und Gullfoss (Nr. 2, 2a). Info: Tel. 486 8999.

## Reykholt (Borgarfjarðarsýsla)

*Lage: Vordere Umschlagklappe C5*
*Postleitzahl: 320*

**Reykholtsdalur,** Tel. 435 1490, www.reykholt.is.

**Hótel Reykholt,** Tel. 435 1260, Fax 435 1206, hotelreykholt@isholf.is, 8. 6.–31. 8.,moderat. In unmittelbarer Lage am Snorralaug, auch Schlafsackplätze. Abwechslungsreiches Speisenangebot, auch internationale Küche wie beispielsweise Weinbergschnecken. Spezialitäten des Hauses: isländische Meeresfrüchtesuppe und als Nachspeise Skyr mit Blaubeeren und Sahne. Touristenmenü und Alkoholausschank, Präsentation von Landschaftsbildern isländischer Künstler.

**Snorralaug,** das Bad von Snorri Sturluson mit Gang zum ehemaligen Hof.
**Snorrastofa,** Tel. 435 1491, Fax 435 1492, 1. 6.–25. 8. tgl. 10–18 Uhr. Ausstellung zur Geschichte von Reykholt.

**Busverbindungen:** 1. 6.–31. 8. So–Fr von/nach Reykjavík (Nr. 1d). Info: Tel. 562 3320, Fax 552 9973.

## Reykjahlíð

*Lage: Vordere Umschlagklappe G3*
*Postleitzahl: 660 Reykjahlíð oder Mývatn*

**Reykjahlíðarskóli,** Tel. 464 4376, Fax 464 4378, 1. 6.–31. 8. tgl. 9–22 Uhr. **Camping Hlíð,** Tel. u. Fax 464 4376, 10. 6.–25. 8. tgl. 9–23 Uhr.

**Camping Hlíð,** Tel. 464 4103, Fax 464 4305, 1. 6.–10. 9., Verwaltung tgl. 8–23 Uhr. Einer der größten und komfortabelsten Campingplätze in Island auf einer Anhöhe im Norden des Mývatn; Kalt- und Warmwasser, Duschen, Waschmaschine; auch Sommerhäuser. Fahrradverleih.
**Camping Eldá,** Tel. 464 4220, Fax 464 4321, 15. 5.–30. 9. Campingplatz an der Siedlung Reykjahlíð; Einrichtungen wie Hlíð; Pferdeverleih und Golf.
**Gehöft Stöng;** Tel. 464 4252, Fax 464 4352, günstig. Etwa 10 km südwestlich des Mývatn. Betten und Schlafsackplätze, Kochgelegenheit; privates Warmwasserbecken.
**Hótel Reynihlíð,** Tel. 464 4170, Fax 464 4371, rhlid@mmedia.is, www.mmedia.is/reynihlid, sehr teuer. Das Hotel ist seit Jahren touristisches Zentrum der jungen Vulkanlandschaft und befindet am Nordufer des Mývatn. Freunde guten Essens kommen hier auf ihre Kosten (moderat bis teuer). Spezialität des Hauses sind Forellen aus dem Mývatn in verschiedenster, stets vorzüglicher Zubereitung, auch Touristenmenü.

**Gamli Bærinn,** barartiges Lokal (zumindest bzgl. der Preise) neben dem Hotel. Spezialität: in einer Thermalquelle gebackenes Brot; Alkoholausschank.

**Schwimmbad,** Tel. 464 4225, 15. 6.–31. 8. tgl. 10–22 Uhr.
**Ausritte:** Hestaleiga Arngríms, Álftagerði, Tel. 464 4203.
**Ausflüge** zu den Thermalquellen des Námafjall, in das Gebiet des aktuellen Vulkanismus an der Krafla oder zu den Vulkanformen unmittelbar am Mývatn.

**Busverbindungen:** 1. 6.–31. 8. tgl. von/nach Akureyri und Egilsstaðir (Nr. 11b, 11c). Info: Tel. 464 4170.
**Flugverbindungen:** Íslandsflug tgl. von Reykjavík. Mýflug Air 5. 6.–5. 9. tgl. von/nach Reykjavík; auf Anfrage verschiedene Rundflüge nach Jökulsárgljúfur und ins Hochland. Info: Mýflug Air, Reykjahlíðarflugvöllur, 660 Reykjahlíð, Tel. 464 4400, Fax 464 4341.

## Reykjanes (Ísafjarðardjúp)

*Lage: Vordere Umschlagklappe B3*
*Postleitzahl: 401 Ísafjörður*

**FerðÞjónustan Reykjanesi,** 451 Ísafjörður, Tel. 456 4844, Fax 456 4845, moderat. Entlegenes, altes Schulgebäude auf der schmalen Landzunge zwischen dem Ísafjörður und dem Reykjafjörður mit kammerähnlichen Zimmern, Schlafsackplätzen und Campingplatz. Für das leibliche Wohl der Gäste sorgt eine rührige Wirtschschafterin mit z. T. einfachen Fleisch- und Fischgerichten im Wechsel (weniger Lamm), so daß man sich in der schönen landschaftlichen Einsamkeit wie zu Hause fühlen und entspannen kann. Touristenmenü, Alkoholausschank.

Ältestes **Thermalschwimmbad** in Island, unmittelbar neben dem Hotel. **Wanderungen** in die unvergleichlich ruhige Fjordlandschaft.

**Busverbindungen:** 8. 6.–31. 8. So von/nach Ísafjörður bzw. Hólmavík (Nr. 6c). Info: Tel. 451 1301.

## Reykjavík

*Lage: Vordere Umschlagklappe C6*
*Stadtplan S. 72/73*
*Postleitzahlen: 101–109*
*Einwohner: ca. 110 000*

**Tourist Information Center,** Bankastræti 2, 101, Tel. 562 30 45, Fax 562 3057, tourinfo@tourinfo.is, www.tourist.reykjavik.is, 15. 5.–15. 9. Mo–Sa 8.30–19 Uhr; 16. 9.–14. 5. Mo–Sa 9–17 Uhr.

**Camping v/Sundlaug,** Laugardalur, Tel. 568 6944, 1. 6.–31. 8. Außerhalb des Stadtzentrums im Sport- und Freizeitpark: alle wichtigen Einrichtungen in unmittelbarer Nähe, u. a. Touristeninfo.
**Jugendherberge,** Sundlaugavegur 34, 105, Tel. 553 8110, Fax 588 9201, info@hostel.is, 5. 1.–20. 12. Der Neubau der Jugendherberge steht unmittelbar neben dem Campingplatz.
**Gästehaus Svanfríður** Ingvarsdóttir, Urðarstekkur 12, 109, Tel. 557 4095, Fax 587 2531, günstig. Die Pension befindet sich in ruhiger Lage im Osten Reykjavíks. Die Gastgeberin spricht Deutsch und kann viele Reisetips geben.
**Gästehaus Borgartún,** Borgartún 34, 105, Tel. 511 1500, Fax 511 1511, günstig bis moderat. Gästehaus eines der führenden Reise- und Busunternehmen in Island (Guðmundur Jónasson HF), so daß man hier kompetente Ratschläge erhalten kann. Lage außerhalb des Zentrums.
**Gästehaus Svala,** Skólavörðustíg 30, 101, Tel. 562 3544, Fax 562 3650, moderat. Pension im Zentum, nahe der Hallgrímskirche.
**Gästehaus Óðinsgata,** Óðinsgata 9, 101, Tel. 552 2313, Fax 552 2366, moderat. Frühstückspension in einer der besten Wohnlagen Reykjavíks nahe dem Zentrum.
**Hótel Ódinsvé,** Óðinstorg, 101, Tel. 511 6200, Fax 511 5201, odinsve@hotelodinsve.is, www.hotelodinsve.is, sehr teuer. In dem Haus in ruhiger und zugleich zentraler Lage zwischen Hallgrímskirche und Stadtkern wird der Gast auch mit köstlichen isländischen Fisch-, Lamm- oder Fleischgerichten verwöhnt.

**Caffi Ópera/Café Romance,** Lækjagata 2, Tel. 552 9499, So–Do 17.30–1 Uhr, Fr, Sa 17.30–3 Uhr, moderat. Spezialität: Fischgerichte. Hier wird auch eine heute kaum mehr bekannte und nicht allseits geschätzte ›Delikatesse‹ angeboten: halbverwester Hai (hákari) mit Íslensk Brennivín. Zu vorgeschrittener Stunde kommen Rockmusik-Liebhaber auf ihre Kosten.
**Þrír Frakkar Hjá Úlfari,** Baldursgata 14, Tel. 552 3939, moderat. Eines der besten Feinschmeckerlokale Islands mit gemütlicher Atmosphäre und feinen Fischgerichten. Die ausgefallene Spezialität des Hauses ist Walfleisch, dessen Verzehr hier legal ist, da der tonnenschwere Vorrat eines Finnwals bereits seit 10 Jahren im Gefrierhaus lagert.
**Við Tjörnina,** Templarasund 3, Tel. 551 8666, Mo–Do 12–23, Fr, Sa 12–24, So 18–23 Uhr, moderat bis teuer. Eine der besten Adressen in Island. Kleines, behagliches Familien-Restaurant in der unmittelbaren Umgebung des Tjörnin mit exzellenten Speisen. Spezialität: Meeresfrüchte.
**Lækjarbrekka,** Bankastræti 2, Tel. 551 4430, tgl. 11–24 Uhr, teuer. Restaurant im Stadtzentrum mit angenehmer Atmos-

phäre in traditioneller Umgebung. Umfassende Auswahl isländischer Spezialitäten, u. a. Lamm- und Fischgerichte, Meeresfrüchte, Hummer, Touristenmenü.
**Perlan,** Öskjuhlíð, Tel. 562 0200, So–Do 18–22.30 Uhr, Fr–Sa 18–23 Uh, teuer. Hier wird der Gast mit einer schönen Aussicht auf Reykjavík und Umgebung sowie erlesenen Gerichten verwöhnt. Da nimmt man sich gerne die Zeit, um nach einer Hummersuppe eine mit Champagner pochierte Scholle mit Butterspinat und Knoblauchsauce auf der Zunge zergehen zu lassen.
**Víðeyjarstofa,** Insel Viðey, Tel. 562 1934 u. 568 1045, teuer. In einem der ältesten Häuser des Landes wird auf der historischen Insel vor der Hauptstadt traditionelle isländische Küche gepflegt. Tischbestellung erforderlich. Überfahrt s. Fährverbindungen.

**Hallgrímskirkja,** Skólavörðuholt, Tel. 510 1000, 1. 5.–30. 9. tgl. 9–18 Uhr, 1. 10.–30. 4. tgl. 10–18 Uhr. Die Kirche ist nach dem Reverend Hallgrímur Pétursson, dem Autor der berühmten Passionshymnen, benannt. Von der Plattform im Turm hat man eine herrliche Aussicht auf die Stadt Reykjavík und ihre Umgebung.
**Botanischer Garten (Grasagarður Reykjavíkur),** Laugardalur, Skúlatún 2, Tel. 553 8870, 1. 6.–30. 9. Mo–Fr 8–22 Uhr, Sa, So 10–22 Uhr. Der Botanische Garten im Laugardalur nahe dem Stadion wurde im Jahre 1961 eröffnet. Es wird ein umfangreiches Sortiment isländischer Pflanzen mit der wissenschaftlichen und isländischen Bezeichnung gezeigt. Außerdem können eingeführte Bäume, Sträucher und Stauden besichtigt werden.

**Nationale Kunstgalerie (Listasafn Íslands),** Fríkirkjuvegur 7, Tel. 562 1000, tgl. außer Mo 11–17 Uhr. Die Isländische Nationalgalerie wurde von Björn Bjarnarson 1884 in Kopenhagen gegründet. Nahezu 5000 Ölgemälde, Aquarelle, Zeichnungen und graphische Werke sowie 230 Skulpturen sind ausgestellt.
**Nationalmuseum (Þjóðminjasafn Íslands),** Suðurgata 41, Tel. 552 8888, 16. 5.–2. 8. tgl. außer Mo 11–17 Uhr. Das 1950 eröffnete Museum besitzt mit etwa 16 000 katalogisierten Gegenständen eine unfangreiche Sammlung von Objekten der Kulturgeschichte Islands. Der Reichtum der Sammlung liegt in der eigenartigen Schönheit der Alltagsgegenstände .
**Árni-Magnússon-Institut (Stofnum Árna Magnússonar),** Árnagarði-Suðurgata (Universitätsgelände), Tel. 530 4010, 1. 6.–31. 8. tgl. 13–17 Uhr. Das Forschungsinstitut zeigt Exponate aus einer Sammlung kostbarer isländischer Manuskripte in einem Besichtigungsraum.
**Ásgrímur-Jónsson-Museum (Ásgrímursafn),** Bergstaðastræti 74, Tel. 551 3644, 1. 6.–31. 8. tgl. außer Mo, 1. 9.–31. 5. Sa, So 13.30–16 Uhr, Dez. geschlossen. Der Maler Ásgrímur Jónsson (1876-1958) vermachte eine große Anzahl seiner Werke zusammen mit seinem Haus und seinem Studio dem isländischen Staat. Die Kunstsammlung umfaßt 192 Ölgemälde, 227 Aquarelle und zahlreiche Zeichnungen.
**Einar-Jónsson-Museum** (Listadafn-Einars-Jónssonar), Njarðargata, Tel. 551 3797. Die Gartenanlage mit den Skulpturen ist durchgehend geöffnet.
**Árbær-Freilichtmuseum (Árbærsafn)**, Árbær, Tel. 577 1111, Juni–Aug. Di–Fr 9–17, Sa, So 10–18 Uhr, Mo gelegentlich 11–16 Uhr.
**Naturkundliches Museum (Náttúrufræðistofnun Íslands),** Hlemmur 5, Tel. 562 9822, Di, Do, Sa u. So 1. 6.–31. 8. 13–17 Uhr, 1. 9.–31. 5. 13.30–16 Uhr. In dem Museum sind die wichtigsten Gesteins- und Mineralienarten Islands, die meisten höheren Pflanzen, viele Algen, Moose und Flechten, außerdem Wirbellose und Wirbeltierarten ausgestellt. Als besondere Seltenheit besitzt das Museum ein präpariertes Exemplar des 1844 ausgestorbenen Riesenalken.
**Städtisches Museum Kjarvalsstaðir (Listasafn Reykjavíkur),** Flókagata, Tel. 552 6131, tgl. 10–18 Uhr. Die städtische Kunstgalerie wurde 1973 zu Ehren von Jóhannes S. Kjarval (1885–1972), einem der bekanntesten isländischen Maler, errichtet. In einer der beiden großen Ausstellungshallen sind die Werke Kjarvals ausgestellt.

**Ásmundur-Sveinnsson-Galerie** (Ásmundarsafn), Sigtún, Tel. 553 2155, Mai–Sept. 10–16, Okt.–April 13–16 Uhr. Die Galerie stellt Original-Skulpturen von Ásmundur Sveinsson aus, die der Stadt Reykjavík geschenkt wurden. Sveinsson (1893–1982) studierte Kunst in Paris und Stockholm. In der Galerie sind Arbeiten aus der Periode von 1922–74 ausgestellt.

**Schwimmbäder: Laugardalslaug,** Sundlaugarvegur, Tel. 553 4039, Mo–Fr 6.50–22, Sa, So 8–20 Uhr. 50-m-Becken, Wärmebecken, Whirlpools, Dampfbad, Rutsche und Solarium. Ein Besuch dieses Schwimmbades gehört zum touristischen ›Muß‹ während eines Reykjavík-Aufenthaltes. Das Bad ist mit der Buslinie 5 von den Knotenpunkten Hlemmur und Lækjartorg erreichbar.
**Sundhöll Reykjavíkur,** Barónstígur, Tel. 551 4059, Mo–Fr 6.30–21, Sa, So 8–19 Uhr. Wärmebecken, Whirlpool und Sonnenterrasse; in der Nähe der Hallgrímskirche.
**Vesturbærjarslaug,** Hofsvallagata, Tel. 551 5004, Mo–Fr 6.30–22, Sa, So 8–20 Uhr, Anfahrt mit der Buslinie 4.
**Breiðholtslaug,** Austurberg 3, Tel. 557 5547, Mo–Fr 6.50–22, Sa, So 8–20 Uhr. Wärmebecken, Sauna und Solarium. Anfahrt mit der Buslinie 112 von Lækjartorg und mit der Linie 12 von Hlemmur.
**Árbærsundlaug,** nahe Fylkisvegur, Tel. 510 7600, Mo–Fr 6.50–22.30, Sa, So 8–22 Uhr. Wärmebecken, Whirlpool, Dampfbad und Rutsche. Anfahrt mit der Buslinie 10 von Hlemmur und mit Nr. 110 von Lækjartorg.
**Golf:** Am Rande der Stadt befinden sich in Grafarholt, Tel. 587 2211, und bei Korpúlfsstaðir, Tel. 586 2211, die Anlagen des Reykjavík Golf Club, gegründet 1934. Er ist der älteste Golfklub in Island. Auskunft erteilt die Isländische Golf Federation, Laugardalur Sport Centre, Engjavegur 6, 104 Reykjavík, Tel. 568 6686, Fax 568 6086.
**Snowmobil-Touren** auf dem Langjökull, Langjökull hf., Störhöfða 15, 110 Reykjavík, Tel. 567 1205, Fax 567 1707, langjökull@islandia.is, www.glacier.is. Snowmobil-Touren auf dem Mýrdalsjökull; Geysir, Dugguvogur 10, 104 Reykjavík; Tel. 568 8888, Fax 581 3102.

**Iceland Wool,** Þingholtsstræti 3; Tel. 562 2116, Mo–Fr 10–18 Uhr, Sa 10–14 Uhr. Souvenirs, vor allem Wollartikel.
**Falcon House,** Hafnarstræti 3, Tel. 551 1250. Kunsthandwerks-Erzeugnisse, Wollartikel, die in Vík bei Víkurprjón hergestellt werden.
**Ramma Gerðin,** Hafnarstræti 19, Tel. 551 1122; , viking@centrum.is, www.icelandgiftstore.com. Wollwaren, Kunsthandwerk.
**Islandia,** Kringlan, Tel. 568 9960. Wollartikel, Keramik, isländisches Kunsthandwerk, Wikingersouvenirs, Lammfelljacken.
**Mál og menning Buchladen,** Laugavegur 18, Tel. 515 2500 tgl. Mo–Fr 9–22, Sa, So 10–22 Uh., Islands größter Buchladen.

**Veranstaltungen:** Anfrage beim Iceland Convention & Incentive Bureau for information on congresses and meetings; Tel. 562 6070, Fax 5 62 6073. Über Veranstaltungen informiert auch Ferðakort ehf. whatson@whatson.is.
Der **Reykjavík-Marathon** erfreut sich inzwischen großer internationaler Beliebtheit. Info: Iceland Tourist Bureau, Skógarhlíð 18, Tel. 562 3300, Fax 562 5895.

**Innerstädtischer Verkehr:** Die Verkehrsbetriebe von Reykjavík (Strætisvagnar Reykjavíkur, S. V. R., Borgartún 41, 105 Reykjavík; Tel. 551 2700) betreiben mehr als 20 Buslinien. Die meisten fahren über einen der Hauptknotenpunkte Lækjartorg (Innenstadt) und Hlemmur (ca. 1,5 km östlich der Innenstadt). Das Fahrgeld (150 ISK, etwa 2 € für Erwachsene) oder der Fahrschein werden in einen Behälter beim Fahrer gegeben. Mehrfahrtenkarten (20% Ersparnis bei 10er-Karte) können beim Busfahrer oder an den Hauptstationen Lækjartorg und Hlemmur gekauft werden. Dort sind auch die Fahrpläne erhältlich.

Die meisten Busse verkehren an Werktagen zwischen 7 und 19 Uhr im 20-Minuten-Takt, an Wochenenden verkehren sie alle halbe Stunde.

Ein ›Museumsbus‹ verkehrt in der Zeit vom 20. 6.–31. 8. tgl. außer Mo 13, 14, 15 und 16 Uhr von der Station Lækjargata und steuert auf einer 55 Minuten dauernden Fahrt die wichtigsten Museen an. Ein Paß, der zu einem verbilligten Eintritt in den Museen berechtigt, kann im Touristen-Informationszentrum und im Bus selbst gelöst werden.

Außerdem werden Touristenkarten für ein, zwei oder drei Tage angeboten, die zu einer unbegrenzten Busbenutzung, dem Aufenthalt in sieben städtischen Schwimmbädern und dem Besuch von bestimmten Museen berechtigen. Die Eintageskarte kostet 900 ISK (ca. 12 €), 2 Tage kosten 1200 ISK und 3 Tage 1500 ISK (etwa 20 €).

**Überland-Busverbindungen:** BSÍ Bus Terminal, Vatnsmýrarvegur 10, Tel. 552 2300, Fax 552 9973, travel@bsi.is. (s. S. 329).

**Flugverbindungen:** tgl. nach Akureyri, Egilsstaðir, Höfn, Ísafjörður, Vestmannaeyjar; tgl. außer Sa nach Sauðárkrókur; Mo, Mi, Fr, So nach Húsavík; Mo, Mi, Do, Fr, So nach Patreksfjörður; Di und Do im Sommer nach Þingeyri.

Info: Air Iceland, Reykjavíkurflugvöllur, 101, Tel. 570 3030, Fax 570 3001, www.airiceland.is. Íslandsflug, Adresse s. o., Tel. 570 8090, Fax 570 8091, www.islandsflug.is.

**Fährverbindungen Sundahöfn-Víðey-Sundahöfn:** 1. 6.–10. 9. 5 × tgl.; Kaffeegäste tgl. 13.30–16 Uhr, an Wochenenden bis 17.00 Uhr; Fahrten für Abendgäste an Wochenenden ab 19 Uhr, letzte Rückfahrt 24 Uhr; Fahrten auch nach Absprache.

Info: Víðey Island Ferry Skipholt 25, 105, Tel. 892 0099 und 581 1010, Fax 581 1030.

## Sæberg

*Lage: Vordere Umschlagklappe C4*
*Postleitzahl: 500 Staður*

**Camping,** Tel. 451 0015, 15. 6.–31. 8., an der Jugendherberge.

**Jugendherberge,** Reykir, Hrútafjörður, Tel. 451 0015, Fax 451 0034, saeberg@isholf.is. Am Hrútafjörður, 1 km unterhalb der Ringstraße, mit kleinem Swimmingpool und Kochgelegenheit.

**Byggðasafn Reykjum Húnvetning og Strandamanna Hrútafirði**, Tel. 451 0040, 1. 6.–31. 8. 10–18 Uhr. Werkzeuge und Gegenstände der örtlichen Landwirtschaft und der Fischerei.

**Wanderungen** entlang der Küste. **Bademöglichkeit** in einem Pool an der Herberge.

**Busverbindungen:** 16. 6.–15. 9. tgl. von/nach Reykjavík und Akureyri (Nr. 9b), Haltestelle an der etwa 1 km entfernten Ringstraße.

## Sauðárkrókur

*Lage: Vordere Umschlagklappe D3*
*Postleitzahl: 550*
*Einwohner: ca. 2600*

**Áning Travel Service,** Hótel Áning, Tel. 453 6717, Fax 453 6087, 1. 6.–31. 8. tgl. 24-Stunden-Service.

**Camping,** Tel. 453 5226 u. 453 8230, 1. 6.–31. 8., im Sport- und Freizeitgebiet der Stadt. Fließend kaltes und warmes Wasser, WC; alle nötigen Einrichtungen in der unmittelbaren Umgebung.

**Gästehaus Mikligarður,** Kirkjutorg 3, Tel. 453 6880, Fax 453 6441, günstig. Frühstückspension am Nordrand der Stadt, auch Schlafsackplätze.

**Fosshótel Áning,** v/Sæmundarhlið, Tel. 453 6717, Fax 453 6087, bokun@fosshotel.is, 1. 6.–28. 8., moderat bis teuer. Größtes Hotel in der weiten Umgebung mit ansprechendem Komfort, auch Schlafsackplätze. Vorzügliche isländische Küche, u. a. Meeresfrüchte, Forelle, Lammfilet, Rindslende, Blaubeer-Käsekuchen. Touristenmenü, Alkoholausschank.

**Ábær,** Ártorg 4, Tel. 453 5371, 8–23 Uhr, günstig. Schnellimbiß der Kette ›Robin Hood‹.

**Lazar's Kaffi Krókur,** Aðalgata 16, Sýslumannshús, Tel. 453. 6299, Mo–Fr 11–22.30, Sa, So 11–3 Uhr (Küche 11–13 u. 18–22 Uhr), moderat. Gemütliches Café und Restaurant mit isländischer und internationaler Küche. Alkoholausschank; an Wochenenden Live-Musik.

**Volkskunde-Museum (Minjahúsið Sauðárkróki),** Aðalgata 16b, Tel. 453 6870, 1. 6.–31. 8, tgl. 14–18 Uhr. U. a. interessante Gesteinssammlung.

**Schwimmbad,** Skagfirðingabraut, Tel. 453 5226, Mo–Fr 7–22, Sa, So 9–18 Uhr. Schwimmbecken, Dampfbad, Whirlpool und Solarium.
**Reiten/Rafting:** Hestasport, Ævintýraferðir, Raftahlíð 20, Tel. 453 8383 u. 453 5066, Fax 453 8384, hestaact@isholf.is, www.isholf.is/hestaact,1. 5.–30. 9.
**9-Loch-Golfplatz,** Hlíðarendi, Tel. 453 5075.
**Activity Tours,** Sæmundargata 1, Tel. 453 5066, Fax 453 6004. Rafting auf den Gletscherflüssen Jökulsá á Brú, Jökulsá á Fjöllum und Blanda.
**Bootsfahrt** mit Führung zur Vogelinsel Drangey, vom Hafen Sauðárkrókur tgl. ab 10 Uhr, Dauer 3–5 Stunden, Tel. 453 6503, 852 9003 u. 453 6310, fagri@mmedia.is

**Busverbindungen:** 29. 5.–30. 9. Mo, Mi, Fr nach Siglufjörður; Di, Do, So nach Reykjavík (Nr. 8b). Info: Tel. 453 5124.
**Flugverbindungen:** tgl. außer Sa von Reykjavík. Info: Íslandsflug, Tel. 453 6888, Fax 453 6889, www.islandsflug.is.

## Selfoss

*Lage: Vordere Umschlagklappe C7*
*Postleitzahl: 800*
*Einwohner: ca. 4500*

**Fossnesti,** Austurvegur 1, Tel. 482 1266 u. 482 1704, Fax 482 3599, www.selfoss.is, 1. 6.–15. 9. tgl. 9–19 Uhr.

**Camping Gesthús,** Engjavegur, Tel. 482 3585, Fax 482 2973, 15. 5.–30. 9. Im Süden des Ortes in der Umgebung von Ferienhäusern. Kaltes und warmes Wasser, WC, Kochgelegenheit. Fahrrad- und Pferdeverleih in der Nähe.
**Gästehaus (Heimagisting),** Heiðmörk 2a, Tel. 482 1471, Fax 482 1912, 1. 6.–1. 9., günstig. Auch Schlafsackplätze und warme Mahlzeiten.
**Hótel Selfoss,** Eyrarvegur 2, Tel. 482 2500, Fax 482 2524, hotel@ka.is, 15. 5.–1. 9., teuer. Das nahe der Ölfusá gelegene Hotel befindet sich unweit des Schwimmbades; warme Mahlzeiten, auch Touristenmenü, Schlafsackplätze, Alkoholausschank.

**Hrói Höttur,** Austurvegur 22, Tel. 482 2899; So–Do 11–22, Fr, Sa 11–23.30 Uhr, günstig bis moderat. Pizza, Fisch und Steaks, wochentags besonderes Mittagsangebot.

**Árnessýsla-Kreismuseum (Listasafn Árnesinga),** Tryggvagata 23, Tel. 482 2703 u. 482 3079, 1. 6.–31. 8. 14–17 Uhr und nach Absprache. Kunstsammlung mit Holzschnitzereien, große Anzahl präparierter Tiere.

**Schwimmhalle,** Tel. 482 1227 u. 482 3240, Mo–Fr 6.45–21.15, Sa, So 10–20 Uhr.
**Golfanlage** im Nordosten des Ortes.

**Mjólkurbúðin Flóamanna,** Austurvegur 65, Tel. 482 1600, www.mbf.is. Isländische Molkereiprodukte vom Erzeuger, vor allem Käse verschiedenster Art.

**Busverbindungen:** 1. 6.–15. 9. tgl. von/nach Reykjavík, Höfn (Nr. 12, 12a); 1. 6.–31. 8. tgl. von/nach Gullfoss (Nr. 2, 2a); 1. 7.–31. 8. tgl. von/nach Þingvellir, Laugarvatn (Nr. 6); 1. 6.–15. 9. tgl. von/nach Þórsmörk (Nr. 9, 9a). Info: Tel. 482 1266.

## Selsskógur í Skorradal

*Lage: Vordere Umschlagklappe C6*
*Postleitzahl: 301 Akranes*

**Camping,** Tel. 437 0061, 15. 6.–31. 8. Lage in einem landschaftlich reizvollen Gebiet jenseits der Touristenströme zwischen dem Hval- und dem Hinterland des Borgarfjörður. Der Komfort mit kaltem Wasser und WC ist zwar bescheiden, aber auch typisch isländisch. Schwimmbad in 8 km.

## Seyðisfjörður

*Lage: Vordere Umschlagklappe J4*
*Postleitzahl: 710*
*Einwohner: ca. 800*

Fjarðargata 8, Tel. 472 1111, Fax 472 1105; Vesturvegur 8, Tel. 861 7789, 472 1551, Fax 472 1315, Mo–Fr 13–17 Uhr, Do auch 9–12 Uhr.
**Wichtig:** Steuer-Rückerstattung bei Landsbankinn, Oddagata 6, Tel. 472 1208.

**Camping,** Tel. 472 1551, Fax 472 1315, 10. 5.–30. 9. Im Ortszentrum mit allen notwendigen Einrichtungen in unmittelbarer Nähe.
**Jugendherberge,** Hafaldan, Ránargata 9, Tel. 472 1410, Fax 472 1610, thorag@simnet.is, www.simnet.is/hafaldan. Im Nordwesten des Ortes unmittelbar über dem Hafen, mit Kochgelegenheit; Angellizenzen, Bootsfahrten.
**Hotel Seyðisfjörður (Snæfell),** Austurvegur 3, Tel. 472 1460, Fax 472 1570, moderat bis teuer. Auch Schlafsackplätze. Do–Di jeweils nur ein Tagesmenü mit Suppe, Fisch oder Steak und Desert. Am Tag vor der Abfahrt, dem Mittwoch, 28 verschiedene Menüs.

**Esso-Skálinn,** Tel. 472 1240, Fax 472 1569, günstig. Fast Food-Restaurant am Südufer des Fjords mit Blick auf den Hafen und das Zentrum.

**Hallenschwimmbad,** Suðurgata 5, Tel. 472 1414, Mo, Di, Fr 7–9.30 u. 14–20, Mi 7–9.30 u. 14–21, Do 8–12.30 u. 15–20.30, Sa 11–16 Uhr.
Die enge Bucht mit den gestuften Hängen lädt geradezu zum **Bergwandern** ein. In einem solchen Fall können die Übergänge zum Mjóifjörður im Süden oder zum Loðmundarfjörður im Norden benutzt werden. Bei letzterem bietet sich eine Kombination von Bootsfahrt und Wanderung an.

**Busverbindungen:** 1. 6.–31. 8. So–Fr von/nach Egilsstaðir (Nr. 16b). Info: Tel. 472 1300.
**Fährverbindungen:** von/nach Hanstholm (Dänemark) über die Färöer. Info: Smyril Line, J.A. Reinecke GmbH & Co KG, Jersbeker Str. 12, D-22941 Bargteheide, Tel. 04532/65 19, Fax 04532/24143, jareinick@aol.com. 18. 5.–7. 9. Do Verbindung mit den Färöern, Shetland, Norwegen und Dänemark. Info: Austfar 472 1111, Norræna ferdaskrifstofan, 101 Reykjavík, Laugarvegur 3, Tel. 562 6362, Fax 552 9450. In Österreich: Tel. 01/290 01 45, Fax 01/2 90 01 55.

## Siglufjörður

*Lage: Vordere Umschlagklappe E2*
*Postleitzahl: 580*
*Einwohner: ca. 1600*

**Stadtverwaltung**, Tel. 467 1033, und **Heringsfang-Museum**, Tel. 467 1604.

**Camping,** Snorragata, 1. 6.–31. 8., im Zentrum des Ortes.
**Gästehaus Hvanneyri,** Aðalgata 10, Tel. 467 1378 u. 892 3778, günstig. Kochgelegenheit, auch Schlafsackplätze.
**Hótel Lækur,** Lækjargata 10, Tel. 467 1514, Fax 467 1911, bkh@isholf.is, günstig. Hotel im Zentrum mit Café und Restaurant (Touristenmenü), Alkoholausschank; auch Schlafsackplätze.

**Nýja Bíó/Pizza 67,** Aðalgata 30, Tel. 467 2233, 11.30–23 Uhr, günstig. Das Fast Food-Restaurant ist zugleich Kiosk, Tanzlokal und Café. 21 verschiedene Pizzen, Touristenmenü, Alkoholausschank.

**Heringsfang-Museum (Síldarminjasafnið)**, Snorragata 10, Tel. 467 1604, 20. 6.–20. 8. 10–18 Uhr, 21. 8.–19. 6. 13–17 Uhr.

**Schwimmhalle Siglufjarðar,** Hvanneyrarbraut 52, Tel. 467 1352, Mo–Fr 7–21, Sa, So 10–17 Uhr.

Am ersten Wochenende im August werden ab 15 Uhr auf traditionelle Weise Heringe gesalzen (Söltunarsýning). Zur Begleitung Akkordeonmusik und Tanz.

**Busverbindungen:** 29. 5.–30. 9. Mo, Mi, Fr von Reykjavík (Varmahlíð) sowie Di, Do, So nach Reykjavík bzw. Varmahlíð (Nr. 8b). Info: Tel. 562 3320, Fax 552 9973.

## Skaftafell

*Lage: Vordere Umschlagklappe G7*
*Postleitzahl: 785 Fagurhólsmýri*

**Skaftafell Tourist Service Centre** (FerðaÞjónustan N.P. Skaftafell), Tel. 478 2288, Fax 478 2388, 8–21 Uhr, im Supermarkt 5–22 Uhr.
**Skaftafell National Park** (Þjóðgarðurinn í Skaftafelli), Tel. 478 1627, Fax 478 1946**,** 1. 6.–15. 9. tgl. 9–23 Uhr.

**Camping,** Tel. 478 1627, 1. 6.–15. 9. Komfortabelster Zeltplatz in Südisland mit fließendem kalten und warmen Wasser, Duschen, Einkaufsmöglichkeiten.
**Hótel Skaftafell,** Freysnesi, Tel. 478 1945, Fax 478 1846, moderat. 4 km südöstlich des Parkzentrums vor der Stirn des Svínafellsjökull gelegen, auch Schlafsackplätze.

**Schwimmbad Svínafell**, Öræfa, Tel. 478 1765 u. 478 1760, Fax 478 1860.
**Wanderungen** auf markierten Wegen zu weniger großen, aber besonders sehenswerten Wasserfällen.
**Bergsteigen** und Ausfüge in die unmittelbare Umgebung der Gletscher.

**Busverbindungen:** 1. 6.–15. 9. tgl. von/nach Reykjavík und Höfn (Nr. 12, 12a); 1. 7. –31. 8. tgl. von/nach Laki (Nr. 16).
**Flugverbindungen:** tgl. nach Reykjavík und zumJökulsarlón am Breiðamerkurjökull. Info: Jórvík Aviation,Tel. 562 5101, Fax 562 5201; Skaftafell, Tel. 478 2406.

## Skagaströnd

*Lage: Vordere Umschlagklappe D3*
*Postleitzahl: 545*
*Einwohner: ca. 600*

**Camping,** Tel. 452 2707 u. 452 2806, www.skagastrond.is, 1. 6.–31. 8. Bei Höfðahólar im Norden des Ortes auf einer der Terrassen über dem Meer; kaltes und warmes Wasser, WC, Kochgelegenheit in einer neuen Hütte.
**Gisting Soffia Lárusdóttir**, Hólabraut 25, Tel. 452 2625, günstig. Privatpension in ruhiger Lage am Ostrand des Ortes.
**Gästehaus Dagsbrún,** Túnbraut 1–3, Tel. 452 2730, Fax 452 2882, moderat. Auch Schlafsackplätze; warme Mahlzeiten; Vermietung von Pferden.

**Kántrýbær,** Hólanesvegur 11, Tel. 452 2950. Das einzige ›Country and Western‹-Restaurant in Island. Sein Gründer, Hallbjörn Hjartason, gilt in Island als der König der Country-Musik. Das Haus ist im Blockhausstil errichtet worden.

**Schwimmbad,** Einbúastígur, Tel. 452 2806, Mo–Fr 13–22, Sa, So 13–17 Uhr.
**Golf Club Skagaströnd,** Háagerði, Tel. 898 3574.

**Busverbindungen:** Info: Tel. 562 3320, Fax 9973.

## Skálholt

*Lage: Vordere Umschlagklappe D6*
*Postleitzahl: 801 Selfoss*

**Gästehaus Skálholtsskóli,** Tel. 486 8971, Fax 486 8994, skhskoli@ismennt.is, günstig. Unmittelbar neben der Domkirche gelegen.

**Domkirche Skálholt,** Biskupstungur, Tel. 486 8860, ganzjährig geöffnet. In der Gruft befindet sich der Sarkophag von Bischof Páll Jónsson aus dem 12. Jh. Tgl. 9 u. 18 Uhr Andachten, So 11 u. 14 Uhr (Juli u. Aug. 17 Uhr) Gottesdienst.

**Sommerkonzerte** an fünf Wochenenenden im Juli und Aug.
**Skálholtfest** am ersten So nach dem 20. Juli.

**Busverbindungen:** Info: Tel. 562 3320, Fax 552 9973.

## Skógar

*Lage: Vordere Umschlagklappe E8*
*Postleitzahl: 861 Hvolsvöllur*

beim **Camping,** Tel. 487 8843, 1. 6.–31. 8. tgl. 10–21 Uhr.

**Camping,** Tel. 487 8843, 1. 6.–31. 8. Der Zeltplatz befindet sich in unmittelbarer Nachbarschaft zum Skógafoss in einer grünen und dynamischen Umgebung; kaltes Wasser, Dusche, Einkaufsmöglichkeit im Ort.
**Hótel EDDA Skógar,** Skógar, Tel. 487 8870, Fax 487 8858, edda@edda.is, 11. 6.–31. 8., moderat. Älteres ansprechendes Gebäude in abwechslungsreicher Landschaft, auch Schlafsackplätze. Mahlzeiten in bekannt guter Qualität, Touristenmenü, Alkoholausschank.

**Heimatmuseum Skógar (Byggðasafn í Skógum),** Tel. 487 8845, Fax 487 8858, Juni–Aug. tgl. 9–19 Uhr, Sep. u. Mai tgl. 10–17 Uhr, April u. Okt. nach Absprache.
**Skógafoss,** besonders schöner, 60 m hoher Wasserfall.

**Busverbindungen:** 1. 6.–15. 9. tgl. von/nach Reykjavík und Höfn (Nr. 12, 12a). Info: Tel. 487 8870.

## Skútustaðir

*Lage: Vordere Umschlagklappe G4*
*Postleitzahl: 660 Mývatn oder Reykjahlíð*

**Skútustaðir,** Tel. 464 4164, Fax 464 4364.

**Camping, Ferðaþjónusta Bænda Skútustöðum,** Tel. 464 4212, Fax 464 4322, 1. 6.–30. 9. Zeltplatz am malerischen Südufer des Mývatn am westlichen Rand der Siedlung.

**Sel-Hótel Mývatn,** Tel. 464 4164, Fax 464 4364, günstig. Anlaufstation für müde und hungrige Mývatn-Besucher, u. a. warme Mahlzeiten. Alkoholausschank. Vermietung von Fahrrädern, Booten und Pferden.

Pseudokrater mit ungewöhnlicher Herkunft.

**Schwimmbad,** Tel. 464 4100, tgl. 8–22.30 Uhr.
**Ausflüge** nach Dimmuborgir und Kálfaströnd mit ihren bizarren Lavaformen.

**Busverbindungen:** 29. 5.–1. 9. tgl. von/nach Akureyri und Egilsstaðir (Nr. 11b). Info: Tel. 464 4170.

## Snæfell

*Lage: Vordere Umschlagklappe H5*

**Hütte Snæfellsskáli,** Ferðafélag Fljótsdalshérað, Tel. 853 9098 u. 471 1616, www.egilsstadir.is/ferdafelag/. Heizung und Küche, Aufsicht im Sommer.

**Anfahrt** ab Anfang Juli: aus dem Fljótsdalur für alle Kfz, aus Hrafnkelsdalur nur Kfz mit Allradantrieb.

## Staðarskáli/Hrútafirði

*Lage: Vordere Umschlagklappe C4*
*Postleitzahl: 500 Bru*

**Staðarskáli,** Tel. 451 1150, Fax 451 1107, stadur@if.is, www.if.is/stadur, 1. 6.–31. 8. tgl. 8–23.30 Uhr.

**Camping,** Tel. 451 1150, 15. 6.–31. 8. Zeltplatz an einem der wichtigsten Verkehrsknotenpunkte in Nordisland an der Ringstraße.
**Pension Staðarskáli,** Tel. 451 1150, Fax 451 1107, günstig. Gästehaus am Fjord, auch Schlafsackplätze und Ferienhäuser; warme Mahlzeiten (Touristenmenü), Alkoholausschank.

**Staðarskáli,** 8–23 Uhr, günstig. Betriebsame Raststätte an der Ringstraße, große Auswahl an qualitativ ordentlichen Speisen und Getränken (Touristenmenü).

**Busverbindungen:** 16. 6.–15. 9. tgl. von/nach Akureyri und Reykjavík (Nr. 9).

## Stafafell í Lóni

*Lage: Vordere Umschlagklappe J6*
*Postleitzahl: 781 Hornafjörður*

**Camping,** Tel. 478 1717, Fax 478 1785, 1. 6.–15. 9. Notwendige sanitäre Anlagen mit Dusche. Fahrrad- und Pferdeverleih Angellizenzen. Ferienhäuser.
**Jugendherberge,** Lón, 781 Höfn, Tel. 478 1717, Fax 478 1785, stafafell@eldhorn.is, www.eldhorn.is/stafafell. Die Jugendherberge befindet sich in einem Haus aus der Wellblechära (19. Jh.).

**Ausflüge** in eine abenteuerliche und farbenfrohe Gebirgslandschaft, die erst allmählich für den Tourismus entdeckt wird.
Anspruchsvolle **Wanderungen** in eine einsame Gebirgsregion. Vorherige Information ist notwendig.
**Ausflüge in die Lónsöræfi,** Guðbrandur Jóhannsson, Lónsöræfi, Tel. u. Fax 478 1799.

**Busverbindungen:** 8. 5.–1. 10. Mo, Mi, Fr sowie 1. 6.–31. 8. Di, Do, Sa, So von/nach Egilsstaðir und Höfn (Nr. 18, 18a). Info: Austurleið SBS-hf., Tel. 545 1717, Fax 545 1718.

## Stöðvarfjörður

*Lage: Vordere Umschlagklappe J5*
*Postleitzahl: 755*
*Einwohner: ca. 275*

**Campingplatz,** Tel. 475 8890, am östlichen Ortsrand.
**Gästehaus Kirkjubær,** Fjarðarbraut 37a, Tel. 475 8819 u. 892 3319, Fax 475 8938. ?

**Svarti Folinn,** Fjarðabraut 44, Tel. 475 8852, günstig. Einfache Gerichte, vor allem Fast Food.

**Petras Gesteinssammlung,** Sunnuhlíð, Tel. 475 8834, nach Absprache geöffnet. Interessante, umfangreiche Gesteins- und Mineraliensammlung.

**Schwimmbad,** Tel. 475 8890 u. 475 8930, Mo–Fr 13.20–19.20, Sa 11–16.20, So 14–16.50 Uhr.
**Wanderung** zum Paß Stöðvarskarð zwischen Stöðvarfjörður und Fáskrúðsfjörður mit herrlichen Ausblicken auf die Fjorde.
Besuch von **Steðjinn**, wo sich im 17. Jh. die Einwohner der damaligen Siedlung vor den nordafrikanischen Seeräubern versteckt haben sollen.

**Busverbindungen:** 31. 5.–1. 9. Mo–Fr von/nach Breiðdalsvík und Egilsstaðir (Nr. 15b). Info: Tel. 475 8800.

## Stöng

*Lage: Vordere Umschlagklappe D6*
*Postleitzahl: 801 Selfoss*

**Gehöft Stöng,** Þórsárdalur, Tel. 487 7700, 1. 6.–7. 9. tgl. 10–12 u. 13–18 Uhr. Rekonstruktion eines Bauernhofes aus dem 12. Jh.

## Stykkishólmur

*Lage: Vordere Umschlagklappe B4*
*Postleitzahl: 340*
*Einwohner: ca. 1200*

**Sport Centre** (Upplýsingamiðstöð), Borgarbraut 4, Tel. 438 1150, Fax 438 1780, efling@islandia.is, 1. 6.–31. 8.

**Camping,** Tel. 438 1150, 15. 5.–30. 9. Am Südrand des Ortes am Sportplatz.
**Jugendherberge Sjónarhóll,** Höfðagata

1, Tel. 438 1095, Fax 438 1417, 1. 4.–30. 9. Die Herberge befindet sich in einem der ältesten Häuser der kleinen Stadt. Kochgelegenheit, Fahrradverleih, Vergabe von Angellizenzen, Vogelbeobachtungen im hauseigenen Boot.
**Heimagisting,** Höfðagata 11, Tel. 438 1250, günstig. Frühstückspension auf einer kleinen Anhöhe im älteren Teil des Ortes.
**Fosshótel Stykkishólmur,** Borgarbraut, Tel. 438 1330, Fax 438 1579, bokun@fosshotel.is, moderat bis teuer. Auf einem kleinen Hügel gelegen mit reizvollem Panorama; aufmerksame und freundliche Bedienung; breitgefächertes Angebot isländischer Gerichte in hoher Qualität, u. a. gegrilltes Pferdefleisch, Jakobsmuscheln, Seevögel; außerdem Fast Food, Touristenmenü, Alkoholausschank.

**Norwegisches Haus (Norska húsið),** Hafnargata 5, Tel. 438 1640, 1. 6.–31. 8. tgl. 11–17 Uhr. Regionalmuseum im ältesten Haus des Ortes (1832 erbaut).

**Schwimmbad,** Borgarbraut 4, Tel. 438 1150, Mo–Fr 7–22, Sa, So 9–19 Uhr.
**Vogel- und Walbeobachtungen,** Sæferðir, Aðalgata 2, Tel. 438 1450, Fax 438 1050.

**Busverbindungen:** tgl. von/nach Reykjavík und Grundarfjörður (Nr. 2b). Info: Tel. 438 1254.
**Fährverbindungen:** MS ›Baldur‹ tgl. nach Flatey undBrjánslækur. Info Tel. 438 1120, Fax 438 1093 u. Brjánslækur Tel. 456 2020.

## Suðureyri

*Lage: Vordere Umschlagklappe B2*
*Postleitzahl: 430*
*Einwohner: ca. 300*

**Camping Hjallavegur**, Tel. 456 6121, 1. 6.–31. 8.
**Gewerkschaftshaus (Verkalýðsfélagið) Súgandi**, Tel. 456 6231 u. 456 6210. Schlafsackplätze.

Ziel am Súgandaförður für Tagesausflüge von Ísafjörður mit Anstieg zum Berg Spillir (907 m) und Besuch des **Schwimmbades Suðureyrar,** Túngata 8, Tel. 456 6121, 15. 6.–31. 8. tgl. geöffnet.

## Talknafjörður

*Lage: Vordere Umschlagklappe A3*
*Postleitzahl: 460*
*Einwohner: ca. 350*

**Camping,** Tel. 456 2639 u. 456 2649, 1. 6.–1. 9. Mo–Fr 9–21, Sa, So 9–18 Uhr.

**Camping,** Tel. 456 2639 u. 456 2649, 15. 6.–15. 8. In Küstennähe nahe dem Schwimmbad; notwendige sanitären Einrichtungen, Waschmaschine, Service-Einrichtungen im Ort.
**Gästehaus Hamraborg,** Strandgata, Tel. 456 2514 u. 893 2829, günstig. Auch Schlafsackplätze, Kochgelegenheit.
**Gästehaus Skrúðhamar,** Strandgata 20, Tel. 456 2631 u. 456 2604, Fax 456 2686, hopid@contra.is, günstig. Mit warmen Mahlzeiten, Alkoholausschank, auch Schlafsackplätze.

**Hópið,** Hrafnadalsvegur, Tel. 456 2631, Fax 456 2686, So–Do 11–23.30, Fr, Sa 11–3 Uhr, günstig.

**Schwimmbad Tálknafjörður,** am Campingplatz, Tel. 456 2639, Mo–Fr 9–21, Sa, So 9–18 Uhr.
**Hochseeangeln** und geführte **Aussichtsfahrten mit dem Boot.**

**Busverbindungen:** 1. 6.–31. 8. tgl. von/nach Bíldudalur bzw. Patreksfjörður (Nr. 4b). Info: Tel. 456 2599.

## Þingeyri

*Lage: Vordere Umschlagklappe B3*
*Postleitzahl: 470*
*Einwohner: ca. 350*

Fjarðargata 24, Tel. u. Fax 456 8304, 1. 6.–31. 8. Mo–Fr 9–12 u. 13–17, Sa, So 14–16 Uhr.

**Camping,** Tel. 456 8225 u. 456 8285. In landshaftlich reizvoller Lage neben dem Schwimmbad, nur kaltes Wasser, WC.
**Gästehaus Vera** (Jóhanna Gunnarsdóttir), Hlíðargata 22, Tel. 456 8232 u. 891 6832, Fax 456 8232. Appartement mit Kochgelegenheit.

**Esso-Skálinn,** Tel. 456 8380, 9–23 Uhr, Snackbar.

**Schwimmhalle,** Tel. 456 8375, 15. 6.–31. 8. Mo–Fr 7.45–21, Sa, So 11–16 Uhr.
Aufstieg zum Aussichtsberg **Sandafell** mit überwältigender Rundsicht auf den Dýrafjörður.

**Busverbindungen:** Info: Tel. 456 5121 u. 456 5111.

## Þingvellir

*Lage: Vordere Umschlagklappe C6*
*Postleitzahl: 801 Selfoss*

beim **Camping Nationalpark Þingvellir (Þjóðgarðurinn á Þingvöllum)**, Tel. 482 2660, Fax 462 3635, 1. 6.–31. 8. tgl. 9–23.30 Uhr.

**Camping,** 10. 6.–31. 8., Tel. 482 2660. Zeltplatzes in schöner, grüner Umgebung vor historischer und tektonischer Kulisse; notwendige sanitäre Einrichtungen.
**Lykilhótel Valhöll,** Þingvellir, Tel. 482 2622, Fax 482 3622, booking@keyhotel.is, 1. 5.–21. 9, teuer. Das Hotel befindet sich in landschaftlich attraktiver Lage. Hier kann der Besucher in gepflegter Atmosphäre speisen. Alkoholausschank. Es werden Angellizenzen erteilt und Bootsfahrten veranstaltet.

Umgebung der Allmännerschlucht (Almannagjá), historischer Thingplatz mit Gesetzesfelsen (Lögberg) und tektonisch aktives Gebiet.

Im Gebiet des Nationalparks laden viele markierte Wege, sowohl Wander- als auch Reitpfade, zu **Ausflügen** in eine sehr schöne grüne, mit einem buschartigen Birkenwald bestandene Landschaft ein. **Bootsfahrten.**

**Busverbindungen:** 20. 5.–10. 9. tgl. von/nach Reykjavík (Nr. 7). Info: Tel. 482 2622.

## Þorlákshöfn

*Lage: Vordere Umschlagklappe C7*
*Postleitzahl: 815*
*Einwohner: ca. 1300*

in den Restaurants **Duggan,** Tel. 483 3915, Fax 483 6452, und **Skálinn,** Tel. 483 3801.

**Camping,** Tel. 483 3631 (Ragnar Erlendsdóttir), 15. 5.–1. 10. Im Sportzentrum am Südrand des Ortes nahe dem Schwimmbad. Dienstleistungs-Einrichtungen im Ort.
**Privatpension,** Reykjabraut 19, Tel. 483 3630, Fax 483 3580, günstig.

**Skálinn,** Óseyrarbraut 15, Tel. 483 3801, günstig. Fast Food, Fisch, Hähnchen, Kaffee.
**Duggan,** Hafnarskeið 7, Tel. 483 3915. Menüs, leichte Gerichte.

**Volkskundemuseum** (Egilsbúð, Minjasafn), Unubakki 4, Tel. 483 3990.

**Sportzentrum Þorlákshöfn,** Hafnarberg 41; **Schwimmbad,** Tel. 483 3807, Mo–Fr 8–21, Sa, So 9–18 Uhr.

**Busverbindungen:** 1. 6.–31. 8. tgl. von/nach Reykjavík bzw. Selfoss (Nr. 3, 3a). Info: Tel. 483 3801.

**Fährverbindung:** MS ›Herjólfur‹ tgl. von/nach Vestmannaeyjar. Info: Tel. 483 3413, Fax 483 3924.

## Þórshöfn

*Lage: Vordere Umschlagklappe H2*
*Postleitzahl: 680*
*Einwohner: ca. 400*

**Þórshafnarhreppur,** Langanesvegur 2, Tel. 468 1220, Fax 468 1323, Mo–Fr 10–12, 13–16 Uhr.

**Camping,** Tel. 468 1148, 1. 6.–15. 9. Im Süden des Ortes, fast schon am malerischen Lónafjörður.
**Jugendherberge Ytra Lón** (Langanes), 15 km nordwestlich von Þórshöfn, Tel. u. Fax 468 1242, 854 3797.
**Lyngholt,** Langanesvegur 12, Tel. 897 5064 u. 468 1238, günstig. Frühstückspension; auch Schlafsackplätze, Kochgelegenheit.
**Hótel Jórvík,** Langanesvegur 31, Tel. 468 1400 u. 468 1338, Fax 468 1399, moderat. Auch Schlafsackplätze.

**Esso-Skálinn**, Fjarðarvegur 2, Tel. 468 1174, Mo–Fr 8–22, Sa, So 9–22 Uhr. Große Auswahl von Grillgerichten sowie Würstchen, Sandwiches, Kuchen.
**Hafnarbarinn,** Eyrarvegur 3, Tel. 468 1338, So–Do 11–23, Fr, Sa 11–2 Uhr, günstig. Pizza, Hamburger, verschiedene Fisch- und Fleischgerichte, Kaffee und Kuchen.

**Hallenschwimmbad Sportzentrum Verið** (Íþróttamiðstöðin), Langanesvegur 16a, Tel. u. Fax 468 1515, im Sommer Mo–Fr 7.30–21, Sa, So 10–17 Uhr.

**Busverbindungen:** 1. 6.–1. 9. Mo–Fr von/nach Akureyri und Egilsstaðir; 3. 7.–14. 8. Mo, Mi, Fr von/nach Neskaupstaður (Nr. 12c). Info: Tel. 468 1174.

## Þórsmörk (Langidalur)

*Lage: Vordere Umschlagklappe D7*

**Camping Langidalur,** Tel. 854 1191 oder Tel. 568 2533 (Ferðafélag Islands, Reykjavík), 1. 6.–31. 8. In dramatischer Gletscherlandschaft mit reißenden Flüssen, tiefen Schluchten und Birkenwald; kaltes Wasser, primitive Toiletten.
**Hütte Skagfjörðaskáli,** 80 Schlafplätze, beheizt, 2 Küchen, Aufsicht 1. 5.–30. 9., Fußgängerbrücke über Krossá und Hvanná.

Vom Gipfel des Valahnúkur bietet sich eine großartige Aussicht auf eine der schönsten Landschaften Islands.

Für **Selbstfahrer** ist das Gelände ungewöhnlich und gefährlich. Die Piste darf nur mit allradgetriebenen Fahrzeugen befahren werden, denn es müssen gefährliche Furten gequert werden.
**Busverbindungen:** 1. 6.–15. 9. 1 x tgl. von/nach Reykjavík (Nr. 9, 9a). Info: Tel. 562 3320, Fax 552 9973.

## Vaglaskógur

*Lage: Vordere Umschlagklappe F3*

**Camping,** Tel. 462 5175 u. 462 4755 (Tjaldsvæðin Vaglaskógi), Fax 462 7868, 15. 6.–31. 8. Rasenfläche mitten in einem hohen Birkenwald; einfache sanitäre Anlagen.

**Busverbindungen:** 29. 5.–30. 9. tgl. von/nach Akureyri bzw. Mývatn (Nr. 11b). Info: Tel. 462 4442.

## Varmahlíð

*Lage: Vordere Umschlagklappe E4*
*Postleitzahl: 560*
*Einwohner: ca. 130*

Tel. 453 8860, Fax 453 8892, 1. 6.–15. 9. tgl. 10–21 Uhr.

**Camping,** Tel. 453 8230 u. 842 2085, 1. 6.–31. 8. Lage am Verkehrsknotenpunkt zwischen Tröllaskagi und dem westlichen Nordisland; die wichtigsten Service-Einrichtungen sind in der Nähe.
**Steinsstaðaskóli,** Tungusveit, Tel. 453 8026, Fax 453 8812, 7. 6.–25. 8., günstig. Schlafsack-Unterkunft mit Kochstelle und Campingmöglichkeit im Hinterland des Skagafjörður, in der Nähe Schwimmbad.
**Hotel Varmahlíð,** Tel. 453 8170, Fax 453 8870, varmah@krokur.is, moderat bis teuer. Hotel in unmittelbarer Nähe zur Raststätte Varmahlíð im Skagafjörður; Fisch-, Fleisch- und Wildgerichte, Touristenmenü, Alkoholausschank.

**Torfkirche Víðimýri,** Tel. 453 6173, Juni–Aug. tgl. 10–18 Uhr.

**Naturkundliches Museum (Náttúrugripasafn Skagafjarðar),** Varmahlíðarskóli, Tel. 453 8130 u. 453 8131. Geologische, botanische und zoologische Ausstellungsstücke beschreiben die natürlichen Verhältnisse des Skagafjörður.

**Schwimmbad Steinstöðum,** Tel. 453 8812 u. 453 8826, tgl. 10–22 Uhr.
**Schwimmbad Varmahlíð,** Tel. 453 8824, 1. 6.–15. 8. Mo–Fr 11–21.30, Sa, So 11–18.30 Uhr.
**Reiten und Rafting,** Hestasport, Tel. 453 8383 u. 453 8211, Fax 453 8384, www.isholf.is./is.hestaact

**Busverbindungen:** 16. 6.–15. 9. tgl. von/nach Akureyri und Reykjavík (Nr. 9b); 29. 5.–30. 9. Mo, Mi, Fr nach Siglufjörður (Nr. 8b). Info: Tel. 453 8170.

## Veiðivötn

*Lage: Vordere Umschlagklappe E6*

**Camping,** 1. 6.–31. 8. Spartanischer Platz in sehr reizvoller Umgebung der ›*Fischseen*‹; Duschmöglichkeit. Eventuelle Übernachtung in nahegelegener Hütte.

## Vestmannaeyjar

*Lage: Vordere Umschlagklappe D8*
*Postleitzahl: 900*
*Einwohner: ca. 4600*

Vestmannabraut 38, Tel. 481 3555, Fax 481 1572, 1. 6.–15. 9. Mo–Fr 9–17, Sa, So 13–17 Uhr.

**Camping,** Tel. 481 2915, 481 3555, 1. 6.–31. 8. Der Zeltplatz ist im Kessel des Herjólfsdalur im Nordwesten der Insel gelegen, 1 km vom Ort entfernt.
**Gistiheimilið Hvíld,** Höfðavegur 16, Tel. 481 1230. Im Ortszentrum, auch Schlafsackplätze.
**Gästehaus Sunnuhóll,** Vestmannabraut 28, Tel. 481 2900, Fax 481 1696, günstig. Warme Mahlzeiten; auch Schlafsackplätze.
**Hótel Þórshamar,** Vestmannabraut 28, Tel. 481 2900, Fax 481 1696, teuer. Im Ortszentrum, mit Restaurant (Touristenmenü), Alkoholausschank. Empfehlenswert sind Fischgerichte. Fahrrad- und Pferdeverleih, Bootsfahrten.

**Landakirkja,** eine der ältesten Steinkirchen in Island (erbaut 1780).

**Naturkundliches Museum der Westmänner-Inseln (Náttúrugripasafn),** Heiðarvegur 12, Tel. 481 1997,1. 5. –15. 9. tgl. 11–17 Uhr und nach Absprache.
**Heimatmuseum der Westmänner-Inseln (Byggðasafn),** Ráðhúströð, Tel. 481 1194, Fax 481 1174, im Sommer tgl. 14–17 Uhr und nach Absprache.

**Bootsrundfahrt** um die steilen Küstenfelsen der Insel Heimaey mit einer Vielzahl von beeindruckenden Brandungslöchern und -höhlen, Beobachtung der Seevögel in den Felsen; Besuch des Orca Keiko.
**Inselrundgang** mit dem Besuch des Herjólfsdalur und dem Vulkan Eldfell.
**Schwimmbad** und **18-Loch-Golfplatz**.

Erstes Wochenende im August Volksfest im Herjólfsdalur in Erinnerung an die Unabhängigkeit von 1874.

**Fährverbindungen:** MS ›Herjólfur‹ tgl. von/nach Þorlakshöfn, Tel. 481 2800, Fax 481 2991.
**Flugverbindungen:** tgl. von/nach Reykjavík. Info im Stadtflughafen von Reykjavík und bei der Touristeninformation.

## Vík í Mýrdal

*Lage: Vordere Umschlagklappe E8*
*Postleitzahl: 870*
*Einwohner: ca. 300*

**Brydebúð,** Víkurbraut 28, Tel. 487 1395 u. 487 1230, 15. 6.–31. 8. tgl. 10–19 Uhr.

**Camping,** Tel. 487 1345, 1. 6.–31. 8. Reizvolle amphitheaterförmige Anlage unter einer ehemaligen Steilküste mit jeglichen erforderlichen Komfort außer einem Schwimmbad in der Nähe.
**Gästehaus Ársalir,** Austurvegur 7 (am Nordrand von Vík), Tel. 487 1400, Fax 487 1401, simon@ismennt.is, güsntig. Auch Schlafsackplätze, warme Mahlzeiten und Kochgelegenheit, Fahrradverleih.
**Country Hótel Höfðabrekka,** Tel. 487 1208, Fax 487 1218, günstig bis moderat. Warme Mahlzeiten und Kochgelgenheit, Alkoholausschank.
**Hotel Vík,** v/Klettsveg, Tel. 487 1480, Fax 487 1302, hotelvík@ka.is, moderat. Moderne Anlage mit Alkoholausschank und Restaurant.

**Víkurskáli,** Tel. 487 1230, im Sommer 9–23, im Winter 9–22 Uhr. Restaurant mit dem Flair einer Autobahn-Raststätte, außer Fast Food auch Isländische Fleischsuppe, Lammkotelett oder mariniertes Lamm sowie Fischgerichte.

**Felsen von Reynisdrangar** und mit gebührendem Abstand die Seeschwalbenkolonie in den küstennahen Dünen des Ortes.

Mit dem **Amphibienfahrzeug** nach Reynisdrangar und Dyrhólaey, Mýrdælingur, Tel. 487 1334, Fax 487 1303.
**Besuch** der Gletscherwelt des Mýrdals- und des Sólheimajökull.
**Ausflug** zur Küste mit Reynisdrangar, Reynisfjall und Dyrhólaey.

**Víkurprjón,** Tel. 487 1250, www.here.is/vikwool. Wollartikel aus der Produktion im Hause.

**Busverbindungen:** 1. 6.–15. 9. tgl. von/nach Reykjavík und Höfn (Nr. 12, 12a). Info: Tel. 487 1230.

## Vopnafjörður

*Lage: Vordere Umschlagklappe H3*
*Postleitzahl: 690*
*Einwohner: ca. 600*

im Hótel Tangi, s. u.

**Camping,** Vopnafjarðarhreppur, Tel. 473 1300, Fax 473 1196, 1. 6.–31. 8. Lage über dem Fjord. Mit fließendem kalten und warmen Wasser.
**Hótel Tangi,** Hafnarbyggð 17, Tel. 473 1224, Fax 473 1146, moderat. Unscheinbares Hotel imOrtszentrum, warme Mahlzeiten (Touristenmenü), Alkoholausschank.

**Torfgehöft Burstarfell** (Bragi Vagnsson), Tel. 473 1466, 15. 6.–15. 9. tgl. 10–19 Uhr. Eines der schönsten noch existierenden Torfgehöfte Islands. Die umfangreiche Einrichtung verdeutlicht das Leben auf einem alten Großbauernhof in Island bis in das 20. Jh. hinein.

**Schwimmbad Selárdalur,** Tel. 473 1499, Juni–Sept. tgl. 7–22 Uhr, 10 km Entfernung von Vopnafjörður.

**Busverbindungen:** 30. 6.–15. 8. Mo, Mi, Fr von/nach Akureyri und Egilsstaðir (Nr. 12c). Info: Tel. 473 1224.

# Reiseinformationen von A bis Z

Ein Nachschlagewerk – von A wie Anreise über N wie Notfälle bis Z wie Zeitungen – mit vielen nützlichen Hinweisen, Tips und Antworten auf Fragen, die sich vor oder während der Reise stellen. Ein Ratgeber für die verschiedensten Reisesituationen.





## Anreise

### ...mit dem Flugzeug

Der etwa 45 km südwestlich von Reykjavík gelegene internationale Flughafen Leifur Eiríksson Keflavík kann mit der Icelandair während der Hauptreisezeit (Juni–Sept.) direkt von Frankfurt/Main, Hamburg, Zürich und Amsterdam angeflogen werden. Anschriften der Icelandair:

**Für die Bundesrepublik Deutschland**
Icelandair
Rossmarkt 10
60311 Frankfurt/Main
Tel. 0 69/29 99 78, Fax 0 69/28 38 72
germany@icelandair.is

**Für Österreich:**
Icelandair
Opernring 1
Stiege R, 8. Stock
1010 Wien 1
Tel. 01/586 36 74, Fax 01/587 28 92

**Für die Schweiz:**
Icelandair
c/o Richard Gugerli
Industrie Nord 9
5634 Merenschwand
Tel. 056/675 75 55, Fax 01/312 73 74

**Für die Niederlande:**
Icelandair
Muntplein 2
1012 WR Amsterdam
Tel. 0 20/6 27 01 36, Fax 0 20/6 23 80 10
amster@icelandair.is

**In Island:**
Icelandair
Reykjavíkurflugvöllur þorragata
101 Reykjavík, Laugarvegur 7
Tel. 354 50 50 300, Fax 00354 50 50 350
laugarvegur@icelandair.is; www.icelandair.is

Akureyrarflugvöllur, 600 Akureyri
Tel. 461 2200, 469 4380

### ...mit dem Schiff

Die **Smyril-Linie** unterhält mit dem MS ›Norröna‹ Fährverbindungen von Hanstholm (Dänemark) und Bergen (Norwegen) nach Island (Seyðisfjörður). Beide Routen führen über Tórshavn (Färöer-Inseln). Auf dem Weg von Bergen nach Tórshavn wird auch Lerwick (Shetland-Inseln) angelaufen. Die Fähre kann 1050 Passagiere und 300 Pkw mitnehmen. Die Fahrgäste sind in vollklimatisierten Kabinen bzw. auf Liegen untergebracht. Generalagent für die BRD ist:
J.A. Reinecke GmbH & Co
Jersbeker Str. 12
22941 Bargteheide
Tel. 0 45 32/65 19, Fax 0 45 32/2 41 43
jarreinick@aol.com

**Allgemeine Hinweise:** Die Fahrzeuge müssen spätestens 1 Stunde vor der Abfahrt bereitstehen. Bei Buchung ist eine Anzahlung von 10 % des Fahrpreises zu entrichten. Eine Umbuchung (Gebühr: 25 €) muß spätestens 4 Wochen vor der Abfahrt erfolgen. Bei Annullierung werden Gebühren von der Reederei erhoben.

Die ›Brúarfoss‹ von der **Eimskip-Reederei** fährt alle zwei Wochen (zukünftig ev. mit einem weiteren Schiff wöchentlich) von Reykjavík nach Hamburg sowie Aarhus, Kopenhagen, Helsingborg, Göteborg, Frederikstad und entgegengesetzt. Das als Frachter konziperte Schiff, verfügt über komfortable und moderne Passagierräume. Auf diesem Wege können auch Fahrzeuge nach Island verfrachtet werden.
Informationen:
Iceland Travel Ltd.- Ferðaskrifstofa Íslands
Lágmúli 4, 108 Reykjavík
Tel. 585 4000, Fax 588 0202
info@eimskip.is, www.eimskip.com und www.ferdaskrifstofa.is
und
Eimskip Deutschland
Brandsende 6, 20095 Hamburg
Tel. 0 40/32 33 30-0, Fax 0 40/32 33 30 60
grp@eimskip.de, www.eimskip.de

## Ärztliche Versorgung/Apotheken

In Notfällen kann im Raum Reykjavík der diensthabende Arzt im Ärztezentrum (Heilsuverndarstöðin, Smáratorg 1, Kópavogur) werktags 17–23.30 Uhr unter Tel. 1770 erreicht werden. An Wochenenden und Feiertagen ist die Ambulanz (Slysadeild) des Reykjavíker Krankenhauses (Sjúkrahús Reykjavíkur) unter Tel. 552 1000 in 24-Stunden-Bereitschaft. Im Landesinneren kann man über das Hotelpersonal, Tankstellen, Hüttenwarte etc. den Notdienst rufen.

Bei Behandlungen im Notfall müssen Patienten aus EU-Ländern das E-111 Formular vorweisen, sonst muß der Behandelte alle Kosten selbst tragen. Auskunft gibt die Staatliche Krankenversicherung (Tryggingstofnun ríkisins), Laugavegur 114-116, 105 Reykjavík, Tel. 560 4400, Fax 562 4302, upplysingar@tr.is.

Arzneien gibt es nur in Apotheken. Öffnungszeiten: Mo–Fr 9–18 Uhr, Sa 10–14 Uhr. In Reykjavík ist mindestens eine Apotheke ganztägig geöffnet. Informationen über Wochenend- und Nachtdienste in den Schaufenstern der Apotheken und in Reykjavík unter Tel. 551 8888.

Wer zu Erkältungen neigt, sollte in seiner Reiseapotheke Halsschmerztabletten mitnehmen. Auf privaten Unternehmungen ist die Mitnahme von Heftpflastern angebracht. Unvorsichtiges Gehen auf frischer Lava oder auf Palagonitbreccien kann zu Stürzen und damit zu Verletzungen führen.

Sollte man sich beim Kochen auf dem Campingplatz verbrennen oder verbrühen, so ist die Brandstelle sofort mit sauberem kalten Wasser zu kühlen.

Weitere Informationen beim Fremdenverkehrsamt oder State Social Security Institute, Laugarvegur 114, 105 Reykjavík.

## Auskunft

### ■ ... für Deutschland und Österreich
Isländisches Fremdenverkehrsamt
City Center, Frankfurter Str. 181
63263 Neu-Isenburg
Tel. 0 61 02/25 44 84, Fax 0 61 02/25 45 70
island_info@compuserve.com
www.skandinavien.de/island.html

### ■ ...für die Schweiz
Isländisches Informationsbüro, c/o Icelandair
Siewerdtstr. 9, 8050 Zürich
Tel. 01/3 12 73 73

### ■ ...in Island
Isländisches Touristenbüro
Bankastræti 2, 101 Reykjavík
15.5.–15.9. tgl. 8–19 Uhr, 16.9.–14.5. Mo–Fr 9–17, Sa 10–14 Uhr, So geschl.
Tel. 562 3045, Fax 562 3057
tourinfo@tourinfo.is

Isländischer Touristenverein
(Ferðafélag Íslands)
Mörkin 6, , 108 Reykjavík
Tel. 568 2533, Fax 568 2535
fi@fi.is, www.fi.is

Isländischer Touristikverband
(Samtök FerðaÞjónustunnar)
Hafnarstræti 20, 101 Reykjavík
Tel. 511 8000, Fax 511 8008
www.saf.is

Busbahnhof (BSÍ)
Vatnsmýrarvegur 10, 101 Reykjavík,
Tel. 552 2300, 562 3320, Fax 552 9973
travel@bsi.is

Näheres über Land und Leute erfährt man auch bei folgenden Adressen:
**Deutsch-Isländische Gesellschaft e.V.,**
Apostelnstr. 7, 50667 Köln
Tel. 02 21/2 57 37 17/18
**Gesellschaft der Freunde Islands e.V.,**
Raboisen 5, I, 20095 Hamburg
Tel. 040/33 66 96

## Autofahren

### Verkehrsregeln

Die meisten Straßen in Island sind Schotterstraßen. Daher müssen alle Fahrzeuge mit Schmutzfängern ausgestattet sein, um den Steinschlag zu verringern. Aus gleichem Grunde dürfen keine Gasbehälter unter oder hinter dem Fahrzeug mitgeführt werden. Straßenstaub behindert bei trockenem Wetter die Sicht stark. Auf Sanderflächen u. ä. kann bei Stürmen wegen des aufgewirbelten Staubes der Verkehr sogar für einige Stunden eingestellt werden. Es ist Pflicht, tagsüber mit Abblendlicht zu fahren. Bei Gegenverkehr ist es wichtig, die Geschwindigkeit zu senken und möglichst weit rechts zu fahren.

Wegen des häufig hügeligen Geländes haben isländische Straßen viele unübersichtliche Höhen, die nicht immer durch ein Warnschild mit dem Wort ›Blindhæð‹ angekündigt werden. Viele Brücken sind einspurig. An ihren Rampen befinden sich besonders viele und tiefe Schlaglöcher. Es ist daher angebracht, die Geschwindigkeit vor Brücken zu reduzieren.

**Zulässige Höchstgeschwindigkeit:** innerhalb Ortschaften 50 km/h und auf der Landstraße 80/90 km/h, soweit nicht anders ausgeschildert.

**Kein Alkohol am Steuer:** Es gilt 0,0 Promille.

### Fahrten durch das Hochland

Auf Hochlandfahrten sind besondere Regeln zu beachten. Es ist grundsätzlich untersagt, die Hochlandpisten zu verlassen. Vor dem Aufbruch in die Wildnis des Hochlandes ist wichtig, sich über die Lage von Hütten und Campingplätzen zu informieren. Übernachtungen in Hütten müssen wegen der begrenzten Anzahl an Schlafplätzen im voraus gebucht werden. Da nicht immer die Gewähr gegeben ist, in einer der Hütten unterzukommen, ist es unabdingbar, ein sturmsicheres Zelt mitzunehmen.

An der letzten Tankstelle vor der Zufahrt zum Hochland sollte noch einmal der Tank gefüllt werden, denn es stehen im gesamten Landesinneren nur vier **Tankstellen** zur Verfügung. Das Wetter kann sich in dieser Umgebung urplötzlich ändern, wobei heftige Stürme mit Schnee und Frost zu erwarten sind. Über die Wetteraussichten kann man sich Mo–Fr um 7.31 Uhr beim isländischen staatlichen Rundfunk Ríkisúvarpíð (FM 93,5 und FM 92,4) im Anschluß an die Nachrichtenübersicht informieren (Englisch).

Im Hochland müssen die Flüsse häufig durch Furten gequert werden. Mehr als 40 Furten sind mit Hinweisen auf ihre Passierbarkeit versehen. Viele dieser Flüsse sehen harmlos aus, können sich aber beim Durchfahren als sehr tückisch erweisen. Daher ist vor einer Hochlandfahrt besonders wichtig festzustellen, wo auf der Strecke nicht überbrückte Flüsse zu queren und Furten zu finden sind. Erkundigen Sie sich bei ortskundigen Naturschutzwarten nach dem Zustand der Furten. Reißende Flüsse, besonders Gletscherflüsse, verändern oft ihren Lauf und im Laufe des Tages ihre Wasserführung und werden damit plötzlich unpassierbar. Es ist daher sehr anzuraten, die Furt vor dem Queren genau zu untersuchen und eventuell zu warten, bis die Wasserführung zurückgeht. Dieser Rat ist gerade dann zu beachten, wenn kein Begleitfahrzeug mitfährt.

Halten Sie sich an andere Reisende, die auch warten und zur Not Hilfe leisten können. Erkunden Sie die Furt möglichst mit Schwimmweste und angeseilt. Bedenken Sie, daß Gletscherflüsse mit einer Temperatur von etwa 5 °C eiskalt sind und gerade an Nachmittagen einen mitreißenden Charakter bekommen können. Geringstes

Straucheln beim Durchwaten ohne Hilfsmittel kann zu lebensbedrohlichen oder gar todbringenden Situationen durch Auftreten von Schockzuständen, Krämpfen, Verletzungen und/oder Unterkühlung führen. Vermeiden Sie, von der Strömung in den Kniekehlen getroffen zu werden. Es ist zu beachten, daß gerade bei verzweigten und daher sich ständig ändernden Flußläufen nicht alle Radspuren den richtigen Weg weisen. Die besten Furten sind nicht immer an den schmalsten Stellen des Flusses.

Der Untergrund muß fest sein, Treibsand kann zum Verlust des Autos führen. Kleine Autos mit schwachem und ungeschütztem Motor sind für das Befahren von Furten ungeeignet. Die Luftzufuhr des Motors muß über dem Wasser bleiben, und die Scheinwerfer sind auszuschalten, bevor man in das kalte Wasser fährt. Es ist zu bedenken, daß die Bremsen nach der Fahrt durch das Wasser längere Zeit unwirksam sind.

Informieren Sie sich genau über die **Öffnungszeiten und den Zustand der Hochlandstraßen und -pisten** in den Touristeninformationszentren oder direkt beim Isländischen Straßenamt in Reykjavík (Tel. 354 1777, tgl. 8–16 Uhr oder 24-Stunden-Anrufbeantworter, 1.6.–31.8. in Englisch, Tel 599 6316). Manche Strecken sind wegen des noch weichen und schlammigen Untergrundes bis weit in den Sommer unbefahrbar. Wenn die Pisten freigegeben werden, sind sie meistens nur mit Allradfahrzeugen zu bewältigen. Aus Sicherheitsgründen sollten einige Pisten nur mit mindestens zwei Fahrzeugen befahren werden.

Falls das Fahrzeug unterwegs steckenbleibt, verlassen Sie es nur nach genauer Abwägung aller Umstände und nie allein. Falls Sie das Fahrzeug zurücklassen, sollten Sie darin eine Mitteilung mit Angaben über Anzahl, Namen und Alter der betroffenen Personen und über den Zeitpunkt des Verlassens und die eingeschlagene Richtung hinterlassen. Verhalten Sie sich so, daß die Rettungsmannschaften Sie sehen können. Sie ersparen sich und Ihren Mitmenschen viel Zeit und Kummer, wenn Sie Kleidung mit leuchtenden Farben tragen und nicht solche Stellen aufsuchen, die von den Rettern nicht eingesehen werden können.

**Durchschnittliche Öffnungstermine der Hochlandpisten**

| | |
|---|---|
| Kirkjubæjarklaustur – Laki-Spalte (F20) | 3. 7. |
| **Nördliche Route Fjallabak (F22)** | |
| Sigalda – Landmannalaugar | 25 6. |
| Landmannalaugar – Eldgjá | 2. 7. |
| Skaftártunga – Eldgjá | 28. 6. |
| **Südliche Route Fjallabak (F210)** | |
| Keldur – Hvannagil | 15. 7. |
| Fljótshlíð – Hvannagil | 1. 7. |
| Hvannagil – Skaftártunga | 13. 7. |
| Landmannaleið über Dómadalur | 1. 7. |
| **Kjölur (F35)** | |
| Gullfoss – Kerlingarfjöll | 20. 6. |
| Kerlingarfjöll – Kraftwerk Blanda | 25. 6. |
| Sprengisandur über Bárðadalur (F26) | 30. 6. |
| Sprengisandur über Skagafjörður (F752) | 17.7. |
| Sprengisandur über Eyjafjörður (F821) | 20. 7. |
| Uxahryggjavegur (52) | 20. 7. |
| Kaldidalur (F550) | 20. 6. |
| Askja-Piste bis Drekagil (F88) | 20. 6. |
| Askja-Piste bis Askja (F88) | 20. 6. |
| Kverkfjöll (F902) | 20. 6. |

Gefahren können von den in der freien Landschaft lebenden Tieren ausgehen. Rechnen Sie damit, daß am Straßenrand grasende Schafe, Pferde und Rinder beim Herannahen eines Fahrzeuges die Flucht ergreifen und dabei auf die Straße laufen. Jungschafe flüchten fast immer zum Mutterschaf und kreuzen aus diesem Grunde unvorhergesehen die Straße. Sollte es trotz aller Vorsicht zu einem Zusammenstoß mit einem Nutztier kommen, machen Sie von dem nächsten Hof, falls kein Handy zur Verfügung steht, bei der nächsten Polizeidienststelle Meldung. In den Sandlandschaften sitzen im Juni und Juli in der Nähe von Brutkolonien Jungvögel (vor allem Seeschwalben) direkt auf der Straße und fliegen erst im letzten Moment auf.

■ **Öffnungszeiten der Tankstellen:** Reykjavík und Umgebung Mo–Sa 7.30–19.30 Uhr, So 9–19.30 Uhr, ansonsten meistens bis 23 Uhr. In Reykjavík und Umgebung ist Tanken nach Geschäftsschluß an Automaten möglich. Die Automaten akzeptieren 500- und 1000-Kronen-Scheine und übliche Kreditkarten.

■ **Kartenmaterial und Informationen:** Isländischer Automobilclub (Félag Íslenskra Bifreiðaeingenda), Borgartun 33, 101 Reykjavík, Mo–Fr 8.15–17 Uhr, Tel. 562 9999, Fax 552 9071, fib@fib.is, www.fib.is.

■ **Autowerkstätten:** Es ist nicht immer einfach, sich Ersatzteile zu beschaffen. Allerdings gibt es selbst in kleinen Orten immer jemanden, der bei kleineren Reparaturen aushilft. Obwohl die Isländer gern bei einer Panne auf der Straße Hilfe leisten, sollte man regelmäßig kleine Routinekontrollen (Reifen, Öl, Wasser, Batterien etc.) am Fahrzeug durchführen.

■ **Mietwagen**

In Island stehen Leihwagen vom Kleinwagen über den Kombi bis zum Geländewagen zur Verfügung. Es ist angebracht, bei einer Wagenmiete rechtzeitig (etwa sechs Monate vor der Abreise) dem Reisebüro seine Wünsche mitzuteilen.

Da bei den Fahrten über Schotterstraßen die Fahrzeuge eher einen Schaden erleiden als auf den Asphaltstraßen in Mitteleuropa, wird dringend geraten, das Fahrzeug gemeinsam mit dem Verleiher zu überprüfen. Es ist beispielsweise auch im Interesse der eigenen Sicherheit, folgendes zu kontrollieren: Reservereifen, Ölstand, Reservekanister, Wagenheber und Werzeugkasten vorhanden und vollständig usw. sowie vereinbarte Extras, z.B. Schaufel, Seil u.a. Es ist bei der Planung einer Fahrt mit einem geliehenen Fahrzeug zu beachten, daß mit einem normalen Straßenwagen Hochlandpisten nicht befahren werden dürfen. Wichtig ist bei Geländefahrzeugen die Abklärung des Versicherungsschutzes bei Hochlandfahrten und Inlanddurchquerungen. Man sollte bedenken, daß auch bei einem Vollkasko-Schutz die Versicherung bei Schäden, die bei Flußquerungen entstehen, nicht aufkommt. Außerdem sollte bei der Übernahme des Fahrzeugs eine Liste mit Kontakt- und Werkstattadressen einschließlich Telefonnummern erbeten werden. Mindestalter des Mieters und des Fahrers: 20 Jahre.

Mietverträge sollen genau durchgelesen werden. Es ist in flüchtigen deutschen Übersetzungen zu beachten, daß z.T. die Begriffe ›Mieter‹ und ›Vermieter‹ verwechselt werden können.Bei Fahrten durch das Hochland soll man das notwendige Allradfahrzeug Vollkasko versichern lassen. Kleinere Schäden treten auch bei vorsichtiger Fahrweise an schon manchmal etwas altersschwachen Fahrzeugen auf. Die Vollkasko-Versicherungsprämie beläuft sich auf ca. 12 bzw. 16 € pro Tag für allradgetriebene Fahrzeuge.

Gegen Extrakosten besteht die Möglichkeit, einen Anhänger oder ein Funkgerät zu mieten. Es ist zu bedenken, daß trotz besserer Staumöglichkeiten für das Gepäck ein Anhänger im schwierigen Gelände (Lavaströme, Furten) behindert.

## Behinderte

Eine Reihe von Hotels in Akureyri und Reykjavík bietet spezielle Einrichtungen für Rollstuhlfahrer und verfügt über Gästezimmer für Behinderte. Die Fährschiffe ›Baldur‹ und ›Herjolfur‹ können von Rollstuhlfahrern benutzt werden, genauso, wie sich alle isländischen Fluggesellschaften auf Benutzung ihrer Flugzeuge durch behinderte Passagiere eingestellt haben. Auch einzelne Busse sind entsprechend ausgerüstet. Weitere Informationen beim Reiseveranstalter.

## Diplomatische Vertretungen

### ■ ... in Island

**Botschaft Bundesrepublik Deutschland**
Laufásvegur 31, 101 Reykjavík
Tel. 530 1100, Fax 530 1101

**Deutsche Konsulate:**
600 Akureyri, Hofsbót 4
Tel. u. Fax 462 4510, Tel. 462 5338

701 Seyðisfjörður, Langitangi 5
Tel. 472 1402, Fax 472 1241

400 Ísafjörður, Seljalandsvegur 73
Tel. 897 6749, Fax 562 5016
Büro: 456 3935, Fax 456 4522

**Österreichisches Generalkonsulat:**
Austurstræti 17, 4.h, 101 Reykjavík
Tel. 552 4016, Fax 557 5464

**Konsulat der Schweiz:**
Laugarvegur 13, 101 Reykjavík
Tel. 551 7172, Fax 551 7179

### ■ ... in Deutschland, der Schweiz und Österreich

**Botschaft von Island**
Lengstr. 5, 10787 Berlin
Tel. 0 30/50 50 40 00
Fax 0 30/50 50 43 00

**Isländisches Generalkonsulat**
Naglergasse 2–3, 1010 Wien
Tel. 01/5 33-27 98

## Einkäufe, Souvenirs

Die besten Einkaufsmöglichkeiten bieten sich in Reykjavík und Akureyri an. Empfehlenswert sind die hochwertigen und vergleichsweise preisgünstigen Island-Pullover und andere Wollwaren. Keramische Erzeugnisse, Silber- und Filigranarbeiten, Schaffelle und Pferdedecken sind andere beliebte Souvenirs. Sie können in Geschäften gekauft werden, die auf Souvenirs und Touristen spezialisiert sind (erkennbar am Tax-Free-Zeichen). Für bestimmte Waren wird ausländischen Kunden bei der Ausreise die Mehrwertsteuer (Mindestwarenwert 4000 ISK) erstattet. Wer als Gaumenfreund ein Andenken aus Island mitnehmen will, dem sind hochwertige Fischkonserven, Garnelen, Hummer, geräuchertes Lamm und vor allen Dingen der vorzügliche geräucherte Lachs zu empfehlen.

## Einreise- und Zollbestimmungen

Für die Einreise in Island genügt für Reisende aus Deutschland, Österreich und der Schweiz ein gültiger Personalausweis (Aufenthalt maximal 3 Monate). Besondere Impfungen sind nicht vorgeschrieben.

Für das Fahren eines Fahrzeuges benötigen Sie nur den Führerschein des Heimatlandes. Bei der Einfuhr von Kraftfahrzeugen müssen Reisepaß bzw. Personalausweis, internationaler Führerschein, Kraftfahrzeugschein und die grüne Versicherungskarte vorgelegt werden.
**Zoll:** Jeder Reisende ab 20 Jahren darf 3 kg Lebensmittel im Gepäck einführen, jedoch weder rohes Fleisch noch Fleischprodukte, Eier, Butter oder ungekochte Milch und soweit der Warenwert nicht 4000 ISK (ca. 50 €) überschreitet. Zusätzlich ist die Einfuhr von 1 l Spirituosen (Alkoholgehalt max. 47 %) und 1 l Wein (Alkoholgehalt max. 21 %) oder 6 l importiertem oder 8 l isländischem Bier anstelle eines der beiden gestattet. Jeder Reisende ab 18 Jahren darf 250 g Tabak zollfrei einführen. Verboten ist die Einfuhr von lebenden Tieren, von Waffen und Rauschgift, Gift und Arzneien (ausgenommen ist eine kleine Menge Medikamente für den eigenen Bedarf, jedoch keine größeren Mengen als für 100 Tage).

Bei der Ankunft wird das Fahrzeug kontrolliert und eine zeitlich befristete Einfuhrgenehmigung erteilt. Zulässig ist nur die Einfuhr von Fahrzeugen mit weniger als 13 m Länge und einer Höchstbreite von 2,5 m. Treibstoff darf im Tank und nicht in Reservekanistern eingeführt werden (Maximum 200 l). Kraftfahrzeuge, die nicht in Island registriert sind und einen anderen Treibstoff als Benzin verbrauchen, werden mit einer Gewichtssteuer belegt. Für Dieselfahrzeuge ist eine Dieselsteuer zu entrichten. Im Ausland benutzte Angelausrüstungen werden desinfiziert, falls kein gültiges Attest vorgelegt wird.

## Eintrittsgelder

Nur einzelne kulturelle Einrichtungen können ohne die Entrichtung eines Eintrittsgeldes besucht werden. Der Besuch von Galerien oder Museen kostet in der Regel zwischen 200 und 300 ISK (2,50–4 €). Der Eintritt zu dem Besuch eines Schwimmbades kostet meistens 200 ISK.

## Elektrizität

220-V-Wechselstrom. Eventuell ist ein Zwischenstecker erforderlich (vor Ort erhältlich).

## Essen und Trinken

Man kann vorzüglich in kleinen und geschmackvoll eingerichteten Restaurants speisen. Auf der Speisekarte stehen als isländische Spezialitäten Fischgerichte und Lammfleisch. Häuser, die dem Isländischen Touristikverband angeschlossen sind, bieten auch Touristenmenüs an: Mittags für max. 1100 ISK (ca. 15 €), abends für max. 1800 ISK (ca. 25 €). Kinder bis zu 5 Jahren haben das Essen frei, und Kinder im Alter zwischen 6 und 12 Jahren essen zum halben Preis. Ansonsten muß man für ein Essen der mittleren Preisklasse einschließlich der Getränke in der Innenstadt schon etwa 40 € veranschlagen. Es gibt allerdings auch billigere Speisehäuser und Selbstbedienungsrestaurants. Viele Restaurants haben bis 24 Uhr geöffnet. Wegen der geringen Anzahl an Plätzen ist eine Tischreservierung zu empfehlen.

### ■ Traditionelle Speisen

Die bekannteste traditionelle Speise, die sich die Isländer schon seit Jahrhunderten munden lassen, ist *Skyr*. Nach seinem Geschmack und seiner Konsistenz ist er eine Kreuzung zwischen Joghurt und Frischkäse oder Quark. Man kann ihn als reinen *Skyr* oder mit Früchten versetzt einkaufen oder auf die gehobenen Klasse des *Rjómi-Skyr* (= Sahne-Skyr) zurückgreifen. Zu einem Festschmaus wird er aber, wenn man den einfachen *Skyr* mit viel Sahne verrührt und frische Blaubeeren hinzugibt. Diese Speise ist nicht nur köstlich, sondern auch sättigend. Es wird gesagt, daß der *Skyr* ein wesentlicher Bestandteil des nationalen isländischen Erbes sei. Er nimmt einen Ehrenplatz in den Herzen der Isländer ein – sicherlich auch in den Mägen. Es muss nicht betont werden, daß beste isländische Speiselokale Skyr als Nachspeise anbieten.

Man kann den Genuß dieser Süßspeise auch mit einer Vorspeise beginnen: einfaches Weißbrot mit Butter und frisch geräuchertem isländischen Lachs.

Wahre Islandfans sollten es nicht versäumen, ihre eigenen Erfahrungen mit Stockfisch aus getrocknetem Schellfisch, Kabeljau oder Katfisch zu machen. Besonders wenn man ihn in einem Rundreisebus zu sich nimmt, dann mögen manche den vom Stockfisch ausgehenden Geruch als stechend empfinden, andere empfinden ihn als einen angenehmen Duft. Mit Butter schmeckt der Fisch gut.

Zu Weihnachten werden Schneehühner gern gegessen, auf dem Speiseplan steht auch ein Heilbutt oder ein abgekochter und gesengter Schafkopf. Hinsichtlich letzter Speise ist es durchaus vorstellbar, daß vielen ein gut angerichtetes *Hangikjöt* (geräuchertes Hammel- oder Lammfleisch) besser schmeckt.

## Feiertage und Feste

(in den Sommermonaten)

**Pfingstzeit**
Seeangelwettbewerb, der vom Seeangelklub Reykjavík und vom Angelklub des Flughafens Keflavík organisiert wird.

**Pfingstsonntag**
Gesetzlicher Feiertag (geflaggt).

**Pfingstmontag**
Gesetzlicher Feiertag. In Reykjavík jährliche Pferdeschau mit kleinen Rennen und Wetten.

**17. Juni**
Nationalfeiertag (geflaggt). Gefeiert wird mit Umzügen, Tanz in den Straßen und Parks von Reykjavík. Gesetzlicher Feiertag.

**Mittsommer**
Pferdeschau in einigen Gegenden Islands, gewöhnlich im Juli.

In Skálholt und Hólar im Hjaltadalur. Feierlichkeiten anläßlich der Gründung der Bistümer von Skálholt (1056) und Hólar (1106) mit Gedenkgottesdiensten. Der Tag ist nicht genau festgelegt.

**Erster Montag im August**
Bankfeiertag *(Verzlunarmannahelgi)*. Für gewöhnlich macht man Ausflüge in die schönen Gegenden des Landes. Gesetzlicher Feiertag, an dem sämtliche Geschäfte geschlossen bleiben.

**Anfang August**
In der ersten Augustwoche veranstalten die Bewohner von Siglufjörður jedes Jahr ein Fest.

Nationalfeiertag auf den Westmänner-Inseln *(þjóðhátið)*. Zwei bis drei Tage andauernde Festlichkeiten mit Sportveranstaltungen, Tanz, Essen, Trinken, Feuerwerk, Bergsteigen etc. In der Regel eine Woche nach dem Bankfeiertag.

**September**
*Réttir.* Die Zeit, wenn Schafe und Pferde von den Sommerweiden in die Pferche *(Réttir)* zusammengetrieben und aussortiert werden. Es ist ein sehr geschäftiges und lustiges Ereignis.

## Fotografieren

Es ist ratsam, Film-/Fotomaterial in ausreichender Menge mitzunehmen, da solche Artikel in Island sehr teuer und nicht überall in der gewünschten Qualität erhältlich sind. Beim Fotografieren ist zu berücksichtigen, daß gerade bei sonnigem Wetter besonders in den jungen Vulkangebieten zwischen Himmel und Unter- bzw. Vordergrund große Helligkeitsunterschiede auftreten. In manchen Fällen ist der Gebrauch eines Blitzlichts sehr nützlich.

## Geld und Banken

Die isländische Währungseinheit ist die króna (ISK) = 100 Aurar. Im Umlauf befinden sich Münzen zu 1, 5, 10, 50, 100 Krónar. Es gibt Banknoten zu 500, 1000, 2000, 5000 Krónar. Es lohnt sich nicht, isländisches Geld im Ausland einzuwechseln. Die erste Gelegenheit zum Geldwechsel ist bei der Einreise auf dem Flughafen gegeben. Es dürfen isländische Banknoten unbegrenzt ein- und ausgeführt werden, ebenso wie ausländische Währungen in Form von Kreditbriefen, Reiseschecks oder Noten.

Die Devisenabteilung einer jeden Bank wechselt Geld und löst Reiseschecks ein. Öffnungszeiten der Banken: Mo–Fr 9.15–16 Uhr.

Es besteht oft die Möglichkeit, auch außerhalb Reykjavíks Geld an Tankstellen oder in Hotels zu tauschen. Reiseschecks werden in Hotels, Reisebüros oder in vielen Restaurants entgegengenommen. Gegen Vorlage der Eintausch-Quittung kann restliches isländisches Geld vor der Abreise bei der Landsbanki oder auf dem Flughafen zurückgetauscht werden.

Kreditkarten bekannter Institute werden von Fluggesellschaften, Restaurants, Souvenirläden, Reisebüros und Autovermietungen akzeptiert. Nach den Geschäftszeiten der Banken kann im Informationszentrum des Isländischen Touristenbüros

**Wechselkurse im Frühjahr 2001**
100 ISK = 1,25 € u. 1,90 SFr
1 € = 80 ISK
1 SFr = 52 ISK

(Reykjavík, Bankastræti 2) Mo–Sa 9–17 Uhr Uhr Geld gewechselt werden.

Karteninhaber von VISA oder Eurocard/Mastercard können an Automaten isländische Währung erhalten. Euroschecks und ec-Karten können an entsprechend gekennzeichneten Stellen als Zahlungsmittel benutzt werden.

## Gepäckaufbewahrung

Die Gepäckaufbewahrung hat im Busbahnhof (BSÍ, Vatnsmýrarvegur, Reykjavík) Mo–Fr von 7.30–21.30 Uhr, Sa 7.30–14.30 und Juni–Aug. auch So 17–19 Uhr geöffnet. Tel. 552 2300 und 552 6292.

## Karten

Dem Islandbesucher steht ein sehr gutes Kartenmaterial im Maßstab 1 : 25 000 bis 1 : 1 000 000 zur Verfügung. Karten sind in Buchläden, Tankstellen, Raststätten und in der Verkaufsstelle des Isländischen Landesvermessungsamtes (Landmælingar Íslands), 105 Reykjavík, Laugarvegur 178, Tel. 533 4000, Fax 533 4011, www.lmi.is erhältlich und dort z.T. wesentlich billiger als zu Hause.

## Kinder

Das Verhalten Kindern gegenüber ist in einem Land, mit 25 % Bevölkerung unter 25 Jahren entsprechend tolerant. Auch in Hotels und Restaurants ist man Reisenden mit Kindern besonders aufgeschlossen, auch was Preisermäßigungen angeht (s. Essen und Trinken, S. 326).

## Kleidung

Für die Reise nach Island sind wegen möglicher feuchter und kühler Witterung folgende Bekleidungsstücke unbedingt erforderlich: Anorak oder Parka, strapazierfähige lange Hose, feste Schuhe, warme Unterwäsche, dicke Oberhemden (Flanell oder Wolle), Wollstrümpfe, Wollmütze, Regenkleidung. Für Touren ins Landesinnere sind außerdem Handschuhe und eine Sonnenbrille ratsam. Auch Badezeug sollte nicht fehlen. Gummistiefel sind nicht unbedingt erforderlich.

## Literatur

In der isländischen Literatur, die dem Leser die isländische Landschaft und Kultur näherbringt, sind vor allem in deutschen Übersetzungen die Werke von Nonni (Jón Sveinsson) und Halldór Laxness zu nennen (s. S. 149 bzw. 53f.)

**Weitere Werke:**

Vad, P.: Islandreise. Auf den Spuren einer Saga, München 1998

Die Völsungen-Saga. Nordische Nibelungen, hrsg. von Ulf Diederichs. München 1996

Kárason, E.: Törichter Männer-Rat. Wien 1998

Schier, K. (Hrsg.): Märchen aus Island. München 1992

Tuuri, A.: Großes kleines Land. Isländisches Tagebuch. Münster 1998

## Nationalparks

Island besitzt drei Nationalparks, Þingvellir, Skaftafell und Jökulsárgljúfur (zusammen 1800 km²) sowie 29 Naturschutzgebiete (2700 km²), zu denen die Umgebung der Herðubreið, das Fjallabak-Gebiet, Lónsöræfi, die Landschaft von Hornstrandir auf der Nordwest-Halbinsel etc. gehören. Sie stehen unter dem besonderen Schutz der isländischen Naturschutz-Behörde:

The Nature Conservation Council
Reykjavík, Hlemmur 3
Tel. 562 7855, Fax 562 7790
nr@ni.is, www.ni.is/nr.

## Notfälle/Polizei (lögreglan)

Tel. 112
Notruf für Polizei, Feuerwehr, Notarzt oder andere Notsituationen.

## Öffentliche Verkehrsmittel

### Überlandbusse

Das Reisebüro BSÍ-Travel bietet eine Vielzahl attraktiver Bus- und kombinierter Reisen in nahezu alle Gebiete Islands an. Man kann aber auch ohne Vorbuchung, festen Fahrplan und Reiseleiter Island erkunden. Für Touren auf eigene Faust bietet sich als preiswertestes Verkehrsmittel der Linienbus zu verbilligten Tarifen an. So kann man für ungefähr 350 € ausgerüstet mit dem Omnibuspaß ›Tímamiði‹ auf eine 14tägige Entdeckungsreise durch Island gehen. Für diese Unternehmung können alle Linienbusse des Streckennetzes genutzt werden. Auskunft erteilt:
BSÍ-Travel, Busbahnhof
Vatnsmýrarvegur 10, 101 Reykjavík
Tel. 552 2300 u. 562 3320
Fax 00354 552 9973
travel@bsi.is
Öffnungszeiten: 1. 6.–31. 8. Mo–Fr 7.30–19, Sa, So 7.30–17 Uhr., 1. 9.–31. 5. Mo–Fr 9–17 Uhr. Der Fahrkartenschalter ist tgl. 7.30–22 Uhr geöffnet.

### Flugverbindungen

Flugfélag Íslands (Air Iceland) unterhält im wesentlichen den innerisländischen Flugbetrieb und steuert Akureyri, Egilsstaðir, Ísafjörður, Hornafjörður (Höfn) und die Vestmannaeyjar an. Von Akureyri erfolgen Linienflüge nach Ísafjörður, Grímsey, Þórshöfn und Vopnafjörður. Íslandsflug schließt in den Flugplan die Orte Bíldudalur, Gjögur und Sauðárkrókur ein. Mýflug bedient im Sommer die Strecken Reykjavík-Mývatn-Reykjavík und Mývatn-Höfn-Mývatn.
Info:
**Air Iceland,** Tel. 570 3030, Fax 570 3001, www.airiceland.is.
**Íslandsflug,** Tel. 570 8090, Fax 570 8091, www.islandsflug.is.

## Öffnungszeiten

**Behörden:** Mo–Fr 9–17 Uhr, einige Firmen und Institutionen Juni–Aug. 8–16 Uhr.
**Ladenöffnungszeiten:** Mo–Fr 9–18 Uhr, Sa 10–14 Uhr, manche auch länger. Einige Supermärkte haben werktags bis 23 Uhr geöffnet. Souvenirshops sind auch Sa geöffnet. Kringlan-Geschäftszentrum, Reykjavík: Mo–Fr 10–18.30, Fr. 10–19, Sa 10–16 Uhr sowie sonntags geöffnet. Beachten Sie die Feiertage.

## Post

**Postämter:**
Mo–Fr 8.30–16.30, Sa (Juni–Aug.) 10–14 Uhr. Postamt Kringlan (Einkaufszentrum, Reykjavík) Mo–Fr 10–18.30 Uhr, Sa 10–16 Uhr.
**Postgebühren:**
bis 20 g Europa/Luftpost 50 ISK
Die isländische Post hat in der Hauptpost in Reykjavík einen Schalter (Postphil) für Briefmarkensammler eingerichtet:
Ármúli 25, 101 Reykjavík
Tel. 580 1052, Fax 580 1059,
postphil@postur.is.

## Preisniveau

Die Lebenshaltungskosten sind in Island beträchtlich höher als in der Bundesrepublik Deutschland. Es gibt nur wenige Grundnahrungsmittel (Fisch, Zucker), die dem deutschen Preisniveau entsprechen. Da viele Nahrungsmittel, insbesondere Obst, verschiedene Gemüsearten, Getreide und Getreideprodukte, eingeführt werden müssen, ist generell mit etwa doppelt so hohen Kosten für die Ernährung zu rechnen.

## Reisezeit

Die beste Reisezeit für Island dauert von Mitte Juni bis Anfang September. Zur Zeit der Mittsommernacht geht im Norden die Sonne kaum unter, im Süden und in Reykjavík verschwindet sie für zwei Stunden. Auch außerhalb der Hauptreisesaison ist Island besuchenswert. Selbst Wintersportmöglichkeiten sind in der Umgebung von Reykjavík, besonders aber bei Akureyri, Ísafjörður und Siglufjörður vorhanden.

## Tabak und Alkohol

Das staatliche Wein-, Alkohol- und Tabakmonopol unterhält neun Geschäfte in Reykjavík, wo Mo–Do 11–18 Uhr, Fr 11–19 Uhr und Sa 11–14 Uhr alkoholische Getränke zu stark überhöhten Preisen eingekauft werden können. Alkoholische Getränke wie Bier, Wein, Drinks etc. sind nur in Bars und Restaurants erhältlich. Gasthäuser im mitteleuropäischen Sinne gibt es in Island nicht. Nicht weniger gemütlich sind die Cafeterias in den Tankstellen. Das in Supermärkten und Trinkhallen käufliche Bier ist fast alkoholfrei.

## Taxi

Taxidienste werden in fast allen Ortschaften unterhalten. Es können damit auf Vereinbarung kurze Überlandfahrten durchgeführt werden. Die Preise entsprechen dem kontinentalen Standard.

## Telefonieren

Ferngespräche nach den meisten europäischen Ländern und in die USA können direkt von Telefonzellen mit internationalen Anschlüssen gewählt werden. Öffentliche Telefone funktionieren entweder mit Telefonkarten oder mit Münzen. Isländische Telefonkarten kosten 500 ISK (etwa 6,50 Euro) und sind in Post- und Telegrafenämtern im ganzen Land erhältlich. Das europäische Ausland ist in der Zeit zwischen 19 und 8 Uhr verbilligt zu erreichen. Eine Gesprächsvermittlung über Hotels und Telegrafenämter ist teurer.

Bei Auslandsgesprächen wählt man 0049 nach Deutschland, 0043 nach Österreich und 0041 in die Schweiz, dann folgt die Ortsvorwahl ohne die Null am Anfang und schließlich die Anschlußnummer des gewünschten Gesprächspartners. Bei Gesprächen von Europa nach Island werden die Ziffern 00 354 vor die siebenstellige Teilnehmernummer gesetzt.

Zum Telefonieren in Island wird in der Regel eine siebenstellige Nummer gewählt. Die Namensanordnung ist im Telefonbuch nach den Vornamen vorgenommen. Eine Auskunft für Telefonnummern und Adressen erhält man landesweit unter der Nummer 118 .

In Island offerieren zwei Gesellschaften, Landssiminn und TAL einen Mobiltelefonservice. Das landesweite NMT-450-Netz wird von Landssiminn benutzt. GSM beschränkt sich auf die Ballungsräume und wird von TAL hauptsächlich im Hauptstadtgebiet und in Südwestisland empfangen.

**Telegramme:** Über die Telefon-Nummer 146 kann man vom Privatanschluß oder vom öffentlichen Telefon Telegramme aufgeben.

**Telefax:** Postämter in Reykjavík und auch Postämter der Gemeinden bieten einen Fax-Service an.

## Trinkgeld

Trinkgelder sind nicht üblich. Preise in Hotels, Restaurant sowie Taxigebühren schließen die Bedienung ein. Busfahrer von Gruppenreisen freuen sich trotzdem nach Exkursionen über eine kleine Anerkennung.

## Unterkunft

### Camping

Wer die Natur Islands hautnah erleben will, muß mindestens einmal in freier Natur gezeltet haben. Es stehen für diese billigste Art zu übernachten (etwa 5,50 Euro pro Person und Nacht) über 100 organisierte Campingplätze mit unterschiedlichem Standard zur Verfügung.

Island besitzt nur wenige Campingplätze, die ganz den Vorschriften des Gesundheitsministeriums entsprechen. Dennoch muß man einräumen, dass gerade in den letzten fünf Jahren sehr viele Anstrengungen unternommen worden sind, um den Komfort zu verbessern. Man muß es daher manchmal hinnehmen, daß nur eine Wasserstelle und nur eine Toilette für mehr als 50 Personen zur Verfügung stehen. In den unbewohnten Gebieten muß man seine Ansprüche manchmal etwas zurücknehmen, was dann aber häufig durch besondere Erlebnisse in einer wilderen Umgebung ausgeglichen wird.

Außerhalb Reykjavíks befinden sich die am besten ausgestatteten Campingplätze in Akureyri, Egilsstaðir, Hella, Höfn (Hornafjörður), Húsafell, Ísafjörður, Laugarvatn, Mývatn (Reykjahlíð), Skaftafell und þingvellir. An einigen Orten ist Camping nur innerhalb besonderer, markierter Areale erlaubt. Sonst ist es fast überall dort gestattet, wo es nicht ausdrücklich verboten ist (z. B. am Mývatn außerhalb der Campingplätze). Auf dem Lande muß bei dem jeweiligen Bauern die Zustimmung zum Zelten eingeholt werden; besonders dann, wenn es sich um kultiviertes Land (z.B. *Tún*-Flächen) handelt.

Zur Campingausrüstung sollten, gerade wenn entlegenere Gebiete auf eigene Faust aufgesucht werden, folgende Gegenstände gehören: 1 sturmsicheres Zelt, 1 Luftmatratze oder eine ähnliche Unterlage, 1 Daunenschlafsack (hier sollte auf eine gute Qualität geachtet werden), 1 Gas- oder Benzinkocher und Kochgeschirr, Ersatzschnüre und -stangen für das Zelt, Geschirrtücher.

Die Ausrüstung kann man auch im Fluggepäck mitnehmen. Doch sollte man dabei bedenken, daß man sich, was die anderen Reiseartikel anbetrifft, sehr einschränken muß. Denn ein 3-Personen-Zelt wiegt immerhin etwa 3–4 kg. Es sollte bei der Planung der Reise überlegt werden, ob man sich nicht in Island die schweren Ausrüstungsgegenstände, wie z. B. Zelt und Luftmatratzen, selbst wenn man sie zu Hause besitzt, entleiht (s. u.).

Bei einer Anreise mit dem Flugzeug ist zu beachten, daß Campingkocher mit einer Gaskartusche nicht mitgenommen werden dürfen. Kartuschen kann man in Reykjavík (dort sollte man sich mit einem kleinen Vorrat eindecken) in Eisenwarenhandlungen und Sportgeschäften, an Tankstellen und in größeren Verkaufsstellen im Lande beziehen. Bei Hochlandtouren mit Bussen wird die Ausrüstung ohne Schlafsack vom Ausrichter der Reise gestellt.

**Verleiher von Campingausrüstung:**
Sportleigan – Rent a Tent
Vatnsmýrarvegi 9 v/Umverðamiðstöðina
(am Busbahnhof), 101 Reykjavík
Tel. 551 9800, Fax 561 3082

## Hütten

Sollte es wegen Schneefalls oder Sturm zu wild werden, ist häufig ein Ausweichen auf eine Hütte sinnvoll. Das strapaziert allerdings den Geldbeutel. Der Übernachtungspreis liegt mit etwa 17 € pro Person und Übernachtung etwa um das Dreifache höher als auf dem Campingplatz. Während der Hochsaison sind die Hütten an den Hauptverkehrsrouten oft überbelegt.

In den entlegenen Landschaften befinden sich Schutzhütten, die bei Schlechtwettereinbrüchen oder aber, soweit es keine Nothütten sind, zur Übernachtung aufgesucht werden können. An den Küsten gibt es außerdem Schutzhütten, die in erster Linie für Schiffbrüchige bestimmt sind (z.B. auf den Sandern im Süden).

Die Hütten werden von drei verschiedenen Organisationen unterhalten. Es sind das Direktorat für Landstraßen, (*Vegamálaskrifstofan*), die Isländische Lebensrettungsgesellschaft *(Slysavarnafélag Íslands)* und der Isländische Touristenverein *(Ferðafélag Íslands)*, der Touristenverein Akureyri *(Ferðafélag Akureyrar)* sowie der Touristenverein von Egilsstaðir *(Ferðafélag Fljótshéraðs)*.

Die Hütten der ersten beiden Institutionen sind nur als Notunterkünfte vorgesehen. Die Hütten der Touristenvereine werden in erster Linie von Mitgliedern benutzt. Sie stehen aber auch Nichtmitgliedern zur Verfügung, falls sie nicht belegt sind. Während der Hauptsaison sind für unangemeldete Gäste selten noch Schlafplätze frei. Die Hütten befinden sich vor allem im zentralen Hochland oder in besonders reizvollen Gebirgslandschaften.

**Isländischer Touristenverein:**
Ferðafélag Íslands
Mörkin 6, 108 Reykjavík
Tel. 568 2533, Fax 568 2535
fi@fi.is, www.fi.is

### Jugendherbergen

In Island gibt es 29 Jugendherbergen *(Farfuglaheimili)* mit etwa 1000 Betten. Die Herbergen sind nicht gleichgroß und gleichartig ausgestattet. So schwankt ihre Bettenzahl zwischen 10 und 100. Ihr Standard entspricht den internationalen Anforderungen und bietet ›jungen‹ Menschen jeden Alters Unterkunft mit einem Bett, einer Bettdecke und einem Kopfkissen. Ein Leinenschlafsack ist entweder mitzubringen oder in der Jugendherberge auszuleihen. Es sind auch Schlafsäcke zulässig. Mitzubringen sind Seife und Handtücher. Alle Herbergen sind mit einer Gästeküche ausgestattet, wo die Gäste ohne zusätzliche Bezahlung ihre Mahlzeiten zubereiten können. Inzwischen kann man in den meisten der Jugendherbergen ein Frühstück erhalten, manche bieten auch warmes Essen und Lunchpakete an, was im voraus bestellt werden sollte. Es ist angebracht, einen Aufenthalt im voraus zu buchen. Gruppen und Familien sollten immer eine Buchung vornehmen. Reservierungen können per Brief, fernmündlich, per Fax oder E-mail erfolgen.

Auskunft und Reservierung:
Isländischer Jugendherbergsverband
Bandalag Íslenskra Farfugla
Sundlaugavegur 34, 105 Reykjavík
Tel. 553 8110, Fax 553 9201
info@hostel.is, www.hostel.is.
Die Übernachtungskosten pro Bett 20 US $, Mitglieder 16 US $, also etwa 19/15 € .

### Schlafsack-Unterkünfte

Es gibt in Island die Möglichkeit, in den verschiedensten Häusern im Schlafsack zu übernachten. Privathäuser, Schulen, Gemeindezentren, Gästehäuser, Hotels etc. bieten diese relativ preisgünstigen Schlafgelegenheiten (ca. 20 € pro Nacht und Person) an und können eine willkommene Gelegenheit sein, während schlechtem Wetter auf die Übernachtung im Zelt zu verzichten. Ihr Komfort reicht vom Fußboden eines Klassenzimmers bis zum Zweibettzimmer. Es sind keine Jugendherbergen, und damit sind sie auch nicht deren Richtlinien unterworfen. Nur wenige Häuser bieten Kochgelegenheiten an. In manchen Unterkünften (z.B. EDDA-Hotels) kann man auch ein Frühstück einnehmen. Es wird geraten, sich nach dem Preis zu erkundigen.

### Privatpensionen, Bauernhöfe, Gästehäuser, Hotels

Wer allerdings das Abenteuerliche scheut und auch in Island eine behagliche nächtliche Umgebung vorzieht, der kann eine Bleibe in den sicherlich teureren Gästehäusern oder Hotels innerhalb des besiedelten Raumes finden. Die Preise liegen je nach Standard zwischen 35 € und 105 € pro Person und Nacht. Über Preise und Standorte sollte man sich in den Informationszentren erkundigen. Sie bieten in dieser Hinsicht sehr aufschlußreiche Broschüren an.

### EDDA-Hotels

Die EDDA-Hotels sind nur während der Sommermonate geöffnet. Sie sind vornehmlich die einzigen Hotels im Land an den wichtigsten Verkehrswegen und Sehenswürdigkeiten und bieten außer ihrem normalen Hotel-Service Übernachtungsmöglichkeiten mit dem Schlafsack an.

Die Übernachtung im Einzelzimmer ohne Bad kostet etwa 60 €, im Doppelzimmer etwa 35 € pro Person; ein Frühstück kostet etwa 12 €.

Informationen und Reservierungen:
Hótel Edda Office
Hlíðarfótur, 101 Reykjavík
Tel. 505 0910, Fax 505 0915
edda@edda.is, www.edda.is.

## Urlaubsaktivitäten

### Angeln

In fast jedem Küstenort wird die Teilnahme an Angelfahrten auf See angeboten.

Die Saison zum Angeln von Lachsen dauert von Juni bis Mitte September. Die Lizenzen müssen teuer bezahlt werden: Die Spanne der zu entrichtenden Gebühren reicht von 200–500 US $ pro Tag bis zu mehr als 1000 US $ für besonders

begehrte Plätze. Vorausbuchung ist unbedingt erforderlich. Lizenzen erteilen:
Icelandic Fishing Association
Bolholt 6, 105 Reykjavík
Tel. 553 1510 Fax 568 4363 oder
Reykjavík Angling Club
Háaleitisbraut 68, 105 Reykjavík
Tel. 553 6050, Fax 553 2060.

Sehr viel günstiger ist das Angeln von Forellen in manchmal sehr reizvoller Umgebung, z. B. den Veiðivötn. Saison 1.4.–20.9. Die Preise für die Lizenzen reichen von 100 ISK bis zu mehreren 1000 ISK (ab 13 € ).

Angellizenzen erhält man auch kurzfristig vor Ort. Zur Einfuhr von Angelgeräten s. S. 325f..

## Bergsteigen

Das Bergsteigen begann in Island, als man sich damit beschäftigte, die Insel genauer zu erkunden. Auf ihren Reisen in der Mitte des 18. Jh. bestiegen bei der geographischen Bestandsaufnahme des Landes Eggert Ólafsson und Bjarni Pálsson 1750 als erste die Hekla (1491 m). In den folgenden Jahren wurde von anderen Isländern der herrliche Vulkankegel des Snæfellsjökull (1446 m) bestiegen. 1794 betraten Menschen erstmals den höchsten Gipfel der Insel, den 2119 m hohen Hvannadalshnúkur als höchste Spitze des majestätischen Öræfajökull im Süden Islands. Bergsteigen im alpinen Stil wurde erst in den 30er Jahren des 20. Jh. intensiver betrieben, nachdem Isländer nach Aufenthalten in den Alpen in ihr Heimatland zurückgekehrt waren und begannen, ihre dort erlernten Kenntnisse in den Bergen Islands in die Tat umzusetzen. 1939 gründeten etwa 40 Individualisten den ersten Bergsteigerklub, ›Fjallamenn‹ (Bergmenschen). Seine Aufgabe war es hauptsächlich, in Bergnot geratene Menschen zu retten. Eine Renaissance erlebte das organisierte Bergsteigen, als 1977 der Alpine Klub von Island gegründet wurde. Im Mai 1998 gelang drei Isländern die Besteigung des Mt. Everest.

Im Vergleich zu den Alpen sind Islands Berge und die zu überwindenden Höhenunterschiede relativ gering. Nur wenige hundert Gipfel überragen 1000 m, 50 erreichen die Höhe zwischen 1400 und 2119 m. Die Schneegrenze reicht von 650 bis 1600 m. Es gibt dennoch unbestiegene Berge. Mehrere Berghütten auf oder nahe der Gletscher bieten Schutz vor Wetterstürzen vor allem im Frühjahr und im Herbst.

## Golf

Es kann in der Nähe vieler Orte Golf gespielt werden. Frost und Schnee können aber die Ausübung behindern. Es gibt in Island 7 18-Loch-Plätze (Akranes, Reykjavík, Akureyri, Hafnarfjörður, Keflavík, Hella und Vestmannaeyjar), 38 9-Loch-Plätze und 5 Plätze mit weniger als 8 Löchern. Ein Viertel der Klubs ist erst in den 1990er Jahren gegründet worden. Information:
Golf Union of Iceland
Laugardalur, 104 Reykjavík
Tel. und Fax 568 6686.

## Laufen

Dem Cross- und Berglauf sind in Island kaum Grenzen gesetzt. Eine Laufveranstaltung, die immer mehr Zuspruch bei den Ausdauersportlern findet, ist der Reykjavík-Marathon.

## Radfahren

An mehreren Orten ist das Entleihen von Mountain Bikes und Straßenfahrrädern möglich. Auskunft erteilt das Isländische Fremdenverkehrsamt (Adresse s. S. 321) und BSÍ-Travel (Adresse s. S. 329). Preis pro Woche ca. 130 €.

## Reiten

Ein beliebtes Zentrum für den Start von Reittouren unterschiedlicher Dauer befindet sich am etwa 75 km östlich von Reykjavík gelegenen Laugarvatn. Von dort aus kann man mit dem Pferd Sehenswürdigkeiten, wie beispielsweise Skálholt, Geysir, den Gullfoss und þingvellir aufsuchen. Informationen: (s. Adressen und Tips von Ort zu Ort, Stichwort ›Aktivitäten‹, S. 275ff.) Außerdem erteilen isländische und deutsche Reisegesellschaften Auskünfte.

## Schwimmen

Schwimmen ist für die Isländer Volkssport

Nr. 1. Daher verfügen sie über 104 beheizte Schwimmbäder (s. Adressen und Tips von Ort zu Ort, Stichwort ›Aktivitäten‹, S. 275ff.). Bei der Addition dieser außergewöhnlich hohen Zahl sind nicht die Badegelegenheiten im Hochland, wie beispielsweise in Hveravellir und Landmannalaugar berücksichtigt.

### ■ Wandern

Alljährlich bietet der Touristenverein ein umfangreiches Programm mit geführten Wanderungen an. 34 Hütten stehen den Wanderern im Hochland zur Verfügung. Auskunft erteilt: Ferðafélag Íslands (Adresse s. S. 321)

### ■ Wintersport

In Island wird eine Reihe von Wintersport-Gebieten unterhalten. Anfragen bei Touristen-Information.

## Verhalten in der Natur/ Naturschutz

Die natürlichen Gegebenheiten in Island sind wegen der polaren Randlage und wegen des Vulkanismus völlig verschieden von den meisten europäischen Ländern. Aus diesem Grund muß der Reisende hier weitaus mehr Verständnis für seine natürliche Umgebung aufbringen, um sie zu erhalten, aber auch um eventuelle Gefahren zu meiden.

Größte Gefahren bergen die Thermalgebiete in sich, da der Untergrund durch den Aufstieg heißen Wassers oder gar von Dämpfen in starkem Maße in Mitleidenschaft gezogen wird. So bilden sich gerade in der Nähe von heißen Quellen und Schlammtöpfen Hohlräume, deren Gefährlichkeit von einigen Reisenden falsch eingeschätzt oder überhaupt nicht beachtet wird. Darum treten Sie nie zu nahe an die Quellen heran. Ihr Rand könnte einbrechen. Meiden Sie in Thermalgebieten, wenn Sie schon die spektakulären Begleiterscheinungen des Vulkanismus aus der Nähe betrachten wollen, helle Stellen (weiße, hellgraue oder gelbe). Sie sind trügerisch! Beachten Sie auch, daß in einigen Quellen das Wasser oder der Schlamm unerwartet aufspritzt und bedenken Sie, daß sich ihre Aktivität von Tag zu Tag ändern kann. Schlamm und kochendheißes Wasser können zu schmerzlichen oder gar gefährlichen Verätzungen und Verbrühungen führen. Verbrühungen sollten sofort mit kaltem Wasser behandelt werden, bis der brennende Schmerz verschwunden ist.

Münzen sollte man bei sich behalten oder der Naturschutzvereinigung Islands spenden, anstatt sie in das Becken zu werfen. Auch hineingeworfene Steine tragen nicht zur Verbesserung, und schon gar nicht zur Verschönerung des natürlichen Zustandes der Quellen bei.

Bedenken Sie bei Wanderungen durch Flußlandschaften, daß sich die Wasserführung der Flüsse sehr schnell ändern und eine Durchquerung erschweren kann. Besonders tückisch sind in dieser Hinsicht Gletscherflüsse, die meist frühmorgens am wenigsten Wasser führen und am Nachmittag ihren höchsten Wasserstand erreichen. Nach Wärmeeinbrüchen und Regen können sie stark anschwellen, so daß eine Durchquerung unmöglich und lebensgefährlich wird. Denn außer der Strömung, die auch standfeste Menschen zu einem hilflosen Treibgut macht und gegen Felsen schleudern kann, wird die niedrige Wassertemperatur von etwa 5 °C schon nach kurzer Zeit lebensbedrohend!

Bei Aufenthalten im Gebirge ist zu beachten, daß wegen der Unberührtheit der Natur und der intensiven Gesteinsaufbereitung durch den Spaltenfrost das Gehen im unwegsamen Gelände wesentlich unsicherer und die Steinschlaggefahr wesentlich höher ist als in den Alpen. Der Mensch muß sich hier vor dem Wirken der Naturgewalten schützen.

Aber auch die natürliche Umgebung muß vor dem Menschen geschützt werden. Wegen der nördlichen Lage Islands sind die Lebensbedingungen für die Pflanzenwelt wesentlich härter als in gleichfeuchten niederen Breiten. Die Wachstumsperiode ist kürzer und die Vegetation reagiert auf menschliche Eingriffe empfindlicher. Reißen Sie daher nie Pflanzen (auch ungeschützte) aus und setzen Sie nie Ihr heißes Eßgeschirr auf bewachsenen Boden; denn eine schadhafte Stelle in der Vegetationsdecke kann wegen der fehlenden tonigen Bindemittel eine Ausblasung und damit eine vollständige Beseitigung des Bodens nach sich ziehen.

Wegen der besonderen Empfindlichkeit der isländischen Umwelt ist es äußerst wichtig, daß folgende Verhaltensregeln beachtet werden:

Verlassen Sie Ihren Rastplatz immer so, wie Sie ihn antreffen möchten.

Hinterlassen Sie keinen Müll, weder herumliegend noch unter Steinen. Nehmen Sie ihn bis zum nächsten Müllcontainer mit. Gerade in den letzten Jahren hat die Verschmutzung der Campingplätze und des Umfeldes landschaftlicher Sehenswürdigkeiten sehr zugenommen. Achtlos weggeworfene Zigarettenkippen oder hinterlassene Speise- und Verpackungsreste auf Zeltplätzen oder Tempotaschentücher auf Lavaströmen (Askja) zeugen wohl davon, daß es einigen Islandfahrern eher darum geht, an einer abenteuerlichen Reise teilzunehmen, als Naturschönheiten zu erleben, zu begreifen und zu erhalten.

Entzünden Sie kein Feuer auf bewachsenem Land.

Brechen Sie keine Steine aus und bauen Sie keine unnötigen Steinmänner (Kaldidalur).

Verunreinigen Sie kein Wasser, zerstören und beschädigen Sie weder kalte noch heiße Quellen. Die Sinterabscheidungen und Quellen von Haukadalur und Hveravellir haben bereits großen Schaden genommen.

Beschädigen Sie keine Pflanzen. Bleiben Sie auf den vorgeschriebenen Wegen. Beispielsweise ist die in den 1970er Jahren kaum erkennbare Spur auf dem mit Moos bewachsenen Krater Stútur bei Landmannalaugar in den letzten fünf Jahren zu einem meterbreiten Weg ausgetreten worden.

Stören Sie nicht das Tierleben.

Beschädigen Sie keine Naturformen. Wenn auch der Frost mit der Zeit junge Lavaformen verändert, so sollten trotzdem keine Fließformen u.ä. abgeschlagen werden. Solche Erinnerungsstücke geraten zu Hause meistens in Vergessenheit. Vor Ort aber bleiben sie noch lange erhalten. In jüngerer Zeit sind einzelne auch aus wissenschaftlicher Sicht interessante Formen der im Jahre 1980 ausgebrochenen Lava stark beschädigt worden.

Stören Sie nicht die Ruhe des Hochlandes. Es leben hier außerordentlich scheue Tiere.

Fahren Sie nicht im freien Gelände, denn Fahrspuren sind manchmal nach über einem Jahrzehnt zu sehen, wenn sie nicht zusammen mit dem für den Bewuchs wichtigen Feinboden, soweit er vorhanden ist, ausgeblasen werden.

Folgen Sie den Wanderpfaden, wo solche gekennzeichnet sind. Gerade in der Umgebung von Landmannlaugar und der Askja (Víti) hat die Landschaft darunter gelitten, daß Hänge zertreten wurden.

Beachten Sie die Naturschutzgesetze und die Anweisungen der Naturschutzwarte.

## Zeit

Island hat immer Greenwich Mean Time (GMT). Gegenüber der deutschen Zeit gehen die Uhren im Sommer in Island zwei Stunden nach.

## Zeitungen und Zeitschriften

Deutschsprachige Zeitungen, Zeitschriften und Literatur über Geschichte, Kunst, Geologie, Flora und Fauna Islands sind in der Buchhandlung Sigfús Eymundsson (Austurstræti) erhältlich. Weitere Buchhandlungen in Reykjavik:
Bókaverslun Sæbjarnar, Hafnarstræti 4,
Mál og Menning, Laugavegur 18.

# Sprachführer



## Hinweise zur Aussprache des Isländischen

| | |
|---|---|
| á | = au, wie ›faul‹ |
| a | = a, lang wie ›Vater‹ |
| é | = ähnlich ä, wie in ›jäh‹ |
| e | = e, wie in ›nett‹, ›Bett‹ |
| í, ý | = i, langes i wie in ›Lid‹, ›dieses‹ |
| i, y | = i, wie in ›in‹ |
| ó | = ou, wie in engl. ›so‹ oder ›low‹ |
| o | = o, wie in ›Loch‹ |
| ö | = ö, wie in ›Löffel‹ |
| ú | = u, wie in ›du‹ |
| u | = ü, kurz wie in ›Mütze‹ |
| au | = ö, lang, wie in ›Höhle‹ |
| Æ, æ | = ai, wie in ›weit‹ |
| ei, ey | = ey, wie in engl. ›grey‹ |
| ð | = th, wie in engl ›that‹ |
| þ, þ | = th, wie in engl. ›thing‹ |
| ll, rl | = dl |
| nn, rn | = dn |
| fl | = bl |
| fn | = bn |
| pt | = ft |

## Erklärungen isländischer Begriffe

| Isländ. Begriff | | Bedeutung | Beispiel |
|---|---|---|---|
| á (pl. ár) | f | Fluß | Laxá |
| alda (pl. öldur) | f | Hügelkette, Bergrücken | Brennisteinsalda, Vatnaöldur |
| ás | | kleiner Hügel | Ás |
| bær | m | Bauernhof, Gut | Glaumbær |
| bakki | m | Bach-, See-, Flußufer | Eyrarbakki |
| berg | n | Stein, Gestein | Gerðuberg |
| bjarg | n | Klippe, Felsen | Látrabjarg |
| borg (pl. borgir) | f | burgartiger Felsen, Stadt | Eldborg, Dimmuborgir |
| botn | m | Boden, Tal- und Fjordschluß | Botnsheiði |
| brekka | | Hang, Abhang | Höfðabrekka |
| brennistein | m | Schwefel | Brennisteinsalda |
| bunga | | Gewölbe, Anhöhe | Hraunbunga |
| dalur | m | Tal | Bárðardalur |
| djúp | n | Tiefe, Untiefe | Ísafjarðardjúp |
| drangur | | einzelner Felsen | Drangey |
| dyngja | f | Klippe, Schildvulkan | Trölladyngja |
| ey (pl. eyjar) | f | Insel | Eldey, Vestmannaeyjar |
| eyri | f | Sandbank, flaches Flußufer | Akureyri |
| fell | n | Berg, Hügel | Ármannsfell |
| fjall (pl. fjöll) | n | Berg | Hverfjall, Kerlingarfjöll |
| fjallgarður | m | Bergkette | Dimmifjallgarður |
| fjörður | m | Fjord, breite Bucht, | Hvalfjörður |

| | | | |
|---|---|---|---|
| (pl. firðir) | | auch Tal | Vestfirðir |
| fljót | n | Strom, Fluß | Skjálfandafljót |
| flói | m | Bucht, Sumpf | Faxaflói |
| foss (pl. fossar) | m | Wasserfall | Skógafoss, Ófærufossar |
| gerði | | Zaun | Hveragerði |
| gígur (pl. gígar) | m | Krater | Suðúrnámsgígur, Lakagígar |
| gil | n | Schlucht, Abgrund | Gil |
| gjá | f | Felsspalte, Kluft | Eldgjá |
| gljúfur | n | Schlucht | Jökulsárgljúfur |
| hagi | m | Weide (Wiese) | Tomasarhagi |
| háls | m | Bergrücken | Sveifluháls |
| heiði | f | Heide, Hochebene | Vaðlaheiði |
| hellir (pl. hellar) | m | Höhle | Surtshellir |
| hérað | n | Bezirk, Gegend | Héraðsflói |
| hlíð (pl. hlíðar) | f | Hang, Abhang | Reykjahlíð |
| hnúkur, hnjúkur | | Spitze | Hvannadalshnúkur |
| höfn | f | Hafen, Hafenanlage | Höfn |
| höfði | m | Kap, Vorgebirge | Ingólfshöfði |
| hóll | m | Hügel, abgerundete | Kolvíðarhóll |
| (pl. hólar) | | Anhöhe | Eyvindarhólar |
| hólmur | | kleine Insel | Stykkishólmur |
| holt | n | Hügel, Gehölz | Skálholt |
| hrafntinna | f | Obsidian (Rabenstein) | Hrafntinnahraun |
| hraun | n | Lava, Lavafeld | Hallmundarhraun |
| hvammur | m | Talsenkung | Kirkjuhvammur |
| hver (pl. hverir) | m | heiße Quelle | Hveravellir |
| hvoll | | Hügel | Stórólfshvoll |
| jökull | m | Gletscher | Vatnajökull |
| jökulsá | m | Gletscherfluß | Jökulsá á Fjöllum |
| klettur | m | Felsen, Klippe | Hljóðaklettar |
| (pl. klettar) | | | |
| kot | n | kleiner Bauernhof | Kotstönd |
| kvísl | f | Fluß oder Flußarm | Blautakvísl |
| lækur | m | Bach | Brjánslækur |
| laug (pl. laugar) | f | warme Quelle | Landmannalaugar |
| lind (pl. lindir) | f | Oase, Grasplatz, Quelle | Herðubreiðarlindir |
| lón | n | Lagune, Haff | Nípslón |
| mark | n | Wald, Gehölz | Markafljót |
| melur | m | Kiesfläche, | Melar |
| (pl. melar) | | Sandhügel | |
| múli | | Vorgebirge, hervor- | Kollumúli |
| | | springender Berg | |
| mýri | f | Moor | Steinsmyri |
| (pl. mýrar) | | | Mýrar |
| nes | n | Kap, Halbinsel | Reykjanes |
| núpur (pl. nupar) | m | Bergspitze | Núpar |
| öræfi | | Wüste | Mývatnsöræfi |
| ós | m | Flußmündung | Blönduós |
| reykur | m | Rauch, auch heiße Quelle | Reykjavík, Reykir |
| (pl. reykir) | | | |
| rif | n | Riff | Malarrif |
| sandur | m | Sand, Sandwüste | Skeiðarársandur |

| | | | |
|---|---|---|---|
| sel | | Hütte, Alm | Selfoss |
| skagi | m | Halbinsel | Skagi |
| skarð | n | Bergpaß, Scharte | Námaskarð |
| sker | n | Schäre | Geirfuglasker |
| skógur | m | Wald | Vaglaskógur |
| slétta | f | Ebene | Melrakkaslétta |
| staður | m | Platz, Ort | Neskaupstaður |
| (pl. staðir) | | | Grímsstaðir |
| stapi | | Felsblock, Tafelberg | Arnarstapi |
| stöð | f | Platz, Station | Stöð |
| súla (pl. súlur) | f | (Berg-)kuppe, Säule | Botnssúlur |
| sveit | f | Gegend, ländliche | Mývatnssveit |
| sýsla | f | Kreis, Verwaltungsbezirk | Mýrasysla |
| tangi | m | schmale Landspitze | Hvammstangi |
| þúfa (pl. þúfur) | f | kleine Bodenerhebung | |
| tindur | m | Bergspitze, Gipfel | Búlandstindur |
| (pl. tindar) | | | Kalfstindar |
| tjörn | f | kleiner See, Teich | Tjörnin |
| tún | n | Hauswiese, kultiviertes | þjórsártún |
| tunga | f | Zunge, Landzunge | Kalmannstunga |
| vatn (pl. vötn) | n | See, Wasser | Mývatn, Veiðivötn |
| vegur | m | Straße, Weg | Sprengisandurvegur |
| vík | f | kleine Bucht | Vík í Mýrdal |
| vogur | m | Bucht, Bach | Djúpivogur |
| völlur (pl. vellir) | m | Ebene, Platz | Hvolsvöllur, Hveravellir |

m, f, n = männlich, weiblich, sächlich

| | |
|---|---|
| norður | Norden |
| nyrðri | nördlich |
| austur | Osten |
| eystri | östlich |
| suður | Süden |
| syðri | südlich |
| vestur | Westen |
| vestri | westlich |

# Glossar geologischer Begriffe

**aktive Vulkanzone** Zone, die sich in einer Breite von 20–40 km in zwei Ästen von Reykjanes und von den Westmänner-Inseln nach Nordosten zum Langjökull bzw. zum Vatnajökull erstreckt. Der östliche Teil verläuft dann nach Norden zum Öxarfjörður, ein weiterer Ast in West-Ost-Richtung von Snæfellsnes zum Vatnajökull (Trölladyngja). Die aktive Vulkanzone ist von Spalten durchzogen.

**alpine Landschaft** Landschaft mit hochgebirgsartigem Charakter.

**Apalhraun** (isl. ›Blocklava‹); an der Oberfläche schollig erstarrte, ursprünglich gasreiche Lava. Derartige Ströme sind schwierig zu begehen.

**Asche** staubartiges bis feinkörniges Lockerprodukt vulkanischer Ausbrüche, das aus zerplatztem Magma, zerriebenem Gesteinsmaterial oder aus einem Gemisch von beidem besteht. Wird häufig weit durch den Wind transportiert.

**Augit** (griech. *auge* ›Glanz‹); Pyroxene, Gruppe wichtiger gesteinsbildender Minerale. Hauptbestandteil in basischen Ergußgesteinen (Basalt).

**Ausgleichsküste** Küstenform, deren ausgeglichener Verlauf aus der Abtragung von Vorsprüngen (z. B. das Vesturhorn in Südisland) und dem Aufbau von schmalen, langgestreckten Landzungen (Nehrungen, z. B. Austurfjörður östlich von Höfn) zwischen den Landvorsprüngen durch seitlichen Materialversatz resultiert.

**Basalt** (v. griech./lat. *basaltes*, verstümmelt aus *basanites*, ›Stein vom Basan‹/Syrien); dunkles, kieselsäurearmes, basisches Lavagestein (45–55 % $SiO_2$). Mineralkomponenten: Plagioklas, Olivin, Augit. Häufigste Basaltart in Island ist Tholeyit (s. dort)

**Bims** schaumig aufgeblähtes vulkanisches Glas vorwiegend aus einer rhyolithischen Schmelze (s. Rhyolith). Bimsbröckchen kommen vorwiegend als Lapilli (s. dort) und in Sand- bis Staubkorngröße als Bimsaschen vor. Im frischen Zustand sind sie sehr porös. Bimsaschen von der Hekla, der Katla und der Askja kommen als Tephrahorizonte (s. dort) in den Böden von ganz Island vor. Sie dienen in vorzüglicher Weise als Altersmarken.

**Biotit** dunkler Glimmer, häufiger Gemengteil in Magmagesteinen.

**Blocklava** (*lava*, italienisch ›Regenbach‹); aus einem gasreichen Magma mit relativ niedriger Temperatur zu einem Haufwerk von Blöcken, Schollen und scharfkantigen Scherben erstarrte Lava. In kleinstückiger Form Blocklava, oder isländisch ›Apalhraun‹ (s. dort).

**Bombe** vulkanisches Auswurfsprodukt mit einem Durchmesser von wenigen Zentimetern bis zu über 1 m. Vulkanische Bomben sind Lavafetzen, die im Flug durch Rotation zugerundet werden und in erstarrter Form niederfallen.

**Breccie** (ital. *breccia* ›Trümmer‹); durch Bindemittel verfestigtes Trümmergestein, bestehend aus kantig-eckigen Bruchstücken. Beispiel: vulkanische Breccie.

**Caldera** (span. ›Kessel‹); kesselförmige Vertiefung an Vulkanen mit einem Ausmaß von einigen hundert Metern bis zu mehreren Kilometern, entstanden durch Einbruch oder Einsturz nach gewaltigen Explosionen, z. B. Askja.

**Canyon** (span. ›Röhre‹); Bezeichnung für lange, tiefe und steilwandige Täler in einer Plateau- oder Gebirgslandschaft.

**Dazit** ein vulkanisches Gestein mit ungefähr der gleichen Zusammensetzung wie Andesit. Es hat nur weniger calcitischen Feldspat (Plagioklas).

**edaphisch** (griech. *édaphos* ›Boden‹);

bodenbedingt, vom Boden abhängig.

**Effusiv-Gestein** (lat. *effusio* ›Erguß‹); Ergußgestein, z. B. basaltische Lava.

**eruptiv** (lat. eruptio ›Ausbruch‹); Sammelbegriff für vulkanische Ausbruchstätigkeit.

**Fjord** (norweg.); vom Gletscher übertieftes und durch Meeresspiegelanstieg ertrunkenes Tal.

**Fladenlava** Lavastrom mit glatter, glasiger, wellen- oder wogenartiger Oberfläche; isländ.: ›*helluhraun*‹.

**Flutbasalt** Bezeichnung für ausgedehnte basaltische Deckenergüsse (Plateaubasalt).

**Fumarole** (lat. *fumus* ›Rauch, Dampf); Ausströmen (Exhalation) vulkanischer Gase und Dämpfe mit Temperaturen zwischen 200 und 800 °C. Ihr Chemismus ist temperaturabhängig: über 400 °C saurer Chlorwasserstoff (HCl), Schwefeldioxid ($SO_2$), Wasserdampf ($H_2O$); unter 400 °C Salmiakfumarolen.

**Gabbro** (nach der Ortschaft Gabbro, südöstlich von Livorno/Italien); meist grobkörniges, braunes bis grünlichschwarzes Tiefengestein (s. dort) aus Plagioklas und Augit. Vorkommen: Vesturhorn, Austurhorn, Snæfellsnes. Vulkanisches Pendant ist der Basalt.

**geothermale Energie** umweltfreundliche Energieform, die aus unterirdisch erzeugtem Dampf oder heißem Wasser gewonnen werden kann. Der Dampf oder das Wasser treten in Fumarolen, Geysiren oder einfachen heißen Quellen an die Oberfläche.

**Geysir** (nach dem ›Großen Geysir‹ in Island; isländ. *geysa* ›wild strömen‹); kochendheiße Springquelle, die ihr Wasser periodisch auswirft (s. S. 94f.).

**Geysirit** Kieselsintergestein, das sich aus dem heißen Wasser der Geysire ausscheidet. Der Anteil an gelöster Kieselsäure in Thermalwässern übersteigt manchmal das Hundertfache des Gehaltes in normalem Flußwasser.

**glazial** (lat. *glacies* ›Eis‹); (a) eiszeitlich; (b) sich auf bestimmte Formen und Materialien beziehend, die von Gletschern geschaffen oder abgeleitet werden können; (c) sich auf Anwesenheit oder Tätigkeit von Eis/Gletscher beziehend.

**Gletscherlauf** (isl. *jökulhlaup*); katastrophenartiges Ablaufen von Wasser-, Eis- und Schuttmassen nach der Entleerung eines unter dem Gletscher befindlichen Sees, der durch Thermalquellentätigkeit oder durch vulkanische Aktivitäten unter dem Eis entstanden sein kann (s. S. 232ff.). Die Abflußmenge kann dann einige 100 000 $m^3$ pro Sekunde betragen.

**Granit** (lat. *granum*, ›Korn‹); häufigstes Tiefengestein (s. dort). Es ist hell und besteht aus Kalifeldspat, Plagioklas, Quarz, Glimmer und dunklen Gemengteilen. Hoher Kieselsäuregehalt, körnig. Vulkanisches Pendant: Rhyolith, Liparit

**Helluhraun** (isl. ›Plattenlava‹); gasarme Lava, die bei ihrer Erstarrung glatte Oberflächenformen annimmt, oft mit Seil- oder Strickstrukturen.

**hochthermale/Hochtemperaturgebiete** Gebiete mit mehr als 150 °C warmen Energieträgern in einer Tiefe von weniger als 1000 m.

**Holozän** (griech. *hólos* ›ganz‹ und *kainós*‹ neu, ungewöhnlich‹); Zeitraum seit dem Ende der letzten Eiszeit, Beginn vor etwa 10 000 Jahren. Nacheiszeit.

**Hornblende** dunkelbraunes bis schwarzes, leicht spaltbares glänzendes Mineral. Gemengteil basischer Magmengesteine.

**Hornito** (span. ›kleiner Ofen‹); kleine, manchmal turm- oder schornsteinartige Kegel auf Lavaströmen, die sich aus verschweißten Lavafetzen und Schlacken aufbauen. Sie sind wurzellos und entstanden durch freiwerdende Gase in der Lava.

**Hyaloklastit** (griech. *hyalos* ›Glas‹, *klásis* ›zerbrechen‹); tuffähnliches, glashaltiges vulkanisches Auswurfsmaterial mit eckigen Bruchstücken, entstanden durch den Kontakt von vorwiegend basaltischen Schmelzen mit Wasser sowohl unter dem Gletschereis als auch im Meeresbereich.

**interglazial** (lat. ›zwischen‹, *glacialis* ›voll Eis‹); zwischeneiszeitlich. Zeit deutlicher Erwärmung zwischen Eiszeiten

**Kar** (Volksausdruck) schüsselförmige Vertiefung in einem ehemals vergletscherten Hang mit steilen begrenzenden Hängen. Das Kar kann noch mit einem Kargletscher ausgefüllt sein. Häufig trifft man in einem eisfreien Kar einen Karsee an.

**Kaverne** (lat. *caverna* ›Höhlung, Loch‹); Bezeichnung für eine Höhle größeren Ausmaßes.

**Kieswüste** entsteht durch Ausblasung der feinkörnigen Bodenbestandteile, die eine Anreicherung des groben Materials bedingt.

**Kissenlava** wulstartige Lavaformen, die sich bei basaltischen Ausbrüchen unter Wasserbedeckung vor allem im submarinen Raum bilden (s. a. Pillow-Lava).

**Kleine Eiszeit** die Kleine Eiszeit bezeichnet in Europa im allgemeinen eine vorübergehende Klimaverschlechterung vom 14. bis 19. Jh.

**Kliff** der meist senkrechte Abfall des Landes an Steilküsten. Eine Küste, die über lange Strecken von derartigen Abbrüchen gebildet wird, wird als Kliff- oder Abbruchküste bezeichnet.

**Lava** (*lava*, italienisch ›Regenbach‹) weitgehend entgaste Schmelzmasse, die bei Vulkanausbrüchen an die Oberfläche tritt und manchmal über längere Strecken fließfähig bleibt.

**Lavadom** kleiner hügelförmiger Aufbruch auf einem Lavastrom.

**Lineareruption** (lat. linea ›Linie‹, eruptio ›Ausbruch‹); eine von Spalten ausgehende vulkanische Tätigkeit.

**Liparit** (nach den Liparischen Inseln); s. Rhyolith.

**Lobus** (gr.-lat.); zungen- oder lappenförmige Ausbuchtung eines Gletscherrandes.

**Maar** (Volksausdruck) trichterartige Vertiefung in der Erdoberfläche mit einem kreisförmigen bis ovalen Grundriß. Auf vulkanischem Gebiet ist ein Maar ein Explosionstrichter mit einem niedrigen Aschenwall, der allgemein mit Wasser gefüllt ist. Die Explosionen sind meistens phreatischer Art (s. dort). Die Ursache für die Explosionen ist der Kontakt des heißen Magmas mit dem Grundwasser. Maare sind besonders häufig in dem grundwasserreichen Gebiet der Veiðivötn.

**Magma** (griech. *mágma* ›Teig, geknetete Masse‹); glutförmige, gashaltige Gesteinsschmelze in den tieferen Bereichen der Erdkruste, die bei Vulkanausbrüchen an die Oberfläche gefördert wird.

**Magmenkammer** unterirdischer Speicherraum in den höheren Teilen der Erdkruste (wenige tausend Meter), von dem aus vulkanisches Material gefördert wird (s. a. Caldera).

**metamorphe Gesteine** (griech. *metamorphóo* ›umgestalten‹); Gesteine, die unter veränderten Druck- und Temperaturbedingungen eine Veränderung ihres Mineralbestandes erfahren haben. Das kann geschehen, wenn ein Gestein in tiefere Stockwerke der Erdkruste gelangt. Auf Island gibt es unter den tertiären Basalten an der Oberfläche nur leicht metamorphisierte Abfolgen. Sie sind durch die Abtragung freigelegt worden.

**Mittelatlantischer Rücken** durchgehender seismischer, ca. 30 000 km langer, durchschnittlich 1000-3000 m hoher und 1500 km breiter submariner Gebirgsrücken mit einer zentralen Einbruchszone und starker vulkanischer Aktivität. In seinem Zentrum wird neu Kruste gebildet (s. S. 12, 100ff., 190).

**Móberg** (isl. ›Tuff‹); s. Hyaloklastit.

**Moräne** (franz. *moraine* ›Geröll); Gesteinsschutt, der vom Gletscher transportiert und abgelagert wurde.

**Nehrung** langgestreckte, aus Lockersedimenten aufgebaute Landzunge, die eine Meeresbucht (Fjordmündung, Lagune, Haff) zu einem großen Teil oder vollständig vom offenen Meer abschneidet. Die Nehrung entsteht durch Strandversetzung, hervorgerufen durch küstenparallele Meeresströmungen.

**Niedermoor** entsteht durch Verlandung vom Grundwasser gespeister Gewässer (Seen).

**Nunatak** (grönländ. ›einsame Bergspitze‹); alleinstehende Bergspitzen, Hügel, Bergrücken oder Kuppen, die sich deutlich über der Oberfläche eines

Gletschers erheben und vollständig von Eismassen umgeben sind.

**Obsidian** (lat., nach dem Römer Obsius); dunkles Gesteinsglas rhyolithischer Natur.

**Palagonit** (nach der Ortschaft Palagonia auf Sizilien); wasserhaltiges vulkanisches Glas.

**phreatisch** (griech. *phréar* ›Brunnen‹); Form vulkanischer Ausbrüche oder Explosionen, die durch die Erhitzung und der der daraus resultierenden Ausdehnung von Grundwasser beim Kontakt mit heißen Gesteinsschmelzen auftreten.

**Pillow** (engl. ›Kissen‹); kissenartige Abkühlungsform basaltischer Schmelzen, häufig bei submariner oder subglazialer Erstarrung. Die Pillows sind oft radial-prismatisch aufgebaut und zeigen glasige Krusten.

**Plagioklas** Feldspatart und häufiges Gemengteil magmatischer Gesteine.

**Plateaubasalt** basaltische dünnflüssige Laven, die in rascher Folge aus Spalten ausgebrochen sind und in horizontalen Decken große Gebiete überflossen haben.

**Plateaugletscher** Art der Gletscher, die große Teile der Erdoberfläche bedecken. Ihre Oberfläche ist schuttarm. Fast nur am Rand ragt der Untergrund heraus. Von den Plateaurändern strömen einzelne Zungen oder Vorlandgletscher ab.

**Plattentektonik** (griech. *tektonicós* ›die Baukunst betreffend‹); nach den neuesten Ergebnissen der Erforschung der Ozeanböden basiert der tektonische Aufbau der Erdkruste auf der Theorie der Plattentektonik. Danach setzt sich die Erdoberfläche, von der Krusten- bis in die Mantelregion reichend, aus 10–25 Platten zusammen. Es sind gewissermaßen Blöcke, die sowohl die kontinentale und die ozeanische Kruste als auch die oberen Teile des Erdmantels erfassen und auf der dickflüssigen Unterlage im Mantel ›schwimmen‹. Die Kontinente sind nur ein Teil der Platten und bewegen sich mit ihnen.

**Pleistozän** (griech. *pleístos* ›meist‹, *kainós* ›neu‹); Eiszeitalter, glaziale Epoche. Als Epoche der erdgeschichtlichen Formation Quartär dauerte das Pleistozän in Island von 3,1 Millionen bis etwa 10 000 Jahre vor unserer Zeit.

**Polygonböden** (griech. *polygónos* ›vielzeugend, fruchtbar‹); auch Frostmusterböden. Durch den jahres- oder tageszeitlichen Wechsel von Gefrieren und Auftauen des Bodens erfolgt eine Sortierung des Bodenmaterials. Auf ebenem Untergrund bilden sich Gesteinsringe, bei stärkerer Neigung Streifenböden. Diese Formen können in Island besonders auf den als ›heiði‹ bezeichneten Flächen beobachtet werden.

**Pseudokrater** (griech. *pseúdos* ›Trug, Schein‹; *krater* ›Mischgefäß‹); kleinere Krater auf Lavaströmen. Es sind Explosivkrater, die durch phreatische Explosionen (s. dort) entstanden, als die Lava über einen wasserreichen Untergrund floß. Ein Kontakt zu einem Magmenherd in der Tiefe besteht nicht.

**Pyroklastika** (griech *pyr* ›Feuer‹, *klásis* ›zerbrechen‹); Sammelbegriff für vulkanische Förderprodukte, die während eines Ausbruchs zu Aschen und Schlacken zerkleinert werden.

**Quellhorizont** Grenzbereich zwischen einer wasserstauenden und einer wassertragenden Gesteinsschicht (z. B. Kies oder Sand)

**Rhyolith** (griech. *rhéo* ›fließen, strömen‹; *líthos* ›Stein‹); Liparit. Helles kieselsäurereiches Ergußgestein mit Quarz und Feldspat als Einsprenglinge(n). Der Rhyolith hat als Vulkanit die gleiche Zusammensetzung wie der in der Tiefe auskristallisierte Granit.

**Sander** (isl. *sandur* ›Sand‹); breite Sand- und Schotterflächen, die vor den Endmoränen durch Schmelzwasser abgelagert wurden.

**Schildvulkan** ausgedehnter Vulkankegel mit sanftgeneigten Hängen, der sich aus überlappenden und ineinandergreifenden Lavaströmen aufbaut. Seine Ausdehnung: einige 10 bis 100 $km^2$. Der Ausdruck ist abgeleitet von dem isländischen Vulkan ›Skjaldbreiður‹ = ›Schildbreit‹.

**Schlammtopf** kesselförmige Vertiefung, in der heiße Fumarolengase (s. dort) das breiige Grundwasser in brodelnder Bewegung halten.

**Schollendom** Aufbruch auf der auf einem Lavastrom unter hydrostatischem Druck stehenden Erstarrungskruste.

**Solfatare** (ital. nach der Solfatara/ Phlegräische Felder); postvulkanisches Ausströmen (Exhalation) von Wasserdampf (100–200 °C) und Schwefelwasserstoff ($H_2S$, Geruch). Der Schwefel kann sich in elementarer Form niederschlagen.

**Spalteneruption** (Lineareruption); eine von längeren oder kürzeren Spalten ausgehende vulkanische Tätigkeit. Je nach Dünnflüssigkeit und Fördermenge können sich von diesen Spalten aus magmatische Schmelzen mehr oder weniger weit nach einer oder nach beiden Seiten ergießen.

**Strandsee** ein durch Abschnürung eines Haffs entstandener See, der allmählich aussüßt und verlandet.

**Strandterrasse** schwach seewärts geneigte Plattform (Brandungsplattform, Abrasionsplattform) oder aus Sanden und Schottern aufgebaute Ebene (Akkumulationsterrasse), die durch Hebung des Landes (z. B. Isostasie) oder Senkung des Meeresspiegels (eustatische Meeresspiegelschwankung) über den heutigen Meeresspiegel gelangt ist.

**Strandwall** einige Dezimeter bis meterhoher Wall aus Sand und Geröllen im äußersten Auslaufbereich der Brandung.

**Streifenböden** s. Polygonböden.

**Strukturböden** s. Polygonböden.

**subaerisch** (lat. *sub-* ›unter-‹, griech. *aér* ›Luft‹); an der Erdoberfläche entstanden und dort auftretend.

**subglazial** (lat. *sub-* ›unter-‹, *glacies* ›Eis‹); unter dem Eis gebildet.

**Surturbrandur** (isl. ›Schwarzgebranntes‹); Braunkohlenhorizonte zwischen den tertiären Basalten.

**Tafelberg** subglazialer, isoliert stehender Vulkan meistens mit einer Basaltdecke (Topbasalt) aus der abschließenden subaerischen Ausbruchsphase. Wird auch als ›Tuya‹ bezeichnet. Außerdem bilden sich auch im submarinen Bereich in ähnlicher Weise Tafelberge.

**Tafoni** (Bez. aus Korsika); Bröckellöcher im Felsen, die durch chemische und mechanische Verwitterung über einen Meter tief werden können. In Island spielt die salzhaltige Gischt bei ihrer Entstehung im Basalt eine Rolle.

**Talsander** großräumige Sand- und Schotterflächen, die von Gletscherflüssen in einem Talboden sedimentiert wurden. Größte Talsander befinden sich in Island am Südostrand des Vatnajökull.

**Talung** talähnliche Hohlform ohne fließendes Gewässer, deren Entstehung nicht unbedingt auf einen Fluß oder Bach zurückgeführt werden muß.

**Tektonik** (*tektonikós* ›die Baukunst betreffend‹); Teilgebiet der Geologie, das sich mit dem Bau der Erdkruste und deren Bewegungsvorgängen befaßt.

**Tephrahorizont** Schicht aus vulkanischer Asche (Tephra) in einem Boden.

**Tertiär** erdgeschichtliche Formation, die von etwa 65 Millionen bis etwa 2 bis 3 Millionen Jahre vor unserer Zeit dauerte. Island entstand also im Jungtertiär.

**Tholeyit** (benannt nach dem Städtchen Tholey im Saarland); eine Gruppe von Basalten, die sich hauptsächlich aus Plagioklas, Augiten und Eisenoxiden zusammensetzt.

**þúfur** (isl. ›kleine Bodenerhebung‹); durch Frosthub entstandene kleine Hügel mit einem Durchmesser von 0,50–2,00 m

**Tiefengestein** (Plutonit) ein Gestein, das aus einer in der Tiefe erstarrten Schmelze hervorgegangen ist, z. B. Granit.

**Tundra** (russ. aus finn. *tunduri* › hoher Berg‹); baumloser Vegetationstyp des polaren und subpolaren Klimas.

**Zentralvulkan** Großvulkan mit gemischter Tätigkeit.

**Zungenbeckensee** Hohlform, die durch Gletscherschurf im Bereich der Gletscherzunge geschaffen wurde und sich mit Wasser auffüllte.

# Abbildungsnachweis

**Hans-Joachim Kürtz,** Heikendorf Titelbild, 2, 3, 44, 55, 57, 247
**Hubert Stadler,** Fürstenfeldbruck Umschlag innen, 4, 5, 6 (unten), 7, 8, 10/11, 18, 25, 31, 36, 58, 61, 66, 67, 68/69, 78/79, 86/87, 90, 92/93, 94, 103, 106/107, 119, 124, 128/129, 134/135, 147, 140, 160, 163, 171, 176/177, 183, 184, 187, 188/189, 201, 205, 216/217, 225, 226, 232, 236/237, 239, 244/245, 246, 256, 257, 260, 268/269, 270
**Achim Schnütgen,** Hürth 23, 27, 35, 115, 132, 156, 166, 175, 191, 197, 199, 213, 215, 224
**Horst Schmeck,** Köln 9, 143, 242
**Hans Klüche,** Bielefeld Umschlag hinten,6 (oben), 13, 75, 97, 113, 206, 209, 230, 252, 253
**Volkmar E. Janicke,** München 29, 77, 153, 219, 222, 262
**Wedigo Ferchland DIGO,** Tistrup/ Dänemark 248

**Zitatnachweis:**
Das Zitat auf S. 21f. entstammt:
Þ. Thoroddsen et al., Island. Grundriß der Geographie und Geologie, in: Petermanns Geographische Mitteilungen, Gotha 1905 u. 1906

**Karten und Pläne**
Berndtson & Berndtson Productions GmbH, Fürstenfeldbruck

# Register

## Personen

**Achtung:** Wie in Island üblich, sind die Namen der Personen im Register unter ihrem Vornamen aufgeführt!

## Orte

*Titelbild:* Blick auf die Ebene von Þingvellir
*Umschlagrückseite:* Am Austurvöllur in Reykjavík

*S. 68/69:* Blick auf Reykjavík und den ›Stadtberg‹ Esja
*S. 106/107:* Quellfluren-Moos auf der Halbinsel Snæfellsnes
*S. 134/135:* In Akureyri
*S. 176/177:* Die Herðubreið
*S. 188/189:* In der Jökuldalsheiði an der Ringstraße westlich von Egilsstaðir
*S. 216/217:* Das Tal der Krossá westlich von Þórsmörk
*S. 256/257:* Die Kerlingarfjöll



*Über den Autor:* Achim Schnütgen, geboren 1936, studierte Geologie, Mineralogie und Geophysik und ist am Geographischen Institut der Universität zu Köln beschäftigt. Im DuMont Buchverlag erschien von ihm außerdem in der Reihe ›Aktiv‹ der Band ›Wandern im Harz‹.




2., aktualisierte Auflage 2001

Satz und Druck: Rasch, Bramsche
Buchbinderische Verarbeitung: Bramscher Buchbinder Betriebe

Printed in Germany  ISBN 3-7701-4379-5